由浙江理工大学哲学社会科学学科研繁荣计划资助出版

“互联网 +”服装品牌 O2O 商业模式

朱伟明 ——— 著

“INTERNET PLUS” CLOTHING BRAND O2O BUSINESS MODE

ZHEJIANG UNIVERSITY PRESS
浙江大学出版社

图书在版编目(CIP)数据

"互联网+"服装品牌O2O商业模式/朱伟明著. —杭州：浙江大学出版社，2019.6

ISBN 978-7-308-19240-8

Ⅰ.①互… Ⅱ.①朱… Ⅲ.①服装—品牌营销—网络营销—研究 Ⅳ.①F768.3

中国版本图书馆CIP数据核字（2019）第121970号

"互联网+"服装品牌O2O商业模式

朱伟明 著

责任编辑 刘序雯

责任校对 杨利军 宁 檬

封面设计 春天书装

出版发行 浙江大学出版社

（杭州市天目山路148号 邮政编码310007）

（网址：http://www.zjupress.com）

排　　版 杭州林智广告有限公司

印　　刷 嘉兴华源印刷厂

开　　本 787mm×1092mm 1/16

印　　张 17.75

字　　数 347千

版 印 次 2019年6月第1版 2019年6月第1次印刷

书　　号 ISBN 978-7-308-19240-8

定　　价 55.00元

O2O

目录

一、研究背景和意义

（一）研究背景

1. 互联网发展演化

“互联网+”代表着一种新的经济形态。它指的是依托互联网信息技术实现互联网与传统产业的联合，以优化生产要素、更新业务体系、重构商业模式等途径来完成经济转型和升级。

2014 年 2 月 27 日的中央网络安全和信息化领导小组会议上，习近平总书记指出，“互联网已经融入社会生活方方面面，深刻改变了人们的生产和生活方式”。互联网已经不单纯是一个行业，而是一种工具，一种改变生产和生活方式的工具。2014 年 10 月 29 日的国务院常务会上，李克强总理谈起即将到来的“光棍节”，并以此强调要培育新业态、新产业、新消费热点。李克强说：“网络购物对于快递等上下游行业都有很强的带动作用。有关部门要考虑，怎么通过信息基础支撑、物流便利化等方面创造条件，推动网络购物的发展。”2014 年 10 月 30 日，时任浙江省省长李强在首届世界互联网大会新闻发布会上表示，互联网产业就是在这片创业创新的“土壤”里生长出来的。工业和信息化部出台《电子商务“十二五”发展规划》，落实《2006—2020 年国家信息化发展战略》等，这些重要举措，明确电子商务在国民经济发展中的重要位置，并提出发展的总体目标是：到 2015 年，电子商务进一步普及深化，交易额突破 18 万亿元；支持流通企业拓展网络零售渠道，结合实体店面和物流配送体系，促进网上网下互动，满足不同层次消费需求，鼓励利用微博、团购、社交网络等创新网络零售发展模式。2014 年 11 月，李克强总理出席首届世界互联网大会时指出，互联网是大众创业、万众创新的新工具。其中“大众创业、万众创新”正是此次政府工作报告中的重要主题，被称作中国经济提质增效升级的“新引擎”。

在 2015 年 3 月 5 日上午第十二届全国人大第三次会议上，李克强总理在政府工作报告中首次提出“互联网＋”行动计划。李克强在政府工作报告中提出，“制定‘互联网＋’行动计划，推动移动互联网、云计算、大数据、物联网等与现代制造业结合，促进电子商务、工业互联网和互联网金融健康发展，引导互联网企业拓展国际市场”。2015 年 7 月 4 日，经李克强总理签批，国务院印发《关于积极推进“互联网＋”行动的指导意见》。这是推动互联网由消费领域向生产领域拓展，加速提升产业发展水平，增强各行业创新能力，构筑经济社会发展新优势和新动能的重要举措。2015 年 12 月 16 日，第二届世界互联网大会在浙江乌镇开幕。在"互联网＋"的论坛上，中国互联网发展基金会联合百度、阿里巴巴、腾讯共同发起倡议，成立"中国'互联网＋'联盟"。

2. 我国服装产业发展的现状

我国是世界上最大的纺织服装生产国、消费国和出口国。2017 年，在限额以上服装行业的批发和零售金额合计约 10356.4 亿元。在生产领域，我国服装行业已形成比较完整的产业链，但国际比较优势更多体现在生产加工环节，而在附加值更高的研发、设计等方面与国际先进水平相比仍存在较大差距。从中国服装产量发展现状来看，2014—2016 年，我国服装产量实现了"三连涨"，从 299.21 亿件到 314.52 亿件，年均复合增长率 1.7％。这也说明了在传统零售盛行的时代，服装产业实现快速增长是有很大可能的。进入 2017 年，电商模式爆发，"新零售"被提出并列入了国家政策之中，产业转型在所难免。然而服装行业并未在 2017 年实现产业模式的大转变：产量仅有287.81亿件，出现了近 4 年来的第一次下降，降幅高达 8.49％。

从收入增速来看(见图 1－1)，品牌服饰行业在 2017 年合计收入增幅为 15.14％，较 2015 年的 11.93％和 2016 年的 4.38％增速提升，2018 年第一季度(Q1)收入延续好转态势，且增速继续提升至 16.28％。从利润指标来看，营业利润和归母净利润两个指标亦在 2017 年明显转好，增长转正，且在 2018 第一季度增速得到较大幅度提升。2016 年行业营业利润和归母净利润分别下滑 6.76％、4.40％，2017 年转正至 8.77％、3.19％，2018 年第一季度增速提升至 23.54％、20.13％。

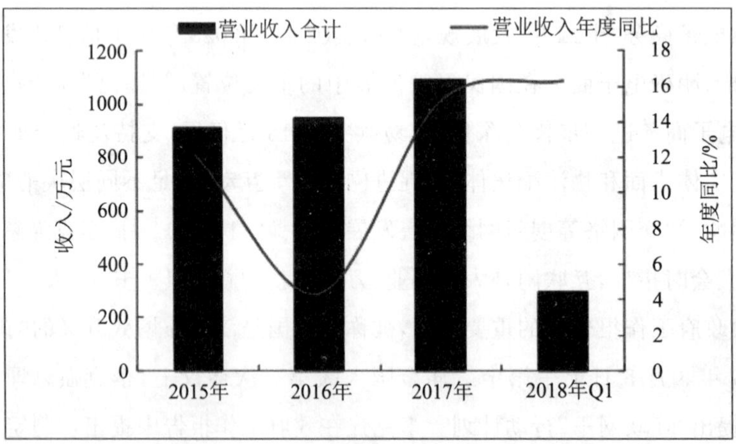

图 1－1　2015—2018 年品牌服饰行业营业收入变化

在目前线上线下融合和再平衡的背景下，双线融合的最佳路径是线下零售融合线上模式——线下是根基，线上是驱动，相对来讲，线下企业的机会更大。一方面，目前线上零售在社会消费品零售总额的占比仅 14％，更大的体量在线下，且规模化零售企业绝大多数是线下企业；另一方面，线上企业在数据和流量上面虽然有优势，但是在供应链、服务、体验等方面的短板很难克服。而线下企业，特别是品牌价值较高的企业，由于线下业务已经将塑造品牌的成本分摊掉，在与线上渠道融合的过程中可以获得低成本流量，成为增量业务。2017 年天猫“双 11”购物节的一大特点就是线上线下深度融合：全球超 14 万个品牌、超 100 万个商家打通线上线下，银泰商业旗下线下所有门店举行“双 11 狂欢夜”；52 大核心商圈、近 10 万家智慧门店、超 50 万家零售小店、5 万家金牌小店、4000 家天猫小店共同参与。我们可以以女装品牌销售数据为例来看线上线下零售趋势的变化。从表 1－1 可以得出，近几年天猫“双 11”女装销售额前十名企业，已由以线上品牌为主转向以线下企业为主，2017 年“双 11”销售排行前十名中线上品牌仅有韩都衣舍一席。伴随着消费者对购物体验、服务以及品牌的要求越来越高，线下企业通过线上导流，机会相对更大。

表 1－1　2014—2017 年天猫“双 11”女装销售排行

序号	2014 年	2015 年	2016 年	2017 年
1	韩都衣舍	优衣库	优衣库	优衣库
2	优衣库	韩都衣舍	ONLY	Vero Moda
3	Artka	拉夏贝尔	乐町	ONLY
4	茵曼	ONLY	韩都衣舍	伊芙丽
5	波司登	ochirly	ochirly	韩都衣舍
6	ochirly	Vero Moda	拉夏贝尔	太平鸟
7	初语	裂帛	Vero Moda	波司登
8	妖精的口袋	乐町	波司登	乐町
9	ONLY	茵曼	太平鸟	ochirly
10	裂帛	Artka	吾欢喜的衣橱	Teenie Weenie

3. 互联网思维下我国服装产业面临的机遇和挑战

第一，互联网、移动互联网兴起，中国网民数量高速增长，消费者购物行为习惯发生巨大的变化，线上消费从新奇使然逐渐走向习惯使然，网络购物平台成为重要的消费场所，属于流量红利；第二，淘宝、天猫、京东、唯品会、苏宁云商、蘑菇街等网购平台的创立与崛起，对消费者进行了引导与培育；第三，大量的创业者涌入电商平台，服装成为网络消费最主要的一个品类，原先服装行业需要大量的资金投入（开设实体店铺）的创业门槛被打破，服装电商企业迎来了快速做大品牌的机会。随着网络品牌高效管理模式的导向，其表现结果是带动整个服装业的网络化升级和转型。回顾我国服装电子商务发展史，在经历了培育期、发展期、爆发期后，现逐步跨入新零售期（见表 1－2）。

表 1-2　服装电商行业的发展历程

时间与阶段	主要表现	辅助工具
2003—2008 年 培育期	1. 网民人数从 2003 年的 5910 万到 2008 年的 29800 万； 2. 有好的产品就能卖得出去，以档口淘货出售为主	淘宝旺旺
2008—2013 年 发展期	1. 网民从 2009 年的 38400 万人到 2013 年的 61800 万人； 2. 众多服装淘品牌迅速成长，如"双 11"销售位居前列的衣品天成、茵曼、裂帛、韩都衣舍等淘品牌	2009 年"双 11"启动；美图
2013—2016 年 爆发期	1. 网民人数从 61800 万到 2016 年的 73100 万； 2. 线下品牌积极拓展线上业务，快时尚品牌如优衣库、拉夏贝尔、ONLY、波司登、太平鸟、森马、骆驼、以纯等位居前列，淘品牌排名退后，处于整合并购期	直播与粉丝
2016—2017 年 新零售期	1. 内容/社交电商进入大发展阶段； 2. 淘品牌面临新机遇与新挑战	云计算、大数据、智能制造、VR/AR、无人仓与无人机等开始应用

根据艾瑞咨询统计数据，2017 年中国网络购物市场交易规模达 6.1 万亿元，较上年增长 29.6%，增速回暖。艾瑞咨询表示，2017 年是线上线下融合的实践年，线上对线下的数据赋能以及线下对线上的导流作用初见成效，稳定发展的网络购物迸发新的发展活力。从中国网络购物市场规模结构来着，2017 年中国网络购物市场中 B2C(business to customer)市场交易规模为 3.6 万亿元，在中国整体网络购物市场交易规模中的占比达到 60.0%，较 2015 年提高 4.8 个百分点；从增速来看，2017 年 B2C 网络购物市场交易规模增长 40.9%，远超 C2C(customer to customer)市场 15.7%的增速。过后，B2C 市场占比仍将持续增加。随着网购市场的成熟，产品品质及服务水平逐渐成为影响用户网购决策的重要因素，未来这一诉求将推动 B2C 市场继续高速发展，成为网购行业的主要推动力。而 C2C 市场具有体量大、品类齐全的特征，满足长尾市场的需求，未来规模也会持续增长。2017 年，中国移动购物在整体网络购物交易规模中占比达81.3%，较 2016 年增长 4.6%。2017 年中国移动购物市场交易规模达 4.9 万亿元，同比增长 37.4%，增速逐渐放缓但仍保持了较高的增长水平。

值得注意的是，移动端渗透率进一步提升，移动网购已成为最主流的网购方式。艾瑞咨询认为，智能手机和无线网络的普及、移动端碎片化的特点将更加符合消费场景化的特性，使用户不断向移动端转移。全渠道融合的浪潮之下，购物场景变得多元化、碎片化，用户线下的消费行为通过移动端得以数据化，全渠道、系统化、纵深化的数据能为零售所有环节提供指导，帮助企业提高运营效率，实现精准营销。2017 年天猫"双 11"的销售额最终定格在了 1682 亿元人民币。其中，无线交易额占比 90%，支付宝支付笔数达到 14.8 亿笔，同比增长 41%，再次刷新 2016 年创下的纪录，成交商家和用户覆盖 222 个国家和地区。根据现场实时数据,"双 11"购物狂欢节开场第 28 秒时,淘宝系统交易额超 10 亿;3 分 1 秒,交易额破百亿元;11 日上午 9 点 4 秒,交易额破千亿元;13 点 9 分 49 秒,交易额达 1207 亿元,破了 2016 年"双 11"全天的交易额纪录。

4. 新零售为服装产业提供变革机遇

新零售即企业以互联网为依托,通过运用大数据、人工智能等先进技术手段,对商品的生产、流通与销售过程进行升级改造,进而重塑业态结构与生态圈,并对线上服务、线下体验以及现代物流进行深度融合的零售新模式。在 2016 年 10 月的阿里云栖大会上,阿里巴巴的马云在演讲中第一次提出了"新零售"的概念,"未来的十年、二十年,没有电子商务这一说,只有新零售。未来电子商务平台即将消失,线上线下和物流结合在一起,才会产生新零售"。线上是指云平台,线下是指销售门店或生产商,新零售能消灭库存,减少囤货量。

阿里巴巴加速线下收割,京东提出"无界零售"战略,新零售风潮再度掀起。阿里巴巴研究院提出,新零售是以消费者体验为中心的数据驱动的泛零售形态。麦肯锡研究院则指出,新零售具备全渠道体验、多场景出发、社交植入、超出标准产品和常规服务的需求以及数据驱动的深度个性化等五个特点。贝恩咨询认为,新零售重新定义了人、货、场三大零售核心组成要素,并重构了三者之间的关系。具体来看,"人"由单纯的消费者转变为消费者及合作生产者;"货"由商品转化为全方位的消费过程及体验;"场"由原来的线上线下固定零售终端转变为泛零售、多元化的消费场景。新零售是多业态、多产业的融合,"线上+线下""商品+服务""零售+科技",以消费者为核心,通过"数据驱动+人工智能+万物互联",实现消费方式逆向牵引生产方式的变革。消费者愿意为商品支付功能属性以外的溢价是新零售崛起的前提以及核心特征,专业化、社交化、服务化以及场景化是新零售诉求最重要的四个特点,驱动渠道商和供应商将"商品+服务+内容"逐步做到极致。

从供应商的角度,新零售也在为供应商赋能,C2B(customer to business)和价值重塑将彻底颠覆产品和流通。第一,消费者大数据分析、C2B 将成为主要特征,真正实现消费方式逆向牵引生产方式。第二,销售规模与产品标准化不再是企业最重要的关注点,个性化与友好服务将给企业创造更大价值。第三,供应商将面临体验式消费和定制化服务,以及产品高性价比的三重苛求。

5. 移动互联网的演变与进化

用户对移动互联网的依赖程度进一步提高。QuestMobile TRUTH 中国移动互联网 2018 春季报告指出:中国移动互联网用户总量逼近 11 亿,人均单日上网时长约 4.5 小时(见图 1-2),微信小程序月活跃用户数破 4 亿。

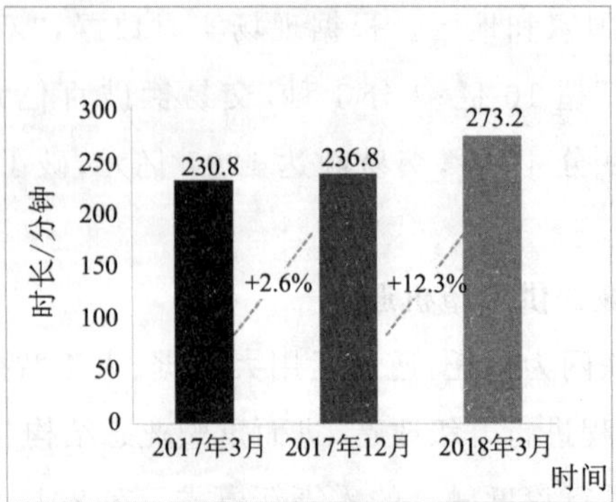

图 1-2　中国移动互联网用户人均单日使用时长

注：使用时长为单设备使用时长。

来源：Quest Moble TRUTH 中国移动互联网数据库 2018 年 3 月。

2018 年第一季度全网 APP(应用程序)日活跃用户规模增长最快的前 20 位(日活跃用户数量大于 1000 万)中,短视频行业的 4 款典型 APP 全部入围,其中抖音拔得头筹。随着短视频 APP 用户规模的增长,与之高度相关的拍照类、图片美化类 APP 如无他相机、Faceu 激萌也表现不错。受春节假期影响,用户对生活信息、出行的需求随之加大,58 同城和地图类 APP 的用户规模也获得较快增长(见图 1-3)。

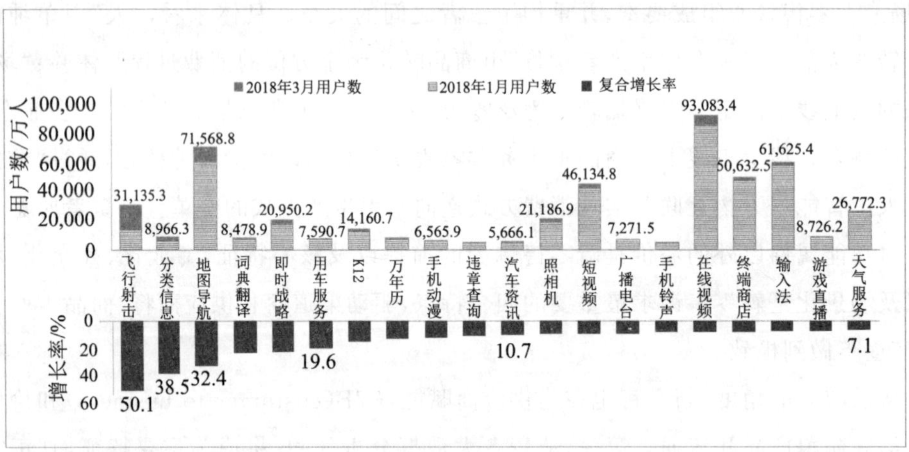

图 1-3　2018 第一季度活跃用户规模增长最快的二级行业前 20 位

来源：QuestMobile TRUTH 中国移动互联网数据库 2018 年 3 月。

对其原因的分析如下。

第一,微信小程序、终端入口、用户下沉,"三浪叠加"为移动互联网带来可观的新流量。微信小程序用户规模呈爆发式增长,月活跃用户数突破 4 亿,微信小程序流量红利来袭(见图 1-4)。通过电商对微信小程序的拉动和微信小程序应用场景的不断完善,用户使用习惯逐步养成,规模呈现快速发展趋势;2018 年第一季度微信小程序用户规模呈爆发式增长。拼多多、趣头条的用户规模得以爆发式增长，均因为成功吸引三、四线城市用户。“低价＋拼团＋社交裂变”是拼多多最核心的发展模式，“带徒弟＋做任务＋拿现金激励”是趣头条能快速发展的路径；它们二者同时都将目标瞄准三、四线城市用户，这两款产品在此类用户中的渗透率均一路走高。

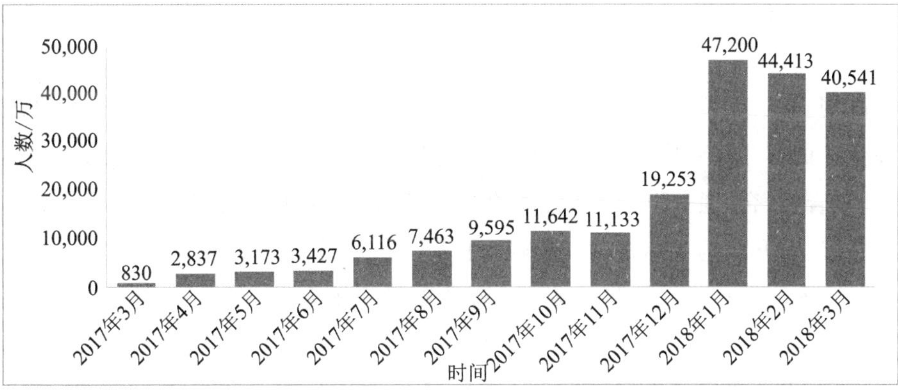

图 1－4　2017 年 3 月—2018 年 3 月微信小程序月活跃用户规模

来源：QuestMobile TRUTH 中国移动互联网数据库 2018 年 3 月。

第二，内容创新吸引流量增长，此处以拼多多、趣头条、小红书为例（见图 1－5）。直播答题成为 2018 年开年以来的第一波“风口”，后因为资质和监管问题，该功能纷纷遭遇下线处理，也带来了这几个产品发展的断崖式下跌。业内由此得到启发：a.直播答题的拉新成本极低；b.不同于内容创造，围绕“直播”这个载体，可以有很多业内以前没有关注到的创新玩法。

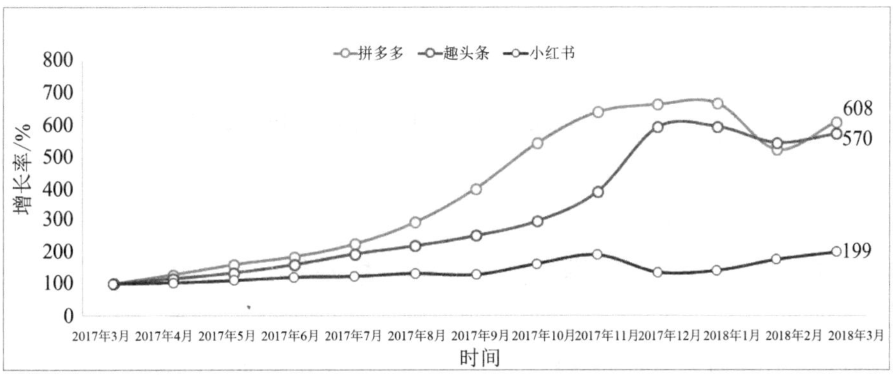

图 1－5　2017 年 3 月—2018 年 3 月拼多多、趣头条、小红书月活跃用户自增长趋势

注：目标月份用户自增长率＝目标月份的目标 APP 月活跃用户数/2017 年 3 月目标 APP 月活跃用户数。

来源：QuestMobile TRUTH 中国移动互联网数据库 2018 年 3 月。

第三，社区构建和社交裂变等方式也成为移动互联网流量重要来源，“社区构建＋内容吸引＋社交裂变”是目前移动互联网产品增加用户规模和黏性的行之有效的方法。

良好的社区氛围，如小红书构建的生活和购物分享社区，通过优质内容和明星效应，激发了用户的自增长；社交裂变可以给产品带来更大规模的增长，如拼多多、趣头条利用社交关系和现金补贴，保持着高速增长。

（二）研究意义

互联网思维、大数据和互联网品牌加速瓜分实体零售市场份额，而将互联网思维融入服装企业的实际经营中将是大势所趋。线上与线下实体商业，应该由原先的独立、冲突，走向混合、融合，通过以精准化、体验为主的模式，了解消费者，引导并满足消费需求，以达到消费升级的目标。以互联网为核心的信息技术，催生新经济、赢得后发优势，将成为服装产业转型升级的新引擎。在经济新常态下和“互联网＋”的大背景下，服装行业要从产品思维向产业思维转变，发扬“工匠精神”，提升产品品质，注重客户体验，优化产业结构，以互联网思维创新为营销手段，加快企业转型升级。研究互联网思维下新科技革命和产业变革新趋势、新特点，认识当前服装产业阶段性特征，努力适应经济发展新常态，对服装产业调结构转方式具有理论和实践意义。本书所做的研究有利于通过云计算将整个社会数据化，调控全盘资源，提升整体的效能，指导服装企业线上线下联动，实现全渠道销售，增加顾客黏性，产生口碑效应，提高销售额，提升品牌形象；从而进一步有效引导服装品牌运用大数据分析用户需求，实行精准营销，开发新产品，为用户提供增值服务。在消费升级的背景下，消费将从标准化需求升级到个性化需求，而最适合实现个性化的就是服装产业——它介乎个性化和标准化之间，并且服装消费过程中的服务和体验是非常重要的。

二、国内外研究现状和发展趋势

（一）国内外互联网思维研究现状和发展趋势

目前对于互联网思维的研究者大多为近两年国内互联网公司的创始人，其中以阿里巴巴创始人马云、腾讯创始人马化腾、小米科技创始人雷军、360公司创始人周鸿祎等为代表。雷军认为互联网不仅仅是一个工具，而是一种全新的思想，以完全不同的思想来看待业务、看待市场、看待用户，互联网思维最核心的部分在于七个字：专注、极致、口碑、快。马云认为互联网不仅仅是一种技术，不仅仅是一种产业，更是一种思想，是一种价值观。海尔CEO张瑞敏认为中国企业存在的问题是效率高而效能低，互联网思维提高的是效能，互联网能消除企业与顾客之间的距离，使企业变得网络化，企业则需要将与员工、合作方的博弈关系转为合作共赢的生态圈。品牌中国产业联盟秘书长王永认为“互联网思维”的核心是“思维”，互联网只是媒介和平台。周鸿祎认为互联网在扮演一个价值创造者的同时，也在很多行业扮演着摧毁者的角色，互联网正在改变传统商业模式，也正在形成一个新型商业模式，互联网思维是用户至上、体验为王、免费与跨界、颠覆式创新的思维。姜奇平认为互联网思维是智慧思维，可用一个准确的词形容为“洞察”：洞察就是越过经验和理性，直达真理；靠大数据帮助，普通人也可以穿透不确定性的迷雾，达到“明”这样一种意义澄明的状态。吴鹰认为相较传统企业的有偿满足需求，互联网思维是企业以免费模式，迅速网聚人们的注意力，形成规模后以服务获得持续收益。冯仑认为互联网思维的本质是用户思维，用户思维的本质是服务思维。万江心等人认为互联网思维指能充分利用互联网的精神、价值、技术、方法、规则、机会来指导、处理、创新生活和工作的思维方式。钱卫认为互联网思维是全新的思维模式，更是互联网时代的全行业思维模式；互联网对消费者的影响体现在商业信息的透明，消费观和品牌观的剧变以及品牌的多样化选择上；互联网对品牌商的影响是颠覆式的，“以消费者为中心”不再是空洞的口号，互联网对传统行业的冲击不仅仅是对渠道的冲击，也造成在被不断细分的市场上，诸多个性化品牌和传统行业品牌的一场消费者争夺战。赵大伟认为大互联时代已经降临，互联网思维应该成为一切商业思维的起点。龚凯认为互联新时代中，产品在无限接近信息，而作为信息的价值观成为终极产品。

2013 年 11 月 3 日，中央电视台新闻联播做了以“改革发展新景象：互联网思维带来了什么?”为题的报道。2013 年，阿里巴巴集团在《品牌消失的三个现象》中分析了传统品牌与网络品牌的区别：传统品牌的消费者是先接触品牌，后才是产品，所以传统品牌的打造是品牌力优先的；而线上品牌的打造是倒过来的，是产品力优先而不是品牌力优先。同时，文章解析了线上品牌特征：产品创新、用户体验创新和精准营销。互联网思维的精髓就是网聚人的力量，产生新的商业模式、新的体验，包括新的经营方式、新的组织架构。互联网时代是一个消灭信息不对称的时代，是一个信息透明的时代。在互联网时代，顾客的消费行为发生了变化。在没有互联网的传统时期，商家跟消费者之间的关系以信息不对称为基础。但是有了互联网之后，游戏规则变了，用户可以比价，而且可以方便地在网上相互讨论，消费者变得越来越有主动权，越来越有话语权。传统的基于信息不对称的营销，其效果会越来越小，而在互联网经济里，产品的用户体验会变得越来越重要。不论电商还是 O2O(online to offline)，带来的都是互联网的一种思维方式。互联网思维的精髓是开放、透明、分享、责任，体现在活动上是娱乐与社交化。

（二）国内外O2O研究现状和发展趋势

在互联网的快速发展下，电子商务从B2B(business to business)、B2C、C2C模式正迈向O2O模式。与B2C和C2C模式相比，O2O模式给了顾客极大的便捷，表现出相对成交率高、信任度好的特点。而对于多渠道共同发展的企业来说，如果B2C、C2C模式还不能彻底地解决由渠道间信息资源不能共享而产生的信息不对称的问题，那么O2O能够解决线下与线上业务之间诸多的冲突和麻烦，挖掘新的市场机会。O2O的概念最早是由亚历克斯·兰佩尔(Alex Rampell)在2011年提出的。他在分析Groupon等公司时发现它们之间的共同点：都促进线上线下商务的发展。兰佩尔定义该模式为“线上—线下”(online to offline)，简称为O2O。兰佩尔定义的核心是：在网上寻找消费者，然后将他们带到现实的商店中。O2O模式是支付模式和线下门店客流量的一种结合，实现了线下的购买。2012年，O2O模式逐步受到传统零售行业、互联网、电商、创业草根、风投等的业内人士越来越多的关注(荆林波，2013)。国内两家领头的互联网企业阿里巴巴、腾讯均布局O2O，这是互联网巨头从电脑端转向互联网端的较量。两家公司均把握了O2O和生活服务类电子商务的机会。毫无疑问，O2O是电子商务的未来趋势之一，将来更多的线上或线下品牌均面向全渠道。张波认为O2O就是在移动互联网时代，生活消费领域通过线上(虚拟世界)和线下(现实世界)互动的一种新型商业模式，也就是生活消费领域中虚实互动的新商业模式。许维认为O2O包括三个主体：商家、消费者和平台。龚凯认为O2O的本质是融入顾客的生活：顾客服务和体验并不是最终结果，而是作为诱饵，真正的目的是企业利用O2O的模式融入顾客生活，即让店走向顾客，感动即时发生，消费随时随地。麦客认为O2O的关键点在于：生产者与消费者的主权发生了逆转，消费者主权至上。卢益清认为O2O商业模式有以下几个特点：首先是要求一定有实体店存在，消费者最终要到实体店里进行消费；其次是需要通过互联网推送消息，即通过O2O网站发布打折、优惠等信息；最后是需要在线支付的支持，消费者先在网站上进行在线支付，然后到实体店提取产品或享受服务。O2O模式将线下商务的机会与互联网结合在了一起，让互联网成为线下交易的前台。这样，线下服务就可以线上揽客，消费者可以线上筛选服务，还有交易可以在线结算。更重要的是：推广效果可查，每笔交易可跟踪。从实践意义上而言，更准确的应该是互动的online and offline(线上和线下)，而不是单向的online to offline(线上到线下)。因此，真正意义上的O2O应基于全球化市场与格局，以大数据和云计算为链接，以SNS(社交网络服务)社会化营销为传播核心，以LBS(基于位置的服务)定位与跟踪技术为基础，以移动互联网无所不在为场景，以PC(个以电脑)技术系统为依托，以线上线下融合为商业模式，以精准化个性化地满足客户体验为商业价值，这才是未来商业的战略格局。

电商网站的快速发展掠夺着服装行业的线下份额，各大服装企业纷纷通过互联网思维对自身品牌进行转型、升级和改造。“触电化”是服装企业正在进行的尝试，其中美特斯邦威、优衣库、绫致时装和歌莉娅等国内外服装 O2O 模式案例值得借鉴。这四种模式各有优势。如何找到最佳模式，核心有四点：供需精准化、体验趣味化、解决痛点、建 O2O 大平台。传统的零售业往往只重视成交的瞬间，销量就是一切，而无印良品认为这是“20 世纪的想法”，除了成交，还要重视售前和售后。目前国内越来越多服装品牌开始摸索线上线下互动：鄂尔多斯运用 O2O 解决利益冲突问题，并将电子商务的营销部门也变成了企业的战略部门，这个部门必须为所有线下部门负责；GXG 运用 O2O 重点解决了断色断码的问题；美特斯邦威服饰将此前剥离的电商平台邦购网收回自营，并在全国布局了六家大型体验店，宣布启动 O2O 战略；森马服饰也在其休闲男装和童装推出 O2O 业务。

相对国内而言，国外传统零售 O2O 市场发展较早。国外传统零售企业布局 O2O 主要通过以下途径：第一，构建线上平台，鼓励消费者线上下单、支付，到线下店体验、提货，如沃尔玛；第二，店内铺设免费无线网络，消费者可根据推送信息，自由选择柜台购买或线上购买，如梅西百货；第三，在公共场所建立虚拟店铺，消费者通过手机购买，商家送货上门，如韩国 Home Plus。2013 年 10 月在法国巴黎召开的世界零售业大会认为：未来 O2O 模式发展趋势将是成为 O2M(online or offline to mobile)，从互联网线上或互联网线下连接到移动终端进行购物与服务。传统品牌纷纷触网，通过品牌官网、第三方平台旗舰店、网络分销等平台和方式拓展网络零售市场，并取得了可观的销售业绩。网络销售掀起了服装产业运营模式的变革。在很多发达国家，品牌服装线上线下联动销售早已经成为一种常见的渠道。如 ZARA、GAP 等品牌都拥有自己成熟的线上平台，并逐步实现更精细化的运营管理。2014 年 H&M 在中国开设电子商务平台，英国时尚品牌 Topshop 在尚品网的官方旗舰店上线，而 ZARA 除了开设网上商店，又在天猫开设了官方旗舰店。美国本土服装品牌 Kate Spade 于 2013 年 6 月在美国最大的电子商务交易平台 eBay 上开设了第一家虚拟店，推出了“可购物橱窗”的营销策略。2010 年优衣库推出了一款基于 SNS 的网络社交游戏：排队游戏。优衣库凭借这一游戏先后与脸谱网(Facebook)、推特(Twitter)、人人网合作并取得了巨大的成功。

（三）国内服装研究现状和发展趋势

文献检索的结果显示，由于产业特点和区域性较强的特点，服装产业研究主要集中在产业集群、产业升级、服装品牌等相关问题上，而新兴的服装品牌 O2O 研究目前在学术上很少涉及，在数据库也很少检索到相关学术研究论文。在服装产业升级方面，主要从全球价值链视角研究服装产业集群升级问题，研究大多从调研服装产业入手，认为纺织服装产业有必要摆脱挖底式竞争，实现从工艺升级、产品升级到功能性升级与链条升级。朱伟明(2010)从全球价值链视角分析了服装产业集群的博弈与升级，对服装产业集群，特别是嵊州领带产业集群和桐乡羊毛衫产业集群，进行了实地调研，对服装产业集群的动力机制与治理模式、升级路径等做了深入研究，积累了大量的关于服装产业集群的数据和产业资料。在服装品牌方面，宋永高等学者提出服装品牌战略正在发生两大转变——一是由产品品牌转向综合品牌，二是由单品牌转向多品牌，并指出了不同战略各自的适用条件，提出服装品牌战略的演进程序。拜云莹(2013)通过对网络环境下中小型服装企业的服装品牌营销进行分析和调研，构建了中小型服装企业网络服装品牌营销具体的实现途径，提出网络个性定制和差异化营销将成为服装网络销售的新趋势，满足消费者个性、支持消费个体自主创新活动的新观点。姜珊珊和傅纯恒(2014)对服装品牌在O2O商务模式下开展体验营销的现状、特点、案例及前景展开了研究。陈珊珊(2013)以绍兴服装品牌为案例，研究了品牌建设和文化营销的关系。唐磊等(2013)以宁波、杭州两地服装企业作为服装行业的样本展开调研，以GEM为原型构建产业集群下服装区域品牌建设影响因素模型，通过量化指标分析该地区服装区域品牌竞争力的发展状况，认为服装区域品牌的建设是服装产业转型升级的途径之一。

数据表明，服装产业是传统优势产业，也是在国内外具有一定竞争优势的产业。但就服装产业自身发展阶段看，当前服装产业正持续经历深度调整期，主要表现在：此前十多年快速跑马圈地的粗放式扩张“后遗症”集中凸显；传统的以批发订货为主的期货制订货模式遭遇瓶颈；品牌自身定位不清，盲目跟风现象犹存，产品同质化严重；整个产业产能过剩，库存高企；新店拓展速度明显放缓，低效店铺大规模调整关闭，甚至面临“关店潮”；线下实体店铺正加速沦为线上的“试衣间”，快速崛起的线上品牌以及淘宝商城、京东商城等平台电商和移动互联新模式以井喷态势瓜分着传统服装零售品牌的市场份额；整个宏观消费市场持续低迷，服装产业遭遇前所未有的困境和迷茫，原先靠投资驱动、规模扩张、出口导向的“粗放”型发展模式需要根本转变。因此，服装产业迫切需要转型升级与商业模式重构。在互联网时代如何重建消费连接，如何嫁接互联网实现产业升级、重构品牌商业模式、重塑品牌价值，以新的方式和手段响应消费者新需求，就成为当下服装产业关注和实践的焦点。

综上所述，服装产业处于转型升级的关键时期。现阶段，服装产业的问题主要表现在过多地依赖低端产业，过多地依赖资源要素消耗，过多地依赖低成本劳动力，过多地依赖传统商业模式，过多地依赖低小散企业。当下，传统零售业正在下滑，百货公司、购物中心的客流量都在下滑，不少传统服装品牌对这种新需求的把握出现了滞后与不匹配的问题,“线下苦恼,线上火爆”成为当前服装零售市场的一个突出矛盾。这种“线上线下”的强烈反差背后,便是消费者当前消费行为的变革:线上消费已成习惯,而线下消费已不仅仅为买衣服,消费需求已经从原来的纯消费转变为互动体验,包括分享、娱乐等因素,说明消费者对于线上、线下零售习惯的认知变革。服装品牌如何应对新零售消费场景转换和品牌迁移?当务之急是重新认识消费市场,重新思考顾客在哪儿,顾客的真正需求是什么,线下实体品牌如何融合现代消费习惯,从而用新技术打通线上线下连接渠道,做到与消费者建立真正的连接。因此,有必要研究以下问题:互联网和移动互联网下消费者生活方式发生了哪些变化?新经济下服装品牌 O2O 商业模式如何重构?如何面对当下的新经济与新技术革命?新的特点又是什么?如何利用公司现有资源嫁接互联网思维结合 O2O 商业模式,提高销售,提升品牌实力/价值,使企业的利润最大化?

三、主要研究内容、技术关键和主要创新点

(一)主要研究内容

随着互联网的普及和相关技术的发展,数据的采集和分析变得更加容易,数据的体量变得更大,分析结果已经变得更具有普遍性和准确性。用大数据和互联网技术重建“人货场”,本质就是通过技术手段将顾客的消费数据收集、整理后,判断顾客的个性化消费趋势。O2O 模式通过线上做展示,“传播＋交易”,线下做体验,“服务＋交易”。无论是线上还是线下,都要建立在大数据的基础上,通过数据收集、分析和应用,为顾客提供更加精准的服务。加强和保持线上线下更加长期有效、互惠互利的合作关系才能成为可持续的商业模式。

第二章主要界定了互联网思维的发展方向、特点以及表现特征,研究了互联网思维下 O2O 商业模式的发展现状与趋势,论证了新经济、新技术革命对传统商业模式的冲击与影响,剖析了社交媒体、移动互联、大数据、云计算等对消费者生活方式和沟通分享模式的影响,阐述了服装新零售重新定义“人货场”的演变。同时该章结合服装品牌现阶段的实际状况,研究了新经济下服装品牌面临的新趋势,重点构建了 O2O 背景下服装品牌线上线下渠道冲突与价格博弈模型。

第三章主要研究了“中国制造 2025”和供给侧改革背景下的中国服装产业新制造,分析了消费升级驱动下的个性化定制爆发缘由,剖解了互联网服装 O2O 定制需求痛点,全面阐述了全球互联网服装定制商业模式。该章以美国最大的服装品牌定制网站

Bonobos、加拿大服装定制领域翘楚 Indochino、男装定制领军品牌 J.Hilburn、时尚定制科技创新者 Constrvct、美国最大的衬衫定制网站 Proper Cloth、休闲服在线定制品牌 American Giant、男性高端服装定制网站 Trunk Club、新加坡男性衬衫定制龙头 Edit Suits、服装定制品牌领导者埃沃、互联网服装定制颠覆者衣邦人、互联网服装定制 C2M（消费者对工厂）模式创新者量品等全球个性化 O2O 定制品牌为例，全面研究了互联网思维下服装产业个性化定制的 O2O 商业模式重构路径。

第四章主要分析互联网时尚网红产业形成的背景以及全球网红博主诞生的原因。时尚网红诞生于互联网，新媒体成为时尚网红服饰品牌传播的重要渠道，为社群营销提供了一个低成本、透明化的交流互动平台。该章通过品牌原型理论强化时尚网红品牌人格，并将原型理论贯穿于品牌中，以时尚网红创造者赵大喜和时尚网红魔法师张大奕为例，基于品牌原型理论进行归纳分析，提出了时尚网红服饰品牌基于微博平台影响消费者感知时尚网红服饰品牌原型的理论模型。同时，该章提出了品牌原型理论，以及在这一理论下时尚网红服饰品牌传播需要区分主次品牌原型的差异化传播策略和整合放大品牌原型个性的传播策略。

第五章主要分析基于工业 4.0、“中国制造 2025”、供给侧改革和消费升级的“互联网＋”C2M 时尚商业模式。通过工业互联网、大数据、智能制造等理论，C2M 助力时尚产业升级，提供更多个性化的优质产品。该章研究了 C2M 的多维产业形态，主要以传统制造企业 C2M 电商平台红领和报喜鸟，IT 公司转型 C2M 电商平台网易严选和必要，第三方 C2M 电商平台凡匠定制为案例，剖解了“互联网＋”C2M 商业模式重构方式，为在互联网思维下重构时尚产业 C2M 商业模式分析了机遇和困境，提出了重构的建议。

第六章以商务休闲男装为切入点，在对国内商务休闲男装调研与分析的基础上，通过文献查阅、比较分析、实地调研及实证研究的方法，总结整个商务休闲男装的市场格局、经营现状与发展困境。探索商务休闲男装转型升级方向与新的增长点，证明 C2B（消费者对企业）定制有效解决了供给端生产规模化的瓶颈，满足了需求端消费者个性化差异化的需求，相较于女装更个性化时尚化的定制需求，男装定制更易产业化。基于移动互联网及物理信息技术的发展，可将商务休闲男装转型 C2B 定制细分为基于价值链延伸的中高端商务男装 C2B 个性化定制、智能制造的商务休闲男装“C2B＋O2O”智能化定制、面向大众的职业装“C2B＋O2O”团体定制和互联网技术驱动的个性化定制四种类型，探究其转型定制痛点与竞争格局，从商家和消费者角度出发，提出以消费者需求为导向的 C2B 个性化定制服务流程。

第七章以个性化服务为切入点，以服装品牌 O2O 模式的运作机制为基础，围绕“个性化服务”提出一系列影响“顾客忠诚度”的因素。该章通过问卷调查，使用 SPSS 21.0 对样本进行描述性统计分析以及信效度检验，借助 AMOS 18 软件，运用结构方程模型对所构建的模型及假设进行检验和修正，建立新模型，再次建模检验。最终得出结论：个性化服务指标变量中移情性、响应性、信誉度、安全性、网站性能、体验性对顾客满意度有积极的正向影响，且影响程度逐渐增强。根据实证分析结果，该章提出：O2O 服装品牌在个性化服务设计中，首先，要满足消费者对 O2O 购物过程中体验性的要求，基于大数据分析的结果，通过 SNS 社交、跨界、迭代等手段让顾客感知品牌服务差异；其次，增强网站性能以保证良好购物体验的实现；再次，无论何种电子商务模式，安全性总是消费者关心的重点问题之一，提高安全保障有利于增加顾客对品牌的信任。该章最后提出了将线上线下相结合，逐步完善云定制平台，满足消费者的个性化需求的观点；在服务方式上，结合智能云定制平台，顾客可到店体验或由设计师上门服务，品牌运营应采取小批量、多品种、个性化、小流水、深挖掘的模式，提高用户黏性，培养忠实消费群体，利于服装产业链的转型升级和产业结构的优化。

第八章主要提出在互联网技术引领渗透和带动下，电子商务的普及冲击影响传统纺织服装专业市场分化与重组，线上与线下如何更好联动发展已成为传统专业市场研究的重大理论和实践问题。传统专业市场"互联网＋"转型的本质是电商推动下发生的交易模式变迁，即从线下实体向线上交易发展。该章通过市场调研及文献查阅，剖析当前浙江传统专业市场转型线上商务面临的困境，梳理"互联网＋"浙江传统纺织服装专业市场转型机理，重构"互联网＋"浙江传统专业市场转型模式，并以杭州四季青服装市场为例。在现有"实体＋官网"的基础上，四季青服装市场自建独立的专业性服装电商平台，并开发"摩街"APP，为四季青上游商户与下游批发商户搭建电商平台，实现双方的线上订单交易；通过四季青实体市场、PC 端的"四季青服装网"、移动端的"手机四季青"和智能仓储物体系实现线上线下全方位融合营销模式。该章进一步探究传统专业市场借助互联网转型升级的新路径，提出其转型升级的相关结论及营销建议。

第九章主要从理论上研究互联网思维下服装品牌线上销售商业模式，探究互联网思维下服装品牌 O2O 商业模式重构，包括新经济下服装品牌的业务模式、营销模式、盈利模式、商品模式、导购模式和会员模式如何进行重构，提出互联网思维下服装品牌 O2O 商业模式重构的对策与建议。该章以优衣库为案例，从实践上研究服装品牌如何结合企业实际，重构服装品牌的商业模式。

（二）技术关键和主要创新点

第一，新零售将通过数据与商业逻辑的深度结合，真正实现消费方式逆向牵引生产变革；通过分析全球互联网 O2O 服装定制模式发现，互联网定制不仅仅是新技术对营销侧的牵引，而且是企业数字化转型创新之路；提出通过结合互联网架构能力、大数据能力、人工智能能力打造服装定制O2O垂直平台的对策。

第二，从移动互联的网络社群的视角，基于品牌原型理论视角探究"时尚网红"传播模式，发现时尚网红品牌与品牌原型；分析国内外服饰品牌对于品牌原型理论在传播策略方面的创新，提出了服装品牌需要构建传播渠道与内容，针对不同受众进行品牌传播的新策略。

第三，在工业4.0、"互联网＋"、大数据等驱动下，对中国服装供给侧结构性改革的路径进行探索；从供应链整合、流程设计等多方面进行改革和创新，构建消费逆向牵引范式下中国服装定制产业个性化C2M模式。

第四，探讨在互联网大数据时代下的商务男装C2B定制创新，寻求商务休闲男装品牌可持续性发展的多种可能性；研究"商务休闲男装转型C2B定制"运作模式的创新，各层次间商务休闲男装C2B定制模式的差异，满足消费者对个性化、时尚化、高生活品质等的消费需求，为商务休闲男装品牌可持续性发展提供参考思路和可行性模式。

第五，在对O2O模式研究的基础上，通过对O2O商业模式运作机制的分析，提出其运行的关键节点；构建O2O服装品牌个性化服务指标体系，通过对各指标的分析，深入探讨各指标对个性化服务所产生的影响。

第六，从互联网思维视角研究传统服装品牌O2O商业模式重构。将用户、体验、免费、极致、口碑等互联网思维特征嫁接传统服装品牌的创新升级，系统研究互联网思维下服装品牌O2O商业模式重构，对正处于转型升级中的服装品牌具有指导意义；成果不仅能丰富互联网思维下服装品牌的O2O理论，还能直接应用于服装品牌的实践，并参与指导相关企业项目。

四、预期目标

在消费升级，线上流量红利消失的背景之下，时尚产业开启了新一轮新零售探索之路。数字经济重构"人货场"，无人零售、渠道下沉、转型升级、精选模式、智慧供应链、智能制造等新品种不断涌现，消费升级与消费降级迭代交叉，区块链、人工智能、云计算、小程序、物联网、黑科技等更是迅速蔓延，颠覆传统产业。本书将围绕互联网思维下的服装产业研究新零售、新消费、新制造和新技术，通过深度模块研究，解读"互联网＋"时代的服装产业数字化、智能化、个性化全渠道融合的未来趋势。具体而言，本书将主要研究"互联网＋"个性化定制、全渠道O2O运营、时尚网红IP、C2M商业模式、男装"C2B＋O2O"模式以及服装专业市场O2O转型重构等方面。

（一）新零售

新零售指以互联网为依托，通过运用大数据、人工智能等先进技术手段，对商品的生产、流通与销售过程进行升级改造，进而重塑业态结构与生态圈，并对线上服务、线下体验以及现代物流进行深度融合的零售新模式。线上线下全渠道只是新零售的一个组成部分，网红经济、个性化推荐基础上的用户交互行为、用户购买动线的改变等等，都属于新零售的范围。

（二）新消费

经济发展进入新常态，模仿型排浪式消费阶段基本结束，个性化多样化消费渐成主流，需求呈现易变性、复杂性和模糊性等特点，急需推进供给侧结构性改革。面对需求侧的不确定性，我国服装业如何响应消费升级驱动的个性化增量市场，实现供给侧柔性调度，适配个性化需求，成为当前服装业面临的一个重要课题。新消费是持续消费升级背景下的“相对新”，指的是以消费者为核心，以满足消费者需求为目的，重构“人货场”的关系，通过消费者需求逆向推动商品生产和服务提供；同时消费场所多样化，消费方式全渠道化，不再局限于某些特定场所。在新消费背景下，消费者的消费结构、消费需求、消费渠道和消费理念都发生了深刻变化，消费呈现出从注重“量”的满足向追求“质”的提升、从有形物质产品消费向无形服务消费、从模仿型排浪式消费向个性化多样化消费等的一系列转变。

（三）新制造

过去服装制造重视规模化、标准化的大规模生产，但随着消费需求碎片化，未来更加注重智能化、个性化、定制化，通过大数据分析可以准确地预估生产规模，通过 3D 打印可以实现个性化和定制化的生产，通过模块化可以实现按需组装，等等。“中国制造2025”、“德国工业 4.0”、法国“工业化新法兰西”、美国“再工业化”，共同指向的都是人类历史上的第四次工业革命（即工业 4.0）。智能化生产在解决人类的生产问题上是又一次革命性浪潮，它能够实现实时生产、个性化生产、无人化生产。

（四）新技术

在第四次工业革命到来的今天，人工智能和大数据等技术正深刻地改变着人们的生活，出现了“人机合一”的趋势——人脑可以通过机器变得更智慧，机器可以通过人脑变得更聪明。新技术正推动人们进入以智能制造为主导的时代。

五、技术路线

第一，本书通过分析互联网思维的定义、特征和发展方向，研究了互联网环境下服装产业面临的机遇与挑战，对数字化、智能化、网络化、个性化的服装产业融合互联网进行了系统研究，对消费升级下新零售的“人货场”互动演变进行了剖析。第二，重点研究了“中国制造 2025”和供给侧改革背景下的中国服装产业新制造，分析了消费升级驱动下的个性化定制。第三，分析了互联网时尚网红产业演变形成的背景以及全球网红博主诞生的原因，通过品牌原型理论强化时尚网红品牌人格；以时尚网红创造者赵大喜和时尚网红魔法师张大奕为例，提出了品牌原型理论对时尚网红服饰品牌传播的启示。第四，分析了基于工业 4.0、“中国制造 2025”、供给侧改革和消费升级的“互联网＋”C2M 时尚商业模式；通过工业互联网、大数据、智能制造等理论，C2M 助力时尚产业升级，提供更多个性化的优质产品。第五，基于移动互联网及信息物理技术的发展，将商务休闲男装转型 C2B 定制细分为基于价值链延伸的中高端商务男装 C2B 个性化定制、智能制造的商务休闲男装“C2B＋O2O”智能化定制等四种类型，探究了其转型定制痛点与竞争格局；从商家和消费者角度出发，提出了以消费者需求为导向的 C2B 个性化定制服务流程。第六，以个性化服务为切入点，以服装品牌 O2O 模式的运作机制为基础，围绕“个性化服务”提出了一系列影响“顾客忠诚度”的因素。第七，研究了互联网技术引领的渗透和带动如何影响传统纺织服装专业市场分化与重组，提出了线上与线下如何更好联动发展已成为传统专业市场研究的重大理论和实践问题。最后，探究了互联网思维下服装品牌 O2O 商业模式重构，以优衣库为例分析了互联网思维下如何进一步重构全渠道商业模式。本书不仅为服装产业提供了互联网思维下商业模式重构的解决方案，而且为服装产业现阶段的困境提供了解决思路，对服装品牌转型升级有积极的推进作用，对服装品牌实现全渠道线上线下互动具有指导意义，有利于推进“互联网＋”融合与发展（见图 1－6）。

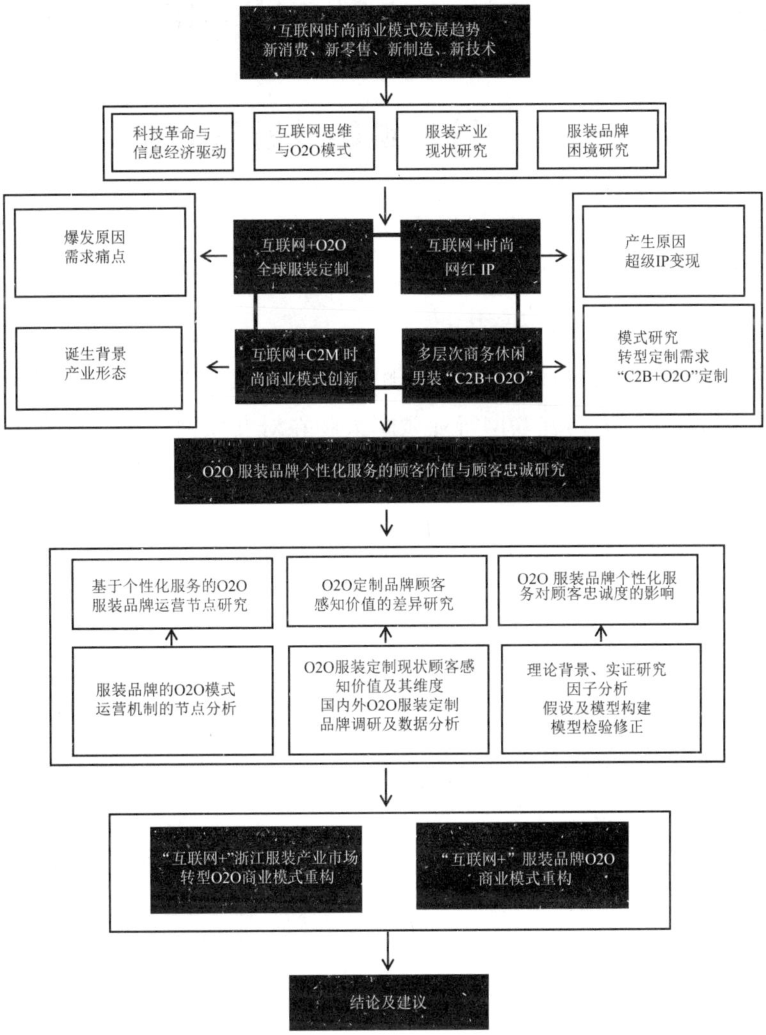
互联网时尚商业模式发展趋势
新消费、新零售、新制造、新技术
科技革命与信息经济驱动
互联网思维与O2O模式
服装产业现状研究
服装品牌困境研究
爆发原因
需求痛点
诞生背景
产业形态
互联网+O2O
全球服装定制
互联网+时尚
网红 IP
互联网+C2M 时尚商业模式创新
多层次商务休闲男装"C2B+O2O"
产生原因
超级IP变现
模式研究
转型定制需求
"C2B+O2O"定制
O2O 服装品牌个性化服务的顾客价值与顾客忠诚研究
基于个性化服务的O2O服装品牌运营节点研究
O2O定制品牌顾客感知价值的差异研究
O2O 服装品牌个性化服务对顾客忠诚度的影响
服装品牌的O2O模式运营机制的节点分析
O2O服装定制现状顾客感知价值及其维度
国内外O2O服装定制品牌调研及数据分析
理论背景、实证研究
因子分析
假设及模型构建
模型检验修正
"互联网+"浙江服装产业市场转型O2O商业模式重构
"互联网+" 服装品牌O2O商业模式重构
结论及建议

图 1-6　技术路线

O2O 第二章

"互联网+"时尚产业发展趋势

一、互联网思维的发展与特点

（一）互联网思维含义

互联网缩短了产品与客户之间的物理距离，直接产生销售行为，客户的购物行为方式发生了较大的变化。国内互联网行业领军人物在对互联网思维的研究中发现，互联网思维最核心的特质在于专注、极致、口碑、快（见图 2-1）。

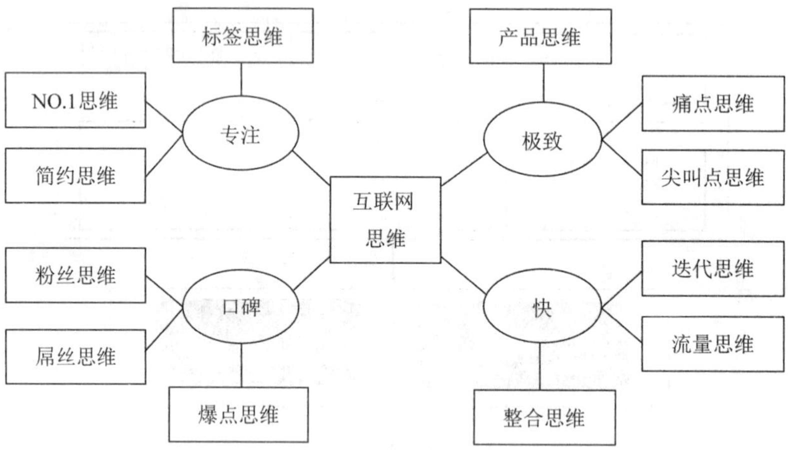

图 2-1　互联网思维整合图

"互联网思维"相关概念发展见表 2-1。

互联网思维的精髓就是网聚人的力量，产生新的商业模式，新的体验包括新的经营方式、新的组织架构。互联网时代是消灭信息不对称的时代，是信息透明的时代。在互联网时代，顾客的消费行为发生了变化。在传统市场，商家跟消费者之间的关系以信息不对称为基础。但互联网时代，用户可以比价，而且相互之间可以方便地在网上讨论，消费者变得越来越有主动权，越来越有话语权。传统的基于信息不对称的营销，其效果会越来越小，而互联网经济里，产品的用户体验会变得越来越重要。互联网思维的精髓是开放、透明、分享、责任，体现在活动上是娱乐化与社交化。互联网思维就是在（移动）互联网、大数据、云计算等科技不断发展的背景下，对市场、对用户、对产品、对企业价值链乃至对整个商业生态进行重新审视的思考方式。最早提出互联网思维的是百度创始人李彦宏。越是以前成功的企业，转型越是艰难，这就是"创新者的窘境"。技术领先的企业

表 2-1 "互联网思维"相关概念发展

提出者	企业	内容
雷军	小米公司	"雷七诀"：专注、极致、口碑、快
马云	阿里巴巴	互联网思维是跨界、大数据、简洁和整合的思维
马化腾	腾讯公司	"马七条"：连接一切、"互联网+传统行业"=创新、开放式协作、消费者参与决策、数据成为资源、顺应潮流的勇气、连接有风险
周鸿祎	奇虎 360 公司	互联网思维是用户至上、体验为王、免费与跨界、颠覆式创新的思维
杨元庆	联想集团	应当刻不容缓地全面转型互联网，从业务模式、产品体验、销售渠道、营销方式、宣传推广等环节融入互联网
梁信军	复星集团	互联网已经如同电力和道路一样成为现代社会的基础设施，并且互联网思维应当成为一切商业模式的起点，作为判断一个产业潜力的重要测评标准
张亚勤	百度公司	互联网思维分为数字化、互联网化、互联网思维三个层次
赵大伟	和君集团	九大思维：用户思维、简约思维、极致思维、迭代思维、流量思维、社会化思维、大数据思维、平台思维、跨界思维
陈光锋	武汉经天纬地信息技术有限公司	十二大思维：标签思维、简约思维、NO.1 思维、产品思维、痛点思维、尖叫点思维、屌丝思维、粉丝思维、爆点思维、迭代思维、流量思维、整合思维

在面临突破性技术时，会因为对原有生态系统的过度适应而面临失败。目前互联网思维观点包括粉丝经济、价值观、需求(刚需)、接地气、大数据(云计算)、逆袭、一切以用户为中心、快速迭代、极致、平台(闭环)、试错(交学费)、口碑等等。

互联网思维是相对于工业化思维而言的。互联网思维就是对传统工业思维的颠覆，消费者已经反客为主，拥有了消费者主权。过去 2000 多年作为人类文明基石的思想体系将面临新的挑战，人类正迎来消费平等、消费民主和消费自由的消费者主权时代，整个供应链条上的各个角色，如品牌商、分销商和零售商的权力在稀释、衰退甚至终结。在消费者主权的时代，消费信息越来越对称，价值链上的传统利益集团越来越难巩固自身的利益壁垒，传统品牌霸权和零售霸权逐渐丧失发号施令的能力。话语权从零售商转移到消费者手中，消费者通过自媒体，建立和强化了这种自主权。未来全球消费者共同参与、共同分享的开放架构正在形成。这一权力重心的变化，赋予每个消费者改变世界的力量，企业必须主动邀请顾客参与到从创意、设计、生产到销售的整个价值链创造中来。

（二）九种互联网思维

赵大伟将互联网思维概括为用户思维、简约思维、极致思维、迭代思维、流量思维、社会化思维、大数据思维、平台思维和跨界思维这九种思维（见图 2－2）。

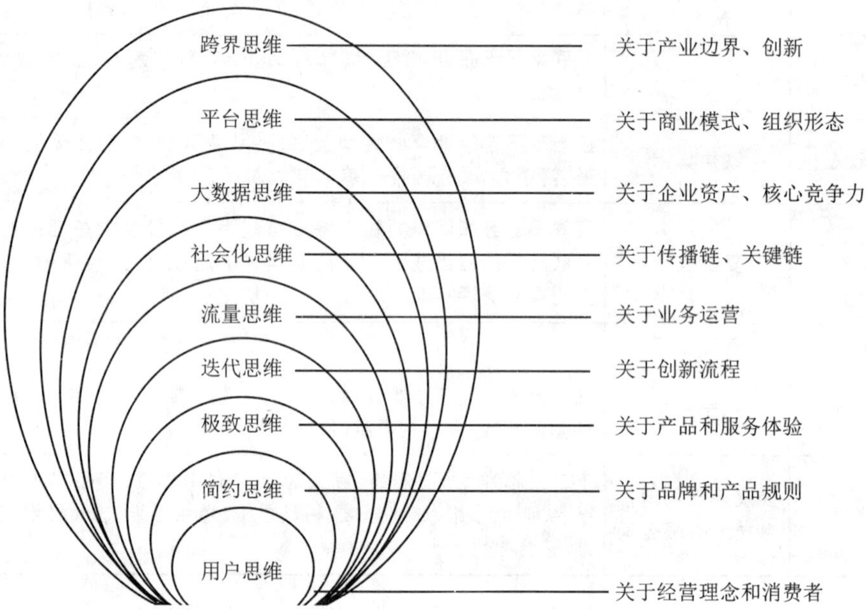

图 2－2　九种新型互联网思维

互联网思维的核心是用户思维，指在价值链的各个环节中，要以顾客为中心去思考。第一，要牢牢抓住“草根一族”的想法；第二，要兜售参与感，让消费者参与到产品的优化中；第三，要做好用户体验，让消费者能有超出预期情感的体验。简约思维是指在互联网时代，信息收集琐碎，只有简明扼要的产品规则才不会被用户过滤；将产品设计与外观、内在操作流程都简化。极致思维指的是把产品、服务和用户体验做到最好，超越用户的预期。

迭代思维是指互联网允许产品开发有所不足，不断试错，把握消费者需求变化，在持续迭代中完善产品。操作上从细微的用户需求入手，贴近用户心理，在用户参与和反馈中逐步改进。流量思维指体量，即用户目光聚集的总量和用户的关注度。第一，实行免费，互联网产品大多用免费策略极力争取、锁定用户，但不是所有企业都能选择该策略，策略因产品、资源、时机而定；第二，任一互联网产品，当用户活跃数量达到一定程度后就会发生产品的质变，带来商机或价值。

社会化思维指的是社会化的商业核心网络中，企业面对客户是以网的方式存在的，从而变更整个形态;利用社会媒体的优势建立口碑营销网络,站在用户的角度,以用户的方式与用户沟通。大数据思维是指对大数据的认识。小企业也要有大数据,企业进行预测和决策包括沉淀用户的信息、行为、关系这三个层面,针对个性化的用户做精准营销。平台思维指的是开放的、共享的、共赢的思维。平台模式的精髓是打造多主体共赢互利的生态圈,善用现有平台,让企业成为员工的平台。跨界思维是指随着互联网和新科技的发展,产业边界变得模糊,互联网企业与其他领域的合作变得频繁,需要及时关注用户生活方式的改变,大胆颠覆创新,敢于创新组织。

(三)互联网思维特征及表现形式

互联网思维特征见图 2-3。

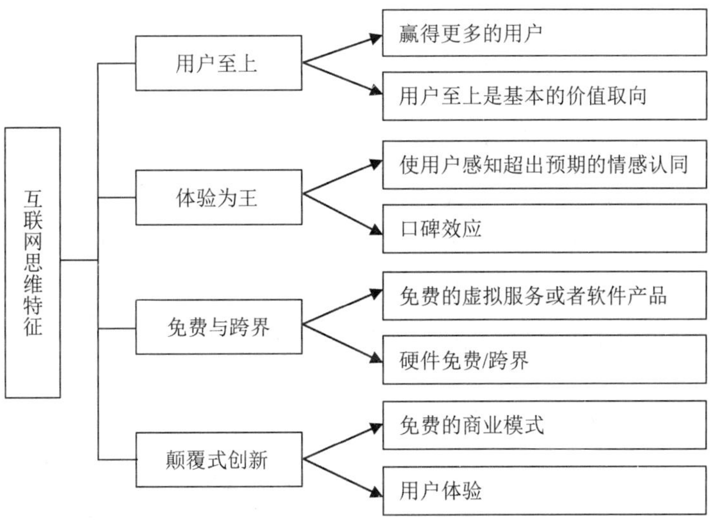

图 2-3　互联网思维特征

1. 用户至上

用户至上即要融入互联网,考虑如何赢得更多的用户而非客户。只有企业建立了品牌,有足够的用户群,才能基于互联网建立基础的商业模式。互联网可能颠覆所有的传统模式,包括电视工业、传统硬件制造。以微信为例,它消灭的是运营商商业模式。微信给运营商造成危机,短信和话费收入减少不是主要问题,可怕的是用户与运营商关系越来越远,运营商失去了和用户之间的关联。所以,客户不是最重要的,用户至上才是基本的价值取向。

2. 体验为王

体验为王即用户的感知超出预期的情感认同。在传统商业模式下,企业通过终端销售环节把产品卖给客户，当获取利润后交易便宣告结束；而在新的体验式互联网时代，企业将产品卖出只意味着体验的开始，如果商品得到了消费者内心的认同，会形成口碑效应，这种口碑通过社交网络的传播形成良好的宣传效果。

3. 免费与跨界

免费商业模式即通过免费的手段来进行颠覆传统的商业模式。因为互联网开发产品的成本大体固定，而通过互联网将产品传递到用户手里的费用非常低，接近于零。因此，一项互联网产品或服务的用户基数越大，分摊到每个用户上的成本就越低，越趋近于零。互联网企业所有的商业模式，都基于海量的用户基数，因此可通过设计增值服务向一部分用户收费，或者可通过设计广告的模式，让大部分的用户都看到。

4. 颠覆式创新

颠覆式创新(disruptive innovation)既是通过免费的商业模式的颠覆，又是通过用户体验的颠覆。互联网就是主打简单，通过免费的力量把用户体验做到极致。“颠覆”这个词本义是打破或者中止旧有的秩序，让事物按照新的规则进行。颠覆式创新指的是这样一种创新：它创造了新的价值、新的市场，打破了旧有的市场，并取而代之。360公司的产品免费，给它带来了无数用户，从360杀毒软件到安全卫士，再到浏览器，都为用户创造了价值。此后，360公司在浏览器上开发了自己的商业模式，在上面构筑搜索、导航、网页游戏等业务，流量就开始变现。最基本的颠覆式创新可以分为三种：第一，把原来很不方便的服务或者产品做得特别方便；第二，把贵的变便宜，或者把收费的变免费；第三，利用技术革命进行创新，即利用科学上出现的重大创新突破，产生革命性的力量。

二、社交媒体、移动互联网等对消费者生活方式的影响

（一）新经济新技术革命对传统商业模式的冲击与影响

新经济新技术革命将互联网带到传统企业中，企业必须对传统的商业模式进行改变来适应新的时代环境。信息的时空限制已经被互联网技术的普及打破，信息传播的深度、速度和广度都有了飞速的发展。互联网的发展也将传统商业模式中各等级之间的距离打破，厂家、企业、供应商、代理商、零售商与顾客之间的关系发生了翻天覆地的变化，厂家可以通过互联网直接面对顾客，顾客可以通过互联网找到最合适自己的产品。新经济融合互联网体现出的主要特点是可定制、体验和智能、远程化、可识别。在新技术革命之前，传统商业为“厂家—代理商—零售商—客户”的模式，从生产到销售经

过多级环节，每个层次的利益来源于赚取的上一级的差价；代理商、零售商可以销售的产品、品牌有限，所以供货渠道相对稳定。电子商务对于传统商业模式的冲击主要表现在以下几个方面。

第一，对传统营销观念的彻底颠覆。互联网已经将顾客需求细分，传统的模式已经不能满足个性化的顾客。传统企业应运用互联网来了解目标群体更多的细分市场，在维护老顾客的同时不断培养新的客户群体。电子商务的介入，使传统营销模式从单向沟通发展为双向互动。传统的单向指企业通过各种媒体广告、电话推广、人员推广的营销方式将品牌信息传递给顾客，在这个过程中，顾客往往被迫接受企业所传达的信息。而电子商务中的双向互动可以很好地实现企业与顾客的沟通，顾客可以反馈给商家信息，商家则能更好地为顾客服务。

第二，对传统模式经营方式的冲击。首先，在电子商务出现之前，传统的经营方式大致为由厂商生产产品到代理商、零售商再到消费者这样一个过程，生产到销售是分离式的。但是电子商务的出现，使设计师、厂商、代理商、零售商与顾客之间的距离被打碎，任何两者都可以直接通过网络进行交易，使传统模式中很多环节发生整合或者消失。其次，消费者可以足不出户，通过鼠标和屏幕来选择自己需要的产品，并且互联网将信息透明化，并且可以对不同厂商的同类产品进行比较，选择产品购买。

第三，对成本的冲击。在传统模式中，商家的产品生产从企划到设计研发、制作生产、销售等环节，需要花费大量成本。电子商务出现后，企业可以直接通过互联网获取或者发布相关信息，简化传统模式中的很多环节，使企业节省出更多的精力花费在改善产品质量与服务上，也有利于企业内部的综合管理。在传统模式中，消费者要想获取一件商品必须去商场通过挑选、试用、对比等来进行消费，而电子商务可以让消费者直接通过互联网来进行消费，在 PC 端电商平台进行购物，或者通过移动端随时随地进行选购。消费者的时间成本大大减少，只需少量浏览的时间成本与产品成本，从而大大升级其购物体验。

第四，对市场反应速度的冲击。传统商业模式从企划、设计、生产到销售等环节，每个环节都有固定的负责人，而问题往往出现在面对消费者的销售环节。在传统商业模式中，销售人员在与顾客交流或交易的过程中发现问题后需要层层上报。由于部门设置复杂，办事效率一般，所以最终环节的问题反馈到各个层面需要时间，并且在问题反馈过程中，由于经过多次传达可能造成问题的遗漏或者曲解，不能被准确、完整地传达。所以在反应机制上，传统商业模式根本不能做出及时的调整。而在电子商务中，通过互联网简化了各级别的划分，各个环节信息尽量做到扁平化，出现问题可以及时报告给关键环节负责人，分析与解决问题。

（二）社交媒体、移动互联网等对消费者生活方式的改变

互联网时代改变了消费者的生活习惯，也改变了消费者与企业的角色，使得两者角色互换。在传统商业模式中，由于没有互联网与社交媒体，所以信息不对称，企业依赖于信息的不对称，以自身为中心、为出发点来运营各项事务。消费者也没有渠道来进行产品的质量、价格等方面的比较，只能被动接受品牌商的终端导购和广告轰炸，话语权完全掌握在企业手中(见图 2-4)。

图 2-4　信息不对称时代企业与消费者角色

而以连接为本质的互联网将消费者、产品、企业进行了连接，消费者可以随时随地通过互联网或移动互联网来获取产品信息并进行比较，还可以通过社交网络进行产品评价、建议与分享。互联网赐予了消费者前所未有的话语权与力量，企业与消费者之间话语权发生倒转，消费者主权时代到来，“用户至上”成为互联网时代的铁律(见图 2-5)。

图 2-5　互联网时代企业与消费者角色

互联网思维下消费者生活方式也发生了转变。从消费者层面看，消费者的消费心理更趋细分化、多元化，消费渠道更具多重选择。大数据价值凸显，多种移动互联支付手段出现，当下消费者正变得史无前例地自觉、主动和强大，具有了极大的市场话语权，品牌不再由企业预设，而是由消费者来定义。消费者生活方式和价值观念的演进，不断冲击甚至颠覆着品牌的商业业态和管理模式。企业迫切需要重建消费连接，学会运用互联网的力量重塑传统产业，以新的方式和手段响应消费者的真正需求。微博、微信的

普及让消费者拥有了更大的发言权,在"所有人对所有人"的传播时代,自媒体发展迅猛,消费者随时随地在线成为常态。拥有移动终端的消费者不再需要"去购物",而是随时随地都"在购物",形成了全新的用户习惯和消费模式。面对快速移动的消费者,企业也需要快速移动起来,这样才能跟上消费者前进的脚步。

综上所述,新经济技术革命已经到来,冲击着传统企业的发展与运营。移动互联网与新兴媒体在消费者生活中的普及也改变着人们的日常生活习惯。企业探索发展的O2O之路面临着新的机遇与挑战。目前O2O的探索之路遇到很多瓶颈,由于各种不足,还没有形成一个完整的成熟的体系,也没有品牌真正做到O2O的线上线下互通闭环。

(三)大数据、云计算收集分析顾客生活方式

大数据核心还是基于对消费者的理解。传统服装企业没有办法掌控终端消费者的详细信息,因为大部分企业采用了部分直营或者代理、加盟模式,很难去收集会员资料。但在互联网渠道下,企业能够掌控所有消费者的数据,然后对这些数据进行有效分析。大数据的另一个作用,是能够看到服装消费群体在整个互联网上购买产品的路径和偏好,有利于企业运用精准营销针对消费者推广相关产品。

斯坦福大学教授伊塔马尔·西蒙森(Itamar Simonsen)和伊曼纽尔·罗森(Emanual Rosen)在其新书《绝对价值:信息时代真正影响客户的是什么?》中指出,营销人员需要重新评估品牌对消费者购买决策的影响力。书中写道,"当消费者可以通过用户评价、专家意见或者社交媒体等更好的渠道获得产品质量信息时,品牌就不那么重要了"。大品牌的衰落遵循着清晰的逻辑,品牌的首要作用是促使消费者更容易地选择产品。如果消费者可以轻易获得用户评论、专家意见等有助于决策的信息,那么,品牌的价值就会下降。品牌的角色从来不是仅仅解决信息问题,品牌应该为用户提供意义和满足情感需求,这些人类的基本需求始终未曾改变。在这个高度透明的数字化世界中,消费者能够轻易知晓企业言行是否一致。企业再也不能简单分割市场营销和产品开发、沟通和服务,而必须把自己融入客户价值链中。企业在推广其产品和服务时要学会讲故事,学会抛开广告的外衣,向用户传达价值。

(四)移动互联网形成新的分享和沟通模式

第一,互联网正在改变人类社会的知识分享模式。全球化与互联网使得知识的存储不再局限于以实体组织形式存在的知识寡头之中,研发也不仅局限于企业个体。知识伴随着人的流动可以遍布于世界任何角落,而通过互联网的结网又再次以自组织或

被组织的形式聚集在一起,企业组织的战略边界正在被打破。

第二,互联网正在改变人类社会的信息分享模式。互联网打破了物理位置的局限,降低了信息沟通的成本,从而使不受区域限制的即时信息分享成为可能。当越来越多的人类行为暴露于互联网,个人数据以及行为模式变得更易于获得和统计。这种个人主动或被动的信息共享行为,使得基于大数据的消费者行为研究变得更加容易。这种用户行为的信息曝光所产生的收益在前端的表现为精准营销的可能(已被大量使用);在后端的表现则为基于用户行为的产品个性化定制的可能。

第三,互联网正在改变人类社会的沟通模式。互联网使现代社会沟通更直接、更扁平化。沟通模式的改变一定程度上又承载了知识分享模式和信息分享模式的变化。这种沟通直接化、扁平化给商业社会带来的影响则表现为传统产品价值链条的缩短。生产企业无需通过层层环节将产品送达消费者,消费者更可能直接将使用信息及意见反馈于生产企业。企业作为组织的目标即为赢得消费者,如此一来这种变化所带给企业的利益是不言而喻的。企业直接与消费者沟通成为可能,从而可使企业在第一时间了解消费者的需求,并且可以做到以消费者能够接受的速度满足这种需求。这是传统企业所难以实现的,这也是互联网化的传统企业更容易赢得消费者的原因。

第四,互联网唤醒并推动着消费者对个性化、差异化、体验性、互动性、创造性的生活生产方式的目标追求。互联网时代将是一个新部落时代,人人都是设计师,人人都是生产者,人人都可决策所在部落的未来。

三、互联网思维下O2O商业模式发展新趋势与新特点

(一)O2O术语的界定

O2O全称为online to offline,是继B2B、C2C、B2C等电子商务模式之后,新兴的一种电子商务模式。当前存在两种较为普遍的解释,一种为O2O把线上的消费者带到现实的商店中去,在线支付购买线下的商品和服务,再到线下去享受服务(苏涛,2012);另一种为能全面融合线上虚拟经济与线下实体店面经营的商业模式(王晶,2011)。O2O的出现,为用户及商家提供了面对面接触和交流的机会,这使得众多无法产品化的传统服务业通过O2O完成交易成为可能,并能够通过追踪消费信息来实现精准营销。

2011年8月,TrialPay创始人兼CEO兰佩尔首次提出O2O的概念,之后其被引入国内,受国内电商、投资、金融、制造和服务等行业的重视。兰佩尔通过分析Groupon、

OpenTable、Restaurant.com 和 SpaFinder 公司之后，将线上线下连接起来，促进线上线下共同发展。因此，兰佩尔将该模式定义为"线上线下"(online to offline)商务，简称 O2O。他定义 O2O 时，强调的是互联网作为消费的前台，引导消费者到线下消费。这其实是一种消费者发现，透过互联网让消费者能够在线预约，促进线下交易完成的模式。O2O 模式将颠覆传统的思维模式，线上线下渠道必将融为一体，其中具有个性、体验性的商品或服务兴起，无论是品牌商还是渠道商，营销方式都将由粗犷型转向精细型。O2O 模式的关键是针对消费群和新的消费需求，整合线上与线下资源。

O2O 模式可以理解为将线上电子商务模式与线下实体经济相融合，通过互联网平台将线上商务模式延伸到线下实体经济，或者将线下资源推送给线上用户，根据线上线下链接所形成的数据进行良性互动，并达到双赢的一种电子商务模式。O2O 将线下商务的机会与互联网结合，线下服务可以线上揽客，消费者可以线上筛选服务，交易可以在线结算。该模式最重要的特点是推广效果可查，每笔交易可跟踪，相对传统网购更强调互动。关键点在于网上寻找消费者，然后将其带到现实的商店中，目的是解决线上线下的对接问题，即信息的对称问题。其本质上是实体经济数字化的进一步发展，也是 B2C 商业模式的进一步升级，核心是把线上消费者带到实体店中去，提高顾客参与度和用户体验度。根据 Kalakota 和 Whinston(1996)对电子商务市场的划分可知，电子商务市场按照交易对象可分为：B2B(business to business，企业对企业)的电子商务市场；B2C(business to customer，企业对消费者)的电子商务市场；C2C(customer to consumer，消费者对消费者)的电子商务市场；C2B(customer to business，消费者对企业)的电子商务市场(见表 2－2)。

表 2－2　不同电子商务模式的区别

模式	行业类型	交易双方	交易平台	组织形式	盈利模式	代表网站
O2O	侧重于服务型消费，例如餐饮、电影、旅游、健身等	企业和消费者	集合式平台、自建式平台	线上＋线下	高附加值的服务性消费以及个性化服务	大众点评、美团
B2B	侧重于大宗实物商品或服务	企业和企业	自建平台	线上＋线下＋物流	广告、增值服务、商品或服务差价	阿里巴巴
B2C	侧重于销售实物商品	企业和消费者	自建平台	线上＋线下＋物流	广告、增值服务、商品或服务差价	天猫、京东
C2C	侧重于销售实物商品	消费者和消费者	第三方平台	线上＋线下＋信息流	商品或服务差价	淘宝网
C2B	侧重于个性化定制商品	消费者和企业	自建平台、第三方平台	线上＋线下＋物流	增值服务、商品或服务差价	优定制

(二)O2O的三条主线

许维认为O2O包括商家、消费者、平台等三个主体。商家、消费者各自有三大需求:商家的需求是"新客营销、老客营销、交易",消费者的需求是"发现新店、享受优惠、便利购买"。商家和消费者各自的这三大需求其实分别是一个硬币的两面,对应着平台方的三大产品,分别是"流量入口、CRM(客户关系管理)、交易工具"(见表2-3)。

表2-3　O2O的三条主线

主体	O2O的三条主线		
商家	拉新客	老客重复营销	线上销售
消费者	发现新店	享受优惠	便利购买
平台	流量入口	CRM	交易工具

新客营销最重要的条件是流量入口,对于O2O来说,最重要的流量入口是地图。O2O是要从线上把消费者带到线下的实体店中去消费,地理位置是最重要的变量,因此地图就成了最重要的入口。所以,线上和线下不应该是冲突的,不是谁导向谁的问题。未来的企业要想在未来的商业环境存活,必须做到"O+O",即线上加线下,具体来说是技术环节的"O"(online)加差异化服务的"O"(offline),两个象限要同时做到、做好。同时,应当注意,在互联网化的社会,信息平等是其最大特点。低信息成本与信息平等的情况,赋予了消费者绝对的权利(见图2-6)。

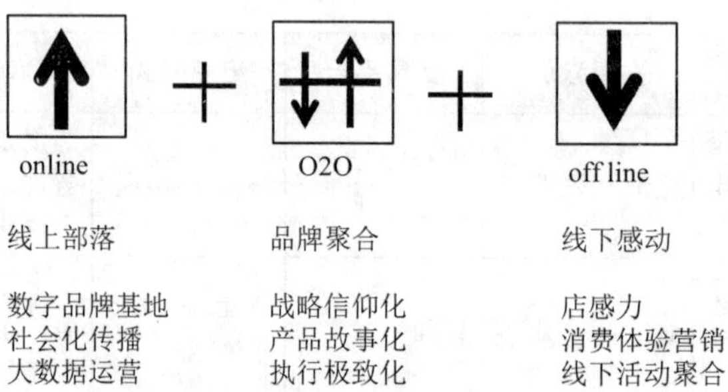

图2-6　O2O品牌聚变模式

四、互联网思维下国内服装品牌线上销售商业模式研究

(一)互联网思维下传统服装品牌 O2O 面临的机遇

在传统服装品牌经受关店风潮与库存压力的时候,O2O 模式为传统服装品牌带来了新的希望。O2O 模式不仅可以为传统服装品牌拓展新的营销渠道,还可以融合线上线下环节,为线下低迷的销售带来转机,加上传统服装品牌多年积累的品牌优势、供应链优势等,都为发展 O2O 模式提供了良好的条件。企业只有在完全理解互联网思维本质的基础上才能更好地做出 O2O 重构。移动互联网技术的发展与智能手机的迭代更新,为企业布局 O2O 提供了技术与平台,手机也使得用户可以随时随地进行购物。消费者进入手机购物的时代,在人人关注移动端的生活中,企业应当紧跟消费者的需求,这样才能立于不败之地。

随着互联网与移动互联网的高速发展,互联网思维影响着各行各业,电子商务的快速发展对传统服装品牌造成了巨大冲击。目前,服装品牌的销售额和利润率都处于缓慢增长的阶段,甚至有些品牌出现营收不断下降、库存压力巨大的现象。电子商务的飞速发展不仅使传统服装品牌的发展受到阻碍,同时也在不断改变着消费者的购买习惯。消费者越来越习惯于线上购物,生活中处处都是互联网的移动端入口,所以传统服装品牌必须向互联网转型以求自救。互联网的飞速发展推动 B2C、C2C 等电子商务模式不断向 O2O 模式发展,O2O 模式以其独特的线上线下联动、促进消费者线上交易、改善消费者线下体验等特点受到商家与消费者的青睐。虽然 O2O 模式是传统服装企业转型的最佳模式,但对于传统企业来说 O2O 模式既是机遇也是挑战,因为传统企业自身存在的问题将是阻碍 O2O 模式发展的最大困难。

(二)互联网思维下国内服装品牌线上销售新趋势

在互联网思维的影响下,传统服装品牌的发展有了新的趋势,电子商务领域的服装行业在渠道、营销、模式方面呈现出新的态势。

第一,渠道新趋势。互联网给服装行业的运作模式带来了不可逆转的改变,即依赖渠道进行批发、代理以及加盟的模式都将消失。传统模式中的中间环节将退出历史舞台;实体渠道中的代理、经销、托管、加盟、联营等分销模式都会因为互联网的进一步发展而消失,未来的商品运作模式只有直营。

第二，营销新趋势。以传统营销为指导的渠道化运作如批发、代理、加盟、托管、联营等均是一种小众化的市场解决方案，通过巨额资金做招商会，再通过诱人的政策来刺激代理商买单。这就是传统营销模式的核心“中国式人情关系学”，而并非为品牌的影响力所致。在传统模式中品牌并没有与消费者发生关系，而是一味寻求代理商，只与代理商发生关系。这是传统模式中的一大弊端，因为脱离了消费者，品牌就错失了生存之源。互联网思维下渠道的作用在不断弱化，当渠道最终被稀释后，传统模式中的品牌将失去渠道，失去消费者。所以在互联网时代，传统品牌已经不能靠“人情牌”打天下，而必须使品牌和消费者发生关系，产生连接，让消费者可以找到品牌。新媒体营销是互联网思维下的趋势所在，品牌必须通过新媒体营销使其与消费者产生连接。

第三，模式新趋势。传统服装企业的模式其实只是将货品压给了渠道，只是库存的转移而非模式。在互联网行业与电商行业纷纷介入服装行业后，O2O、C2B、C2B2C、“O2O＋C2B”、微商朋友圈营销模式等被提出。随着 O2O 的发展和大数据的普及应用，B2C 模式正在被 C2B 模式所取代，C2B 也将成为企业布局 O2O 的重要方向。C2B 模式最早出现在早几年的团购与预售模式中，但是和有消费者参与的 C2B 相比，团购和预售并不是深层次的 C2B，仅仅是聚合了部分消费者需求之后的集中释放，而没有真正初级产业链条上的生产。随着个性化时代的到来，消费者越来越追求与众不同、独一无二的商品或服务，要求彰显个性的定制化服务将会成为主流。互联网市场数据化、网络化、扁平化和长尾化的特征，让消费者的需求能随时随地传递给企业，而企业能够提供的商品与服务也被消费者熟知。消费市场和商家市场运作环境的不断成熟，为 C2B 的发展提供了更多的可能性。预购式 C2B 模式、定制化、“小而美”模式都是服装品牌模式发展的趋势。

①预购式 C2B 模式。以某品牌为例，商家选择了几款服装生产样衣但是没有进行大货生产，而是将其定好价格后交给消费者选择。整个过程为：消费者在几个款式中根据自己的习惯与喜好选择—选好款式进行定金支付—品牌商将预定数量与款式送到自己的制造工厂—工厂将订单给原料与辅料厂商。在这个过程中可以发现该产业链与传统模式直接下单生产大货的方式截然不同：整个产业从消费者到品牌商、从品牌商到原料商，所有环节都是用数据打通了的，保证了库存的数量，并且与消费者获得了更亲密的联系，直接获取消费者的需求，更精准地为消费者服务，彻底改变了以往的生产状态。

②定制化。随着市场对个性化的追求日益强烈，批量生产的成衣已经无法满足消费者的个性化需求，服装也超越了御寒的功能，被赋予了一个新的使命：展现消费者独一无二的自我。互联网的发展使得云计算与大数据技术得到更好的发展，技术的支持使定制化得以实现。

③"小而美"模式。互联网时代与移动互联网发展带来信息化发展，消费者获取信息的渠道更加多元化，信息对于消费者的影响力也越来越短暂。在信息汇聚的互联网海洋中，"大而全"的信息往往得不到有效的传播与扩散。在信息化发展催生的很多全新的经济效应中，最明显的一个是"眼球经济"。消费者的注意力是非常有限的，没有很多的时间和精力去了解一个品牌的文化与产品，所以企业的产品必须做到"小而美"，将少数几个单品做到极致来博得消费者的认同与支持。

（三）互联网思维下国内服装品牌线上商业模式

1. 线上产品布局

互联网已经成为消费者生活的一部分，消费者越来越习惯于线上消费，线上平台将成为重点交易领域。但是目前线上产品现状并不足以支撑这个大好局势，线上产品布局应当受到品牌重视。线上产品布局问题主要如下。

第一，线上店铺中的产品多为过季的库存产品，线上渠道沦为品牌库存"下水道"，线上成为库存销售主力。这样的做法是将线上平台作为一个低价甩货的平台。然而，在互联网下的信息时代，时尚潮流充满整个互联网，库存对于消费者虽然有价格上的优势，但是对于追求更多价值的消费者而言，他们需要的不仅仅是库存产品。

第二，线上产品与线下产品重复，即存在线上线下同款销售。很多品牌并没有专门为线上设计一系列线上产品，区别于实体店进行销售。在线上销售线下同款产品，处理不当的话不仅会对已有的市场和品牌造成冲击，也不能从根本上获得规模效应。

第三，线上产品价格问题。商家关于线上线下同款的服装价格是否一致的问题也有不同操作。线上渠道不同于实体店铺需要租金、装修、导购等成本，所以价格的制定直接影响到不同渠道人员的利益。对于线上价格的布局，现在很多品牌的做法是将线上线下同款的新品价格定为一样，而对于库存款的价格则线上折扣较大。

第四，产品更新速度问题。产品的更新速度可以刺激消费者的购买欲望。消费者是不会满足于衣柜里现有的衣服的，所以品牌需要不断更新产品。传统服装品牌，不像某些网络品牌规定每周上新，每周的新品数量极多。由于传统企业组织结构的特殊性，即使不能要求其做到每周更新，但是也不能一成不变。有的品牌产品整个季度都没有更新，这样会使消费者失去兴趣，逐渐淡忘该品牌。

2. 线上产品营销

服装品牌大多都入驻第三方平台，所以线上营销方式最显著的特点往往与平台的营销策略相关。

第一，价格促销。由于品牌在线上直接面对消费者，省去层层代理费，所以低价是其中最明显的营销方式。品牌可以通过各种方式打折促销。最常见的方式为包邮与秒杀。包邮是指买家在购物过程中产生的运输费用由卖家承担。包邮虽然只是由卖家承担很少金额的快递费用,但是在线上同类产品竞争激烈的环境下,小小的包邮可能就是赢得客户的重要因素。秒杀是一种以极低甚至接近于免费的价格来使所有买家在同一时间进行抢购,速度非常快,有时仅 1 秒商品就被抢空售罄。秒杀的方式有点近似炒作:它用低价的方式吸引众多用户关注,使得产品曝光在聚光灯下;产品的质量已被消费者抛之脑后,消费者只是想得到这件东西。这种秒杀的形式慢慢被越来越多用户接受,秒杀为品牌带来的不是利润,而是品牌的宣传以及在消费者心目中占有的地位。

第二,第三方平台营销工具。淘宝网目前常用的营销工具包括直通车、钻展、聚划算、天天特价、优惠券、满就送等(见图 2-7)。品牌一般利用节日来进行折扣促销,会选择满就送、限时折扣等优惠活动,利用这些促销工具抓住消费者的消费心理,提高其购买欲,促进成交,增加产品的销量获取利润。而像直通车、钻展等是品牌花钱购买的服务,通过增加展现机会来获得消费者的关注。

图 2-7　淘宝网目前常用的营销工具

(四)零售服装品牌线上线下渠道冲突与价格博弈研究

随着移动互联网的兴起,在服装消费向体验服务转型的趋势下,衍生出了新型的O2O商业模式。本书通过系统分析线上线下渠道冲突发生的根本原因,运用博弈论理论模型构建了线上线下零售商之间的竞争模型,并以利润最大化建立了两者价格博弈模型;分析了零售服装品牌双渠道供应链的决策策略,给出了线上线下的均衡策略,探讨了均衡解与各参数之间的关系;提出了各渠道成员应从“个体理性”转变为“集体理性”,实现全面合作意识,引导各渠道系统成员创造共赢的结果。

互联网时代的服装品牌线上线下零售渠道蓬勃发展,服装零售行业出现了巨大变革。市场中出现了传统线下服装零售商、双渠道线上线下服装零售商和单纯线上服装零售商同时并存的局面。在新的市场环境下，线上线下之间的渠道冲突和价格竞争也日益激烈，渠道成员为了争取自身利益最大化而产生激烈的渠道冲突，使得渠道成员利益受损，并影响渠道的整体运行。零售服装品牌线上线下渠道模式已经成为全球零售业的发展趋势，多渠道零售线上线下协同效应与稀释效应并存。如何通过线上线下一体化整合协同，避免利益冲突成为零售领域研究的热点。

1. 文献综述

线上线下渠道的冲突管理是营销管理中的关键组成部分，也是现代西方营销学者研究和探讨的关键点。良性渠道冲突有利于促进渠道各成员的积极性，但从实际情况来看，大多数现有冲突都是破坏性的，会导致整体渠道体系混乱，所以如何管理渠道冲突将成为各学者研究的重点。霍特林价格竞争模型假设产品材料的性能一致，但消费者购买产品空间的距离不同，由此构建运输成本差异的博弈模型，计算其中的均衡价格和平衡利润。1976 年，肯尼思·托马斯提出了解决渠道冲突的概念模型(见图 2-8)。该模型采用渠道成员与自身的固执性以及一定程度的合作性作为变量，将渠道成员的谈判方式划分为迁就型、回避型、合作型、竞争或进攻型、合作或问题解决型和固执型。

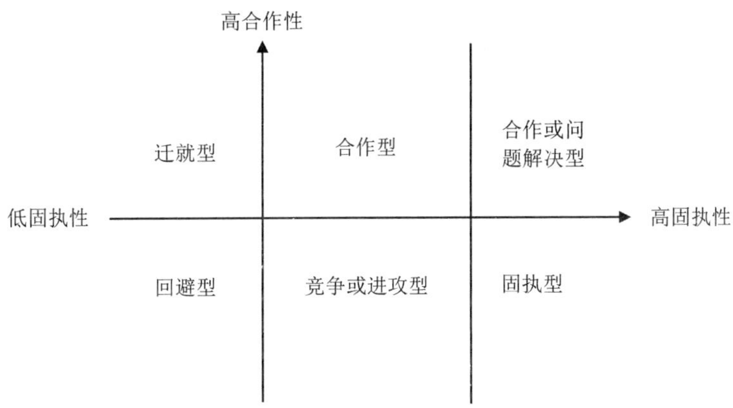

图 2-8 肯尼思·托马斯的解决渠道冲突的概念模型

路世昌和冯贵秀(2004)认为渠道冲突对企业的分配效率有很大的不利影响。其主要原因是渠道成员之间存在信息不对称问题。通过将渠道内信息、决策、操作整合，可以有效地解决这个问题。戚泽和朱秀启(2000)认为个人行为的理性和兴趣目标不一致是产生冲突与竞争的根本原因。确保经销商能够稳中有赚对渠道自动合作有很大的影响，有效的激励和可靠的惩罚是维护渠道稳定的重要手段。陈云(2006)采用两阶段博弈模型分两种情形对电子商务零售商与传统零售商的价格竞争行为进行了研究，为电子商务零售商和传统零售商提供最优定价、利润平衡及电子商务消费者和传统消费者的分布状况。张振雨等(2006)研究了在一个制造商和一个传统零售商两阶段的供应链系统中，根据三种定价模式的最优定价和库存策略分析供应链成员和系统的优势——两个零售商分散定价，制造商统一定价，按渠道协调的最优原则由系统定价——指出系统定价是最优的定价方式。芮明杰和宋亦平（2001）认为，解决渠道冲突问题的最有效途径之一是渠道合作，并向制造商和经销商提供合作方式和领域，包括联合营销策划、营销区域保护、信息共享等。

2. 零售服装品牌线上线下渠道冲突

线上线下各自追逐利益最大化，致使线上线下不同步，价格不一致、窜货、退货等问题层出不穷。渠道冲突的根本原因是，渠道的所有成员都希望最大化自身利益。但是，在实际营销渠道体系中，由于缺乏有效的沟通机制和约束力，这种由恶性竞争所造成的冲突必将成为获得集体利益的最大障碍。其结果很可能是不仅未能实现个人利益最大化，也使渠道体系产生重大冲突，导致整个渠道体系运行效率下降，回报较低。目前，传统品牌销售渠道主要是线下分销，而线上冲量对线下渠道有直接影响。渠道冲突是由传统运营模式引起的。在传统商业模式中，线下渠道代理多、价格高、采用期货制，使得产品研发周期长、供应链反应缓慢、产品销率不高。未来传统品牌线上线下整合O2O运营模式将成为品牌发展的主流，O2O的实现是品牌商业模式重建的过程。零售服装品牌线上线下渠道冲突主要表现在以下几方面。

（1）消费者重叠

线上渠道与线下渠道的竞争首先表现为消费者竞争，也是渠道冲突的源头。随着网络传播的快速化、便捷化和中间环节的简化带来的价格优势，线上渠道成为吸引消费者的新渠道模式，同时也对传统渠道造成挤压，使线下渠道消费者大量流失。也有服装企业通过将线上线下渠道体系出售的服装产品完全区隔开来以解决客户重叠的问题。线上线下渠道的出现使得很多消费者将实体店变成了"试衣店"，通过在实体店试衣再回到线上进行购买，线上渠道"搭便车"的行为损害了线下渠道的利益，导致线上线下冲突。

（2）产品窜货

因为中国零售服装品牌营销渠道的复杂性，产品会同时在直营店、加盟店、经销店等不同层次的线下营销渠道进行销售，且各级经销商利用价差；线上销售不受区域销售制约，容易对区域经销商因窜货造成冲击。

（3）价格冲击

线上和线下渠道冲突的直接表现是价格差异。由于网络营销传播自身的特点和优势，没有物流成本和仓储成本的线上销售渠道无需支付昂贵的营销成本，导致同一风格的产品线上销售价格比线下店铺更优惠，使得线下渠道竞争力减弱，销量减少；同时线上低价销售也对品牌形象造成极大的冲击。有些服装品牌通过线上线下一体化，即产品、价格一致化，线上下单线下取货的模式来应对价格冲击。

（4）利益分配冲突

对于线上线下一体化的零售服装品牌而言，线上下单线下取货，那么合理分配和考核同一品牌下销售人员利益和业绩显得十分迫切，否则会极大影响线上线下店员的积极性。从 O2O 模式来看，无论是从线上向线下引流还是从线下向线上引流，中间都存在业绩与利润分配问题。渠道间业绩，尤其是线上客服与线下导购员的业绩，若调整为集体业绩，线下导购或线上客服要互相配合。这一方式不仅能更好地推广品牌 O2O 平台，让消费者了解更多优惠信息，也能更好地为消费者服务。

3. 零售服装品牌线上线下渠道价格博弈

线上和线下渠道如何巧妙地采用定价方式来吸引消费者，最大限度地获取利润，是渠道间销售商须考虑的问题。哈罗德·霍特林（Harold Hotelling）在 1929 年认为价格或产出的不稳定并非是寡头垄断的基本特征。在现有研究基础上，本书拟借鉴经典霍特林模型，建立线上线下定价博弈模型。研究场景为目前中国线上线下服装业最普遍的一种案例，就是同一款服装在线上线下以不同价格进行销售的博弈模型。

模型假设如下。

①线上线下服装款式产品一致；

②决策变量为价格；

③成本函数相同，且 C_n、C_f 分别表示线上、线下成本；

④消费者分布在一条线性的市场上，市场总距离为 S 千米，每千米有一个消费者，每个消费者购买一件商品；

⑤消费者从线上购买服装的成本为 T_n，从线下购买服装的成本为 T_f；

⑥线上 1 的位置位于地点 A，线下 2 的位置位于地点 B，则：$|AC|=a$ 为线上 1 固有的地盘，$|BD|=b$ 为线下 2 固有的地盘，$|AB|$ 为线上 1 和线下 2 须竞争的地盘。若最终线上 1 争夺到的地盘为 $|AE|=x$，线下 2 的争夺到的地盘为 $|BE|=y$，则一定有如图 2－9 所示的模型。

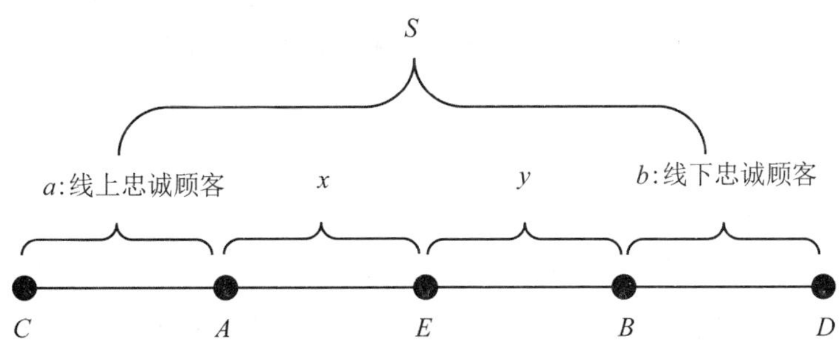

图 2－9　霍特林模型

该霍特林基本模型可表示为：

$$S=a+x+y+b \tag{1}$$

$$P_n+T_n\times x\equiv P_f+T_f\times y \tag{2}$$

式中，P_n、P_f 分别代表线上线下的价格。根据以上(1)(2)可以解得：

$$x=\frac{P_f-P_n+T_f\times S-T_f\times a-T_f\times b}{T_n+T_f} \tag{3}$$

$$y=\frac{P_n-P_f+T_n\times S-T_n\times a-T_n\times b}{T_n+T_f} \tag{4}$$

根据霍特林基本模型和(3)(4)，确立其线上线下目标利润函数 π_n 和 π_f：

$$\max\pi_n=P_n(a+x)-C_n(a+x) \tag{5}$$

$$\max\pi_f=P_f(b+y)-C_f(b+y) \tag{6}$$

由$\dfrac{\partial\pi_n}{\partial P_n}=0$ 与$\dfrac{\partial\pi_f}{\partial P_f}=0$，得到最优决策的一阶条件与反应函数：

$$P_n=C_n+ST_f+aT_n+P_f-bT_f/2 \tag{7}$$

$$P_f=C_f+ST_n+aT_f+P_n-bT_n/2 \tag{8}$$

通过联立价格反应函数，得到霍特林模型的均衡解：

$$P_n=\frac{2C_n+2ST_f+2aT_n+C_f+ST_n+aT_f-3bT_n}{3} \tag{9}$$

$$P_f=\frac{2C_f+2ST_n+2bT_f+C_n+ST_f+bT_n-3aT_f}{3} \tag{10}$$

那么，线上线下价格主要取决于消费者在线上线下购买的成本，包括服装成本、交通成本和时间成本等。

4. 结论及营销建议

(1) 结论

由于在博弈过程中渠道体系的各渠道成员作为理性经济人个体都追求短期利益，所以渠道冲突的发生有一定程度的必然性。只有渠道成员将“个人理性”化为“集体理性”，采取全面的合作意识，才能为渠道系统各成员带来“双赢”结果。因此，解决渠道冲突的最佳途径是渠道合作。

(2) 营销建议

差异化策略。面对冲突，李宁采用分割策略实现线上和线下渠道的产品差异化：如开发针对年轻人的新型网络品牌 Joy Comfortable Nature，从而避免与原有的线下渠道间的冲突。采用不同品牌或者产品实施线上线下差异化策略，避免线上线下之间的价格竞争，也避免了消费者重叠的冲突。

集成策略。首先，线上和线下渠道形成合作博弈策略的共同利益，消费者可以在线查看商品，在线下单，线下取货，享受相应的服务，享受安全便捷的购物环境。其次，零售服装品牌通过各种引流寻找线上顾客，将线上顾客引导到线下，实现O2O客户流量互通、会员互通、商品互通与支付互通的双向营销。一体化策略要求线上线下服装款式一致、价格一致、促销一致，O2O一体化有利于解决线上线下渠道的冲突。

大数据策略。O2O双渠道的主要营销功能是可以跟踪每笔交易并检查数据。零售服装品牌通过大量交易数据的累积，能深入挖掘顾客的消费习惯和需求变化，掌握顾客的偏好、分布区域、基本特征等数据，从而可以更有针对性地制定市场策略及改善产品，提高产品需求预测和精准营销能力。

一、个性化定制爆发的原因

中国服装产业因关店潮、库存高企、销售下滑、利润下降等因素，存在着市场需求变化大难以预测、服装更新换代周期短、库存大量积压等诸多问题，旧的天花板服装产业格局正在瓦解，新的服装产业格局正在重构。互联网技术创新与中产阶级崛起的消费升级，促使中国服装产业打破原有的旧的天花板进行重构，通过技术升级创造新需求，而互联网技术打破了原有的旧平衡。零售商霸权的旧时代已经成了一个消费者主权的新时代。传统的商业模式是"先制造、后销售、再消费"，企业提供什么，消费者就被动地去接受企业所提供的产品。企业所倡导的"以用户为中心"的思想本质上还是以企业为主导的，消费者相对于企业依然是弱势群体，沟通仍然是单向的。而基于"互联网+"智能制造的背景，互联网、社交网络和大数据提供了企业与客户对话沟通的工具和平台。消费者被信息高度"赋能"，导致价值链上各环节权力发生转移，消费者第一次处于经济活动的中心，由消费者定义价值。

（一）供给侧改革

面对中国经济发展新常态下经济增速换挡，2016 年中央经济工作会议上提出"要更加注重供给侧结构性改革"，并将去产能、去库存、去杠杆、降成本、补短板作为供给侧结构性改革中主要抓好的五大任务。习近平总书记在中央财经领导小组第十二次会议上的讲话中强调，供给侧结构性改革"从生产领域加强优质供给，减少无效供给，扩大有效供给"。这表明供给侧改革的重心在于改善产出结构、推动企业创新。具体到服装行业，最迫在眉睫的问题无疑是去库存，高库存一直是服装业的一个噩梦。想要彻底实现"零库存"，必须从生产模式上对服装行业进行彻底改革，而服装定制是去库存化的解决之道。

"互联网+"O2O 定制除了生产模式发生根本性改变外，以平台大数据布局定制业务，在全渠道营销的基础上，实现各渠道之间、线上线下服务一体化。它在通过互联网平台实现供需两端的无缝对接，完美实现零库存的同时，为消费者提供个性化、高质量的选择。供给侧改革政策的提出将推动行业发展，市场机遇期即将开启。

（二）消费需求升级

马斯洛需求层次理论是由美国心理学家亚伯拉罕·马斯洛于1943年在《人类激励理论》论文中所提出的。它将人类需求像阶梯一样从低到高按层次分为五种，分别是：生理需求、安全需求、社交需求、尊重需求和自我实现需求。随着现代社会高速发展，消费者的需求层次不断地从最基本的生理需求、安全需求向社交需求、尊重需求和自我实现需求的高层次需求过渡。消费者在选择产品时，已不单纯追求产品本身的功能和质量，而更在乎产品和服务能否体现自己的个性，是否符合自己的特殊需求。而产品是为满足人的某种需求而制造的物品，因此，消费者对于产品的需求也从刚需向个性化需求发展。消费者越来越追求个性化的生活方式，希望自己与众不同，对服装的要求也是如此。消费者个性化的消费主张，正在数字化浪潮中得到尊重。目前绝大多数消费者对服装的需求或多或少都会有所不同，但是成衣只能满足一部分既定目标消费者的需求，是不可能全部满足有不同要求的消费者的，所以个性化定制的发展是一个必然的趋势。

（三）个性化多元化

目前，传统的大规模生产方式正受到市场的巨大冲击。一方面，市场由统一走向多元化，企业要想继续在市场上立于不败之地，就必须不断地细分市场，从而使得大规模生产赖以生存的稳定市场受到破坏。另一方面，过去的卖方市场变为买方市场，市场变得不可预测，产品生命周期缩短，产品开发周期也需要相应缩短。传统商业模式的一系列弊端日益显现，“以产定销”、单一化的销售平台以及冗长的反应机制等都使得服装业营收普遍出现下滑。在库存压力下，企业不得不降价出售产品回转资金，使得市场价格战频发，服装产业形势更加严峻。“互联网＋”O2O定制除了能为消费者提供满足个性化需求的定制产品和服务，同时具有利润高、库存低、对市场反应快的特点，可以在市场层面上缓解产业难题。

随着消费者对服装的要求越来越高，且消费者体型存在差异性，对更为合身的定制服装需求增多。另外，在追求时尚、个性、快节奏的今天，消费者越来越关注服装的个性化和合体性，希望服装不仅能满足自己个性化的需求，还能在尺寸、款式、材料、色彩等各个方面都表现出个性化的特点。互联网定制能够将产业上游与消费者联系起来，依托“互联网＋”思维使渠道优化，用互联网的优势降低零集成本，将中间流通环节全部消除。同时，它能省去传统营销模式中的大笔营销开支，以粉丝经济和口碑营销还利消费者，实现真正高性价比，解决低端无品质、高端太昂贵、成衣不合身、定制周期长、消费者认知度低、市场不透明、服务体验差等消费痛点。

二、互联网定制需求痛点

（一）量体技术亟待解决

人体源数据提取是个性化定制的关键步骤，也是当下定制蓬勃发展过程中的技术痛点。精准量体不仅对消费者的人体评估与建模具有重要意义，也是服装定制舒适度与合体性的重要保证。每个人体都是一个极其复杂的结构系统，都有着各自的特点。定制要满足不同体型特征，就需要全方位准确测量人体数据，使服装既能凸显体型的优势，也能修饰体型的缺陷。服装定制行业要想满足消费者穿着舒适合体的基本需求，保证量体数据的准确性是第一步。目前服装定制量体方式有顾客自助量体、到店量体、定制店上门量体，主要以人工量体为主。但人工量体因量体师的手法和标准不一，获得的数据也有偏差，成衣尺寸就会不同。个性化定制在克服量体技术难题时遇到较高的技术门槛，因此，简单、有效、科学、准确的量体方式是个性化定制实现的关键。

1. 个性化定制技术的困境

量体不仅是当下个性化定制的技术痛点，也是定制无法大规模拓展的瓶颈。个性化定制源数据提取成为定制大规模拓展的技术困境和痛点，主要基于个性化定制技术、人体体型、服装版型、消费需求等视角来进行全面考量。

(1) 传承历史方面

传统量体师也称为师傅或裁缝(tailor)，是一个需要懂体型、懂版型、懂工艺的量体师。传统的量体师都是拥有几十年经验的工匠，一位技艺精湛的裁缝师傅需要十几年甚至一生的时间去学习禅悟。随着裁缝手艺传承的断层和手艺工匠精神的缺失，物色一位技术全面，又能“裁”、又能“缝”(所谓“裁缝”之意)的量体师越来越困难。

(2) 体型特征方面

个体体型特征有很大的差异性，因此批量化生产的成衣只能满足标准体型的消费者，而体型较胖、较瘦或肩宽、腿粗等的人群很难买到合适的服装，最终出现一边企业库存越来越高，另一边许多人却买不到合适服装的矛盾。因此，针对个体体型的个性化定制需要解决量体技术问题。

(3) 服装版型方面

版型是服装合体性与舒适度的关键因素，而准确提取人体源数据又是制作服装版型的关键。因此量体的准确性对服装版型具有很大的影响，合适的版型对人体也具有很好的修饰性，能够更好地满足顾客对服装美观性、独特性、个性化的需求。

(4) 消费需求方面

消费升级使得顾客的消费心理从过去的满足生活基本需求逐渐上升为满足精神需求甚至自我实现需求。消费者越来越追求服装的个性化与独特性，越来越注重服装的舒适性与合体性，更愿意为服装内涵付费，前所未有地注重服装体验性。因此，作为个性化定制中最基本因素的量体受到了高度重视。

2. 人体测量技术的发展

人体测量技术经历了由手工量体向自动化量体、从接触式量体向非接触式量体、从二维量体到三维量体的发展过程。目前，人体测量方法可分为传统的接触式测量方法和非接触式测量方法两种(见表 3-1)。特别是互联网智能制造时代，为更方便更快捷地满足消费者的个性化需求，需要既满足个性化定制需求又能快速大规模生产的制造方式。除了传统的高级定制，近来也涌现出许多服装定制模式，如网络定制、第三方平台定制、大规模定制、手机 APP 定制等，同时也产生了许多与之相适应的量体方式，如上门量体、拍照量体、测量标准衣物、三维扫描等技术。

表 3-1 人体测量方法

量体技术	分类	测量方式	代表品牌
接触式测量方法	高级定制工作室	设计师手工量体	设计师高级定制品牌：Grace Chen、玫瑰坊、劳伦斯·许、兰玉、殷亦晴等
	高级定制品牌	师傅手工量体+沟通交流，“量体量心”	传统高级定制品牌：恒龙、诗阁、隆庆祥、红都、NIKKY、Henry Poole 等等
	平台定制	顾客自行量体	VOA 定制
		上门量体	衣邦人
		线下门店量体	恒龙、亨利普尔、埃沃裁缝、乐裁、Huntsman; Anderson & Sheppard、Kiton、W.W.CHAN& SONS 等等
		运程指导顾客量体	魔法定制
	APP 定制	移动大巴定位量体	魔幻工厂
非接触式测量方法	平台定制	拍照量体	优黎雅定制
		三维人体扫描量体	TC2、Human Solution、博维、随型、Cyberware(英国)、TechMath(德国)

（二）供应链整合能力是关键

大多数互联网定制企业实现了顾客到工厂的直接连接，去掉了所有的中间流通加价环节，为顾客提供了高性价比、个性化且专属的定制产品。一方面，互联网定制成本的低廉化降低了顾客参与定制的门槛；另一方面，互联网定制企业也面临着订单的分散性、不连续性、差异性和分布不均等问题，也因交货周期长面临着推迟消费的问题，甚至面临着制造商无互联网基因而自身无法引流等问题。定制是一人一版，一单一流，服装定制的工艺与交货期息息相关。品质高的服装工艺要求高，有些甚至需要增加手工环节，如果有试衣环节的话，便会延长交货期。而缩短交货期不仅能接更多订单还能抢占市场。但许多定制企业一味缩短交货期，而忽略了定制服装的品质，导致顾客的流失。互联网定制企业无论是自主加工生产还是与制造商合作，不但需要快速反应能力和有柔性的制造供应链，最重要的是做好质量监督，保证产品质量。

三、互联网定制的商业模式

（一）国外互联网服装定制竞争格局

近年来，随着信息化与工业化的深度融合以及消费需求的升级，国内外服装定制企业纷纷涉足电子商务，自建官方网站或电商平台，使服装定制更加便捷化、趣味化、智能化，在很大程度上降低了消费者参与定制的门槛。国外的一些互联网服装定制品牌起步较早，品牌发展模式已经逐渐成熟，诸如 Indochino、J.Hilburn、Proper Cloth 等服装定制品牌（见图 3－1）。伴着国内市场环境的变化，线上销售近年来发展迅猛，服装定制市场更加细分。不论是传统企业转型定制，还是互联网企业嫁接定制，都给服装定制市场带来了新的契机。

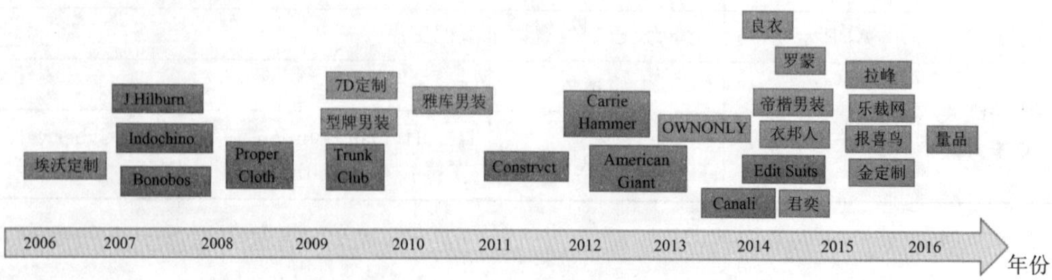

图 3－1　国内外部分互联网服装定制品牌发展时间轴

1. 国外互联网服装定制品牌商业模式

近年来，国外各定制企业都瞄准电子商务，通过建立服装定制互联网企业 ICC(Internet call center，互联网呼叫中心)，将设计师、面料商、服装厂、实体店、物流及消费者等多个网络终端集于同一平台，展现一个全方位服装定制生态圈。随着快速发展的双线运作模式 O2O 电子商务的到来，诸如 Bonobos、J.Hilburn、American Giant 等服装定制品牌的发展模式已经成熟，国外互联网服装定制品牌处于百花齐放的状态。

(1) 美国最大的服装定制品牌网站——Bonobos

①品牌起源。Bonobos 是由毕业于斯坦福大学商学院的布雷思・斯帕利(Brain Spaly)和安迪・邓恩(Andy Dunn)于 2007 年成立的服装定制品牌网站，获得零售巨头 Nordstrom 和投资公司 Accel Partners 及 Lightspeed Venture Partners 等的高额融资，被称为美国版凡客诚品，主要从事男性服装在线销售。产品以男裤、西装、衬衫及鞋子为主，现已成为美国最大的服装品牌定制网站(见图 3-2)。Bonobos 从不打折，回购率却高达 50%，新客户第一次消费的平均金额高达 200 美元。

图 3-2 Bonobos 男装定制品牌官网界面

②商业模式。Bonobos 采用"垂直整合，多渠道零售"的线上线下虚实合体经营模式(见图 3-3)，为了给顾客更好的购买体验，顾客还可以通过三种渠道向品牌下单，包括线上(网站)、体验店(guide shop)、实体百货商店。目前全美总共有 17 家 Bonobos 体验店，客户们可以选择并试穿服装。但是，产品并不会在门店中直接进行销售，客户可以用 O2O 模式下订单购买，产品以生产者直接配送到顾客手中的定制化方式交易。Bonobos 体验店虽为实体店，却与常规实体店有所不同：店面积小，避开繁华商业区；店员人数少，只接受预约，每次 45 分钟；库存低，试衣后网上下单，隔日送货。在库存方面，店铺里存放了所有服装，但每个款式、尺码、颜色的服装都只有 1 件，所以基本没有库存。

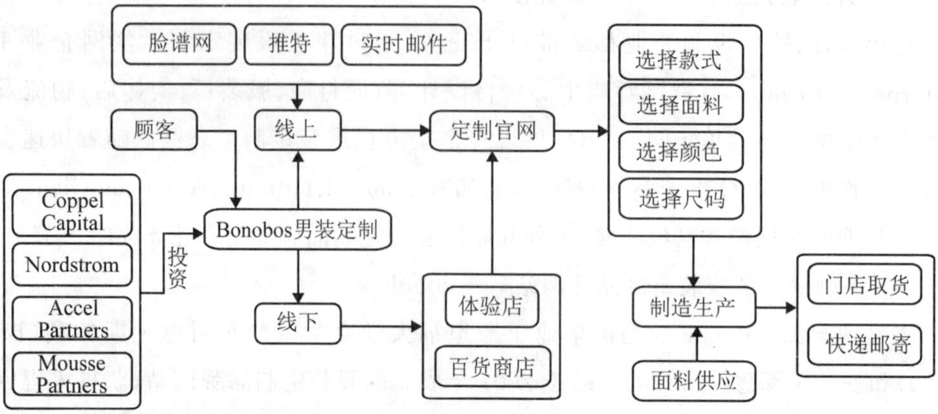

图 3-3 Bonobos 男装定制品牌运营模式

(2) 加拿大定制翘楚——Indochino

①品牌发展。加拿大公司 Indochino 由两位学生凯尔·武科(Kyle Vucko)和海卡尔·加尼(Heikal Gani)创建于 2007 年,提供中高端线上个性化西服定制服务(见图 3-4)。顾客可以通过访问线上移动端或到位于纽约、波士顿、旧金山、多伦多、贝弗利山庄、费城、温哥华的门店,定制属于自己的服装。Indochino 拿过两轮重要风投,分别是 400 多万美元和 1350 多万美元的 B 轮融资,B 轮主要投资人是高原消费基金(Highland Consumer Fund)、Madrona Venture Group、Acton Capital Partners 和 Jeff Mallett。自从成立以来,Indochino 已经发展成为世界上最大的成衣定制品牌之一,年度增长率超过 100%,客户分布超过 130 个国家和地区。其长期合作伙伴大杨创世集团是成衣制作方面的领军企业,为包括 Ralph Lauren、BCBG、J.Crew 和 Banana Republic 等在内的著名品牌进行服装加工。这种垂直整合的合作关系减少了 Indochino 的生产成本,提高了运营效率和增加利润率,并进一步强化了 Indochino 的虚拟库存商业模式。

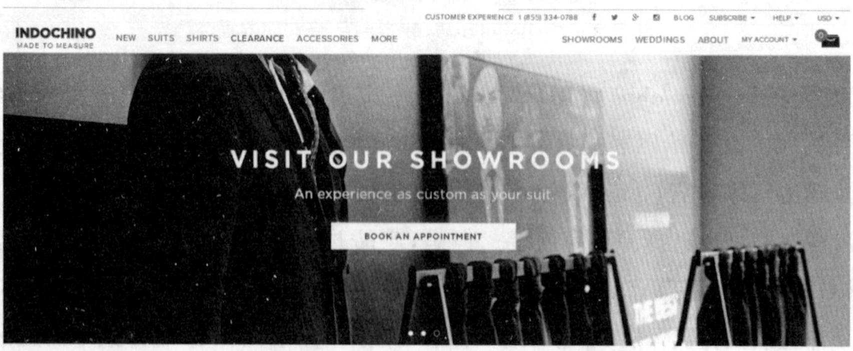

图 3-4 Indochino 定制品牌官网界面

2016年3月,Indochino宣布获得来自中国大杨创世集团的3000万美金融资。此次融资更侧重于双方未来在资源和战略上的合作。Indochino CEO表示,此轮融资一部分用于引入新的服装款式,在西装和衬衫产品上为客户提供更多个性化选择的空间,另一部分将用于拓展Indochino销售渠道如婚庆市场。

②商业模式。Indochino采用虚拟库存商业模式,主要通过线上销售,采用旅行裁缝(travelling tailor)的形式为顾客提供线下体验(见图3-5)。其概念跟品牌游击店(pop-up shop)差不多:在美国的各大城市用简易材料搭建一个临时的实体小店面,一般一个店面只开几天,小店里有销售引导人员和裁缝,为到访的客户现场测量、选料并下单。同时,有独特的退换货政策:第一,提供多达75美元的当地修改费用。客户收到货之后想进行小的修改可以在当地进行,费用商家出,减少退换货和降低退单率,也给客户提供方便。第二,免费重做。如果误差大到不是小修改能解决的,Indochino就会为客户免费再做一件新的,直到客户满意。第三,退款保证。如果客户对于产品或购物体验不是100%满意,Indochino还提供退款保证。

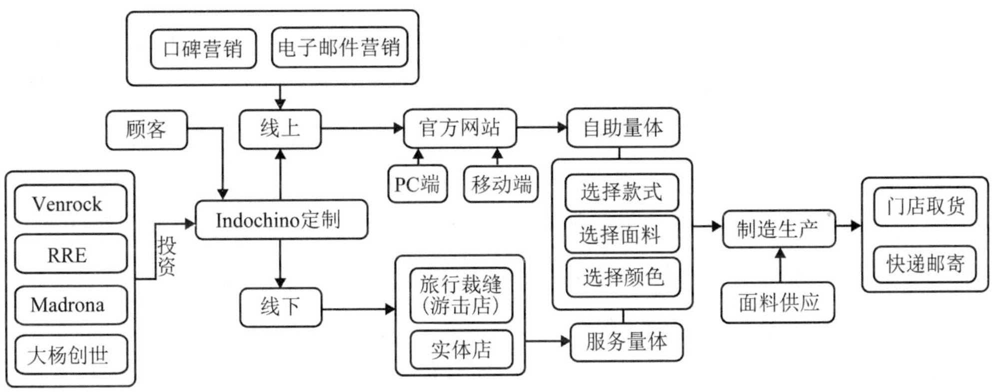

图3-5 Indochino定制品牌运营模式

(3) O2O男装定制——J.Hilburn

①品牌简介。J.Hilburn是成立于2007年的O2O男装定制品牌,致力于一对一定制服务体验(见图3-6)。它最大的优点就是能以更低的价格提供高端设计服装,被称为“高档男装市场颠覆者”。品牌将其消费群体定位为中上层消费人群:有一定的经济实力,但又不是特别有钱的一群人,平均年工资20万到30万美元;想买到正式场合穿的正装,衣服不用花里胡哨,也不用花太多时间来挑选。尽管美国高档男装市场发展缓慢,但J.Hilburn公司却显示出了其独特魅力,保持迅猛向前发展的步调。

②商业模式。J.Hilburn采用O2O模式,没有固定的实体店,主要依靠其网站吸引顾客。它有3100个左右的“时尚顾问”直销团队销售其定制男装,借用O2O模式促使

图3-6 J.Hilburn定制品牌官网界面

客户在线上表达定制愿望并下单预约，然后等待造型师上门服务即可。同时，公司既扮演生产商又扮演零售商，消除了中间环节，降低了成本。

(4) 时尚定制科技创新者——Constrvct

Constrvct是美国一家知名的网络在线服装定制公司，该公司推出了世界上首个在线三维服装设计软件，定制者可以通过三维设计界面呈现的整个服装的三维图，设计制作出完全属于自己独特的原创潮流的衣服。针对定制尺寸，Constrvct有一套规范的测量系统，定制者可以根据其测量程序与测量方法对照尺寸表选择确定服装参数代码。材料和制作方面，其采用在美国采购的双面针织有机棉汗布和工业纺织品数码油墨，并交给纽约的专业设计人员来加工制作，印刷漂洗后的衣物再经专业人员进行缝制，制作出独一无二的时尚服装(见图3-7)。

定制者可将自己喜欢的高清照片、绘画等上传到Constrvct网站，可定制的服装有T恤、无袖衫、单肩长裙、礼服、紧身裤等样式。为保证定制的服装能够合身，Constrvct制定了一套规范的测量系统，定制者可以根据Constrvct测量程序与测量方法，测量身体尺寸。定制者可利用在线编辑器设计自己的图片和样式(见图3-8)，其上传图案的选择有中央图案与左右镜像图案；印刷图案可采用360度环绕印刷或前胸后背印刷方案，通过给定一组测量值参数的代码，凭借其精美的三维设计界面生成的数据映射出整个服装的三维图像，同时移动鼠标可以让三维服装上下左右滚动，准确呈现衣服设计以及可视大小预览的效果。

(5) 美国最大的衬衫定制网——Proper Cloth

Proper Cloth是由塞普·斯凯里特(Seph Skerritt)于2008年创立的男士衬衫在线定制平台(见图3-9)。其理念是让从来没有定制过衬衫的年轻人能够非常方便地在线定制衬衫，价格却比高端服装裁缝店要便宜得多。针对尺寸测量的问题，斯凯里特创造

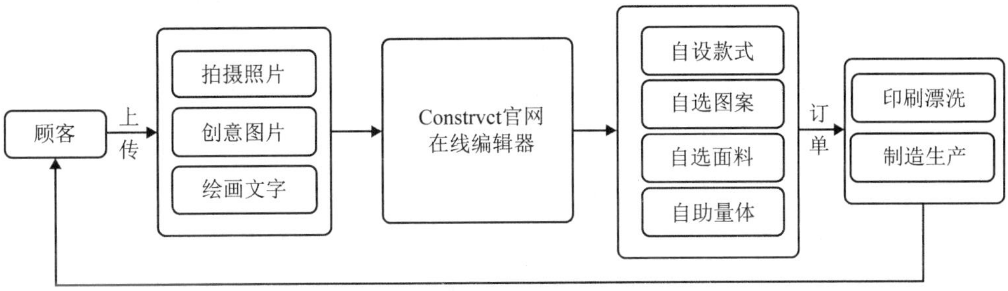

图 3-7 Constrvct 顾客定制流程

图 3-8 Constrvct 官网在线编辑器效果

了一套拥有专利的算法帮助客户确定尺寸，顾客只要回答一系列诸如体型之类的问题便可。斯凯里特利用技术降低了成本，让在线体验变得更好，并且缩短了交货时间。

图 3-9 Proper Cloth 定制品牌官网界面

(6)男性休闲服在线定制——American Giant

American Giant 是现任 CEO 兼创始人贝亚德·温思罗普(Bayard Winthrop)于 2012 年创立的在线服装销售品牌，主攻男性休闲服装，其连帽衫被誉为"有史以来最好的连帽衫"。其致力于改变人们谈到运动衫就想到低质量这一固有观念。它在质量以及细节方面胜过其他同类产品：从原材料开始，采用美国本土棉花并将其送往当地工厂经人工处理，缝制过程中会进行在肘部将布料加强等细节处理，让American Giant的顾客穿上他们设计的服装后有一种被关注的感觉，这便是公司的核心理念。American Giant采用网上接收订单，按需生产且直接从工厂向消费者发货的模式，这种模式节省了大量供应链成本。

American Giant官网提供男士运动衫、衬衫、短裤、运动裤、夹克，以及女士运动衫、衬衫、短裤、运动裤、夹克、连衣裙等定制（见图3-10）。面料以纯棉为主，主张透气舒适。品牌提供终身保修、军事折扣、全额退款、礼物馈赠、分享返利、物流配送、量体等服务。军事折扣主要是针对预备役人员、国民警卫队队员、退伍军人、军人家庭成员等军事社区的成员，为其兑现20%的折扣。顾客将产品信息分享到社交网站，还会得到15美元的奖励。

图3-10 American Giant定制品牌官网界面

(7)高端服装O2O网站——Trunk Club

Trunk Club由女性服装设计师乔安娜·范弗利克(Joanna Van Vleck)创立于2009年的芝加哥，她定义自己的目标顾客为"天性不喜欢购物，却想要穿得更得体一些"的男性，并通过350名造型顾问和旗下代理的上百个服饰品牌为这些顾客提供个性化的服饰搭配建议和定时送货上门试穿服务（见图3-11）。2012年，Trunk Club为男性提供服装定制服务，让顾客有能力购买定制服装，其团队扩增到100名员工。2013年该公司推出了自己的移动应用，为客户提供另一款沟通工具，可以与设计师进行沟通。2014年，Trunk Club销售额达到1亿美元，并以约3.5亿美元价格被出售给美国时尚百货巨头Nordstrom。

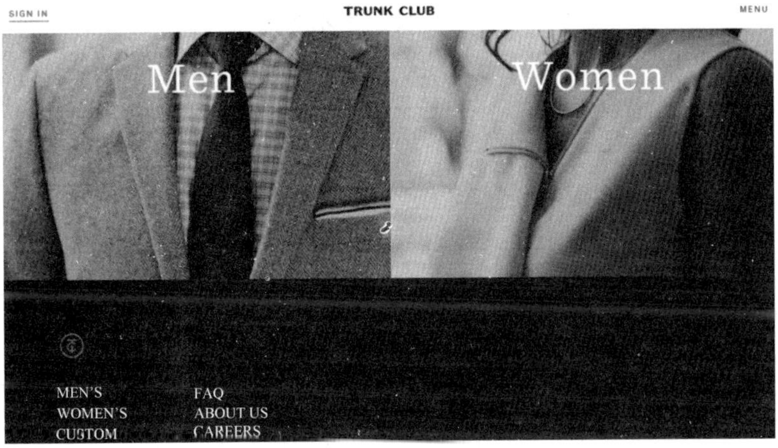

图 3－11　Trunk Club 定制品牌官网界面

(8)新加坡男性衬衫定制龙头——Edit Suits

Edit Suits 是新加坡一家以男性消费者为对象的衬衫定制网站，于 2014 年由雷托·彼得(Reto Peter)和帕特里克·琼科(Patrick Jungo)两位创始人创立(见图 3－12)。其瞄准了男性虽然比较懒于购物但是对品牌的忠诚度更高这一特点。品牌的亮点就在于它会派裁缝到订购衬衫的顾客家里去测量尺寸，提供良好的服务，让男性消费者认同，那么这些男性消费者很可能就会一直钟情于这个品牌。

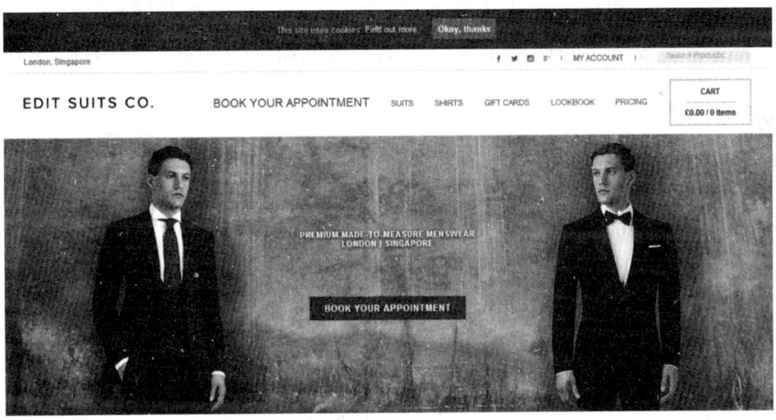

图 3－12　Edit Suits 男装定制品牌官网界面

Edit Suits 会派裁缝到类似银行的金融机构去测量尺寸，那里汇集了 Edit Suits 的大部分顾客。品牌得到了来自 RedMart 的天使轮融资，RedMart 是新加坡最大的在线杂货零售商。Edit Suits 通过增加高端的裤装和西装套装种类来提升自己的档次。除了新加坡，其市场拓展到英国，在英国市场上定制西装的价格飙到 240 美元以上，使其获得更多的利润。Edit Suits 的这种经营模式可以大大减少库存管理的支出，节省运输成本。Edit Suits 选择那些库存能力强的厂家来进行生产，然后在发货之前会检查商品(见图 3－13)。

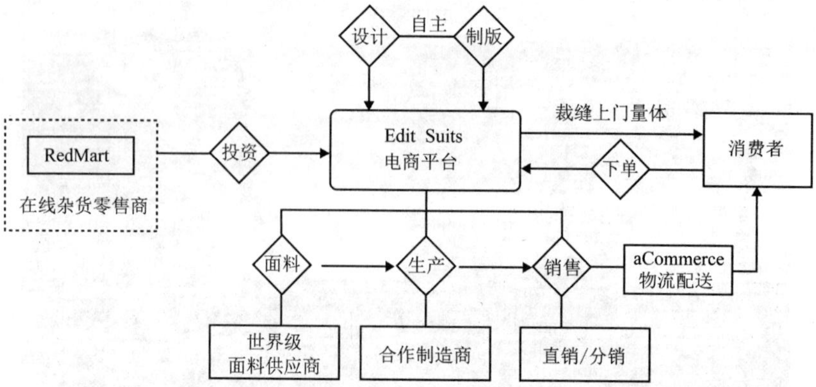

图 3-13 Edit Suits 男装定制品牌运营模式

（二）中国互联网服装定制竞争格局

随着国内信息化与工业化深度融合，线上销售近年来快速增长，消费市场庞大，为企业提供了丰富的市场空间。传统的高级定制已经不适应互联网时代的高速发展，互联网定制因满足顾客个性化需求、供应链响应快速而成为市场发展的转型方向，大量互联网定制服装品牌兴起。传统高级定制开始借助网络平台开展在线预约定制业务，如红都、罗马世家、永正裁缝等；服装定制行业也出现了一些新兴互联网定制品牌，如埃沃、衣邦人、型牌等。两类互联网定制服装品牌构成了现今中国互联网服装定制品牌竞争格局（见图 3-14）。

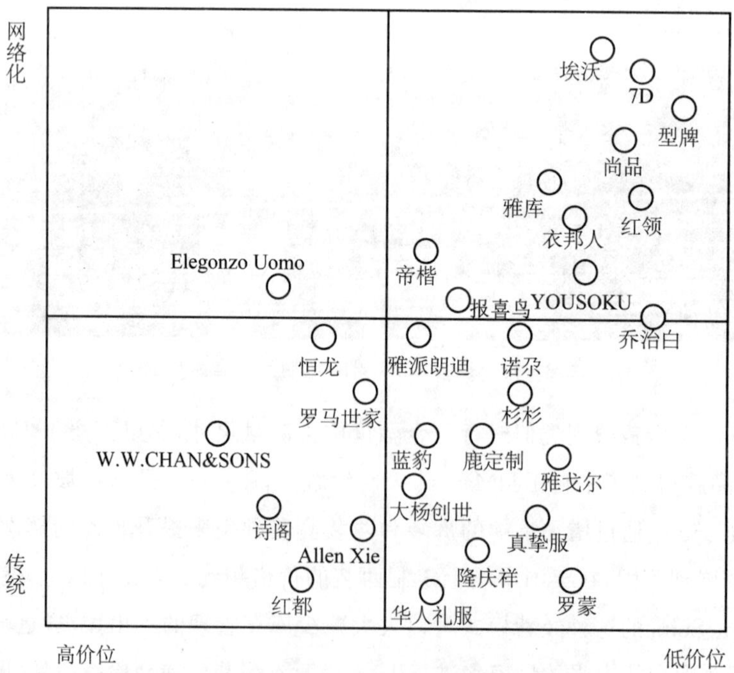

图 3-14 中国互联网服装定制品牌竞争格局

（三）互联网服装定制融资情况

2016 年，互联网行业融资总规模占全行业的 20.98%，融资案例数量占全行业的 35.35%，占据了整个市场的核心地位。互联网行业虽已进入发展增速放缓的寒冬期，但是发展前景依旧广阔，互联网行业依旧是推动资本市场发展的领军力量。尤其对于互联网定制类服务，传统高级定制受价格昂贵、程序复杂和周期漫长等因素制约，新兴的"互联网＋"定制模式拥有移动、便捷、低价、高需求、重体验等多项优势，成为行业中的一片蓝海。整个资本市场近几年对互联网定制行业的巨额投资，肯定了服装定制领域在消费者强劲的需求下，正等待着新的商业模式来一统江湖。

在服装定制领域，竞争者已涌现，定制模式也多种多样。而定制平台或易转型成定制平台的项目容易受到投资者的青睐，因为一体化的互联网定制平台整合了量体师、设计师、门店和工厂等完整的定制供应链，不再受制于时间空间，在市场容量上更易横向延伸，实现更优的资源配置，提高效率。未来定制项目的市场容量和成长性将成为其受到青睐的主要因素。投资商青睐在纵向和横向可以进行延伸的定制项目，即使定制项目在初期通过单个爆品如男式西装获得用户，投资商也希望深挖客户价值，提高复购率和客单价（见图 3－15）。

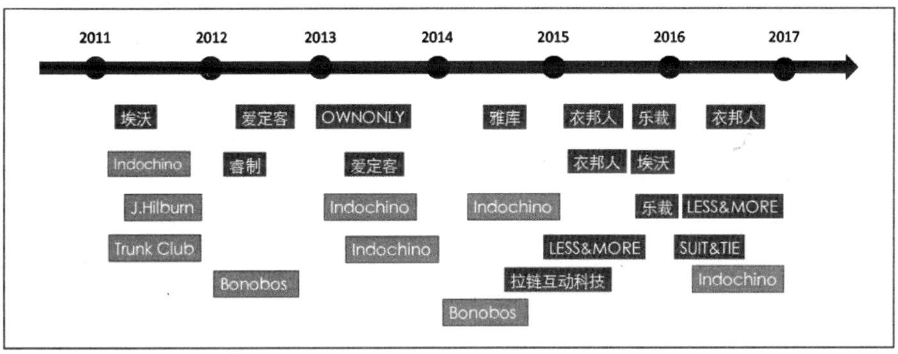

图 3－15 全球部分高级定制融资路线

1. 国外互联网服装定制融资

国外互联网服装定制融资情况见表 3－2。

表 3-2 国外互联网服装定制融资情况

受资方	融资时间	融资轮次	投资方	投资金额	补充说明
加拿大 Indochino	2011 年	不详	不详	400 万美元	无
	2013 年	种子轮	Venrock、RRE、Velos Partners、Eniac Ventures 等，天使投资人 Alex Bard、David Tisch、Bonobos 公司 CEO 等	190 万美元	将个性化的量身定制试穿引入男士休闲衬衫领域
	2013 年 3 月	B 轮	Highland Consumer Fund、Madrona Venture Group、Acton Capital Partners、Jeff Mallett	1350 万美元	继续扩大市场推广(包括旅行裁缝)，开发一些新风格和设计，例如 Ultimate Spring Line 系列
	2014 年	B 轮	Javelin Venture Partners、RRE Ventures 联合投资	650 万美元	提供上门量体服务，扩大客户的覆盖面
	2016 年 3 月	C 轮	大杨创世集团	3000 万美元	引入三个新的服装款式，拓展销售渠道，比如婚庆渠道
美国 J.Hilburn	2011 年	不详	不详	500 万美元	进一步开拓产品种类和市场
美国 Trunk Club	2011 年	不详	Venture Partners 和 Greycroft 领投，Partner、Apex Venture Partners、Anthos Capital 参投	1100 万美元	无
新加坡 Edit Suits	不详	天使轮	RedMart	840 万美元	RedMart 是新加坡最大的在线杂货零售商
美国 Bonobos	2012 年	天使轮	Nordstrom 领投，Accel Partners、Lightspeed Venture Partners 等参投	7000 万美元	美国最大的服装品牌定制网站
	2014 年	D 轮	Coppel Capital 领投，Mousse Partners、Accel Partners、Lightspeed Venture Partners 等参投	5500 万美元	
美国 American Giant	不详	天使轮	Donald Kendall 领投	500 万美元	主营男性休闲服装

2. 中国互联网服装定制融资

互联网投资将成为未来趋势。中国互联网协会发布的《2016 年中国互联网产业综述与 2017 年发展趋势》预计，在制造业方面，数字化生产、个性化定制、网络化协同、服务化制造等“互联网＋”协同制造新模式将取得明显进展。在互联网行业发展下服装行业天花板不断瓦解与重构，发生了迅速变化，随着供给侧改革、个性化定制以及柔性供应链的发展和国内的消费升级，服装类定制已成为趋势。光大证券数据显示，我国 2016 年的私人定制服装市场规模在 1022 亿元，预计 2020 年将达到 2000 亿元。追逐未来和趋势，近年来风险投资对初创互联网公司的投资周期在缩短，因此，互联网创业企业的成长周期也在缩短。在风投的助力下，企业融资速度也非常之快，从以前的几年融资一次缩短到现在的几个月融资一次，甚至很多创业公司在刚拿到新一轮融资时，便会准备下一轮的融资。企业会这样做一方面是要给自己足够多的现金储备以过冬，另一方面也是要在快速融资的过程中做大企业的估值规模，便于尽快套现。国内互联网服装定制融资情况见表 3-3。

表 3-3 国内互联网服装定制融资情况

<table>
<tr><th>受资方</th><th>融资时间</th><th>融资轮次</th><th>投资方</th><th>投资金额</th><th>补充说明</th></tr>
<tr><td rowspan="2">埃沃</td><td>2011 年 4 月</td><td>A 轮</td><td>IDG</td><td>数千万元</td><td>无</td></tr>
<tr><td>2015 年 5 月</td><td>B 轮</td><td>君联资本领投，IDG 跟投</td><td>1.5 亿元</td><td>信息技术投资、引进以及培训时尚服饰顾问和拓展新城市</td></tr>
<tr><td rowspan="2">乐裁</td><td>2015 年 7 月</td><td>天使轮</td><td>报喜鸟投资、容银投资</td><td>360 万元</td><td>形成业务协同，为乐裁网络提供研发、生产、物流管理服务</td></tr>
<tr><td>2015 年 9 月</td><td>B 轮</td><td>普思投资</td><td>数千万元</td><td>无</td></tr>
<tr><td rowspan="3">衣邦人</td><td>2015 年 1 月</td><td>天使轮</td><td>浙大科发领投</td><td rowspan="2">两轮逾千万元</td><td rowspan="2">APP 和服务系统开发，服务网络扩大和品类拓展</td></tr>
<tr><td>2015 年 3 月</td><td>Pre-A 轮</td><td>吴炯</td></tr>
<tr><td>2016 年 8 月</td><td>A 轮</td><td>竞技世界领投，吴炯跟投</td><td>数千万元</td><td>供应链、技术、服务等方面</td></tr>
<tr><td rowspan="2">LESS&MORE</td><td>2015 年 12 月</td><td>Pre-A 轮</td><td>联科创盈</td><td>800 万元</td><td>互联网渠道推广，房车购置以及门店拓展</td></tr>
<tr><td>2016 年 11 月</td><td>A 轮</td><td>紫牛基金领投，紫金汇创投、林依轮跟投</td><td>1200 万元</td><td>扩展线下门店，覆盖更多大型城市</td></tr>
<tr><td>SUIT&TIE</td><td>2016 年</td><td>天使轮</td><td>合光资本领投</td><td>400 万元</td><td>扩张公司业务和团队</td></tr>
<tr><td>睿制</td><td>2012 年 3 月</td><td>天使轮</td><td>创业接力</td><td>数百万元</td><td>无</td></tr>
<tr><td>雅库</td><td>2014 年 7 月</td><td>A 轮</td><td>国泰创投</td><td>数千万元</td><td>无</td></tr>
<tr><td>OWN ONLY</td><td>2013 年</td><td>天使轮</td><td>不详</td><td>1000 万元</td><td>无</td></tr>
<tr><td>拉链互动科技</td><td>2015 年 12 月</td><td>天使轮</td><td>众筹数位上市公司高管天使投资</td><td>近千万元</td><td>线上线下结合，扩展全国门店数量</td></tr>
</table>

续表

受资方	融资时间	融资轮次	投资方	投资金额	补充说明
Y先生	不详	种子轮	众筹	42万元	发展平台，增值服务盈利，整合产业链，沉淀平台资金
IDX爱定客	2012年	天使轮	匹克体育许志华	不详	开发个性化鞋类定制C2B网站
	2013年4月	A轮	宽带资本	1000万美元	市场营销及扩充生产线等
凡匠	2016年	天使轮	内部	600万元	不详

（四）如何构建"互联网+"定制平台

定制企业要么自构生态平台，要么融入生态平台，这将成为行业竞争的显规则。打造互联网定制平台型生态，将成为定制产业平台创始人追求的境界。从市值角度讲，也只有平台生态型的企业才有望成为定制产业的"独角兽"。

制造业未来的竞争是平台之争。根据KPCB"互联网女王"玛丽·米克（Mary Meeker）的研究，截至2015年5月，全球市值最高的15家互联网公司全部属于平台型模式，其中美国11家，中国4家，总市值达到2.6万亿美元。平台崛起表现为呈现指数性增长的超级企业的出现。在数字化的环境下，边际成本无限趋于零，由于网络效应的存在，边际收益又不断增加，边际收益和边际成本的无限不交叉使得平台的规模无限延展。在未来5到10年的时间里，在不同的领域、不同的环节，从不同的角度还会批量出现市值过百亿美元的平台型公司。这些平台将集聚更多的要素，引领社会的协作分工，还会引发供应链的优化和变革（李绪富，2016）。从价值链上下游的分工到平台价值网络上的交互和协同，一方面互联网定制商家各自分工分散获得订单后进行集聚；另一方面通过订单的标准化协作获取价值链后端供应商的红利，也在更广泛的范围内分工协作、资源共享，获得了更大的价值。构建互联网定制平台的"独角兽"是大多数整合资源构建定制平台创业者的梦想和情怀。然而，互联网定制如何打造产业资源配置平台，又如何成为产业级的"独角兽"呢？

第一，"互联网＋"定制平台的定位。定制平台需要聚合到合适的人群，既为一、二线城市提供高端的市场，强调品质，寻求奢侈品代工厂的资源整合，又要为三、四线城市消费者提供设计感强而价格合理的产品，强调效率与时尚，寻求快速反应的小型智能工厂、独立设计师工作室和OEM（自主加工）/ODM（自主设计）工厂。利用定制平台，初期应用爆品如男士西服，测试迭代定制平台模式，后期整合使更多品牌商、制造商、OEM/ODM商和独立设计师入驻，或者定位在O2O互动的个性化定制平台。

第二，"互联网＋"全品类定制平台。产品一体化有利于增加顾客定制的连带率，通过纵向整合不同层次定位的定制品牌，横向拓展产品定制，扩大市场覆盖率，为顾客提供一站式服务。产品线更从原先的西装或衬衫等常规品扩展到皮鞋、腰带、领带、手包等个性化创意定制领域，最终成为领先的全品类个性化消费创意平台；更有可能泛化"定制"概念，定制生活，从服饰品的定制，拓展到家居家装与旅游定制等。因定制市场本身的小众性，平台甚至会出现"全定制＋半定制＋成衣"的模式。以打造中国第一品质、第一全屋定制家具为理念，极速服务每位顾客的尚品宅配，2017年3月7日登陆深交所创业板(300616)，其独特的"C2B＋O2O"商业模式，一定程度上代表了近几年智能家居定制领域的发展趋势。

第三，"互联网＋"定制平台品牌兼容性。整合不同层次定制品牌，包括传统高级定制、轻奢定制、互联网定制、团体定制、女装定制以及饰品定制品牌，有效扩大定制市场。如果接单端以工匠或师傅为主，那么整合更强调传统高级定制的工匠精神与历史感；如果接单端以国内外加工生产企业为主，那么整合充分利用其柔性化生产、个性化定制的智能制造优势；如果接单端以设计师主导的样品间(showroom)为主，那么整合应强调私人形象设计；如果接单端以网红、模特或旅行达人等时尚超级IP(知识产权)驱动为主，那么在平台更应强调互动、体验、娱乐和社交，并进行相关类商品的衍生。既然互联网定制平台应该"有趣好玩有格调"，那么泛化"互联网定制"概念是最好的诠释。

第四，"社交＋互联网定制"平台的跨界。对于全品类个性定制平台、个性化垂直定制平台或定制APP平台，产品的模型设想是"社交＋互联网定制"跨界模式。社交功能开发的目的是方便用户分享，给设计师与用户创造交互的机会，加强互动。定制平台初期须以浅定制切入，积攒种子用户，慢慢深化定制。等到商业模式公测，种子用户得到确认，平台再进行横向扩大品类，纵向加深产品深度。

第五，互联网定制平台"C2M＋O2O"模式。顾客能在线上平台参与创意设计实现用户端与接单工厂端的连接，也能在线下实体店接受量体服务并进行体验，然后将支付、交互、互动等环节的体验反馈回平台线上，这种模式解决了线上定制平台C2M模式无法体验的问题。缺点是O2O定制平台需要将更多的资本投入线下店铺的拓展与运营。

构建互联网垂直定制平台需要通过定位进行精准引流，依赖全品类定制和品牌兼容性实现用户转化，扩大用户规模，提高用户黏性，为用户提供体验，实现用户沉淀，最终打造互联网定制平台的生态系统。

四、传统高级定制与互联网定制的区别

（一）传统高级定制

高级定制服装是由高级时装店里的高级设计师根据客户提出来的不同需求，量身定做，纯手工立体裁剪，经过反复的试衣与修正确认，再精确制作完成的定制服装。无论从东西方看，定制服装都起源于宫廷时期，体现出定制服装的高级工艺、审美趣味及提供专属独享体验式服务的特征。而传统高级定制又与当今的设计师高级定制、成衣定制、大规模定制、互联网定制等有所区别。

1. 国外传统高级定制

西装定制最早起源于19世纪英国伦敦的萨维尔街(Savile Row)，其先前专为英国皇家定制军服、礼服、骑马服，后来慢慢演变成正式的西装定制店。英国人沿袭传统着装规则，对绅士品牌极度追求，对服装剪裁及制作工艺尤其苛刻，拥有一套萨维尔街裁缝店的全手工制作西服成为男士们身份、地位和品位的象征。英国萨维尔街汇聚全英国乃至世界顶级裁缝，注重传统手工艺的继承，仍保留着一些全手工制作的高级定制品牌，如Anderson&Sheppard、H.Huntsman、Henry Poole 等。意大利定制产业在二战后迅速发展，19 世纪 30 年代起先后创立了 Rubinacci、Borrelli、Brioni、Kiton 等顶级品牌，注重面料研发，如今这些高品质世界男装成为优雅的代名词。法国在西装定制方面注重款式设计，拥有 Arnys、Francessco Smalto、Dormeuil(多美)等品牌。

2. 中国传统高级定制

中国最早的宁波红帮裁缝起源于日本横滨，后在上海成名，并发展壮大成在当时所有租界城市、租借地甚至海外有名的制作西服的社会群体。自 20 世纪 30 年代起，“培罗蒙”“亨生”等专做高级西装和礼服的裁缝店林立于中国上海、哈尔滨等城市，并形成俄派、海派等多种风格流派。中国定制服装品牌始于红帮裁缝，以西服制作为起点并发展壮大，逐渐形成一定规模后演变为时装业。现今中国传统红帮裁缝定制品牌有大陆的红都、永正、罗马世家、真挚服、隆庆祥，以及香港的 W.W.Chan&Sons、Sam's Tailor 和台湾的 Dave Trailer 等。

（二）互联网定制

伴随着第三次工业革命的到来，信息化与工业化深度融合，深度满足社会进步和人

类文明的需求成为新趋势。结合互联网的定制依靠满足顾客个性化需求、供应链快速反应成为市场发展上佳的转型方向。线下服装定制品牌纷纷调整战略开拓线上渠道，如大杨创世推出纯线上品牌 YOUSOKU，乔治白创立"微信定制衬衫"系统，与英国高端定制品牌切斯特巴雷签订合作协议；新兴互联网定制服装品牌，如埃沃裁缝开设线下体验店以解决顾客试衣等问题，推出"易裁缝"定制平台，实现"C2B＋O2O"的服装定制模式。

互联网定制的主要特征介于传统高级定制与成衣之间，借鉴了高级定制概念，通过各种软件量体、上门服务、线上线下相结合等手段，解决了传统高级定制无法实现的规模效应。而互联网定制在生产过程中主要利用成衣版型和规格数据进行制造，既满足了顾客个性化、舒适性的要求，又实现了大规模生产，在价格上也较传统高级定制有更强的竞争力。

（三）传统高级定制与互联网定制的区别

传统高级定制主要采用手工制作，品质较高，制作周期较长；而互联网定制主要依靠机械规模化生产，缩短制作周期，品质远不如传统高级定制。传统高级定制与互联网定制基于顾客不同的消费需求、消费水平，属于两种不同的定制模式（见表 3－4）。

表 3－4　传统高级定制与互联网定制的定制模式比较

项目	传统高级定制	互联网定制
客户群	权贵阶层	商务人士等中产阶层
量体方式	顾客需到门店	自助量体、免费上门
生产	个人裁缝	大规模工业 4.0 工厂
门店成本	店租、门店装修费、雇员费等	体验店，无门店
效率	一个月服务约十几位客户	一个月服务上百位客户
价格	价格昂贵	价格适中
客户量	200～300 人/年	约 10000 人/年
交货期	30～45 天	7～10 天
交货方式	顾客门店自取	门店自取、快递邮寄
返修率	较高	较低
试衣	有	无
售后服务	详细、明确的售后服务	一定条件的售后服务

1. 传统高级定制，工匠精神的体现

与互联网定制相比，传统高级定制的特点是单独量体，一人一版，两次以上试样，

60%以上手工工艺,限量版面料,两周以上工期,舒适性高,价格昂贵。典型的传统高级定制代表有隆庆祥、红都、永正裁缝、真挚服、恒龙、罗马世家等(见表3-5、表3-6)。但传统高级定制最大的问题是无法突破量体的痛点。传统的高级定制服装都是量体师为顾客量身定制,尽管当下各种三维设备、魔幻大巴期望替代传统的量体师,但事实上都无法解决量体师后继乏人的问题,这也是高级定制无法大规模拓展市场的主要原因。

表3-5 中国网络化传统高级定制品牌运营方式比较

项目	罗马世家	永正裁缝	真挚服	红都制衣
品牌标志	ROMASTER		真挚服	红都 HONG DU
实体店	71家零售店、28家定制店(北方居多)	9家定制店(北方居多)	3家店(位于上海)	25家定制店、7家专卖店、7家店中店、6家加盟店、5个特许加盟商(北方居多)
网站类型	官网+在线预约	在线预约定制	官网+在线预约	B2C在线定制
运营特点	官网设立在线预约窗口; 免费预约电话; 上门服务	与在线定制网站尚品定制合作开设独立的永正预约定制窗口; 上门服务	官网设立在线预约窗口; 免费电话预约; 上门服务	全流程在线定制; 选款选色、自填数据

表3-6 中国网络化传统高级定制品牌定制方式比较

项目	罗马世家	永正裁缝	真挚服	红都制衣
定制类型	全定制	全定制	全定制	半定制
定制品类	西服、西裤、衬衫	西服、西裤	西服、西裤、衬衫	西服、西裤、衬衫、中山装
定制内容	个人定制	个人定制、团体定制	个人定制	个人定制、团体定制
定制价格	7800~30000元	2000~200000元	3000~10000元	2200~10000元
定制流程	在线预约、上门沟通、完成订单、上门试衣、上门送货			在线注册、浏览款式; 选择面料、细节,填写尺寸; 填写信息、在线付款; 制作、快递送货

续表

项目	罗马世家	永正裁缝	真挚服	红都制衣
款式选择	上门服务，沟通选择			根据官网图片、文字说明在线选择、自填数据
尺寸选择				
面料选择				
细节选择				
付款方式	货到付款			在线支付、货到付款、银行转账
试衣方式	上门服务			无试衣
送货方式	快递送货			快递送货上门、自取
定制周期	20 天	45～50 天	20 天	20 天

2. 互联网定制，服装定制业的风口

而随着"互联网+"在各个行业的跨界，长尾理论的范围效应凸显，原本传统高级定制的制约因素受到了泛化。互联网定制开始趁势而起，也出现了埃沃、衣邦人、雅库、型牌、帝楷、7D 等互联网定制平台（见表 3-7、表 3-8、表 3-9）。随着市场行情的看好，一部分以服装定制为主体的定制平台也正在酝酿成长，整个定制市场百舸争流。

表 3-7 中国互联网定制品牌运营方式比较

项目	埃沃	7D	雅库	帝楷	衣邦人	型牌
品牌标志	IWODE TRENDY TAILOR	7D.COM.CN			YBRENCOM 衣邦人	
成立时间	2006 年	2009 年	2010 年	2014 年	2014 年	2009 年
网站类型	B2C 在线销售及定制网站	B2C 设计师品牌集成网站	B2C 在线销售及定制网站	M2M"量身定制直通车"信息平台	C2M 电商平台	B2C 高级成衣定制网站
经营理念	任何身材、完美定制	全民皆时尚	提供全新 E 时代购物体验	职业正装、英伦风格	高端定制、触手可及	快定制、快时尚
运营特点	"网络+实体店"模式	"线上牵引，线下服务"	在线定制（B2C 销售、电话定制、线下直销）	全渠道营销	无门店+上门量体+与工业 4.0 工厂合作	在线成衣密码定制

表 3-8 中国互联网定制品牌定制方式比较

项目	埃沃	7D	雅库	帝楷	衣邦人	型牌
定制类型	半定制、成衣	定制、半定制、成衣	成衣	半定制、成衣	半定制	半定制
定制内容	个人定制、团体定制					
定制品类	西服、西裤、衬衫、配件、夹克、毛衣、马甲	西服、西裤、衬衫、礼服、中装	西服、西裤、衬衫、婚庆礼服	西服、西裤、休闲裤、衬衫、马甲、中山装、大衣	套装、西服、西裤、休闲裤、衬衫、羊绒衫、大衣、马甲、牛仔裤	西服、西裤、夹克、衬衫、polo衫
尺寸选择	上门量体、选择标准码、自助测量、在线输入	上门量体、在线输入	自选标准码	选择标准码、标准码微调、个人量体净体数据	上门量体	在线输入3个尺寸后显示标准码
面料选择	实体店选择、在线图片选择	上门服务选择	默认样衣面料	在线图片选择	上门服务选择	默认样衣面料、免费样料邮寄
细节选择	图片选择及信息填写	上门服务选择	在线图片选择	在线图片选择	上门服务选择	图片选择及信息填写
付款方式	网银支付、支付宝支付、店铺支付	在线支付、货到付款	在线支付、货到付款、银行转账、邮政网汇	支付宝支付、银行卡支付	刷卡支付	银行转账、在线支付、邮局汇款
试衣方式	体验店试衣	上门试衣	无试衣	无试衣	无试衣	无试衣
送货方式	快递	免费快递	免费快递	免费快递	免费快递	免费快递
定制周期	7～15天	15～20天	15～20天	7～15天	7～10天	15天

表 3-9 中国互联网定制品牌服务比较

项目	埃沃	7D	雅库	帝楷	衣邦人	型牌
售后保障	免费修改(1次)、退换货、终身免烫、终身保养	退换货、免费修改	免费修改(2次)	7天内因质量问题退货退款、30天内免费返修或重做	30天内无忧售后	退换货、2周内免费修改、无条件退款
优惠政策	会员优惠、礼券优惠、团体优惠、淘宝不定期促销、APP优惠	会员优惠、礼券优惠	代金券优惠	会员优惠	会员优惠、代金券优惠、免费体验名额	积分打折、购物卡

续表

品牌名称	埃沃	7D	雅库	帝楷	衣邦人	型牌
服务内容	订单跟踪、上门量体、退换货、终身保养、终身免烫、免费修改	订单跟踪、上门量体、上门试衣、送货上门、退换货、半年内免费修改	管家服务、全场顺丰包邮、货到付款、20天内退换货	个人量体数据包、免费送货、免费修改	上门量体、送货上门、退货退款、30天无忧售后	免费配送、订单跟踪、退换货、保养指导、免费料样邮寄、体验品定做

五、服装O2O定制品牌领导者——埃沃

（一）品牌起源

埃沃(IWODE)创立于2007年10月，定制灵感源自英伦，是国内领先的时尚定制品牌，由一群拥有非凡创意和执着追求的青年创想家打造(见图3-29)。埃沃尊重差异，敢为人先，特立独行，用服饰敲开人类个性之门，是对自然、创造充满激情的表率。埃沃代表的是定制服务的尊贵、个性以及超值体验，旨在给消费者带来以合理价格享受高级定制的权利。

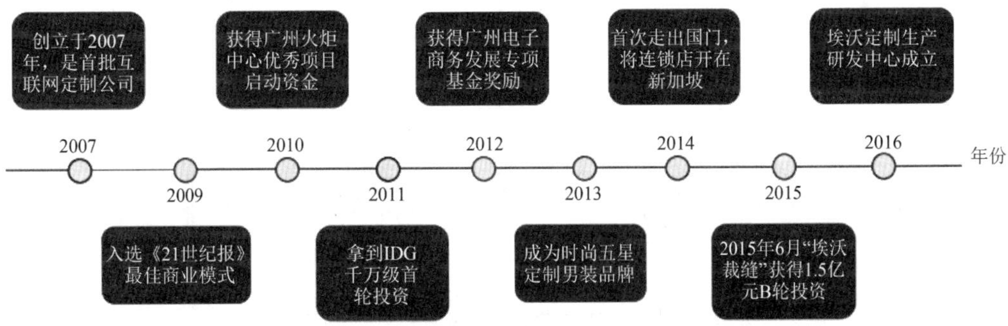

图3-29　埃沃发展时间轴

随着互联网技术的日趋成熟，对消费升级和个性化消费的需求增大，O2O定制服务正在逐渐成为服装行业的新趋势。在2011年，专注于O2O男装定制的品牌商埃沃宣布获得千万级别融资。2015年，埃沃又获得1.5亿元B轮融资，由君联资本领投、IDG跟投。2016年3月1日，埃沃定制智能生产研发中心举办了开业庆典，以工业4.0标准去打造智能生产研发中心，扩大了生产基地，从产能上完全解决了瓶颈，有效缩短了交货周期，让埃沃在产能上跃上新台阶。

（二）品牌运营模式

1.商业模式

埃沃是国内第一家采用“网络＋实体店”模式销售的定制服装公司，实现了网络和实体店的无缝对接，线上线下有效联动。对于要建设高档服装品牌的埃沃来说，其通过“网络＋实体店”运营模式，能够让线上客户的线下体验和消费真正落地，形成O2O的闭环(见图3－30)。埃沃采用“线上营销、线下体验”的一体化商业模式(见图3－31)，让尽量多的人享受到与实体店一样的个性化服务，以线上做引导辐射线下，开更多的实体店，线上弥补没有开设实体店的区域市场。

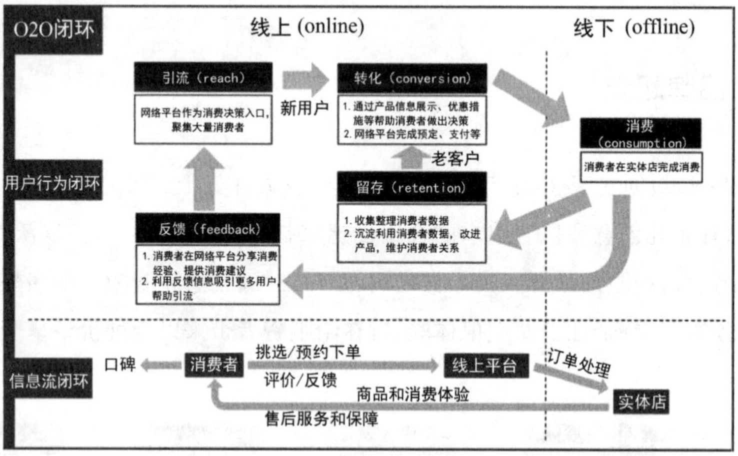

图3－30　埃沃O2O定制品牌闭环

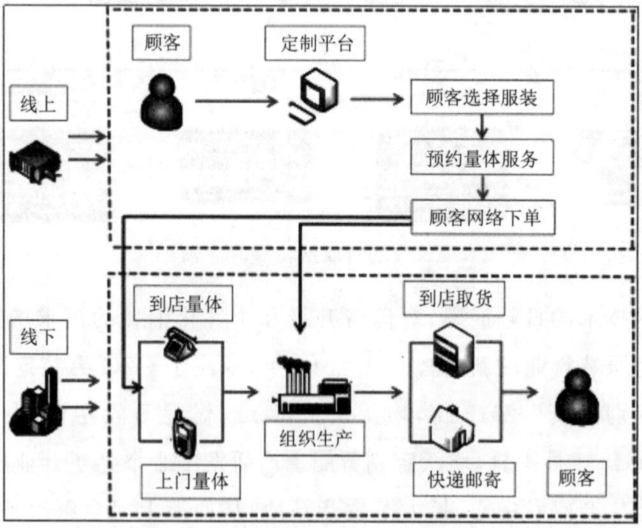

图3－31　埃沃线上线下一体化商业模式

在网络销售中，由于消费者无法直接触摸到实物，消费者自己很难把握服装质量。再加上销售习惯的影响，长期以来互联网销售成了"低价低质"的代名词，对公司品牌形象的树立也十分不利。埃沃公司为了更好地让更多消费者与埃沃的"服装定制"有更直观的接触，更好地树立埃沃良好的品牌形象，也为了更加接近自己的核心消费群体，开设线下连锁店，与线上有机结合，将更多的实体店开设到顾客希望的场所。

(1) 线上多方导流

埃沃通过"埃沃定制"APP 和天猫、京东旗舰店等在线定制平台吸引流量，用户通过手机就可以完成测量、下单以及预约上门服务，最后到店里取货。埃沃的线上运营主要分为预约推广、渠道建设、网站运营等三个方面(见图 3－32)。

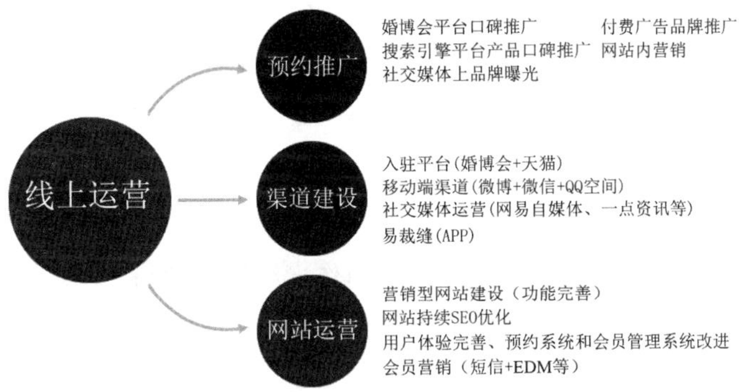

图 3－32　埃沃线上运营

(2) 线下提升体验

据统计，超过 90%的中国中高端消费者都希望第一次购买新品牌服装产品时可以先看到、摸到甚至试穿。埃沃以线下门店布局为依托，很好地解决了消费者网购过程中体验感缺失的问题，同时通过提供量体以外的服饰搭配、修改等个性化增值服务提升顾客的店内体验感。

(3) 线上线下互通

一方面埃沃打通线上线下会员、款式数据，并通过顾客在实体店的学习，让客户逐步忠诚于对线上门店的使用。C 端用户数据的积累也为埃沃裁缝日后与其他平台完成系统对接，为提供面向 B 端的定制化服务打下基础。另一方面，埃沃有效利用了线下的时尚顾问资源，扩大服务覆盖区域。

2. 定制模式

(1) 定制内容

埃沃主要从事半定制加成衣类定制，定制内容包括个人定制和团体定制。个人定制旨在满足消费者个性化需求，提供各种细节定制并且支持个人特体定制。为了便于规模化生产，埃沃首先开始尝试将男装进行模块化设计。如一件衬衫，埃沃将其分解成领口、袖子、版身、后摆等几个部分，再按照流行的样式在每个部分中推出不同的样式来供消费者选择(见图 3－33)。这种模块化设计，不仅为埃沃实现大规模生产提供了可能，而且为埃沃实现标准化定制提供了前提保证，也满足了目标消费者的需求。

服装版型	时尚、偏瘦或根据顾客需求
工艺	半定制、标准化定制、个性化元素模块组合搭配
手工含量	标准化生产、可以绣字母或者名字
面料	新疆80支纱面料、英国高士缝纫线、德国科德宝衬布
产地	广东（东莞、深圳）、上海
款式选择	图片、店铺选择款式，设计师推荐
尺寸选择	标准尺码、提供尺码、提供测量方法、上门测量尺码
面料选择	线下实体店选择、线上图片选择、设计师推荐
模块选择	顾客通过自己的喜好或者设计师推荐选择衣服的模块，例如领口、袖子、版身、后摆等几个部分
试衣方式	实体店试衣或无试衣
定制周期	1~2周

图 3－33 埃沃定制细节

(2) 定制流程

传统的定制流程分为消费者量身、裁剪制作出纸样、缝制和整烫等四个环节。在设计层面，埃沃裁缝重新研究了 25～35 岁人群的核心定制需求，在不影响美观和使用的情况下，将传统定制简化成一个标准化体系。例如，将量身部位从 19 个减少至 10 个，每个定制环节提供给消费者不超过 5 处个性化设计，等等。埃沃推出了多样化的量体方式，让不同年龄、不同生活方式的消费者都能找到适合自己的方式，从而更好地进行定制(见图 3－34)。

量体方式	特点
预约裁缝，上门量体	平台招募了200余名受过专业培训的时尚服饰顾问提供上门定制衬衫、上门衣物护理服务
到店量体	截至2016年6月，埃沃共在全国25个城市以及新加坡提供定制服务，线下门店共122家，顾客可以到任意门店进行量体
自行手工测量	埃沃的旗舰店里提供了针对不同定制商品的详细量体教程，顾客可以在教程指导下自行量体，教程包括版型说明、测量方法等
移动设备量体	埃沃推出"埃沃定制"高清 APP，是全球首家运用移动设备量体裁衣的服装品牌。消费者只需用iPad拍几张正面、侧面照，系统即通过快速身形识别计算出顾客的三围等身材信息。选定面料、款式后，系统即可呈现顾客的整体三维立体效果，再按一个"发送"键，即可完成量体定制，这一切在1分钟之内即可完成。而这套系统测量出的数值和手工测量的数值的误差，几乎可以忽略不计

图 3－34 埃沃多样化量体方式

3. 营销模式

埃沃独创的"店神系统"是一个标准化管理系统(见图 3－35),将 ERP(企业资源计划)、实体连锁店和网上商城这三个系统整合。系统具有日常的管理功能,知识归类将服装行业裁缝知识转化为标准化知识,智能化信息系统以数据分析消费者的习惯偏好,代替以往需要通过市场调查得到的相关信息。系统将服装拆分成模块,每个模块都有多种选择,顾客可以通过自己的喜好自行组合搭配这些模块,定制出独一无二的服装。系统可以及时将生产情况反馈给埃沃,并与顾客连接,顾客只要在系统里输入尺寸等必要信息就可以挑选款式来定制服装。并且系统能保留顾客信息,传输到各个分店与网店,支持信息随时更新。

系统应用了互联网技术、移动互联网技术、物联网感知技术、大数据分析处理技术,通过自主研发的 ERP 系统将门店智能下单及用户管理系统(手机 APP 下单系统)、仓库原辅材料管理系统、生产订单排产系统、智能纸样合成系统、工艺自动匹配系统、生产工艺智能识别系统、生产订单进度跟进分析系统和仓储智能分拣系统这八大系统模块有效打通,有机串联形成拥有独立知识产权的、用以实现大规模个性化定制的智能化驱动系统,并应用于柔性生产供应链上,实现工业 4.0 标准的服装大规模个性化定制应用。

"店神系统"能智能化分析市场数据,根据消费者以往在埃沃定制服装的信息,预测未来服装流行趋势,并将这些流行趋势组合成不同的服装版型样式,由此推出新颖的样式供消费者选择,保证每个月都能推出新款。"店神系统"储存了大量的客户数据,客户无论到哪一家店进行定制,那家店都可以及时获取该客户准确的个人信息。从得到消费者数据开始,"店神系统"就进行集中化的管理和分配。一个消费者只要在一家埃沃裁缝店里定制过一件衣服,尺寸信息就会保留在系统里,并传输给各个分店和网店。如果客户的数据发生了变化,系统会及时更新。

图 3－35　埃沃"店神系统"

六、互联网服装定制颠覆者——衣邦人

（一）品牌创立

衣邦人隶属杭州贝嘟科技有限公司，是一个互联网服装定制平台。衣邦人以"互联网思维＋工业4.0"切入高端服装定制行业，采用"互联网＋上门量体＋工业4.0"的C2M经营模式。衣邦人本身并不生产产品，而是通过打造优质的服务链及供应链，为中国精英人士提供高端服装定制的品质服务。品牌概况见图3－36。

品牌商标	衣邦人
成立时间	2014年
经营模式	网络营销+着装顾问上门服务+工业4.0的服装工厂
品牌理念	高端定制，触手可及
产品与服务	主要为顾客提供男士正装系列与女士正装系列，提供免费着装顾问上门量体服务
目标消费群	25~50岁的白领阶层，他们的生活理念是：独立、热爱工作、享受生活、追求细节的完美与生活的品质

图3－36　衣邦人品牌概况

1. 品牌发展历程

衣邦人创立于2014年12月，成立不到1个月即获得浙大科发的天使投资，不到2个月再获著名投资人吴炯的Pre-A轮投资。2015年8月，衣邦人推出内部ERP系统和企业端APP，极大地提升了信息化服务效率。客户端APP也在2015年12月正式上线，客户不仅可以在APP上随时查看身材数据，还可联络咨询专属的着装顾问。2016年9月，衣邦人获得投资人吴炯跟投的数千万元A轮融资，团队进一步扩大。2016年12月，母公司杭州贝嘟科技有限公司的全资子公司杭州骄娇服饰有限公司正式接管衣邦人平台的供应链管理。2017年9月，衣邦人完成5000万元B轮融资，北京茂榕投资有限公司领投，前投资人吴炯跟投。其品牌发展历程见图3－37。成立3年多的时间里，衣邦人目前已在国内拥有42个分公司，服务范围覆盖全国200多个城市，累计服务客户43万人，微信粉丝数达260万。衣邦人在用户规模与营收两方面，都是中国互联网服装定制行业遥遥领先的标杆企业。

2. 品牌创始人

创始人方琴于2003年取得浙江大学工学学士学位，主修计算机科学与应用；2005年游学德国；2006年获得浙江大学管理学硕士学位。作为一位连续创业者，方琴拥有

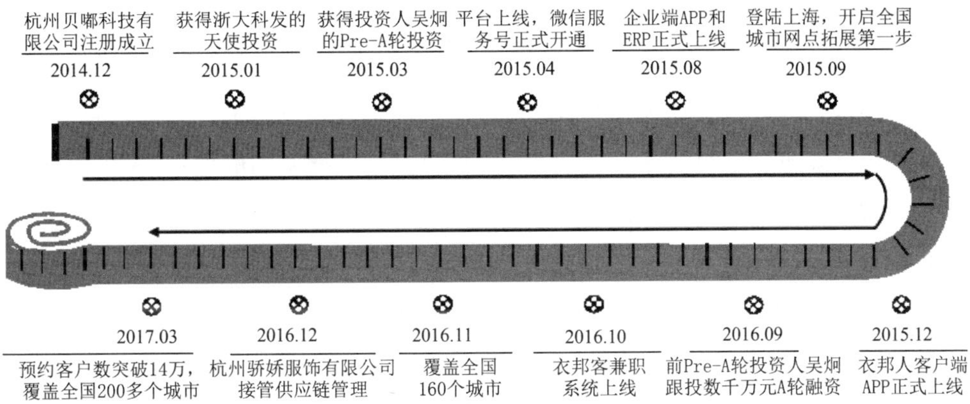

图 3－37　衣邦人发展历程

三次成功创业的经历(见图 3－38)。首次创业，方琴成功创办了杭州清朗翻译公司。2007 年年底，方琴出任礼品定制平台卡当网 CEO，并实现公司业绩连续 5 年翻三番。第三次创业，方琴瞄准“互联网＋服装定制”的千亿蓝海市场，从商务装切入创办了“衣邦人”，并出任董事长及 CEO。衣邦人平台于 2015 年 4 月正式上线，采用“互联网＋上门量体＋工业 4.0”的 C2M 经营模式，颠覆了传统高级定制行业。连续 6 个月，衣邦人业绩月增长速度在 80%～120%。

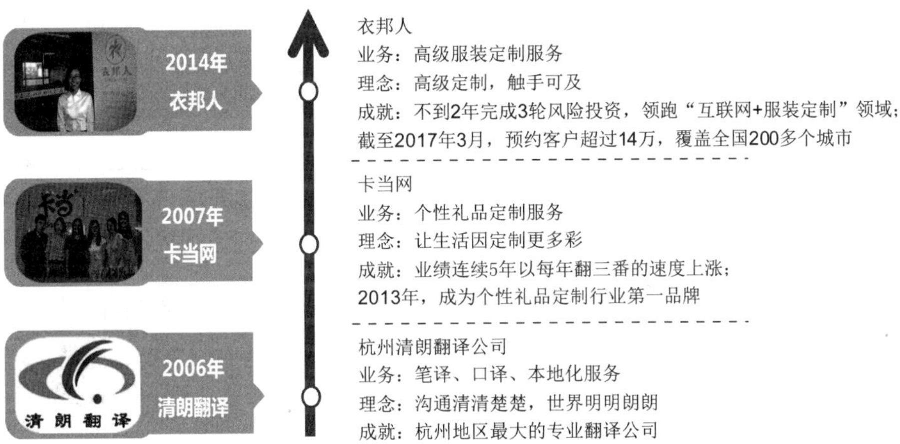

图 3－38　方琴创业历程

(二)品牌运营模式

衣邦人将消费者的个性化定制需求，通过平台与国内各大现代工厂直接对接，并引入世家宝(Scabal)、杰尼亚(Zegna)、CERRUTI 1881、维达莱(VBC)等全球高端面料，从源头上保证产品的质量和发货速度。衣邦人致力于打造全球领先的时尚 C2M 平台，即消费者需求驱动工厂有效供给,"客户预约购买,工厂按需生产"。衣邦人C2M商业模式实现了顾客与工厂的直接连接,以着装顾问免费上门量体的品质服务取代传统的门店坐商模式,摒弃高租金店铺,去掉了所有的中间流通加价环节,为顾客提供高性价比的个性化高端服装定制服务。衣邦人平台凭借其互联网基因的优势,采用网络营销策略,扩大品牌知名度,抢占市场先机。

1. C2M模式

消费者C端的需求千变万化,而大多数M端制造商能提供的产品相对单一,无法充分满足消费者需求。衣邦人通过构建自身的供应链系统,整合优质的供应链资源,通过平台为顾客提供全品类的定制选择。目前,衣邦人可提供男装全品类定制及女装定制。衣邦人作为互联网高端定制平台,利用网络营销进行线上引流,并提供上门量体服务、服装信息及搭配建议,致力于为消费者提供高性价比的定制服装。衣邦人作为C2M平台,同样面临着订单的分散性、不连续性、差异性和分布不均等问题,而评价C2M第三方平台商业模式的主要标准是其C端的引流能力、M端的资源整合能力和链接过程中的服务能力。因此,衣邦人在快速扩张中也面临着诸多挑战。衣邦人品牌C2M运营模式见图3-39。

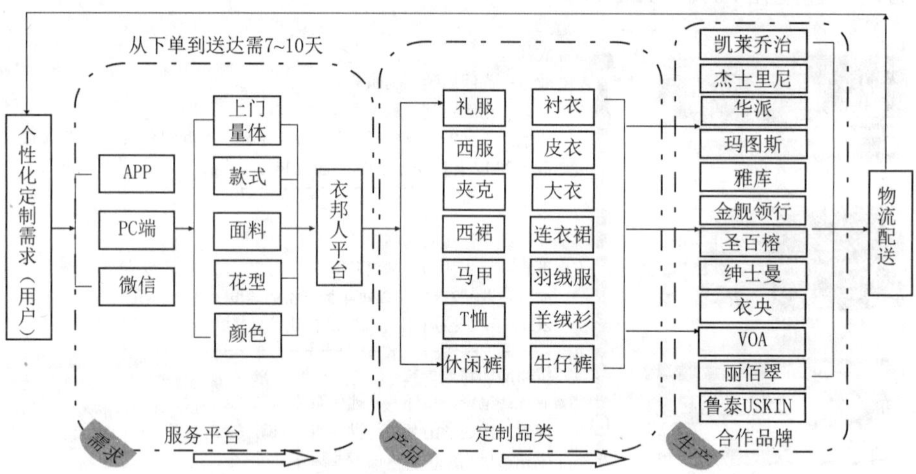

图3-39 衣邦人C2M运营模式

2. 定制模式

衣邦人作为一家以互联网思维和工业4.0切入服装定制行业的创业公司,具有较强的行业创新性。衣邦人平台主要提供服装信息以及售前、售后服务,着装顾问免费上门量体,以方便快捷的定制,提升顾客体验(见图3-40)。

衣邦人根据顾客身材数据及个性化定制需求,提供专业着装顾问免费上门量体、单人单版设计制作服务,10个工作日左右交货,365天无忧售后服务,尺码数据终身保留。

定制类型	新兴网络服装定制
特征	轻资产、投资小、无门店、无库存
版型	一人一版，依据顾客个性化需求
工艺	个性化、工业化半定制
服务特色	量体顾问免费上门量体、送货上门、30天无忧售后、尺码终身保留
试衣方式	无试衣
付款方式	扫码支付
送货方式	快递上门
交货期	10个工作日左右

图 3-40 衣邦人定制模式

3. 营销模式

衣邦人采用线上与线下相结合的多渠道营销模式，不断扩大影响力，提高市场占有率，并被更多消费者所认可（见图 3-41）。

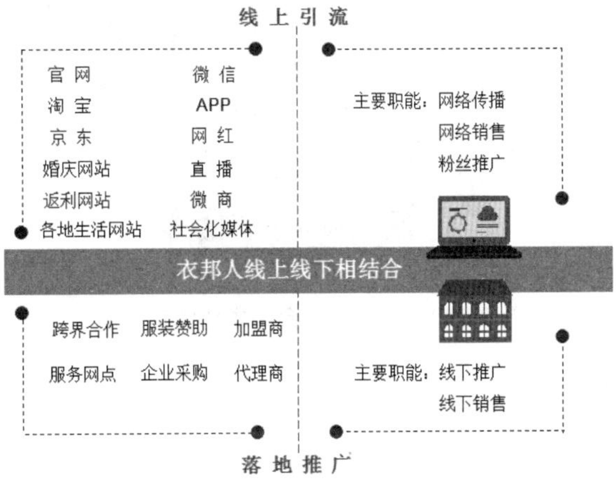

图 3-41 衣邦人营销模式

（1）PC 端平台

衣邦人自建官方网站，并在淘宝、京东等第三方电商平台开设衣邦人官方旗舰店。三个网站均提供了详细的服装信息与在线预约服务，供消费者预约下单购买。衣邦人官方网站除可预约下单以外，同时兼具品牌杂志功能，为顾客提供有关衣邦人的全方位信息，如面料商信息、保养手册、品牌合作以及新闻动态等（见图 3-42）。

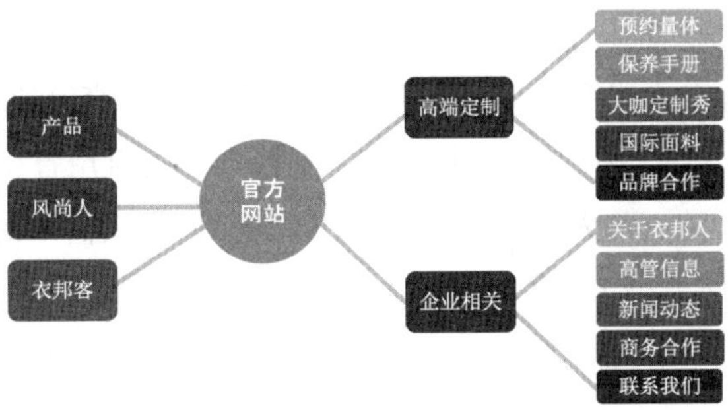

图 3-42 衣邦人官网内容结构

(2) 社会化媒体平台

衣邦人自建官方微信、微博，通过微信、新浪、网易、腾讯网、今日头条等社会化媒体，持续对外传播相关资讯。衣邦人微信公众平台除了提供资讯服务以外，可链接到在线商城，为顾客提供预约购买服务。此外，衣邦人通过投放微信朋友圈信息流广告，借助微信平台的用户群及传播力，吸引了更多精准目标用户的关注(见图3-43)。

图3-43 衣邦人社会化媒体营销格局

(3) 客户端APP

APP作为一种新颖的营销工具，既提高了品牌核心竞争力，又优化了用户线上体验流程。2015年12月，衣邦人创立了客户端APP，主要开展为顾客提供服装信息、在线选择款式/面料、上门量体、售后服务等全方面业务。APP中“今天穿什么”模块定期分享时尚穿搭信息，给客户提供潮流趋势，让客户及时获得新鲜资讯。客户还可以通过“定制精选”模块，查看着装顾问的动态信息，指定着装顾问预约量体。衣邦人以客户为中心，将新品、特价、优惠活动等放在APP界面的显著位置，不断升级APP的UI(用户界面)，以优化浏览视觉，方便客户参与。

(4) 品牌代言

衣邦人通过搭建公众平台，给会员与高端人士提供接触交流的机会，让会员资源共享，从而增加了消费黏度。2017年7月27日，衣邦人正式启用首位形象代言人——知名实力派演员朱亚文。衣邦人与朱亚文携手，推动这种创新、高质的高端服装定制方式为更多人熟知，也促进衣邦人的自我突破。

(5) 线下拓展

衣邦人线下渠道包括企业之间的跨界合作、服装赞助、服务网点、企业采购等。衣邦人整合线下多渠道，落地推广营销。衣邦人与众多品牌达成合作，就品牌体验、会员服务、资源共享等方面展开一场"互联网＋服装定制＋多领域"的跨界合作。合作双方开展多渠道的平台对接与整合，实现双方用户更多价值共享。

2015 年 9 月 8 日，衣邦人进驻上海，开启全国城市网点拓展第一步。截至 2018 年 5 月，衣邦人在国内拥有 42 个分公司，服务范围覆盖全国 200 多个城市。

4. 服务模式

(1) 专业着装顾问团队

目前衣邦人的着装顾问团队人数已经达到 500 位，大多数着装顾问是艺术、服装等专业出身。衣邦人要求着装顾问必须掌握专业的量体方法，须经过 3 个月以上的专业培训，通过各项测验后，才能正式上岗为客户提供上门量体及服装搭配服务，确保为顾客测量数据的精准。衣邦人着装顾问服务流程和服务模式见图 3－44 和图 3－45。衣邦人还对着装顾问的服务细节、语言沟通能力等进行培训，确保每一位顾客能拥有专业、愉悦的用户体验。

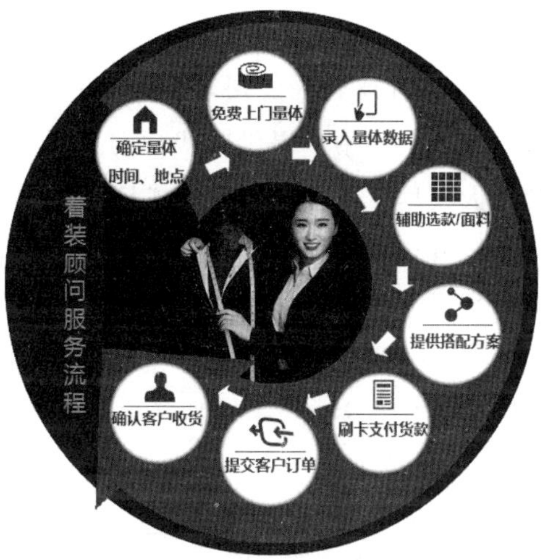

图 3－44　衣邦人着装顾问服务模式

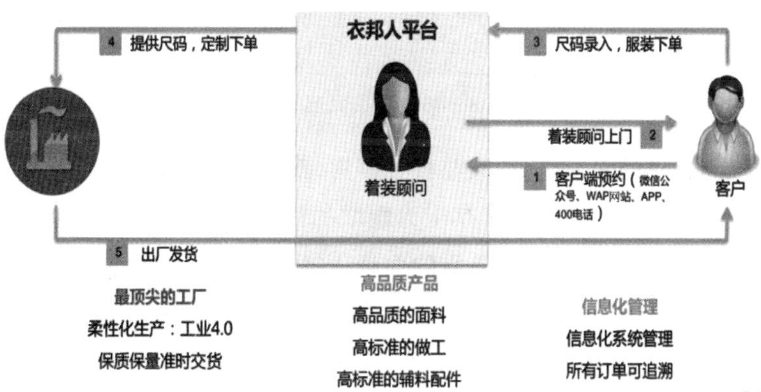

图 3－45　衣邦人服务模式

(2) 售前服务

顾客可通过衣邦人平台进行网络或电话预约，平台会派专业着装顾问上门量体，并将顾客的量体数据录入系统。系统直接将订单发送至专业的服装定制现代工厂进行生产并发货，大概10个工作日完成交货。

(3) 售后服务

2017年2月6日，衣邦人在官网发布2.0版售后服务政策，将免费售后服务的期限从原来的30天，升级为比传统服装定制售后更严格的365天无忧售后。在高端服装定制行业内，这是衣邦人对消费者的又一次突破性承诺。

七、互联网定制C2M模式创新者——量品

(一)品牌发展历程

量品(iOrder)隶属广州众投科技有限公司，成立于2015年，是一个提供上门量体定制服务的新型衬衫品牌，致力于为用户提供在线预约、上门量体、一人一版的衬衫量身定制服务。量品秉持“让人人尽享个性化定制的高品质生活”的使命，采用“互联网+信息技术”的经营方式，去除中间环节，将利润最大程度让给消费者。品牌发展历程见图3-46。

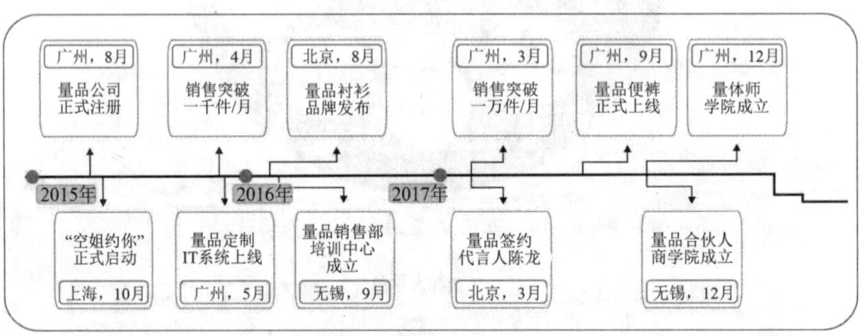

图3-46 量品发展历程

消费升级创造新的需求，旧的天花板被解构，新的天花板正在形成。在传统行业制造成本越来越高、利润逐年降低、库存压力剧增的情况下，量品通过互联网、移动支付、大数据等现代基础设施，迎合消费升级的大趋势，将用户和工厂打通，重构服装供应链，实现新型的现代制造业转型。量品以C2M模式由工厂直接为消费者提供定制服务，让工业4.0智能化工厂与消费者直连，消灭成衣库存，大幅提升产品迭代和终端零售效率，使数以万计的消费者享受价格平实、品质精良的定制服务。优质平价的模式让量品

在天使轮就融资600万元，估值达5000万元；在2017年的12月份融资5000万元，估值10亿。从规模上看，量品在2016年4月份上线后的两年之内，除了西藏之外，在全国所有的省份、80个主要城市已经实现全面覆盖，业绩增长10倍多，拥有了近10万的粉丝。

（二）量品商业模式

1. 品牌核心产品

量品核心产品为1.0版本衬衫（399元）和2.0版本衬衫（499元）。量品的用户画像是符合当下消费升级趋势的中产阶级男性消费群体。量品采用C2M的商业模式，砍掉传统模式下的中间成本，销售的产品价格仅399/499元，但品质却优于传统渠道的1000/2000元衬衫，具有非常高的性价比优势。

2. C2M模式

量品采取C2M模式，先要采集C端个性化的需求，通过用户网上下单，量体师上门服务的方式进行数据采集，然后将订单通过数据化信息的形式传递给工厂M端。工厂将柔性化生产线合并同类项，进行规模性生产，15天之内送货上门，改变了传统"先生产后销售"的交易模式。首先，量品从PC端和微信端进行引流，通过定制产品信息的展示帮助消费者做出决策；其次，让专职量体师上门量体与消费者面对面沟通，根据消费者脸形、身材，选择最好的搭配，然后将数据化的信息传到云端，再将产品通过物流送到消费者手里；最后，量品通过收集、更新迭代消费者数据，改进产品，维护与消费者的关系，留住老客户（见图3-47）。

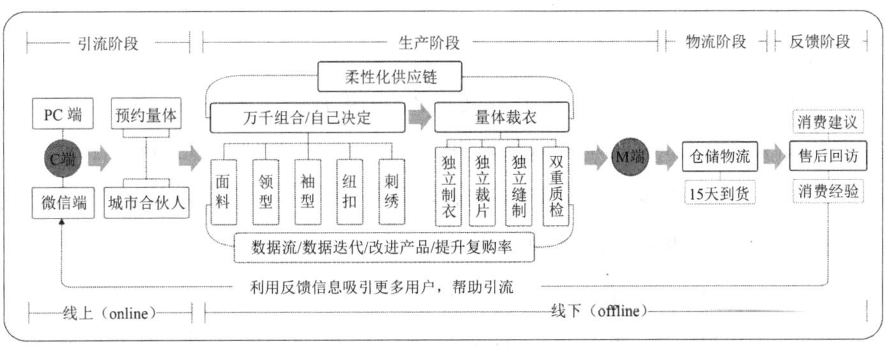

图3-47 C2M+个性化定制+柔性供应链管理

3. 采用预售款模式

量体师上门量体时向客户收取100%预付款，15天内将衬衫交给顾客，次月量品给量体师支付佣金，发放工人工资。量品公司月销售额约700万元到800万元，保持有1000万元预收款现金流，形成资金流良性循环。

4. 城市合伙人销售模式

不同于传统营销渠道，量品在全国拓展城市合伙人，由城市合伙人和量体师组成团队拓展市场。总部负责对城市合伙人及量体师进行培训，合格后才能上岗。量体师为用户提供上门量体、售后服务，未来量体师将成为用户的穿衣顾问。

城市合伙人通过硬件终端以及量品独家开发的与制造端适时对接的IT系统，将用户量体数据回传工厂，工厂根据每个用户的身材数据打版、裁剪、制衣、发货。截至2018年5月份，量品已在全国92个城市开通服务，拥有158名左右城市合伙人，500多名量体师。由于C2M模式凭借其优势挤压传统流通成本，城市合伙人和量体师收入远高于传统零售行业从业人员。

（三）量品的特点

1. 解决品牌和消费者的双向痛点

量品真正能够打动消费者的地方在于产品的性价比。一件普通的贴牌商务衬衫，从生产成本到零售价，往往存在8～12倍的加价率。在传统销售过程中，库存管理、门店装修、经销商等均进行加价。在传统模式下生产一件衬衫，生产成本大约占到价格的10%，库存成本可能达到15%～20%，再算上各类渠道成本，最后品牌商的净利润率可能不到10%。面对利润日益降低、成本居高不下、库存问题难以解决等传统制造业痛点，量品依托互联网、移动支付、大数据等现代基础设施，迎合中国消费升级的大趋势，将用户与工厂打通，全新再造和重构供应链，实现新型的现代制造业转型，解决了来自品牌和消费者的双向痛点。

2. 创业团队

创始人兼董事长虞黎达毕业于上海交通大学，曾任职于溢达、盛泰等国际量级的衬衫面料及成衣制造企业，这些企业曾是阿玛尼(Armani)、博柏利(Burberry)、布克兄弟(Brooks Brothers)、日本镰仓衬衫等国际知名品牌的重要供应商。他拥有20年衬衫制造行业经验，累计为国内外一线品牌生产衬衫10亿件。

创始人兼总经理朱家勇长期从事衬衫面料、成衣企业管理工作，曾任宁波雅戈尔日中纺织有限公司生产总监，16年来一直从事纺织面料与服装工作，为世界知名品牌提供高档纯棉衬衫的OEM制造。

3. 上门量体

区别于依赖物理门店、等待客人到店量体的传统定制方式，量品采用顾客在线预约、量体师上门量体的服务方式，这对顾客而言更加方便快捷。一对一量体服务模式，让每一个顾客都能参与到自己衬衫的设计中来，为自己量身定做一件符合自己需求的商品。这一服务模式符合未来新零售业的发展趋势。

4. 一人一版

真正的定制是一人一版。区别于市面上大量的套码定制，量品采用一人一版和定制方式。每个客人的量体数据被录入系统后，电脑系统会根据量品独有的放码规则，单独为客人制作样板，并用激光裁剪技术单件裁剪，确保衬衫的合体性(见表3-13)。

表3-13 量品衬衫尺寸放码表

量体净尺寸		放码尺寸		标准成衣170/88A	
领围	39.0cm	领围	39.0cm	领围	39.0cm
胸围	95.0cm	胸围	101.7cm	胸围	108.0cm
腰围	90.0cm	腰围	96.3cm	腰围	102.0cm
臀围	98.0cm	臀围	100.7cm	臀围	108.0cm
肩宽	45.5cm	肩宽	45.5cm	肩宽	47.0cm
衣长	73.0cm	衣长	73.0cm	衣长	74.0cm
袖长	63.5cm	袖长	63.5cm	袖长	60.0cm
臂围	32.0cm	臂围	38.0cm	臂围	38.0cm
腕围	18.5cm	腕围	23.5cm	腕围	25.0cm

5. 智能系统按需生产

工厂实现工业化大规模生产的流水线模式，以数据和IT系统为核心对制造端进行模块化改造，实现单件个性化服装规模化制造。量品的后端工厂与前端数据实时打通，消费者的每个细节需求，都能在制造端迅速响应并实现，实现柔性化的按需生产。在量品的工厂，从打版师到工人，他们制造每一件衬衫都以用户为中心，使制造业工厂变成了服务业工厂。

6. 去中心化的获客方式、高复购率和低获客成本

随着广告对消费的转化率越来越低，流量获客的成本只会越来越高。而近年来，市场最大的变化是流量越来越贵，点击率越来越低，转化率越来越低，也就是获客成本在无限度地增加。量品完全不用中心化流量思维，因为其没有任何一个实体店铺，也不开任何网店。量品以客户为中心，量体师上门服务，量体师就是一个输出点，自带流量。量品把销售的流量分散化，建立去中心化模型。在量品的客户体验了量品衬衫之后，量品希望通过用户口碑来传播品牌，虽然慢但是黏性高。因此，市场营销的成本就会相对低。当下，通过量体师和客户这些去中心化的输出点，量品可以获得超过70%的新客。

小 结

互联网定制品牌依托资本市场纵向挖掘产品深度，横向延伸产品，扩大市场占有率，更有互联网定制品牌通过 O2O 构建既有互联网基因又有线下定制体验的定制平台。在未来几年内，与所有产业互联网项目一样，互联网定制将迎来新一轮洗牌期，上市、兼并、收购、清算、破产都会出现，领导者将越跑越快，在融资、市场占有率、获客、供应商资源整合上都将积累更大的优势；而对于弱势的平台，生存可能将变得更加困难，最终互联网定制市场会出现行业龙头领导者继续几家独大的局面，强者越强，弱者越弱。关注互联网产业和个性化定制布局的相关公司，如能在定制需求拐点来临之际提前布局，将受益于未来行业的快速增长。

第四章 "互联网+"时尚网红IP

一、时尚网红演变与产生的原因

网红即网络红人，原指因某个或某一系列事件及行为而在互联网上迅速受到关注而走红的人。该词从 20 世纪 90 年代末开始流行。目前该词泛指通过网络社交平台走红并聚集大量粉丝的红人和进行一定商业实践的群体，其目的在于通过互联网实现个人价值，最新趋势即为创新创业。腾讯研究院通过梳理近 20 年来网红进化史，抽取了 100 个样本进行观察，发现目前网红创业遵循"7 年跃进"的规律：从以网络写手"安妮宝贝"为代表的一次元时代，到以草根红人"凤姐"为代表的二次元时代，到以网络段子手"回忆专用小马甲"为代表的三次元时代，再到以电商模特张大奕、艾克里里、papi 酱和社会名人王思聪等为代表的多元化的四次元时代，经历了四轮进化（见表 4－1、图 4－1）。网红也由过去依靠个人单打独斗的努力，发展出团队合作产业协同的趋势，逐渐从现象转型成为一种产业。

表 4－1　网红发展演变

阶段	时间	特点	依托平台	代表人物
一次元时代网络写手	1994 年	纯文字，"只见其文，不见其人"	BBS 社区、论坛等	南派三叔、安妮宝贝
二次元时代草根红人	2000 年	草根涌现，图文时代，夺人眼球	猫扑、天涯、贴吧等	芙蓉姐姐
三次元时代段子手	2010 年	粉丝积淀，宽屏时代，网络段子手出现	微博等	留几手、回忆专用小马甲
四次元时代网红	2016 年	内容 IP，产业化，移动社交时代，内容输出	秒拍、淘宝	papi 酱、张大奕

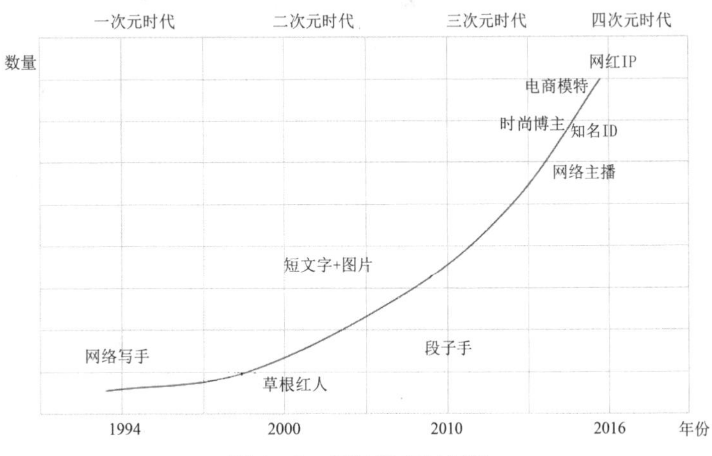

图 4－1　网红演变时间轴

现阶段是主要以时尚网红为代表的四次元时代(见表4-2)。这一阶段的网红通过淘宝、短视频、直播等移动平台APP输出内容IP(intelletual property,知识产权),其中以电商网红最具代表性。一些平面模特或对穿搭有自己独到见解的博主开始设立自己的个人品牌,实现流量变现。

表4-2　网红分类

类型		特点	代表人物
时尚网红	电商网红	模特出身,拥有自己的品牌店铺,是"网红脸"的典型代表	张大奕、雪梨、delicious大金
	美妆网红	美妆师出身,通过美妆视频走红	卧蚕阿姨、王岳鹏、李奇潭

按照网红的影响力可以将其分为头部网红、肩部网红、腰部网红以及腿部网红,整个结构呈现金字塔状(见图4-2)。粉丝看网红的角度也从15度到45度不等,相较于看明星的60度以上仰角而言,网红更具亲和力。头部网红即指拥有千万级别粉丝,变现能力强的网红,如papi酱,其IP价值大,广告变现容易;肩部网红拥有数百万粉丝,变现能力强,多用电商变现,商业模式成熟;腰部网红拥有数十万粉丝,多为细分垂直领域的达人;而腿部网红为拥有数千至数万粉丝的小网红,仍处于成长期,人数也最为庞大。

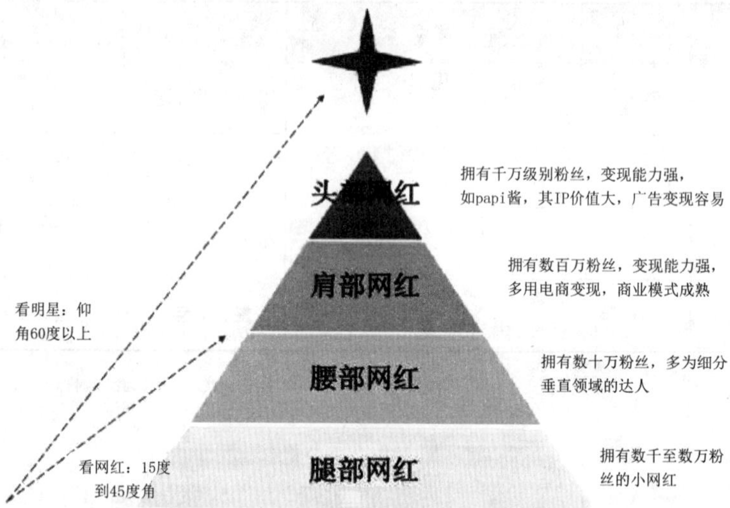

图4-2　网红金字塔影响力分布

(一)时尚网红产生的原因

互联网时代网红大量涌现。从当下社会心理讲,网红迎合用户三种心理:营造社群文化与群体归属感,构建符码与投射想象,娱乐消遣与压力纾解。简单地说,网红是互联网迎合当代大众文化需求的产物。最早的网红既为草根也是最单纯的网红，因为具有艺术与才华而成为网络红人。这一类网红并不是科班出身有才艺的人，多数是普通人，在社会上从事着与才艺完全不同的工作。他们是纯粹的草根，在才艺方面没有接受过所谓"正规"的训练。其所具备的才艺，常常是因自身的兴趣或是非同一般的天赋而自学成才。这种自学的过程，使其与科班出身的专业人才有了完全不同的独特风格或者艺术技能。此类网红因为偶然的渠道被放到网络，而吸引了大量的人气，甚至拥有了固定的粉丝群体。

随着网络技术的不断改进，社交网络的变迁，网络平台功能的优化与完善，以及用户内容消费观的转变，部分网红迎合了人们对娱乐化内容的迫切需求，和虚拟化社区亚文化语境下的价值认同，通过搞怪作秀成名。这一类成名的网红是通过"小咖秀""秒拍"等短视频软件，或者图片展示得到网民的关注，常常有哗众取宠或是言行出位的表现，也具有很强的"出名"目的性。在这些网红背后一般拥有团队或者网络推手进行策划，后者经过精心策划与安排，让前者在特定的场合、时间，来博取眼球。但长期的哗众取宠，使得用户审美疲劳，单纯的流量输出已无法满足网红经济的需求，网红需要更多新鲜内容刺激用户消费欲望。

2015 年后，"网红"的含义也在不断泛化，自媒体的兴趣从草根崛起转为大浪淘沙，一些社会知名人士开始借助自媒体打造个人品牌。从知名度和网络平台两个角度来衡量，网红一族可以划分为四个象限（见图 4－3）。第二象限的网红，活跃在网络平台且知名度高，就是现有的网红，另外三个象限则是未来网红的新鲜血液来源。线上的草根、线下的草根和名人，是成为网红的三种不同类型群体。明星和企业家是名人群体的两大组成部分，从线下名人转型为线上网红，典型成功案例如李开复、罗永浩等，主要以独特的个人超级 IP 而在网络上走红，未来这个群体将会更加庞大。另外，同样值得关注的主要有两类：一类是草根网红，预示着打破原有的社会就业体系，代表了社会阶级迁跃的趋势，或成为创新创业的新途径；另一类则是企业家网红，承载着企业代言人的使命，预示着企业家或创始人的网络口碑，必须成为产品质量的保证。

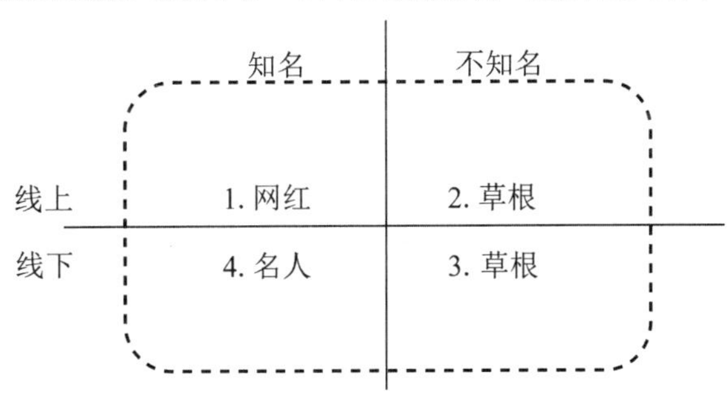

图 4－3　三种类型网红市场细分

在未来三种不同类型的网红都需要着重强调拥有强大的IP输出的重要性，在UGC(user generated content，用户生产内容)同质化混战所造成的用户"审美疲劳"下，需要将重点放于PGC(professional generated content，专业生产内容)、内容精致化与分众化。因此，团队协作共创超级IP俨然成为趋势，流量变现服务商价值凸显。目前的网红手握大把流量，运营模式初现雏形，但短板也显而易见：供应链能力薄弱，IP难以持续输出，网红生命周期短。这就为网红孵化器提供了存在的价值。这些孵化器将原有的网红个体店铺串联，进行整体经营，为网红提供上至设计生产，下至推广销售等各个环节的服务，甚至还充当经纪公司的角色，从零开始培养网红。网红孵化器依托于数据分析、供应链后端支撑和公司运营管理的能力，创造出一个"保姆＋经纪人＋供应链"的模式，与网红建立"你负责貌美如花，我负责赚钱养家"的合作模式，帮助其在电商变现、广告代理、泛娱乐等领域施展商业价值，并形成流水线式复制网红的模式(见图4-4)。

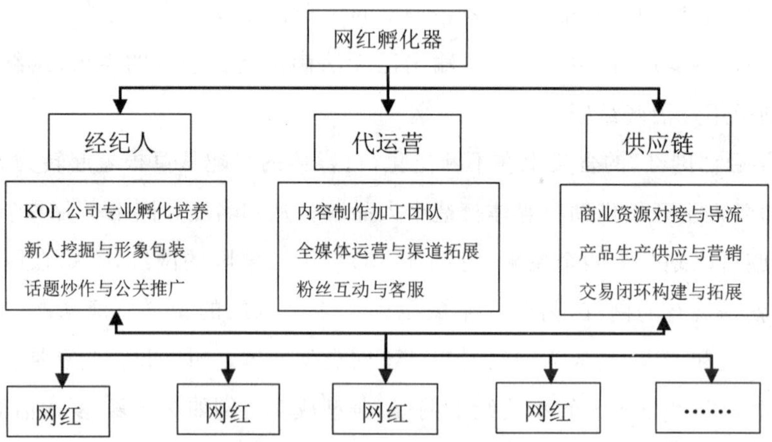

图4-4　网红孵化生产方式

(二)时尚网红生存方式——借"微"造势

从平台来讲，除了大量的直播APP抢占市场，不得不提到新浪微博(简称微博)这一肥沃的土壤。微博对于网红的重要作用，在未来的发展趋势中将愈加明显。微博等平台将是网红影响力升级的重要平台，就目前而言微博中直接嵌入直播功能，操作便捷，传播更为迅速，而在微博上将直播精彩片段做成短视频可以二次传播，作为一种精选内容的输出再传播可带来可持续性发酵。整体来看，微博在网红变现中所承担的作用，主要是作为传播平台，在微博上形成千万级粉丝效应，进而实现品牌与IP的增值(见图4-5)。

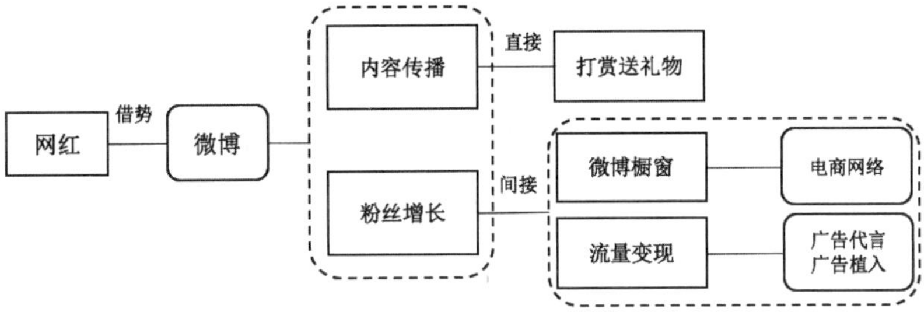

图 4-5 微博为网红提供商业变现平台

尽管电商是当下时尚网红变现最快的方式，时尚仍然需要借助以微博为主的社交平台进行造势，二次传播。而直播和与具有影响力的媒介平台合作，是网红提升自身IP价值的重中之重。网红通过以微博、微信为主的社交平台可以触达更大规模用户，成为核心(见图 4-6)。

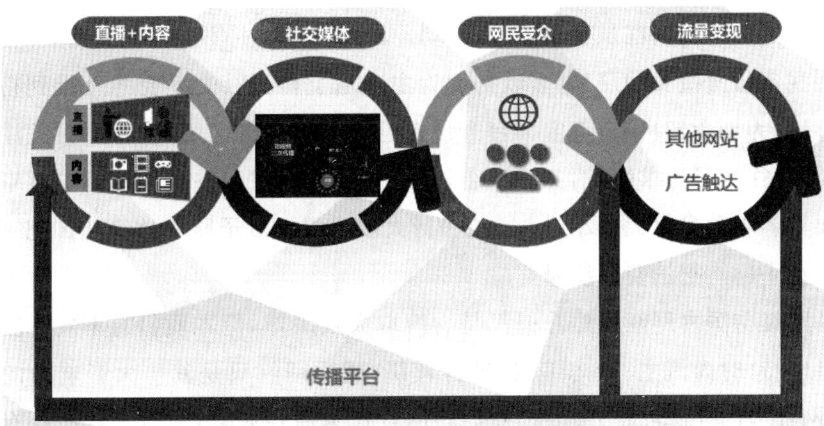

图 4-6 社交传播是网红的重要环节

2017 年 3 月，微博正式成立了一个"网红电商平台"，准备让微博上拥有大量粉丝的电商机构和电商红人聚集在一起，通过这个平台来售卖商品。微博将为电商机构合作商，依据战略、优先和标准三类合作原则，提供不同程度的运营支持。对于其中拥有最高等级的战略合作伙伴，微博将为其提供包括 7×24 小时的专属运营服务，以及微博橱窗在内的相关定制产品。同时，网红机构的账号将被放在微博找人页等流量集中的板块推荐给用户，相关内容也会放在微博红人淘等渠道(见图 4-7)。此外，微博还为电商平台引入了为网红们提供服务的服务商，他们具备专业的内容运营能力，为微博网红提供账号运营、图文和视频制作、数据分析和推广、供应链管理等服务。根据微博自己公布的数字，截至 2016 年，微博合作电商企业达 2000 多家，平台上活跃着超过 1.5 万电商红人，网红经纪公司达数百家，与微博深度合作的 KA(重要客户)红人机构达到近 30 家，旗下网红账号在微博上覆盖了近 3 亿粉丝。

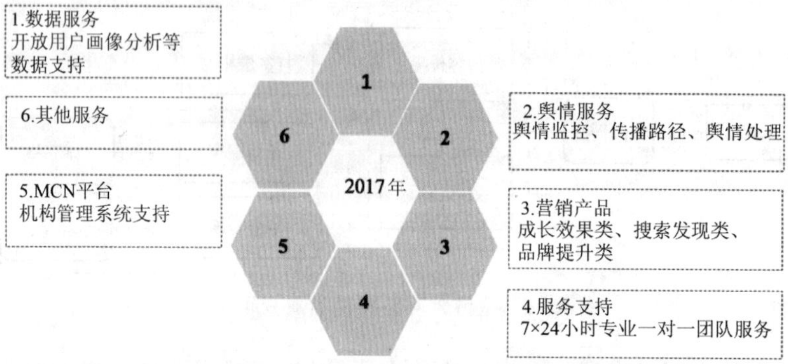

图 4-7　2017 年微博为电商红人机构提供的服务

（三）国外网红与国内网红的比较

国外网红与国内网红虽相似，也有不同。国内网红们并不专注于时尚，开始只是单纯地拍一些自己所擅长的照片（多以搭配为主），当上传到社交平台意外受到粉丝的追捧后，便以此为创业契机，在淘宝平台开设自己的电商店铺。因此，他们只关注电商平台上的销量，往往只追求爆款，互相抄袭，千篇一律的款式和搭配让真正的时髦客视觉疲劳。而其容貌和身材大同小异：欧式平行大双眼皮＋瓜子脸＋竹竿腿。把一堆网红的照片放在一起能把消费者绕晕。

国外网红与国内网红虽然看似都是为博取大众眼球，但本质仍有不同。国外网红多为明星模特、时尚博主、杂志编辑、健身教练，成为网红只是其扩大影响力的一种手段；国内网红与国外网红正好相反，他们将网红作为一种职业，通过网红所拥有的附带属性，将粉丝（流量）变现。从平台属性而言，国外每个品类只有一个平台，而国内则过于纷杂。从主要平台而言，国内最大的开放性社交平台新浪微博的核心是文字，国际的网红并不在推特上，而更多在 Instagram（照片墙）、Vine（短视频网站）或者 Snapchat（色拉布）上，这些平台多以图片和视频为主。

品牌广告和效果广告也是国内网红和国外网红变现的区别之一。在国内，由于网红多是草根出身，很多知名大众品牌并不愿意和网红进行品牌方面合作。网红接到的广告大多也以效果为主，以电商和游戏广告居多。尤其对于不特别知名的网红来说，电商是变现的最主要渠道。而在国外因为媒体形式更加丰富，网红更容易做品牌广告，这类广告对用户更加友好，有时候还能给网红加分。另外，美国的网红由于制作的内容大多是视频和图片，因此也更容易跨界成为艺人，通过参加各种活动获得收入。而国内的网红则更多是以段子手或者简单的自拍出名，比较难进入主流人群和主流媒体（见表 4-3）。

表 4-3 中外网红的对比

网红类别	不同点					共同点
	聚集平台	输出方式	传播内容	变现方式	颜值	
国外网红	脸谱网、Instagram	PGC	日常生活、时尚资讯、代理产品广告	品牌代言、转型影视明星、创建 MCN	参差不齐	稀缺性
国内网红	微博、淘宝	UGC	日常生活、产品信息、抽奖内容	网红电商、成立网红公司	千篇一律	

二、时尚网红超级 IP 变现的商业模式

品牌是工业时代的规模化识别符号，IP 则是移动互联网时代的人格化定义标签。超级 IP 是全新的互联网方法，是聚焦于内容与人格，更快破局和单点突破的方法论。在移动互联网时代，产品的生命周期越来越短，所以持续的 IP 化甚至比开发和拥有爆款的产品更为重要。所谓 IP 就是智力财产所有权，即知识产权，是独特的内容，广泛意义上是指那些被广大受众所熟知的、可开发潜力巨大的文学和艺术作品。它存在于人们的生活里，逐渐成为一种全新的生活方式。对 IP 更直白的理解是“稀缺的魅力人格”，是最佳的新商业注脚。IP 的形式多种多样，既可以是一个完整的故事，也可以是一个概念、一个形象甚至一句话；可应用于音乐、影视、游戏等多个领域，亦可以是时尚着装。比如迪士尼，每年都有新故事，内容不断更新迭代，它的生命力在于不断演绎故事。行业着装的演变是：一个产品—一个人魅力—人格魅力。个人人格化、内容原创力不仅仅是颜值，更是可扩展开发的人格化的 IP。在过去十年当中，甚至更长的时间内，乔布斯出现在公众视线当中时总是那一身着装：黑色高领毛衣，李维斯 501 牛仔裤以及新百伦 991 运动鞋(图 4-8)。作为标志性的个人计算机革命的卓越领导者，乔布斯

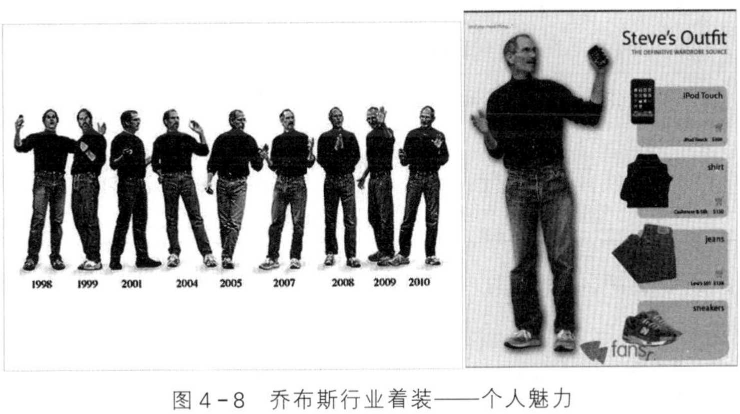

图 4-8 乔布斯行业着装——个人魅力

在最近的30年当中,可以当之无愧地被称为"硅谷王者"。从Macintosh(麦金塔电脑)、iPod(苹果播放器)到iTunes(苹果数字媒体应用程序)和iPhone(苹果手机),其提出的"非同凡想"的独特口号已经获得了世人的认可。

"超级IP"即在某一段时间或某一地点产品被"超级想要"——但"想要"并不是需求,消费者的"想要"需要与其自身心理产生关联,这就需要利用文化制造现象级消费现象,以激发消费需要。如果说IP是一个产品、一个原创专利,那么超级IP则是自带流量、可扩展开发的人格化IP,更强调它的内容化特征和人格化属性,更具话题性、连接力和温度。所谓人格化,是自带流量、具有一定温度的人格魅力体,它等于"情感应答"。时尚网红超级IP即指通过网络快速成名的时尚博主的知识产权,是更具有话题性的独特内容。

(一)网红IP变现模式

当下网红经济已经成为影响力经济,逐步形成一个强大的策划团队及较为完善的变现产业链,网红通过聚集大量的粉丝形成社群,利用其超级IP将流量变现。现在的网红IP主要通过电商、直播、电子竞技代言、广告代理等模式变现(见表4-4)。

表4-4 网红IP变现模式

变现模式	变现方式	变现举例
电商	将网红的粉丝流量导向电商平台,通过售卖商品变现	淘宝红人店,主播的淘宝零食店,自媒体的微商、微店
直播/打赏	粉丝通过直播平台给网红赠送虚拟礼物,或直接为内容打赏	主播在直播中获得虚拟礼物,网红在微博、微信平台收到打赏
广告	内容网红通过贴片广告、品牌植入、软文等广告方式变现	段子手的营销软文,短视频中植入广告,网剧/电影中植入广告
电竞代言及签约	电竞网红与直播平台签约,为游戏产品代言,从而获得签约和代言收入	网红代言热门网游,电竞选手成为游戏直播平台的签约主播
影视演艺	条件优秀的网红进军娱乐圈,赚取演艺通告收入	网红签约娱乐经纪公司出道,进行商演、广告代言等
IP品牌化	网红个人及其内容IP品牌化,并跨领域运作,实现更大衍生价值	原创内容IP化,网红成立网红孵化器开展经纪业务

多个风口产业交织,催生网红经济大爆发,其商业模式可以简单归结为网红依赖于社交网络的发展和自身内容的输出,成为具有影响力的关键意见领袖(key opinion leader,KOL),然后将UGC深化或向PGC转化,加强与社群之间的黏度及其认同感,

从而通过影响客体某些行为或决策来实现变现(见图 4－9)。而网红经济模式极高的资本回报率吸引大量资本涌入,催生"网红孵化公司",模式化复制网红。

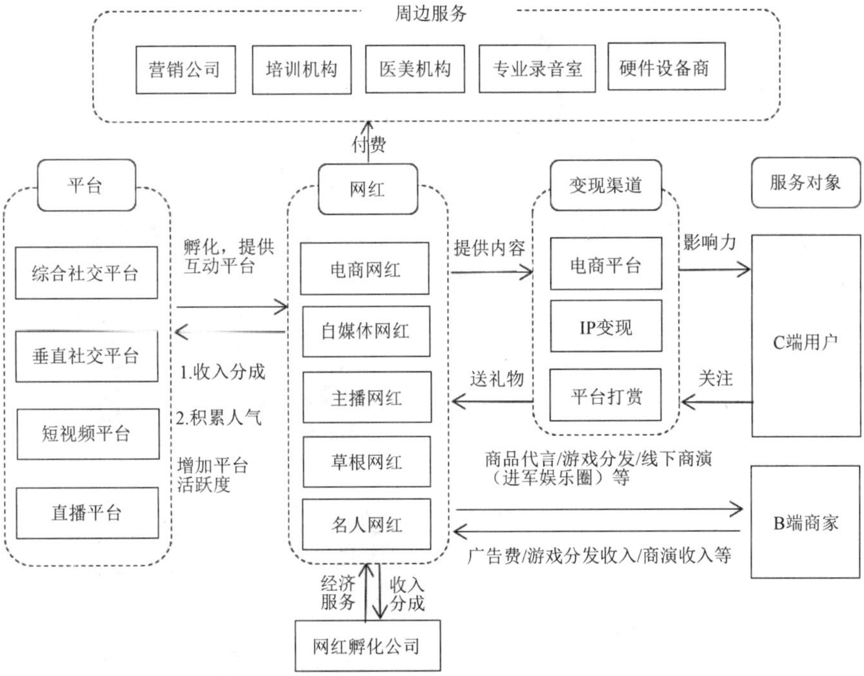

图 4－9　网红 IP 变现商业模式

孵化网红按内容类型可分为五类,分别是:秀场主播类网红孵化,典型公司有中樱桃、校花驾到等;淘品牌电商网红孵化,典型公司有如涵电商、缇苏等;视频节目类网红孵化,典型公司有万合天宜和暴走大事件等;专业培训类网红孵化,典型公司有网红商学院、MOKO!、VER MODEL 等;段子手类网红孵化,典型公司有畅游新媒、网红来了、秒拍等(见图 4－10)。

(二)时尚网红 IP 变现模式: 社群电商

时尚网红通过社交网络积累大量粉丝,对粉丝进行良好管理,完成了从最初的平台社交分享到电商经济的转变。网络红人催生新型电商模式,利用"网红电商"迅速变现并对传统电商产生了强大的冲击。2015 年 7 月,张大奕建立个人品牌"吾欢喜的衣橱";2016 年 11 月 11 日,其店铺在女装热销店铺中排第十,"小网红"凭借一己之力单挑国际大牌;截至 2017 年 3 月,已产生评价的订单达到 34000 笔。从此案例中可以看出,网红一旦获得粉丝认可即可拥有 IP,其粉丝效应在短期内极其明显,但要想长期黏着粉丝还需拥有个人超级 IP(见图 4－10)。

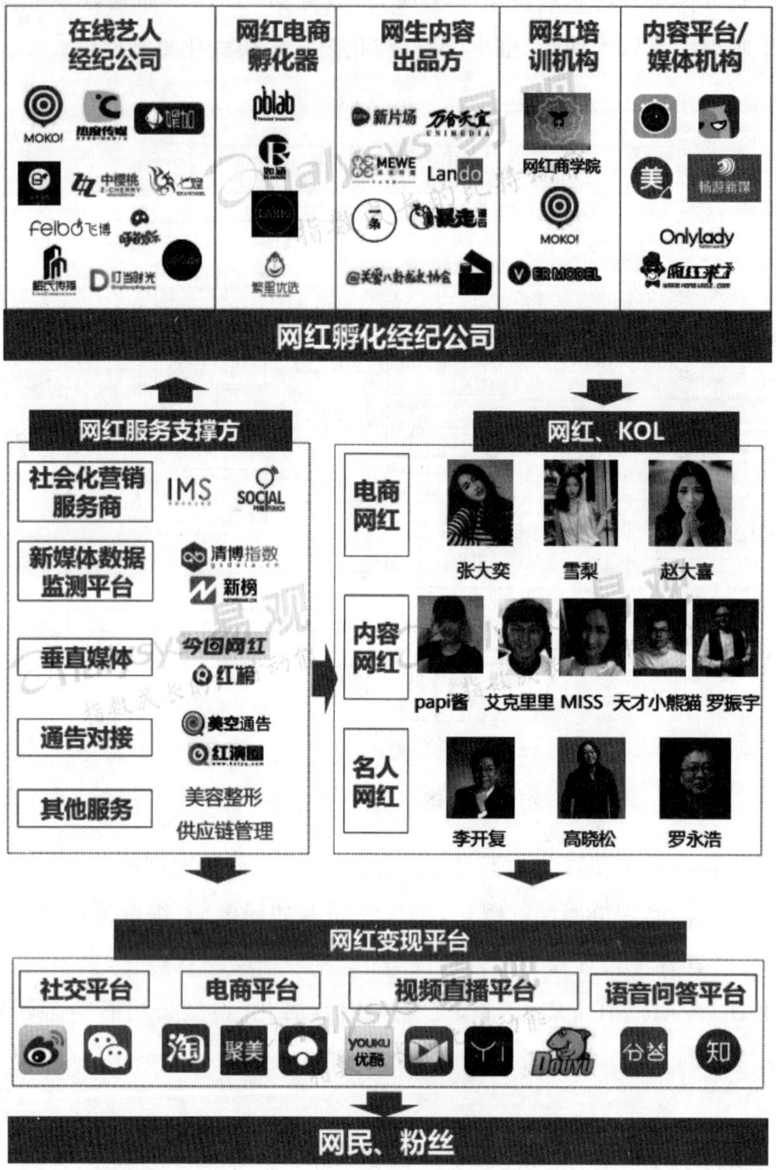

图 4－10　网红生态图谱

1. 网红电商模式

从社交网络中崛起的红人们，在拥有粉丝后尝试了各种商业模式，电商是目前最有利的变现方式。作为"消费型偶像"的时尚网红，她们的生活被打造成公众可见可感的"生活样板"，影响粉丝们的消费习惯与生活方式等。网红除了需要拥有最基本的选款能力强、测款速度快、自有流量高等条件外，还需自制话题产出内容，将个人 IP 化，利用内容吸引粉丝增加黏着度，并在直播中"洗粉"，筛选具有购买力的粉丝成为其最终变现对象。相较于传统淘宝店主，网红店主们更为重视与粉丝之间的互动沟通，揣摩粉丝的精神需求，利用个人 IP 来刺激一些人对符号象征意义的消费欲望。网红与网红之间的互动成为粉丝的看点，更是"圈粉"的一种重要手段。网红通过在网络社交平台上分享音频视频的方式，与一些化妆品牌合作，向粉丝推荐化妆品，以扩大粉丝社群。同时，网红利用预售方式的饥饿营销、互动方式的情感营销以及粉丝与粉丝之间沟通的口碑营销这三种基本营销方式实现变现(见图 4－11)。

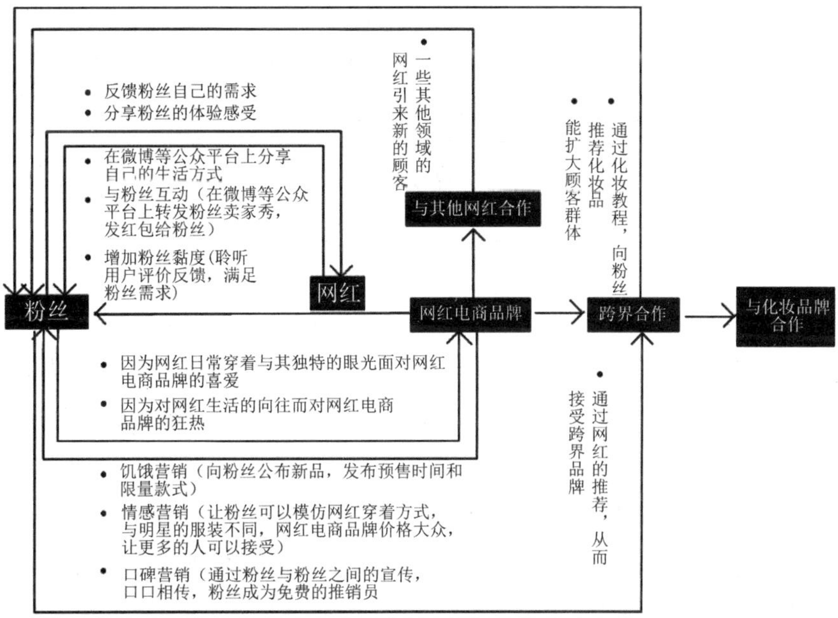

图 4－11　网红电商模式流程

2. 网红电商模式与传统电商模式的对比

电商平台流量成本高企，电商营销开始更多地使用具有人格魅力的网红，带动社群形成，集聚同属性的人群，从而提升电商营销的效率和转化率。在此大环境下，网红电商应运而生。其作为一种新兴的电商模式，虽然与传统电商同时存在于同一销售平台上，但相互之间仍有许多的不同点，网红电商在各个方面都呈现出与传统电商的差异特点(见表 4－5)。

网红电商可以看作是传统电商与明星电商的结合。网红的显性特点是有颜值、个性、品位等个人魅力，有快时尚运作能力，能将时尚与自身日常生活特点结合起来，并在直播互动中产出个人 IP，以增加顾客的黏性。它与传统电商在运营逻辑上截然不同。传统电商品牌讲究的是一个数据：转化率。在传统电商思维中，当流量导入店铺时，最终的产出跟投入获客、资源位、钻石展位、直通车等方面的成本相关，因此传统电商品牌会通过计算转化率调整运营战略。然而转化率在网红电商中，却变得无关紧要。网红只要在第三方社交平台(如微博)上服务好自己的粉丝(筛选过程)，将流量转入店铺后几

表 4-5 网红电商与传统电商之间的区别

电商类型	店主类型	客户群	搜索方式	商品类型
网红电商	在微博上集聚人气的网络红人	稳定,多数是网红的粉丝,以 85 后、90 后为主	从社交网络平台上了解,并且追随	以个性化服装为主线,向其他周边产品衍生
传统电商	普通人群	不稳定,更多地看重店铺评价	从淘宝大数据平台搜索,查找	产品类型不受限制
电商类型	**供应链**	**销售情况**	**售后服务**	**发展速度**
网红电商	选款—粉丝互动、改款—上新、预售—平售—折扣	销量良好,经常"秒光",出现货品供不应求的现象	与粉丝沟通,能够及时得知产品的优缺点	借助网红孵化器快速成长
传统电商	上新—平销—折扣	销售情况不一,两极分化严重	售后服务并未深入人心	发展缓慢

乎都可以转化(转化过程),并以此形成闭环。简单讲,传统电商是以货为中心,网红电商是以人为中心,这便是网红们最大的竞争力,也是网红电商与传统电商之间最根本的区别。

3. 超级网红 IP 变现方式: 视频直播

直播,即主播可以随时随地地边录边播,观众实时参与互动,并以弹幕等形式展现。目前,"移动+社交+直播"基本上定义了新一代移动社交 APP,"直播+网红"成为 2016 年互联网新玩法。自从 2013 年国内直播行业兴起以来,在短短的几年中就得到了不可思议的发展。这种全新的网络平台成为目前最火的一种新媒体方式,以斗鱼、熊猫等领衔的网络直播平台频繁出现在各类新闻中。另据瑞士信贷估计,2016 年中国直播市场的总量超过 250 亿元,网络直播的用户规模已超过 3 亿,占网民总量的一半。

TalkingData 发布的《2016 移动视频直播应用行业报告》明确指出,视频直播正从泛娱乐时代向泛生活时代迈进,旨在打造主播 IP 的粉丝经济。相对于以往的文字、图片和短视频都在记录和分享已经过去的信息,网络视频直播则不同,主播和观众可以进行实时的交流。以直播发展特点为依据,划分了直播的四个不断升级的版本,以此总结出了一条"视频直播发展时间轴"(见图 4-12)。2005 年是直播 1.0 阶段,国内互联网行业快速成长,视频网站开启流量大战,PC 端传统秀场时代正式开启并形成了"YY+9158+六间房"的稳定格局,依靠签约主播、虚拟物品打赏为主的盈利体系背后,核心还是"颜值"。在 2014 年直播 2.0 阶段,游戏直播兴起。得益于国内游戏市场规模的快速扩张,游戏直播积累了超高的人气,已然成为电竞产业中不可或缺的角色。在这个阶段,以斗鱼、龙珠、战旗为代表的游戏直播,其商业模式以虚拟道具购买为主,而游戏主

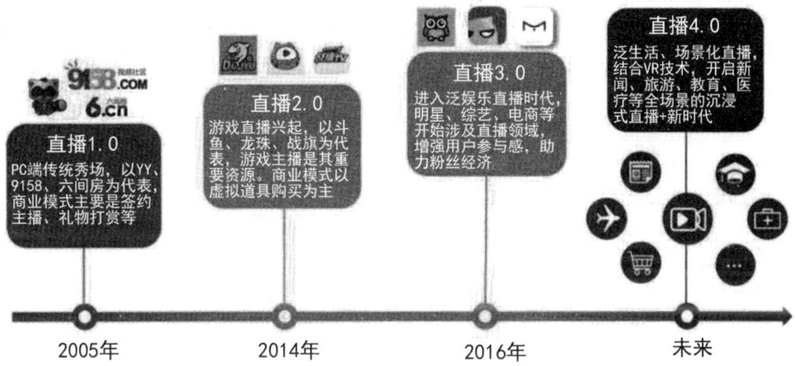

图 4－12　视频直播发展时间轴

播成为其重要资源。2016 年直播 3.0 阶段有两重特质："硬件"从 PC 到手机，内容从秀场、游戏转向泛娱乐。未来的直播 4.0 阶段将进入全场景沉浸式直播的新时代。

据统计，整个国内的移动直播平台已经超过 200 家，其中拿到融资的进入公司在 100 家以上。如今，无论是 BAT 三大巨头，还是新浪、乐视、网易，都已涉足移动直播领域。数百家直播平台，在巨大的利益前景诱惑下，展开了一场持续连绵的市场大战(见图 4－13)。从主播到内容再到版权，网络直播的大战硝烟弥漫了行业各个角落。

图 4－13　不同类型企业在视频直播领域的布局

4. 视频直播的变现方式

探讨视频直播的变现方式，可以从对视频直播的分类入手。主流的观点将直播产品分为两类：秀场直播和游戏直播。秀场直播的模式脱胎于 YY、9158 等秀场，依靠观众送给主播礼物、秀场抽成盈利，盈利能力强，很多社交产品纷纷跟进直播，切入点都是秀场直播的形式。游戏直播比如斗鱼、战旗等产品，由于游戏的场景比较固定，主播成长和粉丝获取都比较容易，自成一派。不过现在大多数游戏直播平台都在积极扩展其他品类的内容，例如娱乐、生活、情感、体育等频道。相比于秀场，游戏直播更具备平台性，也更容易沉淀优质内容，商业方面的想象空间更大(见图 4－14)。

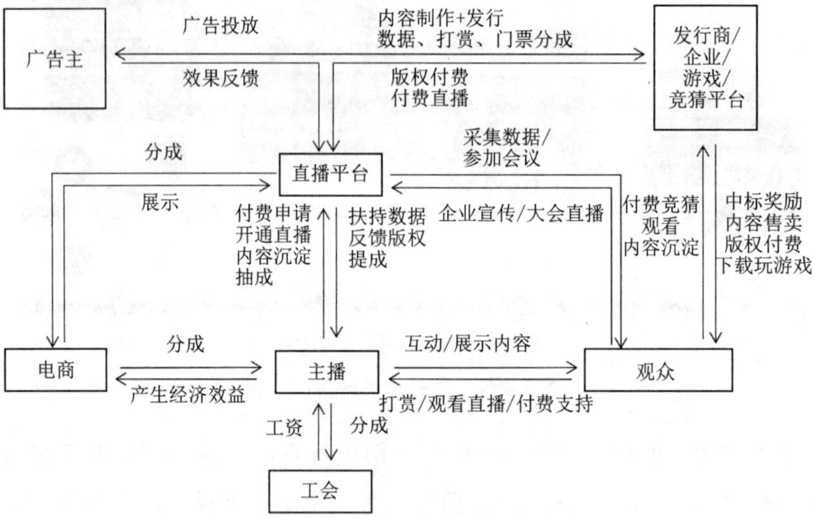

图 4-14 视频直播平台变现流程

直播平台的商业化方法，根据资金来源的不同，可以从观众端、广告主端、主播端三方面考虑。从观众端来讲，观众送礼物、平台抽成是最简单粗暴的商业模式。主播主要与付费量在金字塔顶端的小部分用户互动，而这小部分用户也贡献了绝大部分的收入。另一种观众端即粉丝承包直播间，例如哔哩哔哩网(Bilibili，也叫 B 站)的“充电鸣谢”本质上也是观众给主播送礼物的形式，不过有更多的分层。一般用户投少量硬币表示支持，“土豪”用户直接“承包”视频。该规则本质是对不同层级的用户明码标价，付出越多就能得到越多关注和展示。用户接受了这种规则，送不同价格礼物时心理预期和实际效果比较一致。低付费用户虽然得不到展示，但是得到了经验值的奖励，再加上 B 站特有的“请收下我的硬币”的文化，失落的心情相对较少，流失问题得到一部分优化。现在很多主播有自己的 QQ 群、YY 群，粉丝满足某些条件即可加入。观众在平台上认识主播，在平台上加入主播的工会，账号和数据互通，用户方便操作，平台方便收集数据进行精细化运营。同时，观众可以根据付费程度成为不同等级的粉丝，规则明确，能减少小玩家达不到预期的失落感，也能督促主播关注各个阶层的粉丝。工会内的粉丝可以享受主播的私密视频、生活照、专属礼物、线上线下活动等各种内部奖励，对主播而言是二次宣传的过程，对平台而言将主播和用户锁定在自己的平台上，能够减少主播流失跳槽的情况。

从广告主端讲，平台依托巨大的流量，向广告主开放广告位。实际上，在平台招揽广告主之前已经有主播积极招揽广告主，现在知名的头部主播基本都承接了各种淘宝、牛铺、霸斧商城的售卖广告，另外还有一些主播例如霸哥也会接网游私服、手游推广等各种形式的广告。从本质上讲，广告主入驻平台就是直销和电视购物相结合的方式。

对于最顶尖的主播而言，他们的工作室就能联系优秀的淘宝店家，甚至自己承办淘宝业务，不需要平台。对于最顶尖的淘宝店而言，他们也有能力选择适合自己的代言推广形式。但是有大量的中型店家和中型主播，因为各种原因没有精力打理这块的事情。对此流程的优化，就是平台发挥作用的地方。店家可以将自己的商品登记在直播平台上竞价排名，主播在直播平台选择自己感兴趣的商品挂在直播间售卖，通过返点获利，品控、上新等环节由平台负责。该业务达到一定规模时，也会减少主播跳槽的风险。

从主播端来讲，主播有自己的产品，产品就有推广和运营需求。很多主播在直播时都会发起各种互动活动，类似抽奖、投票、竞猜等，大多数借助微博、伐木累或其他第三方工具。抽奖、投票、竞猜的开发成本相对较低，平台支持上述活动功能可以有效刺激消费，观众在平台通过活动获得的积分也可以在别的直播间消耗，能促进平台内的货币流通。一些主播也会加入工会(职业化)，得到工资，主播给工会分成。针对成熟平台，应以培养氛围、扶持主播为主，将优质的、有潜力的直播间免费放置在观众容易看到的位置。但现阶段大多数平台对主播的管理都是粗放式的，有能力的平台会安排专门的运营负责，但这种人力方式效率较低。在此基础上，平台应引入成熟的数据工具，以提高运营效率，也方便培养主播。平台对于主播的内容沉淀进行筛选，以激励主播良性化发展。

在直播行业迅猛发展下，更多的投资人开始关注直播企业的商业模式，各方投资者前赴后继对直播平台进行融资。自进入 2015 年特别是 2015 年下半年以来，国内直播行业进入快速发展的阶段，巨额资本加持直播行业，从 YY、斗鱼，到"红衣教主"周鸿祎的花椒直播、"国民老公"王思聪的熊猫 TV，再到百度、阿里巴巴、小米，纷纷入局(见表 4 - 6)。

表 4 - 6　2015 年 3 月—2016 年 4 月平台融资情况

时间	融资平台	融资情况	投资方
2015 年 3 月	六间房	26 亿元被收购	宋城演艺
2015 年 5 月	果酱直播	天使轮(数百万元)	不详
2015 年 10 月	Imba TV	B 轮(约 1 亿元)	紫金文化基金、普思资本、创新工场、王思聪等
2015 年 11 月	微吼	B 轮(近 1 亿元)	不详
2015 年 11 月	映客	A 轮(千万元级别)	赛富基金、金沙江创投和紫辉创投等
2015 年 11 月	龙珠直播	B 轮(近亿美元)	游久游戏、腾讯等
2015 年 11 月	欢拓科技	A 轮(1000 万元)	赛富基金等
2015 年 12 月	火猫 TV	A 轮(千万美元)	合一集团

续表

时间	融资平台	融资情况	投资方
2016 年 1 月	映客	A＋轮(8000 万元)	昆仑万维领投
2016 年 3 月	易直播	A 轮(约 6000 万元)	不详
2016 年 3 月	三好网	Pre-A 轮(7500 万元)	亦庄互联基金领投,沃衍资本、金百朋等
2016 年 3 月	斗鱼 TV	B 轮(1 亿美元)	腾讯、红杉资本、南山资本等
2016 年 4 月	早道网校	A 轮(1500 万元)	YY 领投、华创跟投

三、时尚网红超级 IP

网红销售额背后是社交媒体上百万量级的粉丝。典型网红的成长路径大致如此:以一位年轻貌美的时尚达人为形象代表,以网红的品位和眼光为主导,进行选款和视觉推广,在社交媒体上聚集人气,依托庞大的粉丝群体进行定向营销,从而将粉丝转化为购买力。网红是极致 IP 的表现,是将 IP 和“人”叠加在一起,但最值钱的还是 IP。一个网红要具有 IP,一定得有商业价值,而具备 IP 的首要条件则是需要有独特的内容能力,自带话题的势能,有价值持续的人格化演绎,以及对新技术的整合善用,并且可以高效地将流量变现。网红时代,产品带有人格,用户使用产品会从人格开始,然后再把人格的一个联想迁移到产品上,为这个产品附上场景的情感属性。这种人格的依赖决策逻辑甚至还能产生一个高溢价,让这个信任逻辑从理性逻辑变成感性逻辑。

(一)张大奕:淘宝网红

1. 合作创新运营模式

在直播所带来的网红经济中,张大奕是第一批受益者,甚至是改变行业规则的人。2015 年,张大奕微博的粉丝数就从 25 万涨到 400 多万,其所经营的淘宝 C 店更在“双 11”凭一己网红之力,跻身淘宝女装 TOP 商家,成为网红店铺中唯一一个挤进女装类目榜单的店铺。2016 年“双 11”中,其淘宝店铺“吾欢喜的衣橱”更是唯一杀入淘系平台女装行业热销店铺前十的网红店,位居第十。在“双 12”预热期间,LIN 家、周扬清、赵大喜、张大奕、张沫凡等红人纷纷创下直播 UV(独立访客)过百万的成绩。而“双 12”当天张大奕一场两个小时的直播,共有 240 万人观看,她刚刚开业几天的内衣店,也在“双 12”开场预售中实现销售过百万元的业绩。开业三年,店铺共有两个金冠,张大奕跻身微博粉丝数百万大户行列，拥有509万粉丝。

1988年出生的网红姑娘张大奕，凭借早年担任《瑞丽》杂志平面模特的经验，帮助如涵前身的淘宝店"莉贝琳"拍摄店铺产品，接触服装行业，熟知各类服饰品牌，并训练出高超的穿搭技巧，在开店之前就已在微博上积累了几十万的粉丝。2014年7月，还是平面模特的张大奕便在淘宝上开了属于自己的店铺，并与如涵合作成立单独的子公司，双方共同拥有店铺。4个月后的"双11"当天，店铺销售额突破300万元，他们当时以一种合作伙伴的模式，创造了"网红电商"，为之后的网红孵化模式奠定了基础。作为网红孵化行业的先行者，如涵是为其不断供血的后盾，拥有坚实的资金链、供应链基础。

与一般网红孵化器或单独打拼的网红不同，首先，如涵的模式更为封闭，擅长打造供应链全链路打通，重资金压货在面料的生产模式。此前张大奕在直播中透露，公司支付大量的现金来备足所需的定制面料。这是在保证返单速度的前提下，也能同时保证产品品质的原因之一。在这样的面料控制下，张大奕的店铺能够从1月开始就准备春季的款式，这在提倡当季款当季出的网红店铺中，并不多见。其次，团队化操作，能够快速抓住流行的引流渠道和方式。而相对于其他一些网红来讲，张大奕已形成了一套独特的个人IP。

张大奕也是首位让粉丝的状态从60度角抻着脖子看明星，转变为用30度角看网红的网红（见图4-2），让粉丝得到一种平等的对待。开店伊始，张大奕便在微博上询问粉丝："背带裙的带子是粗条好还是细条好？""一条连衣裙虽然是无袖，但因为是强捻棉材质，成本有点高，做不做？"根据"点赞"的数量和评论的内容，张大奕能及时了解粉丝的口味偏好、对价格的接受程度，从而更精准地调整生产线。不管是对产品发表个人的看法，还是选择自己喜欢的称呼，张大奕都培养着和粉丝之间的强关系，增加粉丝黏度，关键是在网红和粉丝的关系建设中，让粉丝感知到自己的参与度。作为最早开始用视频来介绍新品的网红之一，在秒拍、小影等短视频软件诞生之前，2014年张大奕便用微单拍摄了她第一支5分钟的小视频，拍摄的初衷是因为粉丝对一款手工围巾的价格存疑，张大奕想用更为直观、立体的方式展示围巾。

2. 不做美女做内容

《瑞丽》平面模特出身的张大奕，曾坦言并不喜欢做模特，只因别无选择，"模特是卖你的外表，有时候工作多了像行尸走肉"，虽然现在还是要拍摄，但那是按照自己喜欢的方式。其在运营的店铺中，也渐渐开始使用其他模特，而非自己上阵，一方面是不想让店铺太依赖自己本身的人气，另一方面是她想转战产品开发和幕后。虽然如今张大奕微博粉丝509万，淘宝粉丝502万，买家复购率可达到100%，但在张大奕看来，淘宝店主更像是产品经理，不是长得好看就能卖衣服，还得有头脑外加努力，更多的是需要有独特的超级IP持续输出。

由于店铺走的是定制路线，所以各方面跟品牌几乎是一样的，甚至要求更多。品牌一般是出四季衣服，网红店一月上新一次，频率比品牌高，质量又要保证，所以难度很大。张大奕的店铺，每次上新就要上 30～60 个款。由于定制有周期，还得提前两个月下单，节奏快，压力大，同时在如此大的压力之下，还需保持自身独特 IP 的输出。随着网红电商模式的介入，整个产业结构在不断调整和变化，张大奕作为其中的一分子，身份和角色也在不断变化，而因此越来越多地介入整个产业链条。

（二）时尚网红超级 IP 孵化器——如涵

2016 年是“网红电商”模式爆发元年。传统的电商模式受到了较大程度的冲击，纷纷转型加入网红经济的潮流中，再加上一些国际知名的快时尚品牌也拓展了电商渠道，使得市场竞争趋于白热化。如涵，是一家以网红经济为核心的电商公司，公司的运营模式是根据网红在社交媒体上累计的粉丝数据，快速定位潜在签约网红，形成了一整套比较完善的网红孵化机制。公司通过为已签约网红提供粉丝维护、内容策划、广告营销、形象公关等服务，进一步提升网红人气，并根据网红形象与定位，为其设计从电商、广告代言到游戏、综艺、影视等泛娱乐领域的整体营销方案，帮助其进行社交资产内容曝光与流量变现。

1. 如涵电商的发展历程

网红电商，这个生长于淘宝网的产物，让人不禁把与它概念相似的淘品牌相比较。2016 年 7 月 29 日，成立 10 年的淘品牌韩都衣舍正式获批成功挂牌新三板，而对于创立于 2012 年 12 月的如涵电商来说，这个挂牌过程只花费了不到四年的时间。同为互联网催生的网红孵化器，如涵从 2012 年成立到 2016 年挂牌新三板，其相较于淘品牌而言，更加来势汹汹。如涵电商发展历程见图 4－15。

事实上，如涵电商与淘品牌有着千丝万缕的联系。2007 年，如涵电商创始团队从创办一家电商公司开始，开展类似麦考林的邮购业务，但以失败告终。2011 年年底，如涵电商从自建电商平台转为淘宝电商，创办了自有品牌“莉贝琳”，并聘请 1988 年生的平面模特张大奕当店铺模特，以真人穿着的照片吸引客流。凭借前期自建平台时积累的女装经验，加上张大奕在微博的营销，两年内，店铺升至双金冠，居于淘宝网女装店铺前十位。三年多的时间里，莉贝琳几乎不参加聚划算、团购之类的淘宝活动，没有打折诱惑，没有导流渠道，但这也导致了业绩增速开始减缓。当时他们有两条路：左是像韩都衣舍、茵曼等成熟的淘品牌那样，参加各种平台的活动进行导流（传统电商的做法）；右是利用粉丝经济做个人品牌，将影响力变现（新电商雏形）。一方面，莉贝琳抛弃了传统电商的做法，展开了对新电商模式的探索，于 2014 年 7 月和张大奕合作开了第一家淘

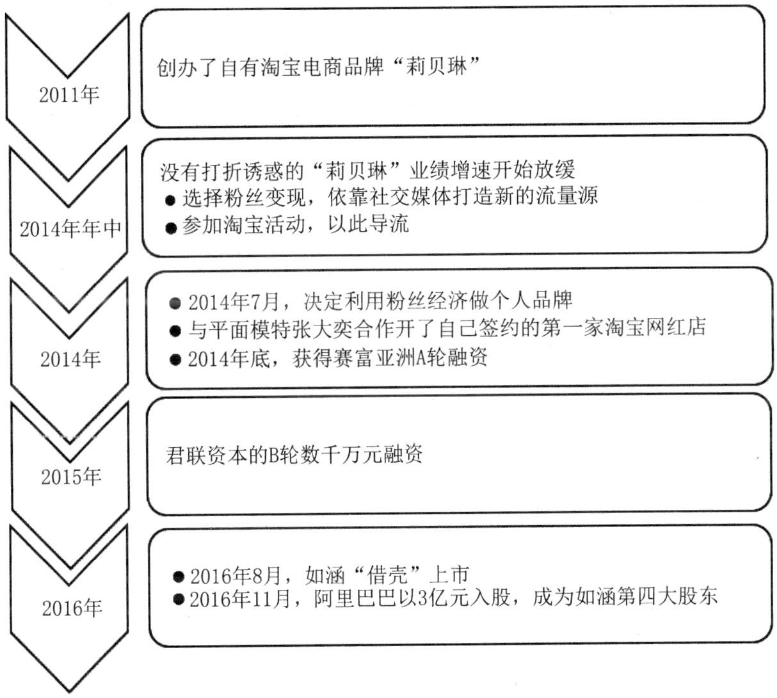

图 4－15　如涵电商发展历程

宝网红店，张大奕负责塑造自己的风格和个人品牌，冯敏团队则做最擅长的供应链管理等基础运营工作，利用大数据分析的技术以及粉丝对于关键意见领袖的信赖性进行有效的需求预测，同时借助供应链系统建设，打造了自己的模式。另一方面，公司积极拓展业务种类，丰富了网上销售产品线及销售领域，增加了客户黏性及提高了满意度，与网红之间建立了"你负责貌美如花，我负责赚钱养家"的合作模式，帮助他们在电商变现、广告代理、泛娱乐等领域发挥商业价值，并形成流水线式炮制网红的模式。现在公司重点拓展以网红为核心的电商业务，原有的化妆品及美容配件的批发销售业务逐步剥离。

网红高效引流，供应商柔性生产，平台网络拓展影响——如涵协调三方无缝配合，掌握低成本流量，最低化库存风险，打通销售通路，以闭环发展模式打造特色 IP 运营平台（见图 4－16）。

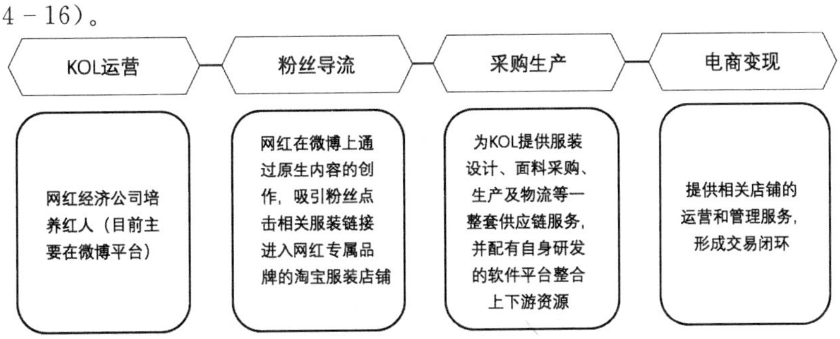

图 4－16　如涵电商运营模式

双方的合作很快让张大奕的淘宝店占据了网红店销售量第一的位置。如今,她的微博粉丝达509万,每天她会发2到5条微博,除了普通的文字、图片,还有短视频以及直播。视频中她会详细描述服装特点,比如大衣的版型,比如怎样搭配才能显瘦、脸小和皮肤白……事实上,如涵与网红们的合作模式因人而异。对于张大奕这样风格固定、个人品牌已成型的网红,如涵只需配合供应链管理等基础运营工作。但和一些零起点的新人合作时,除了供应链管理和日常运营支持,也要为网红提供设计师、买手,帮助其选定上新款式,如果需要,还要为网红配置专职产品助理,负责统筹上新节奏、样衣试穿、安排改版等日常琐事。虽然看起来其为网红提供的是"保姆+经纪人+供应链"的模式,但二者之间更像是"合作人"的关系。目前如涵电商旗下已有近50名签约网红开店,其中包括张大奕、大金、朴瑟、左娇娇、管阿姨等知名网红。

2. 如涵电商资产现状

为了支撑公司未来业务持续发展,公司通过定增融资4.30亿元。截至2016年年底,如涵已经完成了三次融资:2014年年底获得赛富亚洲A轮融资。2015年10月获得君联资本领投的数千万B轮融资,君联资本执行董事邵振兴通过这次融资正式进入如涵电商董事会。对于如涵电商而言,接受君联资本很重要的一个原因正是君联资本所能带来的产业合作资源。在2016年8月初,新三板公司克里爱抛出一份股票发行价格近百元、融资5亿元的定增方案,如涵电商"借壳"克里爱登陆资本市场。2016年11月,阿里巴巴以3亿元入股,成为如涵第四大股东(见表4-7)。阿里巴巴的入股足见其对于网红经济发展的看好和提前布局的意向。随后为提高公司盈利能力,如涵先后成立4家电商公司负责线上电商业务,并成立提供供应链管理及相关配套服务的子公司,拟成立负责跨境电商业务的子公司。通过一系列资本运作,公司实现了规模裂变,伴随着网红经济的爆发式增长,如涵正处于高速成长期。

表4-7 如涵在新三板定向发行股票后股东情况

序号	股东姓名	持股数量/股	持股比例/%	限售情况/股
1	冯敏	13 000 000	40.05	13 000 000
2	王翌	3 637 500	11.21	3 637 500
3	厦门赛富股权投资合伙企业(有限合伙)	3 113 000	9.59	
4	阿里巴巴(中国)网络技术有限公司	3 111 060	9.58	
5	天津君联致茹企业管理咨询企业(有限合作)	3 104 000	9.56	
6	张妤	1 649 000	5.08	

续表

序号	股东姓名	持股数量/股	持股比例/%	限售情况/股
7	宁波昆仑点金股权投资有限公司	1 617 000	4.98	
8	沈超	1 362 500	4.20	1 021 875
9	青岛金石灏汭投资有限公司	518 510	1.60	
10	新疆远镜合志股权投资合伙企业（有限合作）	517 000	1.59	
合计		31 629 570	97.44	17 659 375

本次股票定向发行并未导致公司控制权的变化，冯敏直接持有股份保持1300万股不变，持股比例由之前的46.43%稀释至40.05%，仍为公司控股股东及实际控制人。2016年3月24日，如涵设立杭州涵意电子商务有限公司；4月25日，设立全资子公司杭州如涵文化传播有限公司、杭州如涵供应链管理有限公司以提供网红和供应链管理及相关配套服务；6月28日，拟成立如涵香港有限公司从事跨境电商业务。此外，如涵还在2016年7月8日出资51万元、100万元以及100万元分别购买了杭州大奕电子商务有限公司51%股权、杭州私久电子商务有限公司100%股权以及杭州吾涵电子商务有限公司100%股权。在经历了2015年的爆发式卡位之后，网红孵化器之间的体量及发展方向正在变得泾渭分明。通过进行资本运作，实现规模裂变后，加之网红经济的爆发式增长，如涵电商加速增长，挂牌新三板无疑为如涵提供了融资跳板。

3. 如涵电商运营模式

网红经纪主要是在做一个自媒体社会化的电商品牌。一个网红或者是一个时尚领域的意见领袖，其自媒体的独特属性就可以吸引到很多粉丝，达到高度的黏性，具备了这些方面，基本上就会有一定的商业化价值。然而，网红店虽然有清晰的商业模式，但短板也非常明显，典型的挑战包括缺乏供应链支持、团队管理不规范等。面对这样的电商发展新路径和模式挑战，具备"保姆＋经纪人＋供应链"功能的网红孵化器成为网红电商的服务方案提供商，不仅帮助网红与粉丝互动、进行广告营销，更重要的是对网红店铺所涉及的供应链进行整合。如涵电商即是网红孵化器的首批试水者。与专注于对微博现有网红淘宝店铺的管理，提供高效的供应链服务的网红电商平台相比，如涵更多通过广告营销、内容策划、风格塑造等多元化的手段，为网红打造出独特的IP价值。同时，通过供应链完全系统化整合资源，在交易平台上实现网红价值变现和粉丝消费的闭环模式。

如涵的工作内容一方面是把网红的人气做得更旺，协助其选择合适的道路；另一方面是寻找有潜质的新人，让其成为网红。目前在如涵电商签约网络红人中，已经开店的人数近50位，另有同等数量级的未开店网红储备。如涵在选拔网红时最关注的是个人内容产出的能力，持续、高互动率、具备卖货思维的高质量内容才是网红的核心竞争力。内容的形式是多样的，不仅包括美图文字，还有短视频，更有现在最火的直播；不仅包括微博、微信、微淘，还有今日头条等其他渠道；通过用KOL，以内容作为切入口，整合自己的一套强黏性、高转化的流量来源，提供必备资源给网红合伙人，使得绑定关系更加深入。

在对每一个网红进行孵化的过程中，网红经纪都会找到一个明确的定位。每位网红的核心竞争力均不相同，他们可能是服饰搭配弄潮儿、化妆品达人，抑或是美食领域意见领袖、旅行方面专家，都会在不同领域与粉丝产生精神共鸣以增加与粉丝互动的黏性。从电商跨界到内容领域，如涵将自己最擅长的渠道供应链能力，与网红KOL的内容产出能力做了完美的适配，而不同定位的网红们为如涵电商带来不同产品线扩张的机会，最终实现如涵的价值。在供应链方面，如涵始终坚持自建研发、设计、打版、生产甚至押运工团队，为旗下的网红店铺提供完备的服装供应链服务。“张大奕们”更像是如涵旗下的买手、模特和代言人，她们店铺里标注“原创”“独家”的服装，其实大都来自如涵的工厂。这也使得，相对于淘宝的普遍价位，如涵电商旗下网红店铺的客单价略高，但其做的产品有着能够进商场专柜的品质。

四、基于原型理论的时尚网红品牌形象传播研究

互联网IP时代孵化了大量时尚网红。为构建时尚网红品牌传播形象，本书在分析品牌原型理论的基础上，提出消费者感知时尚网红品牌原型的理论模型。模型围绕消费者感知品牌原型的8个指标、时尚网红本人所呈现的特征、产品属性以及时尚网红品牌在微博中的传播特点及表现，通过权重系数值，分析消费者对于感知时尚网红品牌原型的影响因素，得出结论：消费者在认可网红的正面影响后，其感知时尚网红品牌原型的因素为产品基础、微博互动参与以及这两者与网红个人特色之间的联系。依据该分析结果，得到原型理论对时尚网红服饰品牌传播的启示：可以采取通过产品和微博区分主次品牌原型的差异化传播策略，利用微博等平台整合放大品牌原型个性的传播策略。

商家利用品牌的原型形象改变了消费者与商品之间的纯粹商业联系，神圣化了消费者所消费的“物”，唤起他们的深层渴望与心理动机需求。移动互联网的发展使网红成为时下最为亲民的社群意见领袖，并通过带有时尚网红形象的品牌产品与消费者构建商业联系。通过品牌原型理论加强时尚网红品牌人格，是品牌更具有差异化竞争优势的关键。

(一)研究设计

品牌原型(brand archetype)这一概念始于荣格理论：人类历史上思想中共同存在的人类本能和经验，都以原型的形式存在。玛格丽特·马克和卡罗尔·S.皮尔森在对世界各大知名品牌研究之后，结合动机理论提出四大人性动机：人际归属/独立、独立/自我实现、稳定/控制、冒险/征服。他们于《很久很久以前：以神话原型打造深植人心的品牌》一书中具体归纳出12种品牌原型(见表4-8)。品牌原型是所有品牌战略计划的起点，即品牌识别、品牌传播、品牌信仰三个因素是无意识层面的品牌原型在有意识层面更具体的表达和实现方式。

表4-8 结合四大动机理论的12种品牌原型

项目	稳定性 & 控制	附属物 & 享受	风险 & 征服	独立性 & 履行
品牌原型	缔造者	弄臣	英雄	天真的
	照顾者	随大流者	不法之徒	探险家
	统治者	爱人	魔术师	圣人
消费者的恐惧	金融破产，身体欠佳，不受控制的混乱	流亡，成为孤儿，放弃，吞没	无效，虚弱，无能为力	圈套，售完，空虚
帮助人	感到安全	爱与沟通	达成目标	找到幸福

基于原型视角研究时尚网红电商品牌这一研究方向，本书主要收集的是反映时尚网红品牌形象以及与个性、品牌意义、品牌识别有关的词汇和消费者描述。林怡(2015)在《基于原型理论的运动品牌扎根研究》中通过开放编码分析得到27个概念，对其进一步范畴化重新分类整合，挖掘出10个范畴。林怡从运动品牌的角度出发研究品牌原型与运动品牌的关系，但运动品牌与时尚网红服饰品牌有本质上的区别，二者所体现的传播渠道、品牌沉淀以及品牌文化皆有不同。通过对以往文献的分析，本书就时尚网红品牌的传播特点提出以下8项指标(见表4-9)。

表 4－9　品牌原型理论在服饰品牌中涉及的指标

指标	概念化	性质和维度
A1：产品基础	a1 产品价格	属于哪个档次
	a2 产品质量	专业性/耐用性
	a3 产品款式	产品设计的时尚度/新颖性/统一性/标志性
	a4 包装设计	产品设计的新颖性/统一性/标志性
	a5 售后服务	服务质量是否周全/是否能满足个性化、定制化
A2：品牌营销活动	a6 营销活动	为品牌策划的营销活动
	a7 社会责任	品牌对社会的关爱、品格
A3：品牌传播	a8 传播内容	传播内容的新颖性/统一性
	a9 传播渠道	便捷性、连贯性、持久性
	a10 更新速度	快速反应
A4：品牌创始人	a11 创始人价值观	创始人的梦想/是否以原型为起点
A5：品牌价值	a12 品牌精神	品牌核心精神对顾客的价值承诺
	a13 品牌承诺	
A6：品牌沉淀	a14 品牌行业地位	品牌实力基础
	a15 品牌历史	品牌历史的长短
A7：消费者特征	a16 生命周期	年龄阶层
	a17 心理特征	个性、动机、渴望、需求
A8：消费者感知	a18 品牌识别	消费者处于品牌识别、反映、感受、关系、共鸣、意义体验的哪个阶段，感受是否强烈
	a19 品牌感受	
	a20 品牌关系	
	a21 品牌共鸣	
	a22 品牌体验	

（二）时尚网红原型

1. 时尚网红创造者——赵大喜

鉴于无法把控供应链所造成的偏差，“大喜自制”通过自建供应链模式，由自己的团队把控供应链，可以更好地落地设计想法（见图 4－17）。随着店铺的成熟发展，赵大喜通过公司化运作签约网红，以网红供应链为模式，以培养品牌为目标。“大喜自制”从网红本身的特色出发做好品牌策划，发展以设计为主的版权保护形式，使得品牌长盛不衰。

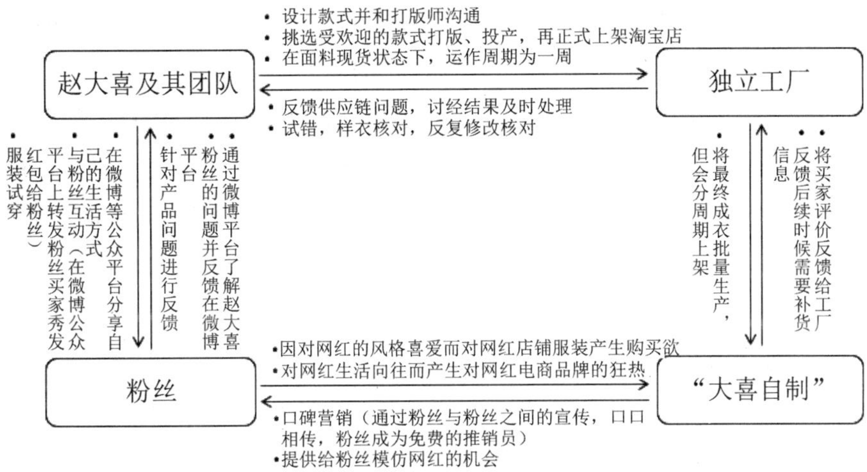

图 4－17 "大喜自制"运作方式

赵大喜在淘宝上创立"大喜自制独立复古女装"店铺，借鉴国外品牌的发展路径，根据创始人风格决定品牌基调，建立一个突出个人人物风格的服装品牌。

皮尔森的《影响你生命的 12 原型》一书中，提到创造者具有"培养艺术控制的技巧"的形式风格，而"大喜自制"更倾向于拥有"艺术创新思维方式"。虽然复古清新风一直普遍存在于服装风格中，但如果将这一特殊性放置在时尚网红中，更能区别于其他网红所推广的"爆款"与时尚款式。在网红模式多是依靠他人供应链的现状下，赵大喜与赵岩自建工厂、自行运营供应链成了一种创新模式，拒绝常规，探索自己的独特能力，更强调自我的表达。

2. 时尚网红魔法师——张大奕

张大奕与如涵成立单独的子公司，双方共同拥有一家淘宝店铺。他们的合作为之后的网红孵化模式奠定了基础，双方实现双赢。作为网红孵化行业的先行者，如涵电商在与张大奕合作后，帮助张大奕疏通整个供应链，而团队化的操作帮助她迅速把握市场流行动向（见图 4－18）。

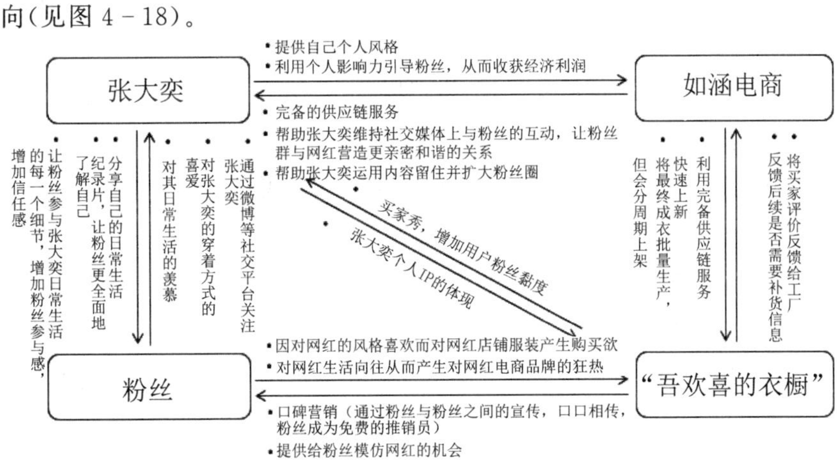

图 4－18 "吾欢喜的衣橱"运作方式

品牌原型中的魔法师以欧美小说、童话传说中的人物为主要依据，他们能够驾驭神秘力量，帮助人类完成或达成愿望，展示改变现状的美好幻想。张大奕懂得利用现有资源——如涵电商，与其发展成网红与供应链相辅相成的模式，成为网红的先行者。通过社交平台与粉丝高黏度的互动模式，张大奕让粉丝参与到设计中，在此过程中又不断影响其粉丝，成为粉丝们的时尚楷模。在粉丝看来，张大奕实现了他们梦寐以求的生活状态，承载了消费者改变现状的幻想，这一幻想在网红与粉丝的互动沟通中，得以部分实现。

（三）问卷调查分析

1. 调查对象及样本研究

本次调查问卷名为“网络红人服饰品牌原型传播影响”，主要对两位网红赵大喜和张大奕的粉丝及其服装品牌的购买者，发放问卷350份。剔除其中25份无效问卷，有效样本量为325份，全部列入有效问卷进行数据分析，样本有效率达92.86%。样本以女性消费者为主；年龄以21～25岁为主，占49.80%，说明网络红人服饰的购买群体以年轻一代为主；受访者学历以本科和高中或专科为主，各占37.50%和47.70%；社会身份构成方面，主要集中于服装行业从业者和在校学生；被调查者的收入方面，月收入在5000元以上的占五成以上。

（1）信效度分析

从“对网红的个人评价”“选择购买此网红产品的原因”“网红产品风格款式”“发布的内容”“微博更新情况”“微博互动情况”以及“对网红的形象评价”的信度分析结果得出，此七项内容的Cronbach's α（克隆巴赫系数）信度均高于0.8。唯有“对该网红产品的评价”的Cronbach's α信度值低于0.8，因此删除CITC（总体相关系数）较小的两个变量“产品颜色”和“产品面料”，调整后Cronbach's α信度值高于0.8，此次总量表的Cronbach's α信度为0.891，属于可信范围。总的来说本量表具有整体可靠性，各个构面问项具有内部一致性，测量结果比较可靠且稳定。

（2）回归分析

从回归分析结果看，张大奕调整R^2的值为0.567，说明自变量能解释56.7%的因变量，赵大喜调整R^2的值为0.527，说明自变量能解释52.7%的因变量（见表4-9）。从回归系数看，所有自变量的回归系数均为正值，说明所有自变量对因变量的影响均为正向相关。张大奕在“新颖有趣”和“具有标志性，让人容易记住”这两个传播内容特点上的β值较高，说明这两个方面对张大奕的品牌原型影响较大。赵大喜在“内容丰富多样化”和“真实贴切”这两个传播内容特点上的β值较高，说明这两个方面对赵大喜的品牌原型影响较大。

表 4－9 微博传播内容与两位网红服饰品牌原型的回归分析

选项	网红	β	标准差	试用版	t	p
常量	张大奕	11.79	0.839		14.051	0.000
	赵大喜	9.249	1.567		5.902	0.000
新颖有趣	张大奕	0.191	0.111	0.120	1.713	0.088
	赵大喜	0.065	0.174	0.035	0.371	0.711
产品信息详细	张大奕	0.119	0.114	0.073	1.044	0.298
	赵大喜	0.307	0.188	0.004	0.039	0.969
内容丰富多样化	张大奕	0.156	0.115	0.095	1.360	0.175
	赵大喜	0.408	0.185	0.210	2.210	0.029
高端	张大奕	0.072	0.098	0.051	0.732	0.465
	赵大喜	0.188	0.173	0.103	1.084	0.281
真实贴切	张大奕	0.211	0.117	0.126	1.805	0.073
	赵大喜	0.377	0.195	0.183	1.934	0.056
具有标志性，让人容易记住	张大奕	0.234	0.115	0.315	0.223	0.124
	赵大喜	0.191	0.201	0.089	0.948	0.345
a. 因变量：品牌原型						

注：数据来源于 SPSS 21.0 测算结果。

(3) 方差分析

根据表 4－10 粉丝对网红在微博上进行传播的内容的满意度的方差分析，在"真实贴切""产品信息详细"方面，赵大喜获得的评价较高；而张大奕在"内容丰富多样化""高端""具有标志性，让人容易记住"和"新颖有趣"这些方面给受访者的感觉更强烈。

表 4－10 粉丝对网红在微博上进行传播的内容的满意度的方差分析

传播内容	网红	均值	标准差	F	p
真实贴切	张大奕	3.20	1.090	1.059	0.304
	赵大喜	3.33	1.180		
产品信息详细	张大奕	3.22	1.066	1.536	0.216
	赵大喜	3.38	1.084		
内容丰富多样化	张大奕	3.42	1.054	2.275	0.132
	赵大喜	3.23	1.121		

续表

传播内容	网红	均值	标准差	F	显著性
高端	张大奕	3.02	1.240	2.504	0.115
	赵大喜	2.8	1.199		
新颖有趣	张大奕	3.39	1.029	0.246	0.620
	赵大喜	3.33	1.062		
具有标志性，让人容易记住	张大奕	3.37	1.102	3.301	0.070
	赵大喜	3.60	1.019		

注：数据来源于 SPSS 21.0 测算结果。

（4）主成分分析

如表 4－11 所示，在消费者认可时尚网红给予粉丝正面影响后，消费者持续认知时尚网红品牌原型的影响因素中，“价格实惠”“服务好”“质量好”和“款式适合”归于成分 1，可命名为产品因素。“微博上的互动”和“微博内容的更新”以及“发布的内容”归于成分 2，可命名为微博传播活动。“对该网红的评价/认知”归于成分 3，可理解为为品牌原型最初体现。

表 4－11　旋转成分矩阵(a)

项目	1	2	3
价格实惠	0.747		
服务好	0.675	0.173	0.134
质量好	0.644		0.281
款式适合	0.540	0.504	
微博上的互动		0.668	0.113
微博内容的更新	0.124	0.540	0.196
发布的内容		0.553	0.128
对该网红的评价/认知	0.120	0.148	0.828

注：数据来源于 SPSS 21.0 测算结果。

（四）传播建议

1. 主次品牌原型差异化传播策略

在品牌营销时代，时尚网红 IP 品牌必须采取差异化的传播策略，力求通过具有特色的传播方式创造品牌个性，创造品牌差异化，凸显主原型，辅以次原型，以获得更具优势的市场竞争地位。根据“品牌 12 原型理论”的基本概念可以得知原型形象由几种处于不同矛盾地位的特质组成，商家可在主原型的对立面附近寻找次原型，以此开辟新产品线或者引进国外的一些与之风格相符的设计师品牌，依据微博更新特点拉拢更多粉丝。时尚网红要敢于导流，愿意以开放包容的态度与全球范围内的知名品牌商家合作，从而建立起一个更大的品牌，且对于两个品牌的传播内容可以有意识地进行区分。

2. 传播凸显品牌原型特色

原型即时尚网红品牌的特定人格。每个原型都有不同的性格特征，可将其结合网红原创内容从而在传播方面凸显品牌原型特色。在品牌传播的过程中，要扩大其原型的个性，就需要在传播内容方面创新。可以在以微博为主的社交平台以及直播平台上多一些创新，增加话题性，从而加强与粉丝之间的黏度。消费者对时尚网红 IP 品牌的认知，是通过品牌与消费者之间的每一个接触机会来获得的。因此，品牌的创建者需要将统一的信息传递给消费者，不断提升消费者的观念以及建立明确的品牌意识和品牌形象。

除此之外，国内的时尚网红仍可以学习国外网红的一些引流方式，与一些国外知名品牌进行跨界合作。事实证明，单一的品牌和市场并不能保证持续的成功。网红品牌之间的相辅相成，在使网红保持自身品牌特色的同时，又把双方现阶段拥有的各种资源因素进行有效的整合，从而创造出一种双赢的营销局面。

小　结

依托于虚拟网络而生的网红群体在现实生活中的渗透日益深入，越来越多的人乐此不疲地投入网红文化的生产与消费狂欢中，使得网红成为一种令人向往的群体，嵌入大众生活的真实世界之中。一方面，网红作为萌芽于新媒介体系中的“他者”，源源不断地输出内容和价值，定义着当今的流行文化，通过各式潜移默化的影响为受众确立意义。另一方面，网红在经济领域内也展露出不可小觑的潜力。《2016 年中国电商红人大数据报告》显示，2016 年网红产业产值接近 580 亿元，远超 440 亿元的电影总票房。这阵网红带来的产业热更是引起了外媒的关注。英国广播公司(BBC)对网红的强大营收能力进行了专题报道，其中比较有代表性的淘宝女装模特网红张大奕的年收入高达 4600 万美元。从网红出现到爆红，网红经济用了不到三年时间便快速完成从火爆概念到产业链的迭代。“投资人＋网红孵化器＋网红”的模式使得网红产业不断发展，传统投资人、谨慎的投资机构也逐渐走出观望圈，从静待变成主动出击，加入这场网红争夺战。

但随着互联网与资本市场的不断变化，网络经济从改变进入“流变”状态。除了

IP,任何事物都可以融入流变之中,商业模式不断革新。而IP也从泛娱乐形态成为快速渗透的新商业全维度生态,逐渐深化为不同行业共同的战略方法,甚至是一种全新的商业生存方式,即IP化生存。如果说IP更像一个产品、一个原创专利,那么超级IP更强调它的内容化特征和人格化属性,是自带流量、可扩展开发的人格化IP。人格化则关乎人,它以人为中心,是个体化的内容生产,具有独特的人格魅力,更适于小众的亚文化传播。由特定爱好者组建小众社群,传播人格化理念,进而形成亚文化圈。所有物质和商品的表达,都隐含了这个时代从“物以类聚”到“人以群分”的进化,最终形成一种标签化、圈层化、带有仪式感的文化流程。从内容产业角度而言,超级IP具有鲜明的人格属性、强大的辨识度、持续性的优质内容输出,为三观与审美近似的人群之间建立连接,促成一次又一次群体狂欢。从个人品牌角度而言,超级IP在个体得到全面解放的今天已成为触手可及的想象——只要不断给予养分,爱惜羽毛,传递价值,找到同频的用户群,人人都有机会成就自己。魅力化生存是移动互联网时代的基本法则,一切商业模式都将趋向IP化。

互联网的不断发展,使得个性化大生产将迅速取代工业化大生产。对于新消费主力军而言,传统品牌优势被弱化,而IP变现的3.0时代的到来就是最好的印证。从1.0时代网红的注意力经济到2.0时代的传播力经济,由此带来的营销价值,受到众多孵化器和经纪公司的追捧。而在网络IP变现的3.0时代,将会形成推动力经济,更加关注产业价值的挖掘(直播产业)和平台化模式的运作。网红3.0时代是从自媒体到“自公司”的进化,每一个IP都将以“品牌沉淀”作为发展方向。

第五章 “互联网+”C2M时尚商业模式创新

一、C2M 诞生背景

(一)工业 4.0 演变

工业革命是现代文明的起点,是人类生产方式的根本性变革。其发展历程见图 5-1。18 世纪 60 年代到 19 世纪中期,第一次工业革命以蒸汽机的广泛使用为标志,即通过水力和蒸汽机实现工厂机械化,用蒸汽动力驱动机器取代人力,从此手工业从农业分离出来,正式进化为工业。19 世纪后半期至 20 世纪初,第二次工业革命以电力的广泛应用为标志,即在劳动分工基础上采用电力驱动产品的大规模生产,用电力驱动机器取代蒸汽动力,从此零部件生产与产品装配实现分工,工业进入大规模生产时代。第三次工业革命从 20 世纪 70 年代开始并一直延续至现在,以 PLC(可编程逻辑控制器)和 PC 的应用为标志,即广泛应用电子与信息技术,使制造过程自动化控制程度进一步大幅度提高。从此机器不但接管了人的大部分体力劳动,同时也接管了一部分脑力劳动,开创了数字控制机器的新时代,使人机在空间和时间上可以分离。人不再是机器的附属品,而真正成为机器的主人。工业生产能力也自此超越了人类的消费能力,人类进入了产能过剩时代。未来 10 年,第四次工业革命将步入“分散化”生产的新时代。工业 4.0 通过决定生产制造过程的网络技术,实现实时管理,即以智能制造为主导的革命或革命性的生产方法。其中包含了由集中式控制向分散式增强型控制的基本模式转变,目标是建立一个高度灵活的个性化和数字化的产品与服务的生产模式。工业 4.0 项目主要分

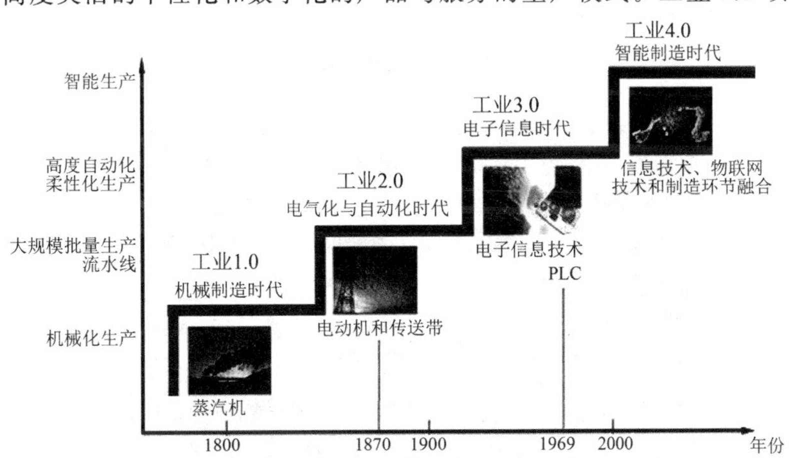

图 5-1 工业革命的发展历程

为两大主题：一是"智能工厂"，重点研究智能化生产系统和过程，以及网络化分布式生产设施的实现；二是"智能生产"，主要涉及整个企业的生产物流管理、人机互动以及三维技术在工业生产过程中的应用等。

工业4.0是以智能制造为主导的第四次工业革命，涉及的关键技术为信息技术，包括协调联网设备间自动工作的物联网，基于网络大数据的运用，以及企业资源计划、产品生命周期管理、供应链管理等业务系统的联动。通过充分利用通信技术和网络空间虚拟系统，信息物理系统（cyber-physical system，CPS）将生产中的供应、制造、销售信息数据化、智能化，最后实现快速、有效、个性化的产品供应。企业通过围绕信息物理系统，在智能工厂和智能生产两大主题上实现进步，更好地满足个体用户需求、提高灵活性和优化决策，以此来提升制造业竞争力。带有"信息"功能的系统成为硬件产品新的核心，意味着个性化批量定制将成为潮流。

1. 德国工业4.0

德国于2013年在《德国高技术战略2020》中提出的国家发展战略，给德国企业明确了一个努力方向。德国工业4.0概念包含了由集中式控制向分散式增强型控制的基本模式转变，目标是建立一个高度灵活的个性化和数字化的产品与服务的生产模式。在这种模式中，传统的行业界限将消失，并会产生各种新的活动领域和合作形式。

德国工业4.0（见图5-2）主要分为四个主题。一是"智能工厂"，重点研究智能化生产系统和过程，以及网络化分布式生产设施的实现。二是"智能生产"，主要涉及整个企业的生产物流管理、人机互动以及三维技术在工业生产过程中的应用等。该计划将特别注重吸引中小企业参与，力图使中小企业成为新一代智能化生产技术的使用者和受益者，同时也成为先进工业生产技术的创造者和供应者。三是"智能物流"，主要通过互联网、物联网、物流网，整合物流资源，充分发挥现有物流资源供应方的效率，而需求方则能够快速获得服务匹配，得到物流支持。

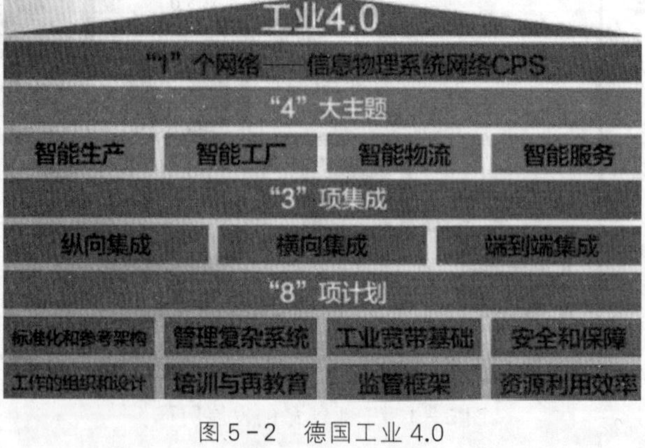

图5-2 德国工业4.0

2. 美国 AMP 计划

美国联邦政府于 2011 年推出先进制造业伙伴计划(advanced manufacturing partnership，AMP)，该计划是基于美国总统科技顾问委员会(PCAST)的建议提出的。AMP 计划提出，美国应发展先进传感、控制与制造平台技术和可视化、信息与数字制造技术两大智能制造关键共性技术。其核心特征是：互操作性和增强生产力的全面数字化制造企业；通过设备互联和分布式智能来实现实时控制和小批量柔性生产；以快速响应市场变化和供应链失调的协同供应链管理，满足用户日益增长的个性化需求；通过产品全生命周期的高级传感器和数据分析技术来达到高速的创新循环，实现到 2020 年将智能软件和系统成本降低 80%～90%的目标。

美国 AMP 计划是以新一代信息和通信技术与制造技术的融合创新为基础，通过贯穿产品全生命周期的人、物和系统网络连接，实时获取企业内部及企业之间的数据，并进行分析和实时优化，形成动态、自组织和可实时优化的下一代制造系统。目前，美国已经形成了“三位一体”系统推进智能制造发展的格局。

3. 日本机器人新战略

2015 年 1 月，日本政府公布了“机器人新战略”。该战略首先列举了欧美与中国在引领机器人技术方面的实例，以及互联网企业涉足传统机器人产业带来的巨变。这些变化将使机器人开始应用海量数据实现自律化，使机器人之间实现网络化，物联网时代也随之真正到来。日本“机器人新战略”提出三大核心目标，即“世界机器人创新基地”“世界第一的机器人应用国家”“迈向世界领先的机器人新时代”。为实现上述三大核心目标，该战略制订了五年计划，旨在确保日本在机器人领域的世界领先地位。

日本经济产业省发布的“2012 年机器人产业市场趋势”报告显示，2035 年，日本机器人市场 50%左右的订单将来自服务业，主要包括医疗护理、物流、教育、娱乐、家政等。而日本“机器人新战略”中将应用领域分为四大部分，即“制造业”“服务业”“医疗护理”“公共建设”，结合日本在智能产品的全球领先优势，通过机器人等终端设备获取未来商业需求的大数据并挖掘其价值形成生态圈。

德、美、日三国相关战略的对比分析见表 5－1。

表 5－1　德国工业 4.0、美国 AMP 计划、日本机器人新战略对比分析

对比项	日本机器人新战略	德国工业 4.0	美国 AMP 计划
发起者	日本国家机器人革命推进小组	联邦教研部与联邦经济技术部资助，德国工程院、弗劳恩霍夫协会、西门子公司	智能制造领袖 SMLC、26 家公司、8 个生产财团、6 所大学和一个政府实验室
发起时间	2015 年	2013 年	2011 年

续表

对比项	日本机器人新战略	德国工业 4.0	美国 AMP 计划
定位	日本“机器人大国”地位	国家工业升级战略；第四次工业革命	美国“制造业回归”的一项重要内容
特点	信息化和智能化的深度融合	制造业和信息化的结合	工业互联网革命倡导将人、数据和机器连接起来
目的	成为“世界机器人创新基地”“世界第一的机器人应用国家”等	增强国家制造业竞争力	专注于制造业、出口、自由贸易和创新，提升美国竞争力
主题	人工智能技术	智能工厂、智能生产、智能物流、智能服务	智能制造
特征	通过智能控制系统，带动产业数字化水平和智能化水平的提高	通过价值网络实现横向集成、工程端到端数字集成横跨整个价值链、垂直集成和网络化的制造系统	以“软”服务为主，注重软件、网络、大数据等对工业领域的服务方式的颠覆
重点技术	人工智能	CPS	工业互联网
实施途径	有具体途径	有部分具体途径	有具体途径

（二）国家政策引领

当前，新一轮科技革命和产业变革正在全球范围内孕育兴起，世界各国纷纷抢占未来产业发展制高点。发达国家加紧实施再工业化，发展中国家也在加速工业化进程。中国面临着发达国家先进技术和发展中国家低成本竞争的双重挤压，加快我国产业转型升级迫在眉睫。同时，要顶住经济下行压力实现稳增长，也必须在着力扩大需求的同时，通过优化产业结构有效改善供给，释放新的发展动能。制造业作为国民经济的重要支柱产业，是供给侧结构性改革的主战场。推进供给侧结构性改革是适应和引领经济发展新常态的重大创新。制造业走出了一条中国特色工业化的发展道路，已经具备了制造业强国的基础和条件。但我们也应清醒地认识到，中国虽然是制造业大国，但还不是制造业强国，一是自主创新能力不强，二是产品质量问题突出，三是资源利用效率低，四是产业结构调整刻不容缓，这四个方面都属于供给侧方面存在的问题。当前推进供给侧结构性改革，就是要解决问题导向，“中国制造 2025”本身也是深入推进供给侧结构性改革的重要方面。新常态下形成中国经济增长新动力，形成经济发展新优势，推进供给侧结构性改革，重点在制造业，难点在制造业，出路也在制造业。

1.《中国制造 2025》

《中国制造 2025》是实施制造强国战略第一个十年的行动纲领，提出坚持"创新驱动、质量为先、绿色发展、结构优化、人才为本"的基本方针，坚持"市场主导、政府引导，立足当前、着眼长远、整体推进、重点突破，自主发展、开放合作"的基本原则，通过"三步走"实现制造强国的战略目标：第一步，到 2025 年迈入制造强国行列；第二步，到 2035 年中国制造业整体达到世界制造强国阵营中等水平；第三步，到新中国成立一百年时，综合实力进入世界制造强国前列。围绕实现制造强国的战略目标，《中国制造 2025》明确了 9 项战略任务和重点，提出了 8 个方面的战略支撑和保障。战略目标将分两个阶段实施：第一阶段为 2015 年到 2020 年，全面推广数字化网络技术的应用，部分行业和企业开展智能化技术试点和示范；第二阶段为 2020 年到 2025 年，大力推进网络化、智能化技术的应用，着力推动"智能一代"机械产品创新工程。中国政府积极推进工业 4.0 工程，明确提出制订"互联网＋"行动计划，推动移动互联网、云计算、大数据、物联网等与现代制造业结合。《中国制造 2025》(见表 5 - 2)的出台使我国紧随德国走向了"工业 4.0"的时代，而全球制造业的格局也将重新调整。报告提出，要推进信息化和工业化的深度融合，从而加快构筑自动控制与感知、工业云与智能服务平台、工业互联网等制造新基础，这既是加强工业 2.0、3.0 的现实需要，也是实现工业 4.0 的客观要求。

表 5 - 2 《中国制造 2025》解读

项目	内容
发起者	工业和信息化部牵头，中国工业研究院起草
发起时间	2015 年
定位	国家工业中长期发展战略
特点	信息化和工业化的深度融合
初期目标	在 2025 年迈入制造业强国行列
主题	"互联网＋"、智能制造
实现方式	通过智能制造，带动产业数字化水平和智能化水平的提高
实施进展	规划出台阶段
重点技术	制造业互联网化
实施途径	已提出目标，没有列出具体实施途径

制造业是国民经济的主体，是实施"互联网＋"行动的主战场，将制造业与互联网融合，构建新业态、新模式、新产品。当前，以新一代信息技术与制造技术深度融合为特征的智能制造模式，正在引发新一轮制造业变革。从生产手段上看，数字化、虚拟化、智能

化技术将贯穿产品的全生命周期；从生产模式上看，柔性化、网络化、个性化生产将成为制造模式的新趋势；从生产组织上看，全球化、服务化、平台化将成为产业组织的新方式。

2. 供给侧结构性改革

在经济新常态下，经济存在继续稳步增长的动力，但仍面临着制约发展的瓶颈，如部分产业的产能落后和绝对过剩以及供应和需求双方的错位失衡等。供给侧结构性改革是我国经济发展进入新常态的必然选择，其核心要素是增强供给侧对需求变化的适应性，提高供给体系的适宜性和有效性，逐步消灭盲目生产，加大有效供给和中高端供给，满足消费者差异化的个性需求。供给侧结构性改革要从提高供给质量出发，用改革的办法推进结构调整，矫正要素配置扭曲，扩大有效供给，提高供给结构对需求变化的适应性和灵活性，提高全要素生产率，更好满足广大人民群众的需要，促进经济社会持续健康发展。所以要在适度扩大总需求的同时，去产能、去库存、去杠杆、降成本、补短板，从生产领域加强优质供给，减少无效供给，扩大有效供给，提高供给结构适应性和灵活性，提高全要素生产率，使供给体系更好地适应需求结构变化。一直以来，投资、消费、出口是中国拉动经济增长的“三驾马车”，这属于“需求侧”的三大需求。而与之对应的是“供给侧”，也就是生产要素的供给和有效利用(见图 5－3)。应从生产供给端入手，打造经济发展的新动力。目前，中国进入中等偏上收入水平国家行列，需求出现了新升级，只有产业结构跟进，现代服务业和高端制造业加快发展，将产能严重过剩行业加快出清，才能形成新的核心竞争力。

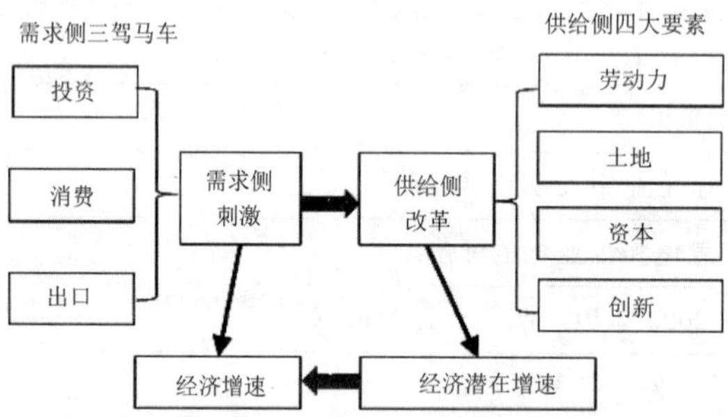

图 5－3　需求侧三驾马车与供给侧四大要素

顺应供给侧改革，加快服装产业转型升级，向服装个性化定制化方向转型，通过自动化、信息化、“互联网＋”来进行结合，是社会发展促使消费者需求进行重新构造的手段。消费者从过去看重价格的消费取向转变为更加注重质量的消费取向，以消费者为中心，供给侧的改革正在成为中国零售业转型的主要方向。统计数据显示，到 2020 年中国富裕阶层家庭数量将达 1 亿，贡献 1.5 亿美元的消费增量；2005 年到 2010 年，私人消费对 GDP 的增长贡献仅有 32％，而在 2010 年到 2015 年这个数据攀升至 41％。更有依附消费升级趋势的大众服装定制市场,在2016年市场规模达1022亿元,并预计这一数据在4年后达到2000亿元,可见新兴的大众服装定制已经开始成为驱使整体服装市场向前的动力源。如何实现供给侧结构性改革?其中一条实现路径是C2M模式。C2M即消费者到制造商,基于互联网对产业的渗透,无缝打通客户需求和生产设计制造。两者相互促进和补充,构建了一种新型的供需关系,从而实现成规模、高效率、低成本、符合客户个性化需求的柔性化"供给侧改革"。

(三)长尾理论

长尾(the long tail)这一概念是由《连线》杂志主编克里斯·安德森(Chris Anderson)在2004年10月的《长尾》一文中最早提出的,用来描述诸如亚马逊和网飞(Netflix)之类网站的商业和经济模式。长尾理论是指只要产品的存储和流通的渠道足够宽,需求不旺或销量不佳的产品所共同占据的市场份额可以和那些少数热销产品所占据的市场份额相匹敌甚至更大,即众多小市场汇聚成可与主流相匹敌的市场能量。长尾理论是网络时代兴起的一种新理论。由于成本和效率的因素,当商品储存、流通、展示的场地和渠道足够宽广,商品生产成本急剧下降以至于个人都可以进行生产,并且商品的销售成本急剧降低时,几乎任何以前看似需求极低的产品,只要有卖都会有人买。这些需求和销量不高的产品所占据的共同市场份额,可以和主流产品的市场份额相当,甚至更大。

随着社会经济水平的不断提高、科学技术的不断进步,消费者对于服装的要求越来越高,多元化、个性化需求日益凸显。为了满足消费者的需求,市场上提供的服装产品种类越来越多,服装多元化发展趋势迅猛。服装之所以能够朝着多元化方向发展,与消费者生存环境的改变、自身需求和企业供给能力是密不可分的。互联网汇聚了分散的个性化需求,不仅降低了企业间的协作成本,也降低了企业与消费者之间以及消费者之间的协作成本。不同的交流方式,使消费者的互动成本大大降低。这种协同成本的普遍下降,使得互联网和电子商务可以更容易地汇集那些零散分布的个性化需求并将其分类,实现与企业的有效对接,使之成为对于企业而言可观的生意。低成本的产品和少量可能的无限需求迅速连接起来,使需求曲线向尾部移动。热门主流产品是"短头",而聚合起来的非热门利基产品形成了"长尾","长尾现象"将消费者从需求曲线的"头部"移到"尾部"(见图5-4)。

移动互联网的本质就是碎片化,将资源的碎片化和用户需求的碎片化连接起来。在C2M模式下用户可以在移动互联网购物平台提交自己的个性化产品需求,使得规模巨大但同时相互之间割裂的、零散的消费需求整合在一起,以整体、规律、可操作的形式将需求提供给供应商，从而将“零售”转化为“集采”，能够大幅提高工厂的生产效率和资产、资金周转速度，价格因而又有了一个巨大的下调空间；将参与的消费者需求信息整合起来，速送工厂，使其“以需定产、量体裁衣”。C2M商业模式通过聚集客户订单，将众多小市场汇聚成可与主流相匹敌的市场能量。

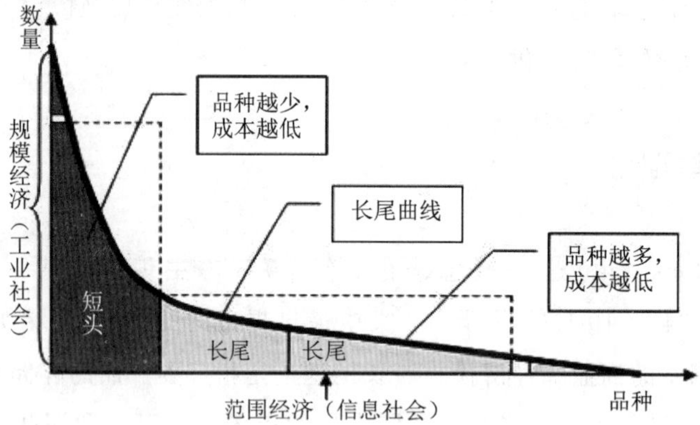

图5-4　长尾理论

（四）消费升级

1. 马斯洛需求理论

马斯洛需求层次理论是行为科学的理论之一，由美国心理学家亚伯拉罕·马斯洛在1943年的《人类激励理论》论文中所提出。马斯洛需求层次理论把需求分成生理需求、安全需求、社交需求、尊重需求和自我实现需求五类，依次由较低层次到较高层次排列(见图5-5)。每一个需求层次上的消费者对产品的要求都不一样，即不同的产品满足不同的需求层次。互联网的普及直接或间接地影响着消费者的生活，消费动机趋于多样化，其生活追求形成了“基本追求”转向“自我满足追求”的基本变化过程。在基本

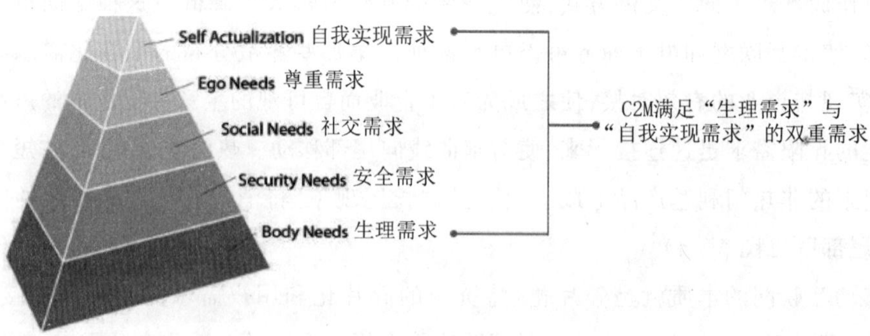

图5-5　马斯洛需求理论

生活需要得到满足之后，消费者开始从追逐潮流、显示个性，到体现品位、追求自我满足，心理追求逐步向高层次发展。消费者的购买行为以"尊重需求"和"价格品质"为诉求点，消费者在使用产品的同时也注重是否能得到相应的个性化需求的满足。

马斯洛需求层次理论将消费群体趋于细化，在满足基本需求后转向更高层次的自我实现需求，追求个性化、情感需要。C2M 商业模式以"生理需求"为切入点，使消费者在满足基本生活需求之后，满足个性化需求，从而达到"生理需求"与"自我实现需求"的双重满足。C2M 商业模式提升了消费者需求中最显著的"尊重需求"和"自我实现需求"，准确把握消费者行为特点，达到产品服务的最优化。

2. 消费需求多样化个性化

随着消费水平和消费结构不断升级，消费者对衣、食、住、行都提出了更高的要求。居民消费水平不断提升，对个性化、品牌化、差别化的追求日益明显(见图 5-6)。首先，消费结构升级，追求体验式消费。研究数据显示，富裕群体和上层中产阶级在 2010 年的时候只占了 7%的数量，2015 年占了 17%，到了 2020 年这个比例将是 30%，城镇化导致这部分群体逐年扩大。这类群体的消费额在 2010 年的时候只占了 20%，到了 2015 年占 40%，到 2020 年将占到 55%。消费者注重体验和品质，对生活质量提出更高要求，不仅要求商品"能用"，还希望商品"好用"甚至能带来"享受"，重视服务的效率和透明的价格等商品信息。

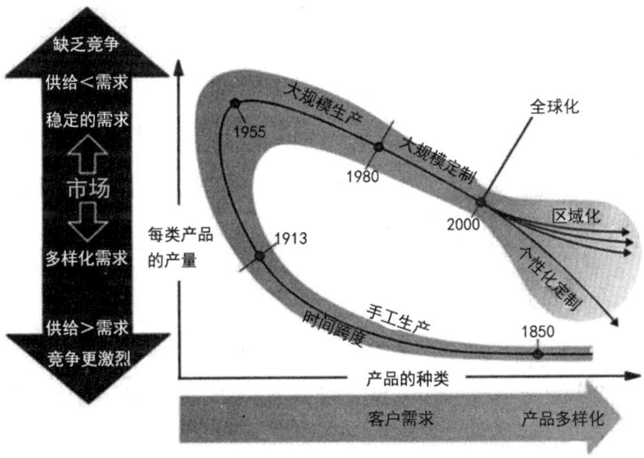

图 5-6　消费者需求定制化、精细化变革趋势

其次，消费习惯改变，追求私人定制和高性价比。80 后、90 后、00 后等"新世代"消费群体将成为未来消费市场的主导力量。数据显示，2015 年"新世代"占城镇人口的比重是 40%，2020 年将达到 45%；消费比重 2015 年是 46%，2020 年将达到 53%。这类群体有四大特点——年轻化、个性化、去品牌化、理性化，在消费上体现为喜欢私人定制和注重高性价比(注意高性价比意味着追求产品的物美价廉)，喜欢货比三家，也愿意分

享购物体验。这类群体更喜欢有“温度”的产品，更加注重与产品之间的“情感连接”。消费结构升级和消费习惯改变，对新消费提出两大需求：一是要有线下的“消费场景”(customer scene)，提供体验式消费和定制化服务；二是产品要性价比高，品质卓越、价格合理，服务高效。

C2M 使用户拥有更大的话语权和主导权，消费者正逐渐成为产品全生命周期过程真正的决策者和参与者，这种服务体验已经从消费者参与产品定义，整个制造过程可视化，逐渐发展到个性化售后服务的全链条。以消费者为中心，将逐渐取代以厂商(制造)为中心。应以把握和理解消费者需求为核心，并尽可能地与消费者互动，把消费者引入生产和设计过程中来，同时也大力变革自身的供应链与内部管理。因此，需求引领 C2M 的商业模式，即人人是设计师、人人是消费者、人人是经营者的全新商业文明即将到来。

二、C2M 商业模式

(一) C2M 的定义及特点

1. C2M 的定义

C2M(customer to manufactory)，又称“短路经济”，可简单概括为“预约购买，按需生产”。它的业务逻辑是：工厂直连消费者，砍掉流通加价环节，最大程度去中间化。C2M 的概念从“大规模定制”这个概念衍生而来，而“大规模定制”最为典型的便是戴尔公司的模块化装机下单，通过采用零部件标准化、按订单装配的方式，借助网络直销，使其市场占有率剧增。

2. C2M 去中间化

传统模式使商品通过多个环节才能最终到达消费者的手中。与传统商业模式不同，C2M 商业模式减去渠道商的总代、区代和批发终端以及减去零售商中的专卖店、连锁店、百货商场等不必要环节，直接由工厂到终端消费者，使顾客能与制造商、设计师实现直接的连接，为顾客提供优质平价、性价比高、个性化且专属的产品(见表 5 - 3)。C2M 商业模式颠覆了传统的供应链思维，由用户需求驱动生产制造，通过嫁接互联网实现了先销售、再生产的模式；将中间商渠道转向直接面对客户，产品形态由固定化、同质化、大批量生产向定制化、小批量、多频次转变，利用“互联网＋”制造业模式从低毛利、同质化转向高毛利、良好的用户体验。

表 5-3 传统模式与 C2M 商业模式的比较

项目	传统模式	C2M 商业模式
企业战略制定	依靠企业过往经验、被动式	基于大数据、按需生产、主动式
产品形态	固定化、同质化、大批量、低频次	定制化、小批量、多频次
销售渠道	以中间商渠道为主	以直接面对客户为主
研发灵感来源	设计人员、过往经验	大数据分析、以用户参与为主
商业模式	传统制造业	“互联网＋”制造业模式
竞争力	低毛利、同质化、红海	高毛利、高用户体验、蓝海
企业与市场的互动	依赖调研机构、低频化、小样本、长周期	直接对话客户、高频次、大数据、实时
库存压力	原料积压、成品积压、渠道压货、产能过剩、不确定市场需求	按需生产、成品零库存、大大降低的合理原料安全库存
资金压力	经销商账期及应收压力、大量库存占用资金	客户直接打款到厂家、低库存资金压力

3. C2M 满足消费者个性化定制

基于工业 4.0 信息系统的支持，工厂接收消费者的个性化需求订单，根据需求组织设计、采购、生产和发货。在这种模式下，将割裂的、分散的消费者需求集中起来，转化为标准化的、可执行的小批量需求反馈到工厂，按需生产、“量体裁衣”，将“零售”转变为“集采”，让消费者以最低的价格买到高品质、可定制的产品。C2M 最大限度地迎合了电子商务去中间化的趋势，为 C 端消费者带来售价更低的商品。

（二）C2M 诠释“互联网＋”

1. 传统制造商告别“微笑曲线”

在传统制造业时代，根据“微笑曲线”原理，只要把“设计研发端”或“销售与服务端”做到位，企业的竞争力就能够确立。在“互联网＋”时代，一个重要的变化就是“微笑曲线”将会变平。处于“微笑曲线”中最低附加值的“制造端”将由于智能化生产时代的到来变得与“设计研发段”“销售与服务端”同等重要。可以预见，制造智能化会促进设计研发和营销服务两端的竞争力提升，定制化时代就将到来。在传统商业模式中，工业制造一直处于整个“微笑曲线”的最底端，收益付出不成正比。在全球制造业数字化转型的背景下，要充分利用工业互联网、工业大数据、工业云、人工智能等新一代信息网络技术的全方位渗透与融合，创新生产方式、组织方式、商业模式、价值链分布和竞争战略，摆脱在全球制造业价值链分布中的低端位置，实现由“微笑曲线”到“武藏曲线”和“数字化曲线”的根本性反转。C2M 工业供给平台彻底颠覆了传统制造业“微笑曲线”，将“微笑曲线”反转，工业制造处在最上面，去掉所有中间环节，直接对接消费者，而且通过柔性制造提供个性化产品，有助于工业制造的利润提升，有利于消费者用较低价格买到厂家直销的个性化定制产品。

2. 互联网缩短消费者与生产商的距离

互联网时代改变了消费者的生活习惯，也改变了消费者与企业的角色，使得两者角色互换。消费者对时尚的差异化与个性化需求越来越大，更多的消费者希望追求独特性与个性。传统品牌销售商品给消费者时通过各种流通手段，层层成本与利润都由消费者承担，因此消费者承担的价格往往比商品成本高很多。对于大部分消费者追求产品体验多于品牌本身的现状，同样的商品在品牌与价格中比较，价格依旧是主流消费者的选择标准。

传统供应链在很大程度上是一种核心厂商主导的、以降低成本为导向的、协作范围相对有限的线性供应链。由于供应链天然的社会化协作属性，这种供应链形态正面临着“互联网化”的巨大挑战，也就是如何让供应链各个环节在互联网上“跑起来”。随着网购发展成熟，消费者的需求可以通过平台聚集，平台再销售给用户，效率高、节省大量中间成本，让价格有可调空间。消费者需求驱动工厂有效供给，这个模式改变的不仅是企业的市场、营销、设计、研发方面，也改变了供应链方面。C2M 商业模式去除中间环节，搭建互联网平台，缩短消费者与生产商的距离。

3. 云计算和大数据支撑起个性化营销

借助个性化推荐、大数据挖掘、SNS 营销等手段，企业可以快速掌握个性化营销的方法。互联网与大数据让企业获得了高性价比、高效率的个性化营销手段，并能够由此直达无数分散化的、个性化的消费需求，进而使之聚合为具有一定规模、能够支持个性化的细分市场，而消费者也可以由此向企业表达个性化需求或以不同形式参与到定制的各个环节中去。

三、C2M 的多维产业形态

伴随着制造成本越来越高、利润逐年降低、库存压力剧增，近年来，我国服装行业集体陷入困境。为了转型自救，传统服装企业纷纷涉足电商。但在竞争日益激烈的当下，电商也不是所有传统行业的救命稻草。尤其是对服装行业来说，B2C 模式的电商形态依然无法克服库存压力。C2M 是一种反向定制的新型电子商务模式，消费者通过电子商务平台反向订购，用户订多少，工厂就生产多少，消灭了工厂的库存成本；工厂的成本降低，用户购买产品的价格自然也随之下降。现在 C2M 模式越来越多，产生了不同的平台转型,具体分为四大类:传统制造企业转型、IT公司转型、第三方平台转型以及垂直类企业台转型。不同类别的平台转型,所具备的优势各不相同。第一,传统制造企业转型C2M电商平台,例如红领及报喜鸟,本身具备传统制造工厂的加工制造能力,生产水平高,产品质量好,通过产品工艺能力驱动C2M电商平台的发展。第二,IT公司转型C2M电商平台,例如必要及网易严选,本身具有互联网基因,具备渠道引流能力,能加快用户的转化率,以互联网技术驱动C2M电商平台的发展。第三,第三方平台转型C2M电商平台,以个性化定制及量体服务驱动C2M电商平台的发展,例如凡匠定制及拇指衣橱。它通过城市运营与量体师结合的模式,推动用户之间建立连接,构成品牌传播效应,二次吸引流量。第四,垂直类企业转型C2M电商平台,例如量品衬衫及奥康集团,只做单品类产品,将垂直产品做到极致,突出垂直产品,将其单品类竞争优势与定制结合驱动C2M电商平台的发展。

(一)传统制造企业C2M电商平台

1. 红领集团

青岛红领集团(现名为酷特智能股份有限公司)成立于1995年,是一家以生产西装为主的服装生产企业。2003年之前,红领集团一直为欧美市场做代加工生产,之后开始转型大规模定制,打造单件生产的柔性生产线。2003年以来,红领集团从ERP、CAD、CAM等单项应用到各个环节综合集成,进行工厂内部信息化改造及互联网融合创新;用数据驱动颠覆了原有渠道驱动的商业模式,用工业化手段实现个性化定制,满足了大规模定制的需求,有效解决了产品周期长和质量、产量难以有序控制的问题,打造了下单、生产、销售、物流与售后一体化的开放式互联网定制平台RCMTM。红领模式是"消费者需求"直接驱动制造企业有效供给的电商平台新业态,是以满足消费者需求为中心的"源点论管理思想"和组织形态,创建了一套大规模个性化定制的彻底解决方案,为服装产业转型提供了一个新的思路。红领服装定制供应商平台,使传统产业深层融入科技,将服装定制的数字化、全球化、平台化变成现实,把复杂的定制变成简单、快速、高质、高效的大规模定制,七个工作日即可交付成品,一次性满足客户的个性化需求。这是真正实现了服装全定制、全生命周期、全产业链个性化定制的全程彻底解决的方案。红领定制平台使企业设计成本减少了90%以上,生产周期缩短了近50%,库存逐步减少为零,经济效益提升数倍。

(1) 转型升级

红领集团成立至今,成功地从OEM转变为大规模个性化定制的模式。2015年,红领集团获得复星集团30亿战略投资,并完成了由天鹰资本主导的新一轮2亿元注资,营业额超过10亿。2011年,红领集团正式将C2M商业生态作为酷特智能的核心战略,让消费者在终端提出个性化的需求,省去过去所有的中间环节,消费者直接对接工厂,由工厂来满足每一个消费者的需求。红领集团选择美国纽约作为实验市场,经历了十几年的不断尝试,其大规模个性化定制模式的产能从一天只能生产1套服装提高到一天生产3000套款式各异的服装。到2016年,红领集团已经实现大规模个性化生产,并致力于打造智能制造C2M商业生态圈。红领集团的整个发展过程大致经历了三个阶段(见图5-7)。

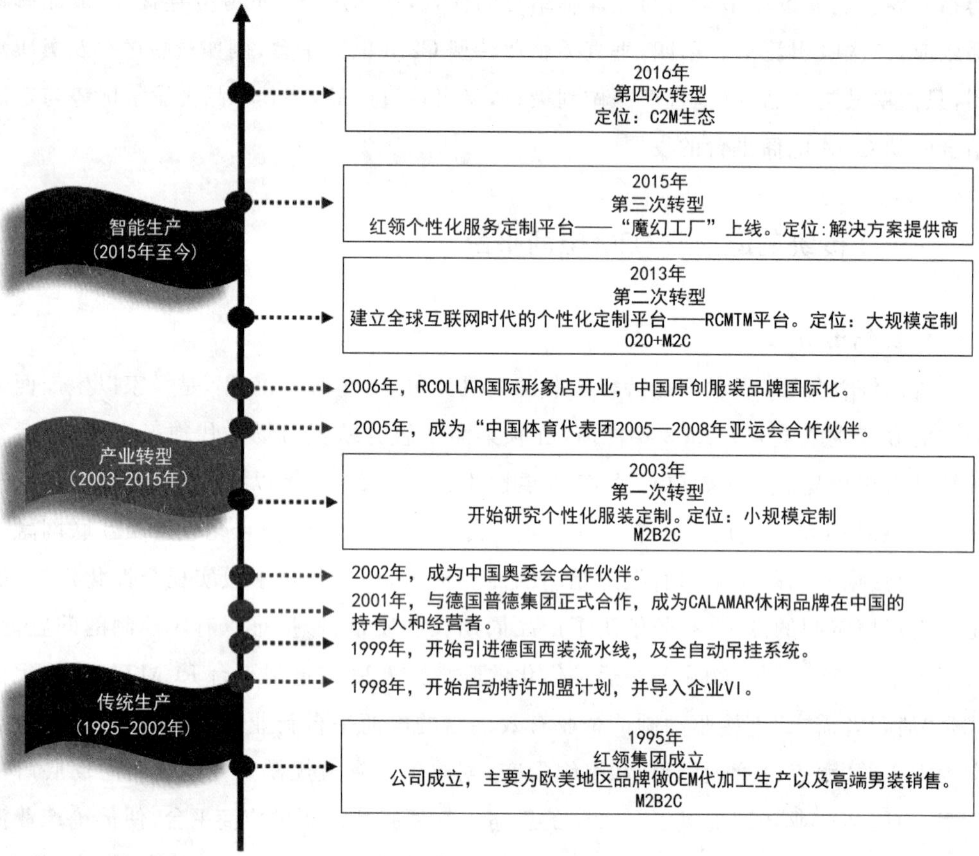

图5-7 红领集团发展历程

第一,传统生产阶段。从1995到2002年,红领集团一直从事欧美市场OEM代加工生产,并销售高档男士西装;在1999年,与德国休闲男装品牌普德森合作,获得特许经营权。这一阶段以大规模生产和OEM代加工为主要经营模式。

第二,产业转型阶段。从2003年开始,红领集团专注研究个性化定制。2003年,公司启动ERP项目,并建立自己的物流中心。到2013年,借助信息科技,红领集团投入数亿元资金,成功推出互联网时代的个性化定制平台、全球服装定制供应商平台,成功建立了公司特有的面料数据库、版型数据库、尺寸数据库、人体数据库、款式数据库、工艺数据库，最后建成了以数据驱动生产的大规模个性化生产系统。

第三，智能生产阶段。红领集团在2015年推出手机APP"魔幻工厂"，实现个性化流水线设计。运用互联网技术和云计算，借助于大数据构建C2M个性化定制平台，红领集团将顾客需求数据转变成生产数据，进行生产流程改造，实现大规模个性化生产，建立了客户订单提交、产品设计、生产制造、采购营销、物流配送、售后服务一体化的开放性互联网平台。世界各地的客户在平台上提出个性化需求，平台以数据驱动自主运营的智能制造工厂，生产出满足客户个性化需求的产品，在平台上实现设计、制造、直销与配送，形成一个消费者和生产者直接交互的智能系统，致力于打造工商一体化的C2M智能生态圈。

(2) 互联网＋私人定制

红领集团借助互联网搭建起消费者与制造商的直接交互平台，去除了商场等中间环节，从产品定制、设计、生产、物流到售后，全程依托数据库驱动和网络运作，详细情况见表5-4。红领集团以"互联网＋私人定制"的模式，借助现代科技和不断创新的理念，在保证卓越品质的前提下，实现了对传统私人西服定制的颠覆。传统服装的生产模式是批量化生产，产品的同质化严重。红领集团定制模式则是根据个人不同的身体尺寸和个性化需求，通过PC端或移动端下单，利用"数据驱动的3D打印模式产业链"实现服装产品以产定销、高利润、无库存的生产。

表5-4 红领定制

名称	内容	备注
产品线	西装、衬衣、工装、休闲装	无
品牌线	RCOLLAR(红领)	主品牌
	R.PRINCE(瑞璞)	无
	CAMEO(凯妙)	无
公司主营结构	以服装定制为主，占比70%，为国际品牌提供代工服务，也有部分自有品牌	主营欧美地区，以西装为主
外销	自有品牌	终端网上电子商务
	代工(以进料加工为主)	欧美高端品牌
国内	RCOLLAR	电子商务定制
	R.PRINCE	高端商务装定制
	CAMEO	高端礼服定制

续表

名称	内容	备注
销售渠道	MTM 网上 PC 端	RCOLLAR、R.PRINCE
	"魔幻工厂"手机 APP 端	RCOLLAR、R.PRINCE
	商场	R.PRINCE、CAMEO
	会所	R.PRINCE、CAMEO
服装版型	经典商务版型、时尚休闲版型	无
工艺类型	全毛衬、半毛衬、全手工、半手工	高端定制工艺
试衣	无试衣	无
面辅料供应商	世佳宝、杰尼亚、多美、睿达、CERRUTI 1881、诺悠翩雅	国外供应商
	南山、阳光、如意、鲁泰	国内供应商
	科德宝、骏马、海莎、高士、东丽	辅料供应商
商业运作模式	C2M	顾客下单工厂直接生产

2012 年以来，中国服装制造业订单数量快速下滑，大批品牌服装企业遭遇高库存和零售疲软，企业经营跌入谷底。红领集团却通过大规模个性化定制模式，迎来高速发展时期，定制业务年均销售收入、利润增长均超过 150%，年营收超过 10 亿元。在传统概念中，定制与工业化是相互冲突的，传统西装高级定制意味着通过高级裁缝手工量体、手工打版、手工缝制且不断地修改、试样、再修改的漫长过程，才能实现定制。在国外，很多高级西装定制都需要花费数月甚至一年的时间才能完成，意味着传统定制的门槛高、起点高、成本高，很难实现量产。

为了满足当下消费者个性化的需求，红领集团经过十多年的不断积累与尝试，实现了定制西装的大规模生产，建立了个性化定制 RCMTM 平台，研发了一套通过信息技术把工业生产和定制相结合的大规模定制服装生产系统，实现了全程数据驱动(见图 5 - 8)。该生产系统通过自动排单、自动裁剪、自动计算并整合版型等，将交货周期、专用设备产能、线号、线色、个性化工艺等编程组合，以流水线生产模式制造个性化产品。消费者可以采取网络下单，也可以使用传统的电话下单等方式。如采用网络下单方式，在下单前顾客需要将基本信息和量体数据录入系统。为了实现量体的标准化，红领集团开发了"三点一线"坐标量体法，量体师只需要找到肩端点、肩颈点跟第七颈椎点，并在中腰部位画一条水平线，采集身体的 22 个数据便可完成量体。提交订单并付款后，顾客所选择的西装款式便自动通过互联网系统进入 CAD 自动生成版型纸样，一秒钟时间内可以自动生成 20 余套西装版型。在传统西装定制流程中，一名版型师一天最多只能打两个版。经过十多年发展,红领集团积累了全球300多万顾客的数据和版型,建立了一个标准数据库,最终实现版型生成后系统自动裁剪、自动匹配流水线等智能化生产流程。

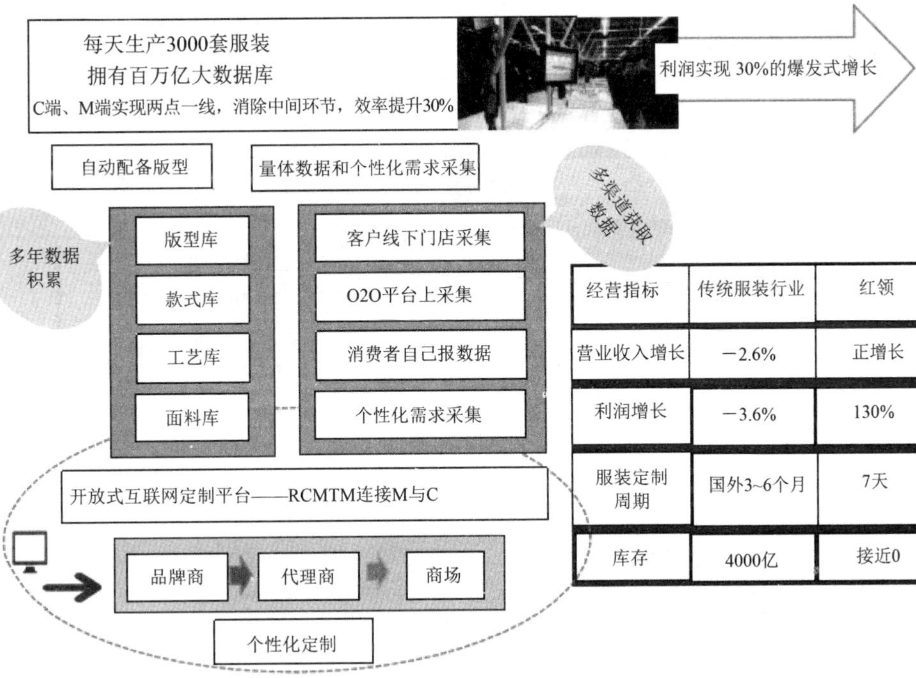

图5-8 红领互联网定制模式

(3) 智能化数据驱动大规模个性化定制模式(见图5-9)

红领的智能化改造实质上是美国3D打印逻辑、德国工业4.0概念、大数据驱动、信息化与工业化等的深度融合,搭建了一个开放式互联网定制平台,取代了传统的品牌商、代理商、商场的作用,直接实现消费者与红领集团的连接。这种定制化模式成功的原因有两个,一是在22个数据之上就能实现版型的自动匹配,这主要依赖于强大的数据库系统。红领集团建立了自己的版型、款式、工艺等多个大数据库,可以用较短的时间实现精准的服装打版制作。二是多途径采集消费者的个性化数据,包括线下门店采集、上门采集、线上PC端采集或APP采集。红领集团还研发了属于自己的量体方法,即在18个身体部位测量22个数据,直接在平台上输入,便可自动配比版型。红领集团采用数字化智能工厂,以"两化融合"为基础,通过对业务流程和管理流程的全面改造,建立柔性和快速反应机制,实现了产品多样化和大规模定制生产,实现了个性化手工制作与现代化工业大生产协同的战略转变,既满足了客户的个性化需求,又保证企业受益。

①运用信息技术,实现跨境电子商务的无缝对接。红领集团通过对跨境电子商务贸易模式的积极探索,建立了成熟的具有完全自主知识产权的个性化服装定制全过程解决方案,从产品定制、交易、设计、制作工艺、生产流程、后处理、支付到物流配送、售后

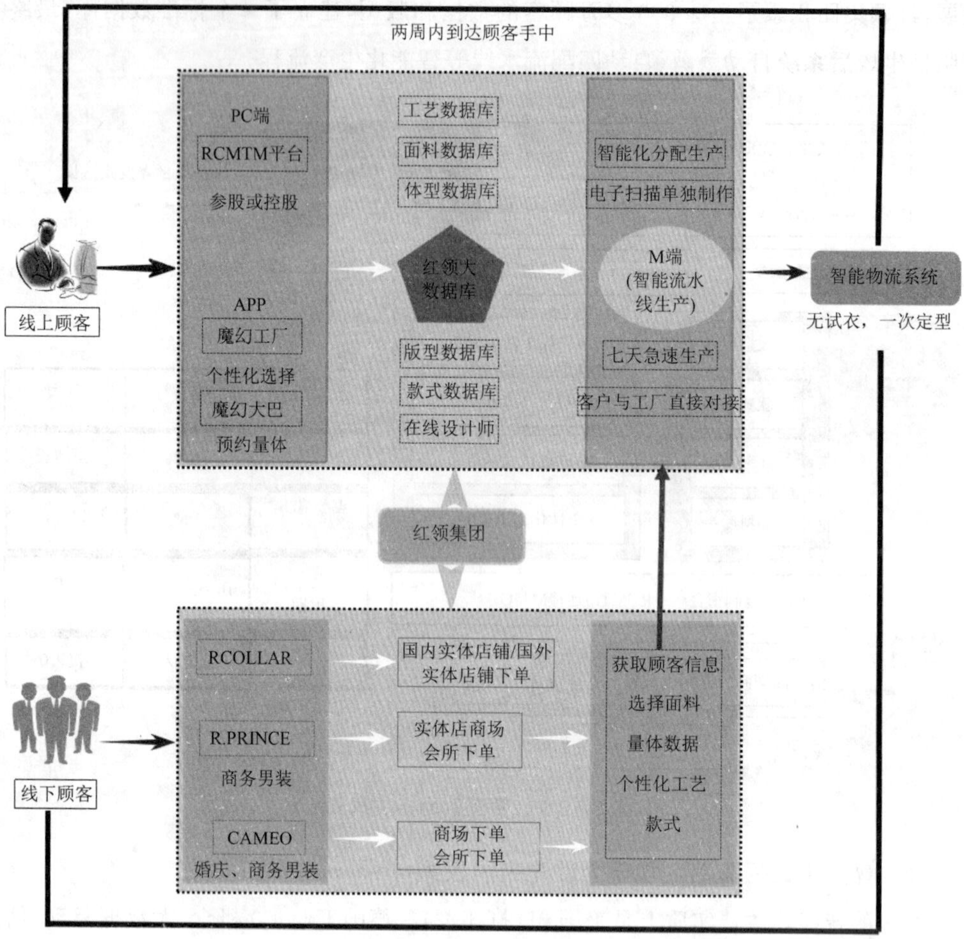

图 5-9　红领个性化定制模式

服务全过程达成数据化驱动跟踪和网络化运作。具体的加工流程见图 5-10。顾客对个性化定制产品的需求，直接通过平台提交，实时下单，工厂通过平台接受订单，以客户需求为中心开展生产。红领集团自主研发产品，实现全流程的信息化、智能化，把互联网、物联网等信息技术融入大批量生产中，在一条流水线上制造出灵活多变的个性化产品；将需求转变成生产数据、智能研发和设计、智能化计划排产、智能化自动排版、数据驱动的价值链协同、数据驱动的生产执行、数据驱动的质保体系、数据驱动的物流配送及完全数字化客服运营体系。红领集团目前积累了百万服装版型数据，数万种设计元素点，能生产出无数种设计组合，自主研发获专利的量体工具和量体方法，采集人体 18 个部位的 22 个尺寸，并采用 3D 激光量体仪，实现人体数据在 7 秒内自动采集，解决与生产系统自动智能化对接、转化的难题。用户体型数据驱动全系统内数据的同步变化，能够满足驼背、凸肚、坠臀等 113 种特殊体型特征的定制要求，覆盖用户个性化设计需求。

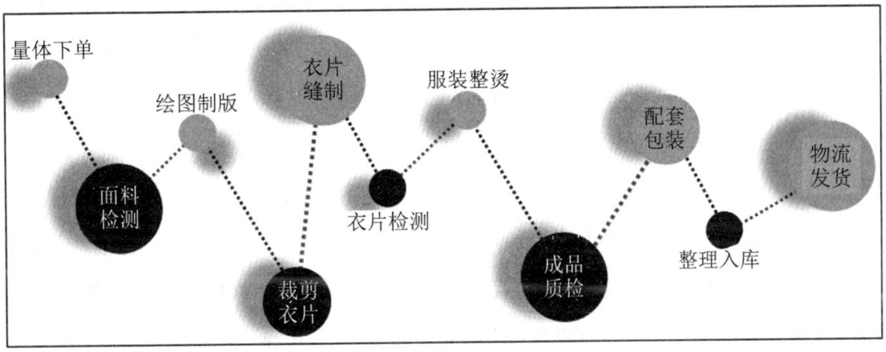

图 5-10　红领定制加工流程

②运用数据库技术，实现了定制产品的规模生产。红领集团积累的海量服装知识库包括版型、款式、工艺等数据库，满足了消费者对个性化服装设计的需求。客户只需要登录平台，就可以根据自己的喜好进行 DIY(do it yourself，自己动手做)设计，利用数据库自由搭配组合，迅速定制出适合自己的个性化产品。消费者定制需求通过 C2M 平台提交，系统自动生成订单信息，订单数据进入红领集团自主研发的版型数据库、工艺数据库、款式数据库、原料数据库进行数据建模。C2M 平台在生产节点进行任务分解，以指令推送的方式将订单信息转换成生产任务并分解推送给各个工位。在生产过程中，每一件定制产品都有专属的电子芯片，伴随其生产的全流程。每一个工位都有专用终端设备，从互联网云端下载和读取电子芯片上的订单信息，通过智能物流系统等，完成整个制造流程的物料流转，同时通过智能取料系统、智能裁剪系统等，实现个性化产品的大流水线生产(见图 5-11)。

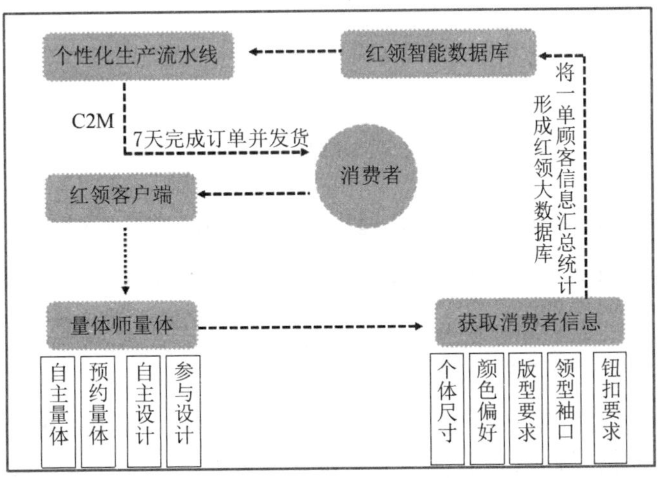

图 5-11　数据驱动的智能工厂

③运用3D打印逻辑，实现数字化工厂柔性生产。红领模式运用3D打印的思维逻辑建设数字化工厂，将整个企业视为一台完全靠数据驱动的“3D打印工厂”(见图5-12)。红领集团采用3000人规模的工厂，利用国外3D打印的概念，将工厂与大数据、云计算技术相结合，从而实现服装大规模个性化定制。工厂的订单信息全程由数据驱动，在信息化处理过程中没有人员参与，无需人工转换与纸质传递，数据完全打通，实时共享传输。所有员工都是从互联网云端获取数据，在各自的岗位上接受指令，按客户需求操作，依照指令进行定制生产，利用互联网技术实现客户个性化需求与规模化生产制造的无缝对接。员工真正实现了“在线”而非“在岗”工作，确保来自全球订单的数据库零时差、零误差准确传递。与传统手工定制相比，红领集团整个定制生产流程的298道工序，由于实现了数据系统和流水线的结合，生产效率大大提升，生产成本下降了30%，设计成本下降了40%，原材料库存减少了60%，生产周期缩短了40%，产品储备周期缩短了30%。

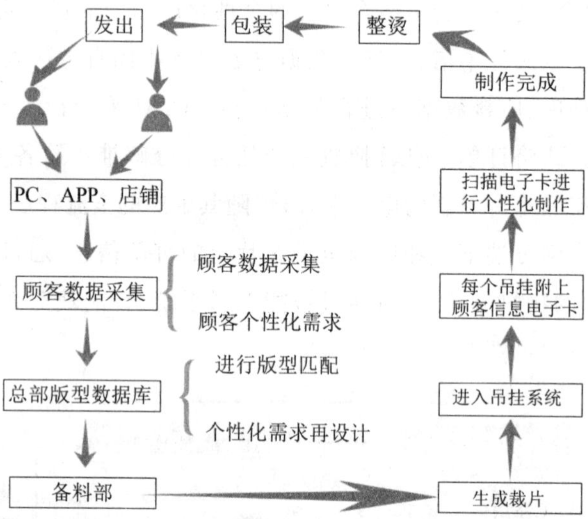

图5-12 红领“3D打印”工厂制作流程

④运用物联网技术，实现生产与管理集成。红领集团的网络设计、下单、定制数据传输全部实现数字化：每一件定制产品都具有其专属芯片，该芯片伴随产品生产的全流程；每一个工位都有专用终端设备下载和读取芯片上的订单信息，利用信息手段，快速、精准传递个性化定制工艺，确保每一件定制产品高质量、高效率地制作完成。经过三个阶段的不断优化升级，红领集团将线上MTM平台、手机APP平台、魔幻大巴、3D打印工厂、物流系统融会贯通，实现了现代化快速定制。顾客可以选择门店下单、APP下单、PC端下单，下单时可以选择与设计师共同设计或选择款式、面料细节，或者根据系统推荐的现有款式、面料自行设计。在设计完成后，顾客可以预约量体，魔幻大巴会

提供上门服务，顾客可以体验到魔幻大巴 3D 测量服务。量体完成后，系统会将顾客的量体信息以及个性化需求信息传输到生产后台，智能生产端会对顾客信息进行存储并有效匹配相应面料、版型及流水线，完成单件服装制作。7 个工作日后，工作人员会将产品送出给顾客，完成此次订单。具体的定制下单流程见图 5 - 13。

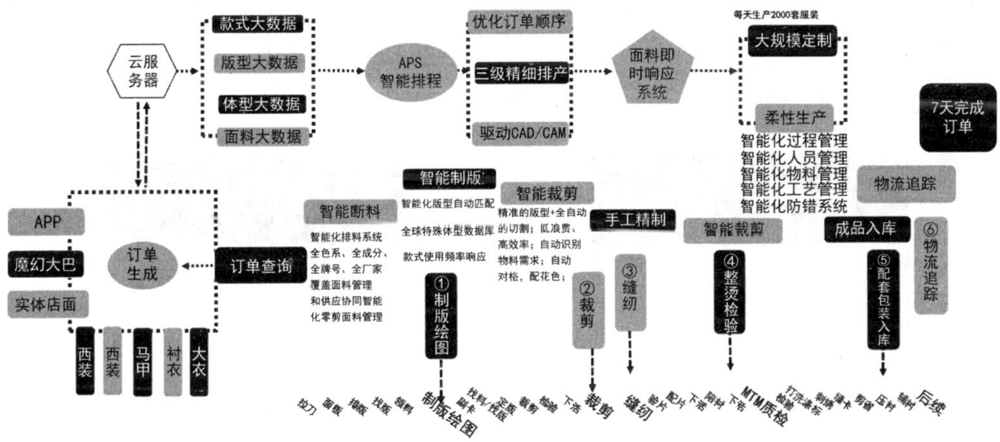

图 5 - 13　定制下单流程

⑤红领定制模式与传统生产模式对比。红领定制模式的发展经过了两个阶段。第一阶段是企业早期的生产加工模式转为低级的量身定制模式。在这个过程中，红领集团开始承接服装定制服务，由裁缝师测量个体体型后，依据客户的要求进行单量单裁。这类手工作坊的生产模式存在标准化难、生产周期长、产量较低、稳定性差、产品质量较难掌控等问题。第二阶段则是企业由低级量身定制模式转化为工业定制模式。在这个阶段，红领集团借助现代信息技术，搭建 RCMTM、PLM、ERP 等系统，建立了人体数据库、版型数据库、工艺数据库、面料数据库等，用数据驱动生产，实现顾客下单后系统自动匹配面料、版型、款式、工艺等，系统自动生成版型，自动裁剪、自动匹配流水线进行制作，大幅度提高了个性化产品的生产效率。

与传统生产方式相比，红领集团的定制方式在生产、库存、投资、客户上都有很大的差别。同样是传统模式的优化，红领定制模式将设计、制造和销售整合在一起，消费者与制造企业直接沟通，消除中间所有环节，形成一个完整的价值链再造，无论是研发、制造、物流还是服务都发生了根本性的转变，颠覆了传统服装企业的商业规则和经营模式。传统服装生产的业务流程大致可以归纳为产品设计、原材料采购、仓储运输、生产制造、订单处理、批发经营、终端零售等七个环节。在工业化定制阶段，红领集团的所有业务紧紧围绕客户订单开展，利用客户需求数据组织资源，并制订相应的生产和配送计划。因此，在 RCMTM 模式下，红领集团的业务流程转变为订单处理、产品设计、原料处理、产品生产、终端零售等五个环节，大大缩短了服装生产周期，提高了服装的成交率。红领定制模式在生产上通过客户参与设计、先销售后生产的方式解决了传统模式下产品单一、高库存的困境；通过互联网实现客户直接对接工厂，去除中间商、代理商，使产品的零售价从成本的5～10倍降至2～3倍；通过生产前7天卖出的方式将企业的库存降为零，减少了资金占压。这一模式对直营店或者加盟商而言，只需要少量样衣就能开店，投资门槛大大降低；对于客户而言，可以设计自己的产品，且价格较低，客户的忠诚度会比较高。两种模式的对比见图5-14。

传统生产模式	VS	红领定制模式
层层加价	生产	客户直接对接工厂，省去所有的中间渠道
渠道费用高。零售价是成本的5~10倍	零售	零售价是成本的2~3倍
高库存，资金周转困难	库存	零库存，没有资金压力
少数人能开店（可复制性差）	投资	人人能创业（可无限复制）
被动购买，忠诚度低（卖方市场，生产什么买什么）	客户	定制需求，忠诚度高（买方市场，需要什么生产什么）

图5-14　红领定制模式与传统生产模式对比

⑥酷特智能C2M商业生态。区别于传统的C2C、B2B等电子商务模式，酷特智能C2M商业生态是新型的C2M商业模式，是红领定制商业生态的载体，即个性化产品定制直销平台（见图5-15）。该商业生态以定制模式为核心，展开多领域跨界合作，去中间商、去代理商，专注实现全球从C端到M端的一站式服务，将消费者和产品制造工厂直接连通，提供数字化、智能化、全球化的全产业链协同解决方案。客户在平台上提出定制的产品需求，平台将零散的消费需求进行分类整合，分别提供给平台上运作的各个工厂，完成个性化定制的大规模生产，并实现直销与配送。以上措施旨在提高生产效率，加快资金周转，增强客户体验，提高工厂效益，形成“智能工厂模式输出＋个性化定制产品直销平台”，构建酷特智能生态圈。

发展酷特智能C2M商业生态，首先是输出红领工业化定制服装的生产模式，将客户需求变成数据模型技术、数据驱动的智能工厂解决方案。具体而言，首先可在服装、鞋、帽、假发等连锁产业进行复制推广，并推广到更多的行业领域，将大批传统企业改造

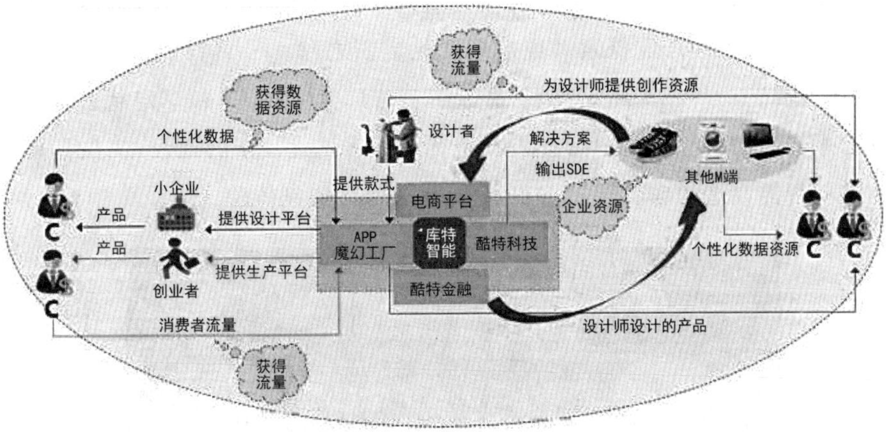

图 5－15　酷特智能 C2M 商业生态

成能够进行定制产品工业化的智能工厂，并由酷特智能平台将其融合起来，凝聚出制造、服务一体化，跨行业、跨界的产业体系，引发爆炸式增长。其次，酷特智能也将在打造工商一体化的互联网工业模式及 C2M 商业模式的过程中，为合作伙伴全程提供技术与服务，关键是通过信息物联网络系统串起各个智能工厂，打造智能制造的生态体系。

2. 报喜鸟

报喜鸟服饰股份有限公司成立于 2001 年 6 月，主要从事报喜鸟西服和衬衫等男士系列服饰产品的设计、生产和销售；2007 年于深交所上市，2015 年入选工业和信息化部 100 家互联网与工业融合创新试点企业，2016 年荣获工业和信息化部"智能制造试点示范企业"的称号，实现了从传统制造向智能制造的成功转型。目前，报喜鸟公司拥有 1500 多个实体销售网点及覆盖主流销售平台的线上营销网络，温州、上海、合肥三大生产基地，年零售收入 50 多亿元，位列中国服装行业百强企业。报喜鸟通过经营自有品牌满足中高端商务人士的着装需求，旗下包括原创品牌报喜鸟(SAINT ANGELO)、专业高级定制品牌所罗(SOLOSALI)、时尚商务休闲品牌法兰诗顿(FRANSITION)。

(1) 报喜鸟云翼智能平台

在国家供给侧结构性改革、"中国制造 2025"等政策影响下，报喜鸟围绕大规模、个性化定制的两大目标，推进"两化"深度融合，推进网络化、数字化、智能化等技术在制造和营销领域的开发利用，从企业战略、组织、研发、管理、生产、营销到品牌全方位融合互联网进行创新，打造更开放、更贴合用户需求的大规模个性化定制平台。创建的报喜鸟云翼互联智能制造架构运行体系，首推服装行业云体系，作为产业互联网时代塑造服装行业新生态的创新之举，打造服装行业创业平台，加快从传统制造向智能制造转型。2015 年，报喜鸟积极打造智能化生产，实现智能化制造的转型升级战略。开始部署云翼互联智能体系，打造工业 4.0 智能化生产模式，将原有传统工厂升级改造为 MTM 智能工厂，率先引领服装产业探索大规模个性化定制之路。云翼智能平台（见图 5 - 16）包括“一体两翼”——以 MTM 智能制造透明云工厂为主体，以私享定制云平台和分享大数据云平台为两翼。这是中国服装行业首个部署工业 4.0 的项目，使报喜鸟实现从传统制造向智能制造的成功转型，为客户提供更好的定制体验。

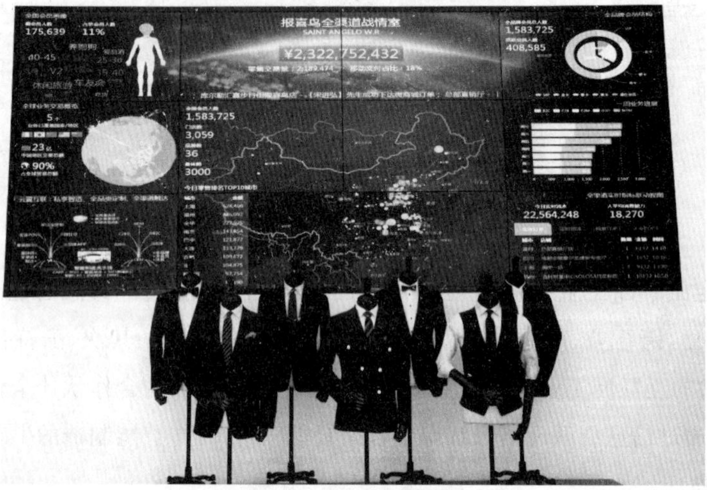

图 5 - 16　报喜鸟云翼智能平台

项目通过产品生命周期管理系统和智能 CAD 系统构建智能版型模型库，实现标准化、部件化自动装配及模型参数智能改版，开发智能排产系统，执行工厂高级生产计划，并运用可视化技术智能排产，跟踪生产进度，实时调整生产计划。CAM 自动裁床系统接收到排单、物料、版型、工艺等信息后，实现一衣一款的单件自动裁剪，即通过智能制造，实现产品的柔性化生产，特别是在生产过程中，用软件形成的数据来带动整体运转，通过数据的智能流动，打破时间与空间上的限制，优化资源分配，带动每个环节的高速运转，实现全程追踪；通过 CAPP（计算机辅助工艺过程设计）、RFID（射频识别）、智能吊挂、MES（制造执行系统）制造执行、智能 ECAD、自动裁床以及 EWMS 等系统建设，全面打造 eMTM 数字化驱动工厂。

基于 SAP（企业管理解决方案）的明星产品，该项目采用 Hybris 全渠道电子商务平台进行二次开发改造，与国内专业软件厂商合作开发，以大数据的精准方式提供进一步的个性化服务，实现大数据精准化营销。工商一体，以 MTM 方式实现上线下协同和一单一流、一人一版、一衣一款的全品类模块化客户自主设计。数据云平台通过客户关系管理系统管理消费者资料、体型、穿着习惯等数据，以大数据的精准方式提供进一步的个性化服务，实现大数据精准化营销；实现对用户的个性化需求特征的挖掘和分析，通过样本数据采集分析，让西装剪裁更加符合顾客的体型。

(3) 数据化、部件化、智能化的定制系统

云翼智能制造项目对大流水生产线进行了智能改造。它通过工业智能化的手段，结合手工定制和大流水线生产的优势，做大规模的个性化定制，通过数据化、部件化或模块化进行智能定制生产，大大提升生产效率，同时也满足了消费者的个性化需求，实现每件衣服的个性化定制。

数据化就是把传统的客户需求转换为体型、版型、工艺、面辅料等四大数据，存储在智能衣架的 RFID 芯片中，通过无线射频扫描，在智能吊挂流水线上流转，进行工序生产，并对生产过程中的动态数据进行实时收集反馈。客户信息录入后可直接下单，实现了成衣库存从 50%到 0 的转变。部件化就是将一件衣服分为前身、后身、袖子、领子、挂面五大部分，再拆分成若干部件，通过智能排版和智能吊挂个性化流水线以及手工制作，提升个性化定制服装的制作效率和品质。智能化就是将整个生产制造过程智能化：通过六大系统集合的生产过程智能控制系统，以自动化传感技术整合吊挂系统和显示系统，智能、自动、精确、简单地对 396 道工序进行管控，作业有序、快捷和可跟踪，完成管理和制造的无缝对接，最终实现部件化生产和人机协同，打造数字化驱动工厂。

云翼智能制造项目突破服装行业高库存、低周转、高渠道成本的瓶颈，实现 C2B、C2M 模式的转型升级，创造颠覆性的新商业模式，满足了消费者个性化、时尚化的需求。报喜鸟通过云翼智能制造项目，对原有的工业体系进行智能改造，通过数据化、部件化、智能化进行生产。生产过程仍然是批量化、规模化的，但是通过智能协同做到了部件装配个性化，效率得到了极大的提升，实现了大规模个性化定制。与传统手工定制相比，智能生产效率提升 6 倍；与大流水线生产相比，智能生产效率提高 50%。

（二）IT 公司转型 C2M 电商平台

1. 必要 C2M 平台

(1) 创始人毕胜

毕胜曾担任百度市场总监和总经理助理，2005 年赴纳斯达克见证百度上市奇迹后，担任百度市场战略顾问，于 2005 年年底离开百度。2008 年 5 月，毕胜创办乐淘网，起初专注于玩具市场，后转战鞋类市场。2010 年销售额突破了一个亿，后因电商的游戏规则开始发生变化，成本失控、持续亏损、转型失败，最后不得不把公司卖掉。在 2014 年毕胜再度创业，创办了全球首个 C2M 电子商务平台，现任必要商城 CEO。平台自 2015 年上线至今，已经实现月活跃用户超 50 万，成绩斐然。发展历程见图 5-17。

(2) 必要供应商标准

必要模式最大的特点在于其挑选的制造商都是知名奢侈品品牌的代工厂，这意

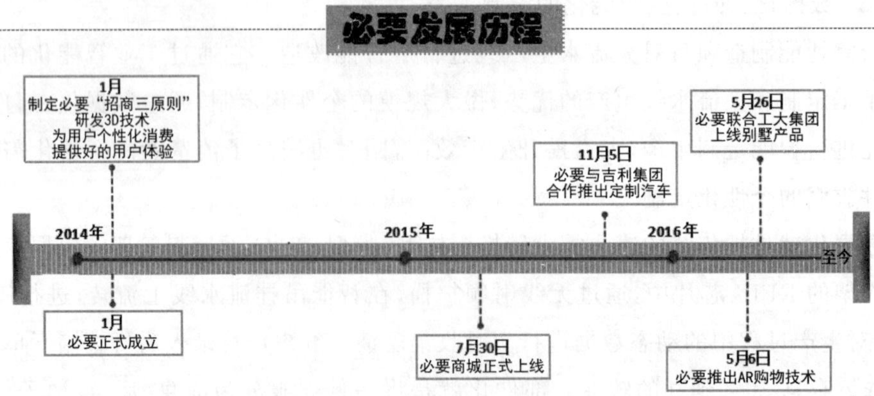

图 5－17 必要发展历程

味产品质量有保证。价格上以成本定价，是奢侈品价格的百分之一甚至更少。作为平台，必要商城连接着消费者和制造商，消费者因为商品好而青睐必要，制造商则为了消费者选择必要。和其他电商平台不一样的是，必要的供货商并不推崇多而广，而是追求少而精。成为必要供应商的原则是：必须是全球顶级产品制造商；必须接受必要的定价体系，在制造成本的基础上加价不超过 20 元；必须曾与全球知名设计机构合作；必须拥有自己的柔性制造链，每一家制造商的柔性生产链改造成本至少在 5000 万元以上。目前，必要商城与耐克（Nike）、普拉达（Prada）、阿玛尼（Armani）、麦丝玛拉（MaxMara）等 15 家奢侈品制造商合作，由制造商负责商品的设计和生产，已上线产品包括服装、鞋靴等 9 大品类百余款。未来将对现有品类进行迭代和丰富，集成智能全程链接与全球设计精英联合，开发商务精英着装配置。

（3）反向订购消灭库存

必要商城的 C2M 模式是以"消费者需求"为开端，由用户先下单，厂家再生产。通过反向订购的方式，工厂 ERP 平台接收订单，由工厂负责采购、生产、物流服务等全过程，由于是定制商品，这些商品经过交付周期 30～60 天后到达消费者手中，并由工厂完成售后服务。用互联网用户数据驱动生产制造，直连消费者与生产制造商，将所有的流通环节、库存全部打掉，下单才生产，保证零库存，最大程度降低产品成本。在必要现在的体系下，仓储、物流、售后都由制造商来解决，而 7%的订单分成，基本上已经能够覆盖必要团队的所有开销。通过反向订购的方式实现按需生产，解决制造商产能过剩和供需错位的问题，而且预付款的形式也让制造商的回款速度大大加快。

（4）必要短路经济模式

必要商城作为全球首个 C2M 电商平台，正在颠覆传统电商模式（见图 5－18）。必要商城通过 C2M 的"短路经济"模式，一头连着制造商，一头连着消费者，短路掉库存、物流、总销、分销等一切可以短路掉的环节，砍掉所有不必要的成本。必要个性化定制平台将制造商的设计样品以三维图形的形式展示出来，用户可以根据自己的偏好选择商品的颜色和款式，参与部分二次设计，并在网上下单，然后由工厂根据必要商城提供的用户购买需求和数量进行生产。必要商城通过 C2M 模式省略掉从制造商到用户过程中的库存、流通、经销、广告等多个加价环节，实现按需生产，降低库存成本和物流成本，以"消费者需求"为开端，由互联网用户数据驱动生产制造，通过短路经济模式让顾客与顶级设计师、顶级制造商两点直线连接，从而使消费者以最低的价格买到最高品质的产品，让供需两侧更加匹配。

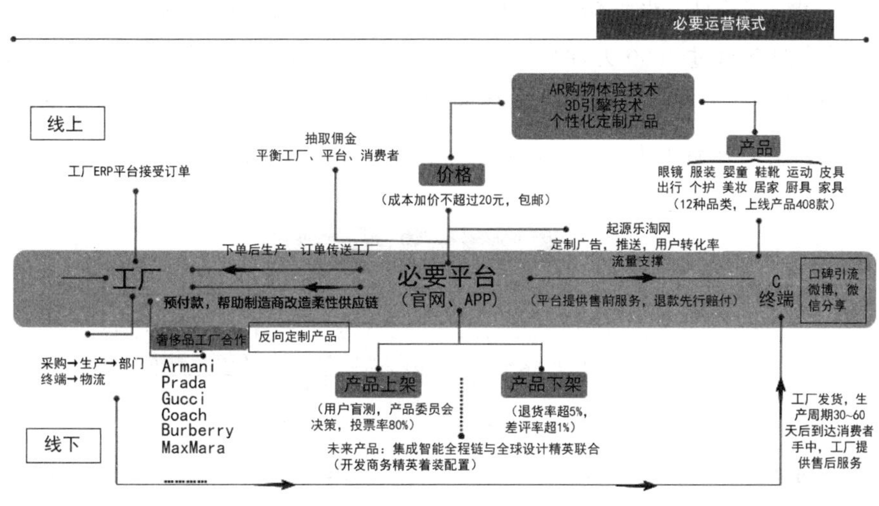

图 5－18　必要 C2M 商业模式

（5）必要品牌缺陷

顾客通过必要平台进行个性化定制下单，代工厂直接制造，按需生产减少中间环节，从而降低价格实现 C2M 商业模式。但必要也存在商业模式的短板问题。必要以预售模式为主，预售订单的归集以及制造商接到预售订单后的生产需要时间，导致产品从下单购买到送达消费者需要 15～30 天。需求生产时间过长，在流行反应方面使消费体验欠缺。在当前成熟电子商务的环境下，B2C 能够做到"次日送达"，必要平台就会存在劣势，在购物时效性体验上存在短板，从而形成需求生产长周期下的消费体验困局。必要商业模式的生产行为由 C 端消费者发起，这便导致订单的零散性和分布不均。由于 C2M 平台的订单量决定着制造商利益，但为保证平台的正常运营单开生产线，不能满足制造商的盈利目的。在缺乏固定流量和需求的情况下，碎片化的生产将给生产端造成较大的成本压力，分散订单和集中生产未能达到更好的平衡点。在自由市场的充分竞争下，必要平台没有提供附加价值，当产品彻底沦为工具和功能后，提供的只是产品的功能属性。

2. 网易严选

(1) 网易严选模式

网易严选是网易旗下原创生活类自营电商品牌，于2016年4月正式面世。其发展历程见图5-19，是国内首家ODM模式的电商，以"好的生活，没那么贵"为品牌理念。网易严选通过ODM模式与大牌制造商直连，剔除品牌溢价和中间环节，为国人甄选高品质、高性价比的天下优品。目前，网易严选的商品分居家、餐厨、配件、服装、洗护、母婴、原生态饮食等几大类目，未来会开发更多家具、玩具等，打造成全品类的生活类电商品牌。网易严选上线后，得到众多用户和业内人士的簇拥和肯定。截至2016年第三季度，网易严选拥有超过3000万注册用户，月流水6000万元。网易严选在2016年首次参加的"618"和"双11"大促中取得绝佳的成绩，其中"618"期间，流水翻了20倍。在"双11"期间，活动开启1小时后销量爆发，流水超平时100倍。

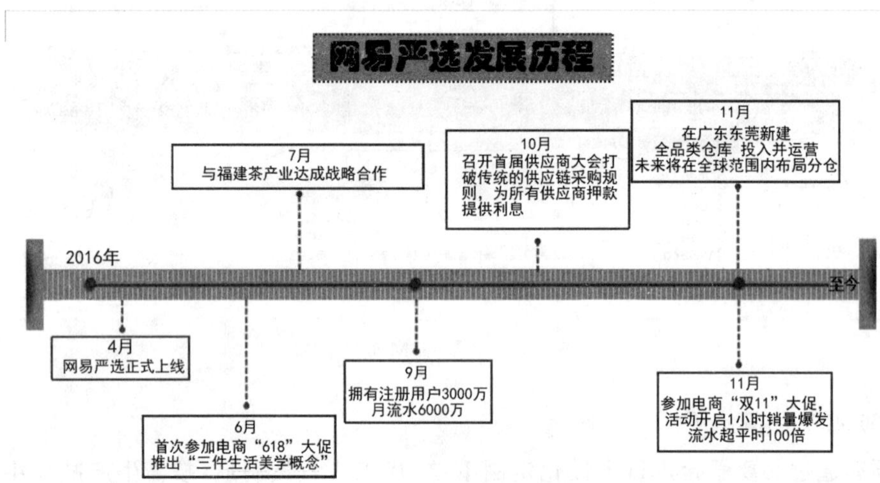

图5-19 网易严选发展历程

(2) 网易严选的平台优势

网易严选背靠网易做"重"电商：依靠网易这座强大靠山，现金流储备充足，目前市值整体超过220亿元；流量上背靠网易公司超8亿的庞大用户，2017年网易严选APP用户保有量达到150万。打开网易邮箱会发现，网易严选除了占据邮箱首页的广告位，还出现在邮件推送以及网页版邮箱的底部弹窗。网易严选在大数据、用户、流量上具备自己的优势，因而新用户获取的成本很低。除此之外，依靠网易旗下门户新闻、邮箱、在线教育、音乐、数字阅读、视频直播等诸多产品，网易严选具备丰厚的媒体资源和渠道推广能力。即便在最细节的信息透明化环节，它也可以做到与智能硬件网易青果的结合，让用户通过视频随时查看商品的生产过程。

(3) 直接连通用户和高端制造厂

网易严选试图打造极致用户体验，着力于极致的商品品质和劲爆的价格，目标是让消费者能将两者兼得，能以白菜价享受到优质商品带来的品质感。它用互联网短路所有零售中的成本，直接连接工厂和消费者，采用纵向价格系统，所有商品售价遵循“成本价＋增值税＋邮费”规则。同时，网易严选与来自世界知名品牌无印良品(MUJI)、膳魔师(THERMOS)、双立人(ZWILLING)等的制造商合作(见图 5－20)，采用同等的材料、做工，并根据成本定价消除品牌溢价，挤掉大量的广告公关成本，摒弃传统销售模式中因各级经销商、商场专柜等产生的费用，直接连通用户和高端制造厂，真正做到让高性价比的产品最终到达消费者手中。

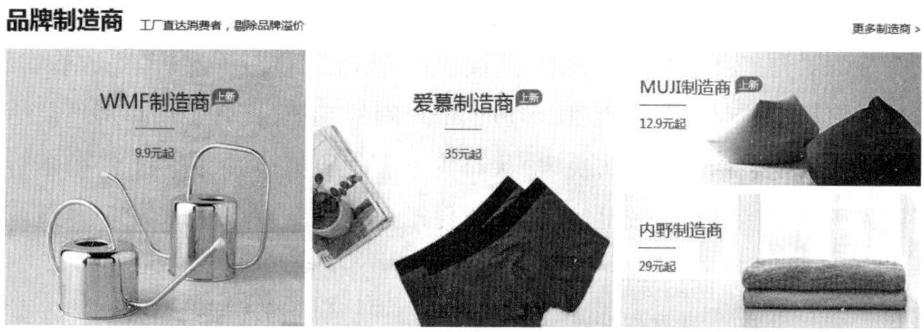

图 5－20　网易严选品牌制造商

(4) 自建甄选家团队

由于打掉了传统供应链中的品牌商与经销商环节，工厂自主生产的商品通常缺乏设计元素，种类也较为单一，很难满足用户的多样化个性化需求。网易严选通过与国际知名品牌合作，在产品中融入原创设计，为用户提供具有浓郁网易气质的好物。网易严选从源头入手选择商品的原材料和生产厂家专业团队改造商品，自建团队深入原材料的核心产地，对每道工序层层把关，从原料选择到设计、打样都与工厂保持密切沟通，这样才能从根本上保证产品质量(见图 5－21)。为加强用户参与度，网易严选自建甄选家团队——“甄选家”，这是伴随网易严选一路成长的用户深度参与选品的好物甄选计划，同时也是严选资深用户的官方“职位”。用户既可通过网易严选线上通道参与严选新品选品流程，提交样品试用报告分享中肯建议，也可以参与“甄选家”线下活动，与网易严选相关商品负责人面对面交流。2018 年，网易严选正式推出甄选家・工厂考察团，向用户近距离展示真实商品生产线，也让“甄选家”用户们有机会在更早的环节介入参与选品。

(5) 网易严选营销方式

与初上线相比，网易严选的品类扩张很快，但库存品类数量并不多。网易严选的营

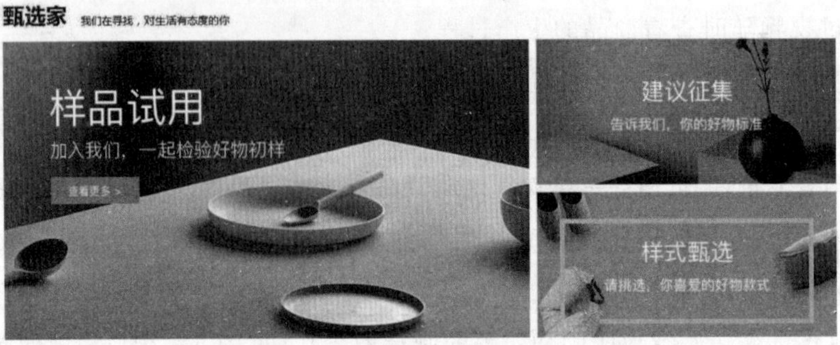

图 5－21　网易严选挑优质好物

销方式也一直是避开与电商巨头的竞争，打造“情怀电商”，运用场景式的展示方式，形象直接，给用户更多的购物参考。这种场景化的营销已经成为现有电商的趋势，同时构建线上的虚拟场景，让用户最直观感受到产品应用在场景中的具体作用和画面。用户向往的生活方式与产品应用产生共鸣，达成一致，从而为了追求这种美好的事物而产生购买欲。社区式交流引导购物栏目，增加了用户间的互动，提升了用户对产品的认知，通过用户评价影响到用户的购买决定，从而快速形成购买动作，让网上购物不再冰冷，提升了网站购物温度。与传统品牌相比，网易严选剔除品牌溢价，去除因各级经销商、商场专柜产生的中间环节，凭借优质的产品和亲民的价格满足大众的消费升级需求，利用口碑评价强化平台价值与购买认知，形成闭环。

（三）第三方 C2M 电商平台：凡匠定制

1. 发展历程

北京定质生活科技有限公司位于北京市海淀区，其发展历程见图 5－22。其旗下定制电商品牌“凡匠”，秉持“品位非凡，匠心独运”的经营理念，采用“网络营销＋个化定制＋工业 4.0 工厂店”的 C2M 模式，取代传统门店的经营方式。凡匠定制是一家用户直连制造商的电子商务平台，采用 C2M 模式实现用户到工厂的两点直线连接，去除所有中间流通环节，连接设计师、制造商，为用户提供顶级品质、平民价格、个性且专属的商品。

2015 年 3 月，凡匠建立线下直营店，与国际品牌面料商 MARZONI、CERRUTI 1881 达成战略合作。2016 年，凡匠开始布局线上定制平台，自主研发数据系统，将产品线向多品类产品拓展。同年 6 月，凡匠定制 APP 正式上线，以主打衬衫、西服定制的全品类定制平台进入公众视野，成为定制行业的又一实力竞争企业。从成立伊始发展至今，凡匠能够得到市场的积极反馈，与对产品品质的把关和对合作伙伴的精心选择紧密相关。凡匠以

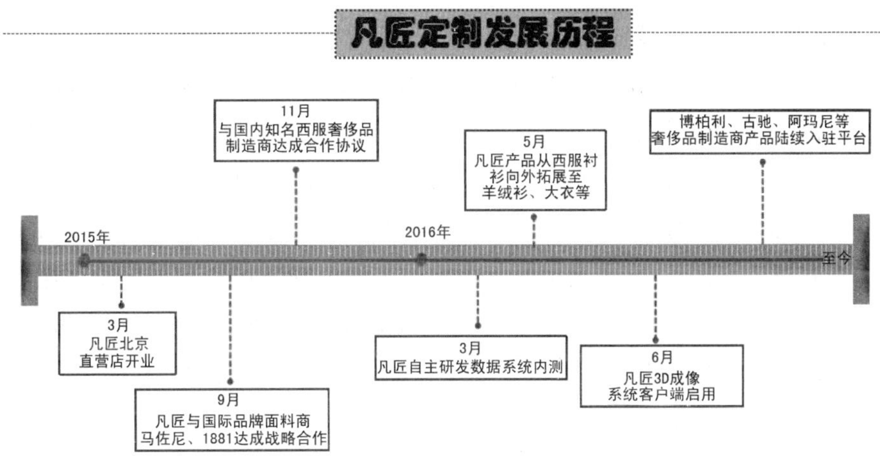

图 5-22 凡匠定制发展历程

精湛的工艺、细致的做工、精准的剪裁为一件艺术品级的西装保驾护航，为消费者提供优质品牌面料，保证服装的品质基础。

2. 凡匠个性化定制设计

凡匠定制提供的款式和工艺数据囊括了几乎全部的设计流行元素，多种款式、版型、工艺、尺寸模板，能满足超过百万种设计组合，覆盖 99.9%的个性化设计需求。凡匠通过个性化定制，释放消费者对服装的想象，摆脱标准化成衣生产的束缚，让消费者不再是生产什么穿什么，而是需要什么就能得到什么。为满足客户的个性化定制要求，凡匠定制提供将姓名字母绣于衬衫、衣领、前门襟等部分的服务，扣眼缝线撞色设计等可识别、时尚的身份化元素设计，这些都是成衣购买无法提供的定制内容。目前，消费者在凡匠定制平台中可以定制到高端时尚男装、女装，并且每一类型都能够细分到西装、大衣、衬衣、裤子和马甲五大品类，用户能够根据喜好自行设定领型、口袋、面料、里料和拼接，真正做到满足不同类型消费者的个性化需求。

3. 量体师上门量体

顾客登陆凡匠官网，便可预约量体师进行上门量体。凡匠量体师均经严格培训和考核，上门量体时携带面料册和专业的测量工具，由客户亲自查看面料款式品质，设计出符合自身喜好的细节，而量体师也会结合消费者生活习惯和使用场景、身体特征给出服装搭配建议。上门量体的方式不仅能够满足现代消费者对尊贵服务体验的追求，让用户最大限度地参与产品设计，将想法变现，增加产品对消费者的精神附加值，而且能提供面料自选、量体服务，可避免色差、尺码不合适等问题。目前，凡匠定制客户对第一次成衣的满意度能够达到 95%，通过售后服务能够获得基本满意的购物体验。

4. 凡匠供应链

凡匠定制不断更新国际高端品牌面料供应商数据库，将最新研发的高端面料引进国内市场，并与阿玛尼、CERRUTI 1881 等国际奢侈品制造商合作，长期与红领、恒龙建立战略合作伙伴关系。随着定制市场扩大和产品的热销，凡匠将单品扩展到诗阁制造商的衬衫、雨果博斯(Hugo Boss)制造商的大衣、博柏利制造商的羊绒衫等，提供知名品牌制造商的全品类产品。制造商根据用户的身材尺寸，进行一人一版的自动裁剪缝合，实现真正的量体裁衣，满足个性化需求。凡匠定制使用户和工厂建立连接，缩短供应链。通过工业 4.0 柔性供应链，工厂接收数据后，生成纸样，自动裁床，把面料按照信息要求裁出裁片，使用电子标签记录服装信息，实现个性化定制的规模化生产。

5. 凡匠城市运营商制度

凡匠以衬衫、西服定制为基础业务。衬衫作为四季高频消费单品帮助获取用户基数，获得稳定营业额。西服作为高定制需求单品，能够扩大中高端消费群体，在用户中发挥领袖舆论引导作用，以一带十提升销量。这一立体化产品架构对消费者形成多层次覆盖，从而保证城市运营商业绩。凡匠定制在北京、上海、广州、深圳等直辖市和一线省会城市开设直营店，其他区域施行城市运营制度。一名城市运营经理、两名量体师即可启动区域拓展经营，采用无需店面高昂租金、商场货架费用、仓库存储费用等运营成本的轻运作模式，让运营商加入即有盈利收入。同时，公司为运营商提供品牌、全供应链资源、人员量体专业知识、销售知识培训等支持。

6. 凡匠定制 C2M 商业模式

凡匠定制全品类个性定制，产销一体化的 C2M 商业模式，将信息化与工业化深度融合，实现了流程再造、组织再造、自动化改造，形成完整的物联网体系；将个性化定制的设计成本减少 90%，生产周期缩短 50%，摒除一切能够想到的中间环节，实现从消费者到工厂的透明连接，最大限度让利于消费者；利用"直营＋城市运营商"模式，以全新的服务式消费服务市场，提升产品价值，为消费者带来优质低价的个性化消费产品。

四、C2M 时尚商业模式重构

个性化定制的市场需求越来越大，消费者话语权也越来越重，这也使得服装品牌线上交易模式从最初的 B2B、B2C 到 C2C，发展到现如今的 C2B、C2M 顾客驱动型商业模式(见图 5－23)。随着"互联网＋"时代日益增长的个性化需求，开始出现 C2B 及 C2M 商业模式，通过网络平台发起定购、团购、预约、预售，主要通过预约购买，按需生产，工厂直连消费者，砍掉流通加价环节，去中间化，消费者以最低的价格买到高品质、可定制的产品。对于"C2B＋C2M"的商业组合方式，可以利用 C2B 平台引流能力，将订单聚集

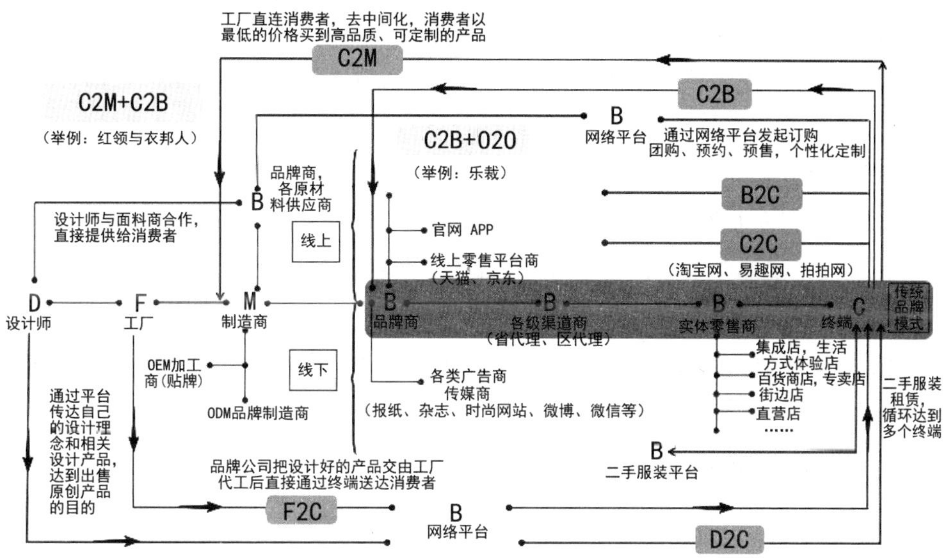

图 5－23　市场格局

起来，再将订单发送给 C2M 工厂进行生产，最终到达消费者的手中，接连打通 C 端、B 端和 M 端。C2M 完全由需求驱动制造，是制造商直接满足需求的商业逻辑。制造企业不再依靠中间商、代理商和渠道商主导销售，而是直接供给，实现消费者的个性化需求。C2M 商业模式在现今的大趋势市场格局中愈演愈烈，它将成为下一个风口。

1. 去除中间环节，缩短产业生态链

C2M 建立了用户和制造厂商的直接连接，用户通过互联网平台提交个性化产品需求，最终的产品依照用户的需求生产。C2M 模式去除了除消费者和制造商之外的一切中间环节，这种端对端的销售去除了中间流通及加价过程，大大缩短产业生态链，降低成本且提高效率。另外，C2M 模式即用户先下单、制造商再生产的模式，因此制造商根据销量决定产量，基本实现零库存，在方便顾客又不增加顾客成本的同时大大降低了生产商的运营成本。推进 C2M 模式变革最大的优势是有利于解决产能过剩的困扰，为供给侧结构性改革注入新鲜血液，去库存，以量定产，按需生产，使得产能不再浪费。

2. 增加移动互联入口，满足个性化需求

C2M 模式建起了消费者和制造商的桥梁，使得移动互联入口逐渐向碎片化、多元化、个性化发展。国内综合经济实力的提升直接催生了中产阶级的崛起。目前中产阶级是消费的主流人群，消费特点在于"我想要"而不是"我需要"。供给型生产越来越不能满足个体性的"想要"，所以 C2M 模式为个性化私人定制开辟了新的消费路径，让消费者享受消费的过程和参与制造的乐趣，未来必将成为倍受欢迎的消费体验。

3. 以大数据分析为核心，运营高度智能化

在"互联网＋"时代，大数据、云计算已成为消费类企业关注的焦点。支撑 C2M 模式发展的正是以用户需求为核心的数据分析，其关键在于数据的来源以及对数据的加工能力。在用户积极参与的定制过程中，企业可以准确记录、全面分析用户的行为以及需求，通过大数据的挖掘分析、精准营销进行推广，获得指导性的意见来安排生产，在流程中实现数据化、智能化，提升生产效率。

4. C2M 平台商业模式重构与升级

新的电商模式催生了新的电商平台。C2M 电商平台存在的价值在于连接需求和生产两端，将消费需求和生产流水线连接起来(见图 5-24)。消费者可以在官网 APP 预约量体，自主选择门店量体或者在 APP 上自主设计，利用 3D 模拟技术满足自身的个性化需求。门店或线上 APP 将数据上传至平台，平台传送至工厂，工厂接收订单信息，利用大数据智能化系统开始一人一版、一衣一款的加工生产。这种工厂直连消费者的方式，完成消费者需求驱动价值链运作，实现供应链大规模协作，柔性化生产运作，最大限度地砍掉了中间环节，商品的售价变低，制造商的利润变高，从生产到销售的周期变短，效率提高。

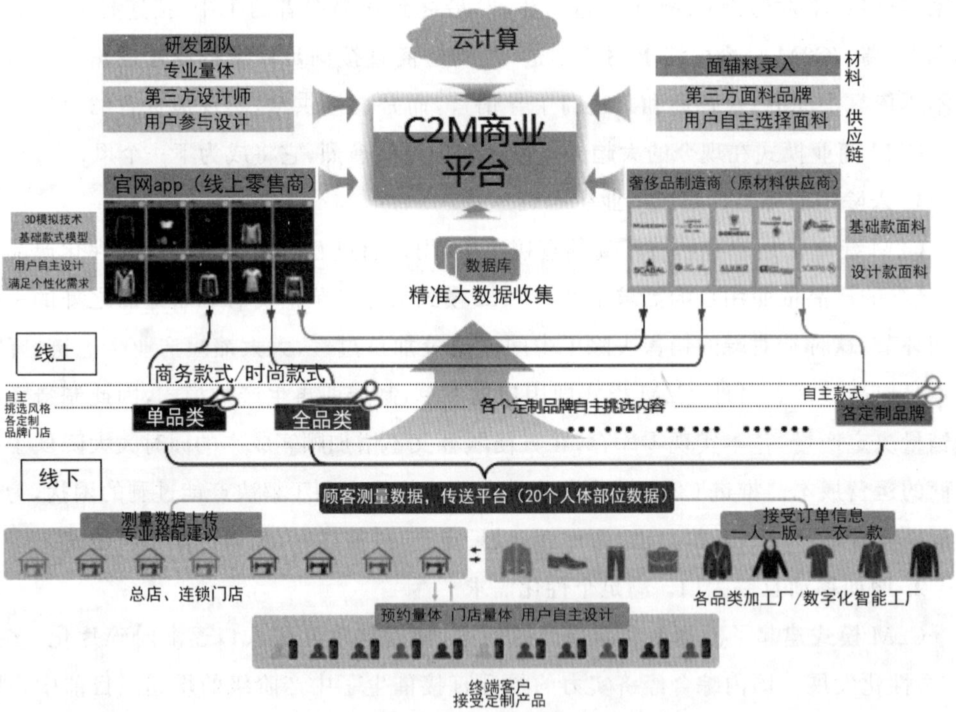

图 5-24 C2M 平台商业模式重构与升级

在供应链方面，与奢侈品制造商合作，为消费者整合优质制造商，推荐高品质产品，满足定制需求。C2M 商业平台再将面辅料信息及时录入，通过云计算，进行精准数据库收集。C2M 商业平台还应加快款式设计的研发速度，可以通过研发团队、第三方设计以及用户参与设计的方式扩充产品品类，顺应潮流的发展，满足消费者日新月异的个性化需求。因此,C2M电商平台要打造精益生产运行管理平台,统筹制造商、线上线下渠道、大数据的收集、产品研发速度,满足消费者的个性化定制需求;打造便利的定制服务、全程可视化服务以及线上线下一体化服务,利用电商平台流量和数据优势,提升客单价、复购率。

五、C2M商业模式的建议与启示

(一)C2M商业模式的市场建议

第一,C2M可以构建自身的供应链系统,整合制造商资源,建立自身的私有品牌(private labeł),打造C2M的买手(设计师)队伍,买手(设计师)直接与制造商M端进行沟通,使C2M平台成为一体化优质制造商集合。

第二,中国式"ZARA+C2M",改变了必要平台物流周期长、反应速度慢、服务体验差、售前售中售后服务无法保障的模式。因此,如果能够实现ZARA的快速反应机制,C2M仍旧值得期待。

第三,C2M模式取代不了现有电商的主流模式,但可以作为B2C和C2C的补充,在细分垂直领域有所作为,就如蘑菇街、美丽说与淘宝、京东共存一样。

第四,C2M可以定位到合适的人群中去。要么只做一、二线城市的高端市场,强调品质,寻求奢侈品代工厂的资源整合;要么只给三、四线城市消费者提供设计感强而价格合理的产品,强调速度与时尚,寻求快速反应的小型工厂、设计师工作室(studio)、OEM/ODM工厂。

第五,"C2M+O2O"模式,不仅让消费者通过参与创意设计实现C端与M端的连接,而且能够通过线下实体店进行体验,解决单一的C2M模式无法体验的问题。

(二)C2M商业模式的评价要素

C2M模式的新颖性和颠覆性,引来众多参与者的涌入,既有互联网企业的强势进入,也有传统行业领导企业的华丽转身。但消费者C端的需求千变万化,而大多数制造商M端能提供的产品却是单一的,不可能完全满足C端的全部需求,那么基于C端多元化需求的C2M整合平台也就成了唯一可行的方案。现实也已经证明了C2M平台为大多数制造商M端提供了连接的渠道,如网易严选和必要。那么评价C2M第三方平台商业模式主要也就看它C端的引流能力、M端的资源整合能力和连接过程中的服务能力。

第一,传统制造型企业转型C2M。传统制造业在产品的设计、生产制造、技术研发、品质控制等方面有坚实的基础和资源,通过嫁接互联网和工业4.0实现数字化驱动的全供应链生产能力,实现大规模个性化生产。缺陷是传统制造企业缺乏先天互联网基因,除了要进行数字化工厂改造之外,还需要有连接C端进行引流的能力。典型的案例如报喜鸟、红领和红蜻蜓。

第二,第三方平台跨界C2M生态链。第三方电商平台利用先前积累的庞大用户数据,跨界传统制造商或品牌商M端,实现连接C端和M端的需求,对于缺乏互联网引流的制造商而言,是个流量入口。2017年天猫和京东分别与威克多、埃沃等品牌跨界定制即是典型例子,而网易严选则是国内首个ODM模式电商品牌。

第三,整合平台或IT公司提供一体化C2M解决方案。信息技术公司先天具有互联网沟通引流能力,在C2M平台技术架构上具有优势,能够与传统制造企业M端进行很好的衔接,协助传统制造企业借平台出海。必要平台的创始人是百度的元老,主打的是全球首家C2M电子商务平台。先天具有这种基因,不管平台最后是否能够开花结果,但在与传统制造企业对接整合上迈出了可喜的一步。不过,采用C2M模式的必要平台还需要进一步改良。

(三)C2M商业模式的思考

第一,C2M没有取消所有环节,并未直接面对消费者。对于制造商M端,要能够连接C端,M端不仅要具备柔性化生产供应链的能力,而且还要具有互联网基因连接消费者的能力,与C2M整个链条的消费者进行互动沟通。这对于当下的中国制造业而言,基本无法做到。制造商把绝大多数能力和资金都放在生产上,重点是提高品质,加快交货,压缩成本,提高利润,在品牌建设方面做得比较少,或者说几乎没有。在中国,自带互联网基因的制造商确实很少。因此,现在谈到的C2M模式其实都是C2P2M,其中P是指platform(平台)或B端,这个角色基本由第三方平台如必要或网易严选所承担,真正意义上的C2M并不存在。

第二,C2M的普遍性观点是去掉中间所有环节,没有经销商,没有零售商,也没有品牌商,商品的价格会降低,而事实上这个结论并不正确。在生产效率和生产要素保持一定的前提下,制定价格的策略取决于市场的自由竞争。当需求大于供给的时候,制造商M端不可能只加一点点利润,肯定会提高利润,实现价格均衡,直至供需之间达到平衡。只有当供给大于需求的时候,制造商M端才会通过成本加基本利润甚至使用短期补贴的方式来促进消费需求、培育消费习惯。C2M取消掉所有中间环节,价格仍旧未必最优。价格取决于自由市场供需双方的竞争,特别是在一家独大或垄断整个市场的情况下,趋利是资本的天性。

第三,必要平台通过国际品牌代工厂来进行品质背书,显示必要平台的运动鞋、眼镜等除了没有国际品牌logo(商标)外,品质和大牌商品都是一样的。而事实上,同一个工厂生产出来的产品品质一定是一样的吗?传统渠道的商品品质通过品牌来担保,品牌肩负着质量、信誉、售后、服务等保证,而C2M平台又如何保证商品质量呢?通过国际品牌代工厂来担保或者背书,那么这个国际品牌代工厂能负多大的责任?退一步讲,如果这个产品有非常严重的缺陷,在C2M平台谁能为消费者负责?在传统的零售渠道中权力(power)最大的是品牌,品牌驱动整个商业链条,消费者识别的也是品牌。而C2M则要取消原先链条中权力最大的品牌商,替代者其实就是第三方平台。第三方不是品牌,而是平台,在C2M整个链条中,平台的权力最大。因此,当消费出现真正问题的时候,平台难辞其咎。

第四,传统零售渠道中产品的售价等于成本价加服务价。正常的产品提供给顾客的价值包括功能性(fuctional)价值、社会性(social)价值、情感性(emotional)价值、认知(epistemic)价值和条件(conditional)价值。C2M平台没有提供附加价值,除了出售产品,其他人性化的、与人沟通的服务等几乎没有。当产品彻底沦为工具和功能后,人的属性方面的东西就得不到开发,这就导致C2M提供的产品仅仅是产品的功能属性。在C2M平台中,制造商M端仅仅提供了功能性价值,将价格压到最低。没有品牌、没有服务,价格低也是理所当然。在中国,很多消费者要的是"logo式消费",没有体验,没有门店服务,更没有象征性价格,价格便宜也实属正常。但在商品过度供给且供给远大于需求的今天,制造商仅仅提供功能价值,而没有服务价值、体验价值和象征性价值,产品无法热销也不难理解。

第五,消费需求有极强的即兴化特征,属于即时需求,对时效性有较高的要求,更何况很多消费属于冲动型消费,消费价值仅在有限时间内保值和引发良好消费体验。但C2M模式以预售模式为主,送达消费者手中的战线拉得很长,通常需要15~30天,导致之前喜欢的东西送到时消费者已经不喜欢了。这在服装领域体现得会更加明显,因为时尚流行有周期性和季节性,过长的周期削弱了消费体验。如果能够成功实现C2M,需要在C端实施快速反应,那么对于设计工作室、小型加工厂或者具有柔性生产供应链的制造商来说会比较理想。

第六,在碎片化时代,由于长尾效应,消费者通过各种社交媒体和平台建立自身的社交关系网络,将原先规模巨大但相互割裂、分散的消费需求整合在一起,以整体、规律、可操作的形式将需求提供给供应商,从而将"零售"转化为"集采"。这样能够大幅度提高工厂的生产效率和资产、资金周转速度，价格因而又有了一个巨大的下调空间。但是C2M模式由C端消费者发起，致使出现订单分散、不连续、有差异和分布不均等问题，对于制造商M端而言，食之无味，弃之可惜——如果单纯为了C2M平台进行采购和生产，基本都是亏损的。就当下而言，C2M提供的订单对于制造商而言仅仅是在大规模生产之外的一个补充渠道。

多层次商务休闲男装“C2B+O2O”定制模式

第六章

一、C2B 模式相关研究

(一) C2B 概念界定

C2B 即 customer to business(消费者对品牌商/企业),是互联网新经济时代的商业模式,围绕个性化的消费需求,为消费者提供一种个性化定制服务的商业模式。C2B 模式于 2006 年由美国学者罗斯·穆勒(Ross Muller)第一次提出。在中国,马云于 2008 年首次提出 C2B 商业模式,认为其是改变了生产者与消费者之间的关系,与供需模式相反的一种侧重消费者贡献价值和企业消费价值的模式。C2B 模式以消费者需求为导向,企业和品牌商根据消费需求生产,消费者可参与到产品设计和生产过程中,促使生产往定制化方向发展。根据所处的地位及对 C2B 模式了解的深度和参与程度的不同,一些学者对 C2B 模式概念进行了如下界定(见表 6-1)。

表 6-1　C2B 模式相关研究

年份	学者	相关研究
2010	曾　鸣	C2B 以个性化营销、柔性化生产、社会化物流为支柱搭建而成,是由消费者驱动而不是由企业驱动的全新商业模式
2013	牛禄青	C2B 是电子商务模式的一种,即消费者对企业,是以消费者为核心,先有需求后有生产,由消费者驱动,而不是生产企业
2013	戴国良	C2B 模式分为狭义和广义两种概念,狭义 C2B 为先有消费者提出需求(要约)而后有企业生产,消费者拥有先发权和主导权;广义 C2B 为消费者通过互联网等电子手段,通过影响、参与或主导产品的设计、生产、定价、交付等来实现个性需求
2015	关伟伟	电子商务模式是通过互联网和云计算平台聚合庞大的消费者需求,特别是传统模式中比较小众的需求,通过互联网被聚集起来的具有同样偏好的消费者将形成一个庞大的采购集团,直接面对厂家进行议价,同时厂家也在精准预测需求的基础上形成个性化营销、柔性化生产、社会化流通、供应链重构的互联网化精益生产商业模式
2015	游五洋	C2B 以消费者为源头,由其定义价值,拉动产品设计、生产、社会化供应链和配送体系,完成不同程度和形式上以客户定制为动力源的整个价值产生过程
2016	闫庆友	C2B 模式主要强调以消费者为中心,充分利用互联网、计算机等将分散的消费者聚合在一起,促进商品生产企业按照消费者的消费需求进行商品的设计和生产

（二）C2B 模式的特征

20 世纪 70 年代大规模、流水线的生产模式，已无法满足消费者的个性化需求，成品库存、牛鞭效应、过度营销让这一生产模式疲态尽显。20 世纪 90 年代，供需失衡进一步加剧，企业开始探索以顾客需求为导向的定制模式，进行以模块化设计、专业化分工和柔性制造技术为支持的大规模定制。近年来，随着移动互联网的深度应用，消费需求日趋个性化差异化，基于个性化需求的产销双方达成新一轮平衡，C2B 个性化定制模式逐渐形成。大规模生产模式、大规模定制模式以及 C2B 个性化定制模式的对比见表 6－2。

表 6－2　三类商业模式比较

比较内容	大规模生产	大规模定制	C2B 个性化定制
起始时间	20 世纪 70 年代后	20 世纪 90 年代	21 世纪初
市场环境	供不应求	供大于求	个性化需求
市场形态	均质化的统一市场	碎片化的细分市场	市场即对话
代表性商业设施	公用电厂	通信网络、现代物流等	云计算中心
价值载体	企业提供产品	企业提供产品和服务	企业与消费者共创价值
角色演变	消费者处于被动状态	消费者可参与部分设计生产	消费者深度参与全产业链
产消格局	推动式：同一产品	拉动式：以同一产品为主	互动式：消费需求驱动
供应链形态	线性供应链	价值网属性的供应链	大规模协作在线平台
竞争优势	成本与质量、大规模流水线生产模式	成本与质量、微弱的柔性化生产	个性化消费体验、柔性化生产
经济实质	大批量规模经济	规模经济基础上的范围经济	多品种、小批量、快翻新

C2B 模式的特征主要表现在以下几个方面：消费需求驱动、基于云计算中心、企业与消费者共创价值、大规模协作在线平台、个性化柔性化生产、社会化物流、服务专业规范和具备全产业链。该模式旨在满足消费者个性化需求的同时，减少各环节损耗及库存，降低成本让利消费者。

二、商务休闲男装转型定制需求

（一）供给端：生产规模化瓶颈得到突破

难以规模化、生产成本高、制造周期长制约着男装定制行业的发展。以互联网为代表的数字技术正加速与经济社会各领域深度融合，移动服务、精准营销、个性化定制及线上线下一体化激发了新的消费需求。“大数据＋智能制造”帮助突破量体、制版等关键环节，柔性供应链实现男装定制的批量化生产，降低制造成本、缩短定制周期，技术端的进步使按需定制，顾客参与体验得以快速发展。自服装行业陷入调整期，“高库存＋高倍率（高价格）”成为行业两大痛点，服装定制可有效解决该痛点，催生品牌商布局定制业务。此外，电商对服装行业及终端零售渠道造成了冲击，不仅优化了产业链的中间渠道环节，也改变了消费者的消费习惯，触动传统服装行业进行“互联网＋”转型升级。基于互联网思维，采用按需定制的 C2B 和 C2M 运作模式迅速崛起，先下单后生产，提高资源配置效率，节省流通成本，降低库存风险，提升产品性价比。

（二）需求端：定制服装迎来需求拐点

互联网的发展促使消费需求正在重构，以消费者为中心的个性化定制服务成为传统男装企业转型的主要方向。第一，上层中产阶级与富裕阶层消费者以及网络购物崛起，消费升级势不可挡。上层中产所级及富裕阶层的人均收入、主流消费群体、生活方式、购物渠道等都在发生着深刻的变化。据相关调查结果预测，2020 年中国上层中产所级及富裕阶层网络购物规模将达到约 1.6 万亿美元，未来 42％的私人消费增长将来自于网络消费，消费者对高端产品和服务的需求将激增，服装定制作为个性化的高端消费将倍受欢迎（见图 6－1）。

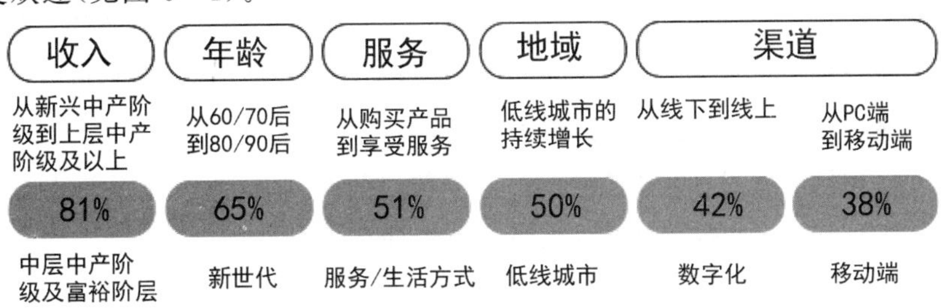

图 6－1　对 2020 年私人消费增量的贡献比例预测

第二,《中国互联网第40次网络发展状况统计报告》显示,截至2017年6月,我国10~39岁网民占整体的72.1%,其中20~29岁、30~39岁年龄段的网民占比分别达29.7%、23%,2020年消费占比将达53%。而男装品类中衬衫的用户群最年轻,18岁以下的占比达17%,24岁以下的占65%,25岁以下的年轻用户更注重场合的正式性,同时不失对青春流行的追求,衬衫和西服是其热衷的选择。而棉服和休闲裤的用户则相反,年龄偏大,25岁以上的用户占比均超过65%。因此,25岁成为一个分界线,25岁前后的用户在品类品牌选择上差异较大(见图6-2)。80、90后网络消费者迅速崛起,对服装要求时尚化个性化,对定制服装的需求更为强烈。

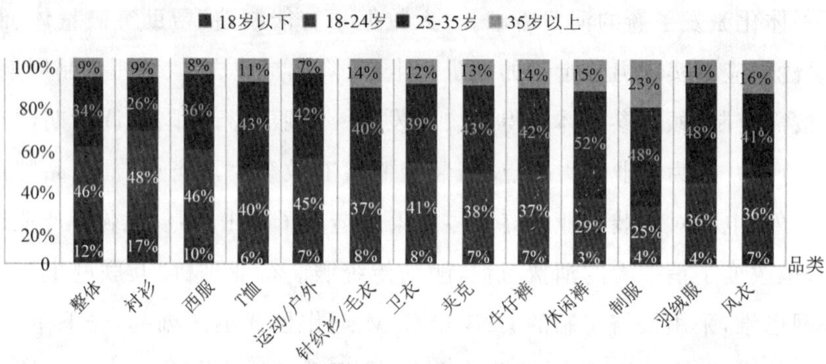

图6-2 男装消费品类按不同年龄层分布情况

第三,消费偏好转变,新领域及细分领域需求凸显。新消费时代侧重顾客精神层面需求,时尚化个性化需求凸显,细分领域和体验式消费领域将迎来结构性消费需求较好增长。消费由产品和服务驱动,长尾利基市场迅速崛起,细分的小众的品牌短期爆发性成长成为常态。新消费时代消费诉求由追求品牌向个性化、体验式消费转变,消费者更多地关注服装的合体性和差异性,尤其希望在尺寸、款式、面料、色彩等各方面都表现出个性化特点,服装定制有望成为下一个性价比消费爆点。由于工业规模化生产、库存压力小以及渠道费用低等等,定制服装具有较高的性价比,符合中产阶级追求上档次的生活方式且又较为精明的特点。

第四,根据中国肥胖问题工作组(Working Group on Obesity in China,WGOC)标准,1911—2011年中国成人总体肥胖率由3.75%上升到了11.30%。其中,男性肥胖率变化相较于女性更加明显,由2.88%上升到了11.80%。2016年英国《柳叶刀》医学杂志调查报告显示,全球成人肥胖人数越来越多,中国成为全球肥胖人口最多的国家。而中国肥胖人口比例的上升,使得肥胖人口对于能满足其身材特征的款式品牌的热衷度越来越高,推出相关产品的定制服务也得以快速增长。

（三）男装定制更易产业化

互联网时代，男装的消费群体更愿意为高品质、个性化、差异化的产品和服务付费。以消费者为中心的男装产业供给体系正在形成，将产业上下游与消费者联系起来，消费者对面料、款式、工艺、细节等个性化需求的不断增加，催生服装品牌定制业务，既满足消费者对时尚和品质的追求，又解决低端无质量保证、高端价格昂贵、服装不合身、定制周期长、消费意识低、市场不透明、服务体验差等消费痛点，实现真正高性价比。相比女装定制更要求个性化、时尚化，尤其是女性胸衣的测量和制作难度极高，男装定制的量体裁衣、C2B个性化定制，更容易解决男装关键的细节处与男性身材和动作之间的贴合问题。在款式品类的选择上以西装和衬衫为主，较女装少很多，男装个性化定制更易产业化（见图6－3）。

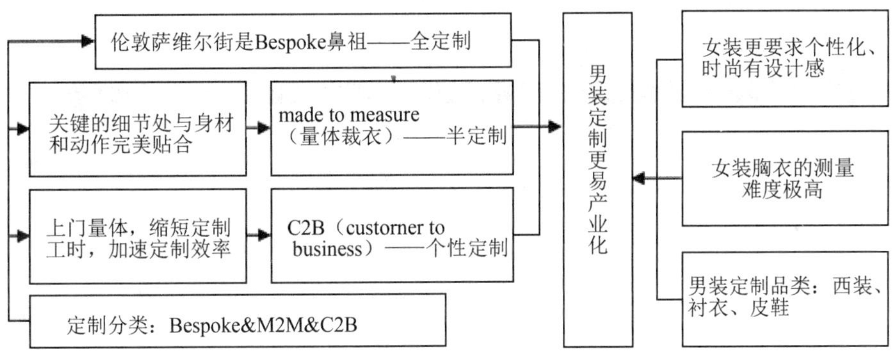

图6－3　男装定制更易产业化

三、多层次商务休闲男装“C2B＋O2O”定制

（一）基于价值链延伸的中高端商务男装C2B定制

1. 中高端商务男装定制品牌分布

男装定制源于伦敦萨维尔街。自国际顶级男装在中国布局定制业务后，国内中高端商务男装开始涉足定制市场，推出自身的定制子品牌或定制业务。以高级定制为代表的中高端商务男装，其特点是一对一的私人管家式服务，其唯一性使服装承载独特的文化和内涵，其不可替代性使其成为区别于机器生产的纯手工制作，体现精致与舒适，且每件定制服装都是独一无二的，不可复制，力求完美，精益求精。而国内服装定制品

牌多源于品牌上延，基于价值链延伸的中高端商务男装推出个性化定制业务，寻求品牌转型升级新路径，以满足近年来消费升级和需求个性化的发展趋势。定制市场需求逐渐增大，中高端商务男装基于价值链延伸定制业务或推出定制子品牌，顺应市场需求以提升品牌价值，如沙驰（SATCHI）、威可多（VICUTU）、卡尔丹顿（KALTENDIN）、博斯绅威（BOSSsunwen）等品牌（见图 6-4）。其定位合理的价格让消费者享受到接近高级定制的服务，拥有轻奢侈品式的定制服装。相对于高端男装品牌原先的产品系列，定制化能令顾客满意度最大化，成为中高端商务休闲男装寻求可持续发展的一种新途径。

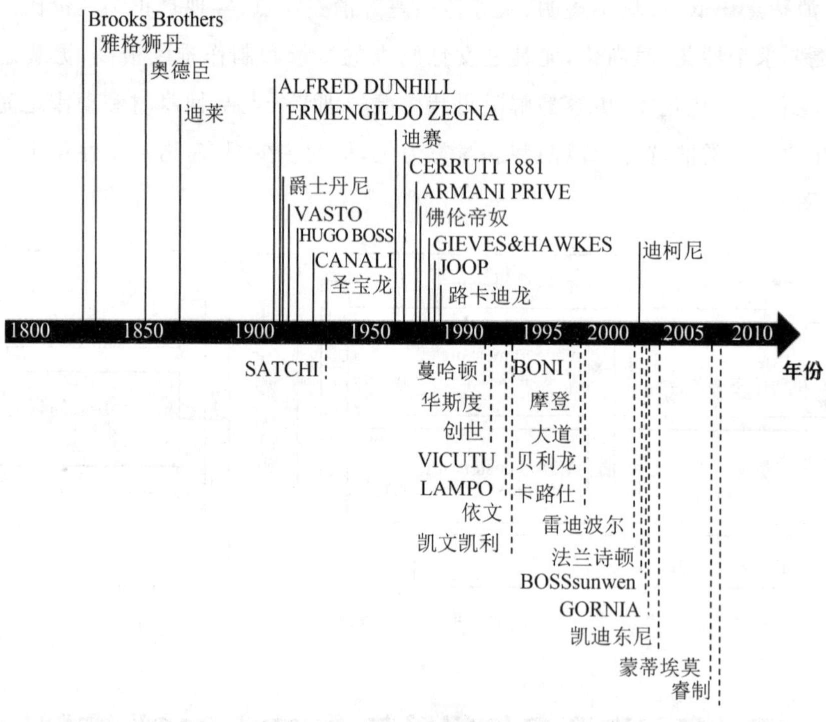

图 6-4　中高端商务男装品牌分布

2. 博斯绅威 C2B 高级成衣定制模式分析

（1）博斯绅威品牌模式

博斯绅威（BOSSsunwen）成立于 2002 年，拥有丰富的全球化采购及供应链系统整合经验，定位于 25～55 岁持“优雅舒适、自然从容”生活理念的白领男士，主营中高端商务男士服饰、高级定制、精品配饰研发与销售服务，涵盖西装、西裤、衬衫、夹克、T 恤、休闲裤、鞋包等全线品类，分经典商务、商务旅行和假日休闲三大系列。品牌设计灵感来源于英国埃文郡地区，有着深厚而丰富的文化积淀，是国内中高端商务男装行业率先走向国际化的企业之一。基于不断为客户创造价值的品牌理念，博斯绅威与意大利面料商 CERRUTI 1881 合作，推出高级定制服务，并在稳定现有商务男装多个系列核心业务的同时，实施多品牌架构。其成衣定制中心于2011年成立，提供成衣定制、成衣修改和个性化量身定制服务，制作消费者独享的服装。此外，延伸拓展箱包跟鞋业两大子品牌，同时定位上延，打造时尚高端女装品牌，拓展与让·路易·雪莱合作的高级定制业务，实现多元化多层次的定制服务(见图6-5)。

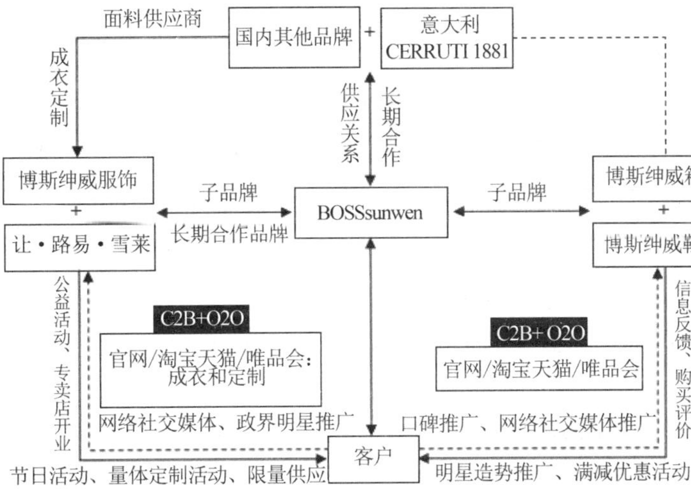

图6-5　博斯绅威品牌构建模式

(2) 博斯绅威定制特色

博斯绅威定制纵向分为量体定制系列、限量系列、白金系列，以西服、衬衫、礼服个性化定制为主，满足不同级别顾客需求，提升品牌形象。横向以配饰、团购定制为主，另有衬衫、polo衫等单品类定制，在扩大产品销售业绩的同时丰富了企业单位基础资料数据库(见图6-6)。

图6-6　博斯绅威多元化定制

在设计开发流程方面，博斯绅威拓展高品质面料供应渠道，与CERRUTI 1881、READ等国际知名面料商合作；在品牌推广方面，利用各种传播机制，多种手段整合传播，包括品牌事件性传播、跨界营销、明星造势、网络推广、举办展览、赞助赛事等；在品牌销售方面，以直营为主，代理和加盟为辅助手段；业态模式以百货商店、购物综合体为主，开设形象店，并设立时尚会所。

在 VIP 维护方面，博斯绅威会所提供顾客形象指导、个性化会员服务，采用会员制，按消费金额制定会员级别（银卡、金卡、钻石卡），针对不同级别提供不同附加服务，并定期举办 VIP 酒会；会所定位时尚奢华，提供顾客形象顾问、心理顾问、吧台休息区甚至艺术课程培训等，更是提供一种优雅的生活方式；提供给顾客一系列人性化的特别服务，例如在服装配件上绣图案、刻字等。

（3）博斯绅威 C2B 定制

博斯绅威定制提供给客户选择的面料有上百种，价格定位在 3600～12000 元，交期为 4～5 周，品牌的终端卖场陈列设计时尚、讲究。在博斯绅威整个定制环节中，首先，需提前预约设计师或者私人顾问；其次，设计师通过与顾客沟通，了解顾客内心的真正需求，为顾客推荐适合的款式与面料供参考选取；第三，博斯绅威定制的量体方式是通过专门号型的样衣来套号，根据顾客体型和穿着舒适度需求增减服装的尺寸，以达到最满意的穿着体验；最后，根据定制需求的不同，博斯绅威定制流程可分为以下几个步骤——预约量体、甄选材料、试穿样衣、制版裁剪、成衣压烫、质量检验、物流配送，让顾客享受接近高端定制的轻奢侈品式定制服务体验（见图 6－7）。

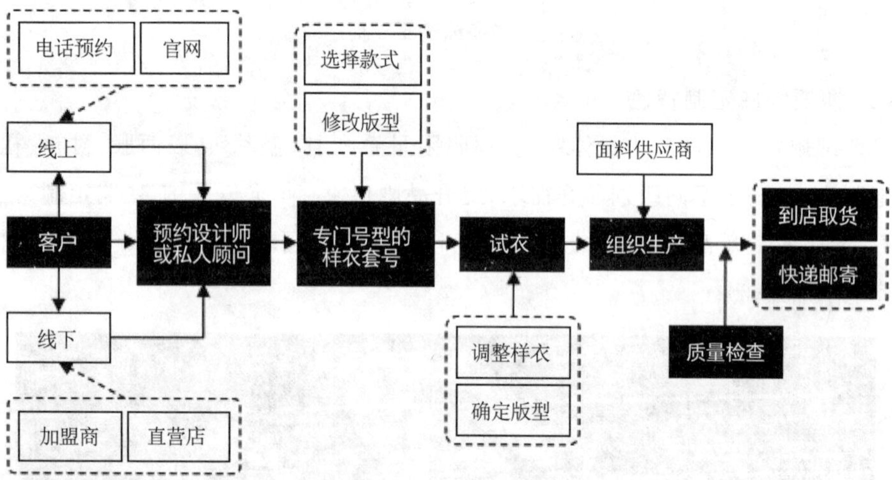

图 6－7　博斯绅威 C2B 定制模式

3. 中高端商务男装延伸 C2B 定制模式构建

（1）模式构建

上文研究的博斯绅威定制模式仅仅是中高端商务男装 C2B 定制的一个特例。而落地到一般性中高端商务男装转型 C2B 定制，在博斯绅威延伸定制的基础上还需完善以下内容：第一，随着移动互联网的高速发展，线上消费人群激增，因此线上渠道的建设必不可少，除终端店铺和电话预约外，还需增设移动端 APP、淘宝天猫、微信平台、入驻定制平台等方式；第二，关注转型定制中的一个重要因素——量体，传统的老裁缝形式的量体方式需更加精进，可增加 3D 量体技术或建立专门的数字化量体师团队，确保客户下单后第一时间提供量体服务，满足现阶段顾客体型方面的特殊需求，并规范量体方式与量体数据信息的录入；第三，定制过程中需要减少试衣环节带来的无偿损耗，增加与消费者的互动交流，以此增强消费体验；第四，在博斯绅威定制一套西装需要 4～5 周，相当于服装要 30～45 天才能送达消费者手中，在时效方面略显滞后；第五，运用大数据、云计算实时掌握订单信息，及时收集、反馈消费评价信息，并为每位客户创建个人 VIP 信息数据库（见图 6－8）。

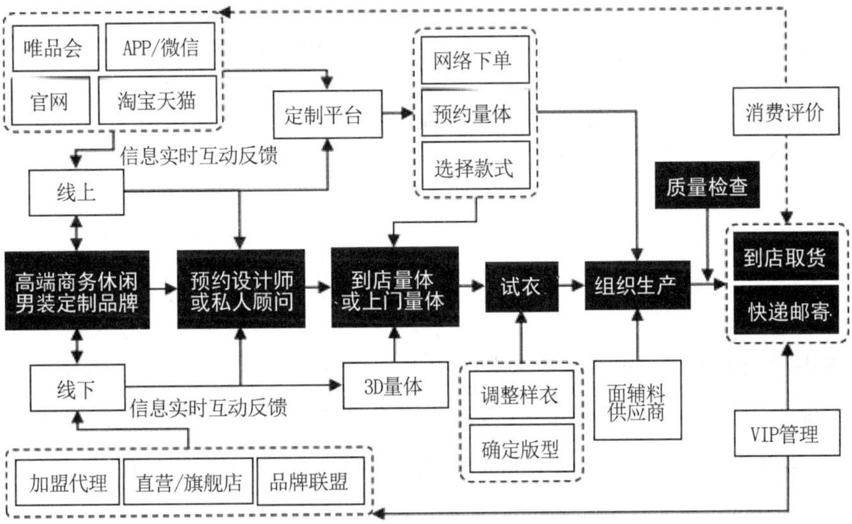

图 6－8　中高端商务男装 C2B 定制模式构建

（2）运营建议

在价格体系上，由于减少了实体店铺的租金、商场扣点以及其他服务项目的支出，网络平台的价格可相对低一些。裤子占套装总价的 30%，上衣占 70%，马甲按套装总价的 30%算。选择最多的价位区间：西服套装可以在 8000～40000 元；衬衫的价格相对低一些，在 2000～4000 元（见图 6－9）。考虑到高端定制的运营资金及服务资金较多，在提供上门服务时可适当收取服务费用，如在杭州、北京等业务本身涉及的范围内提供上门服务可以收取 5%左右的服务费，其他省市相应收取 10%～20%的服务费，逐步免收上门服务费。

中高端商务男装转型定制除了需具有独立的定制生产线外，还需加强定制流程中的服务环节，从顾客下单至产品交付及售后服务，让顾客享受更多的定制服务体验，如顾客参与设计，建立终端门店定制体验中心，专业量体师团队上门服务，等等。在渠道方面，除通过现有专卖店提供高级定制服务外，还可开设专门的高级定制体验店，以全国不同的网点、分公司和加盟代理组成高级定制服务网络，便于客户就近享受高级定制

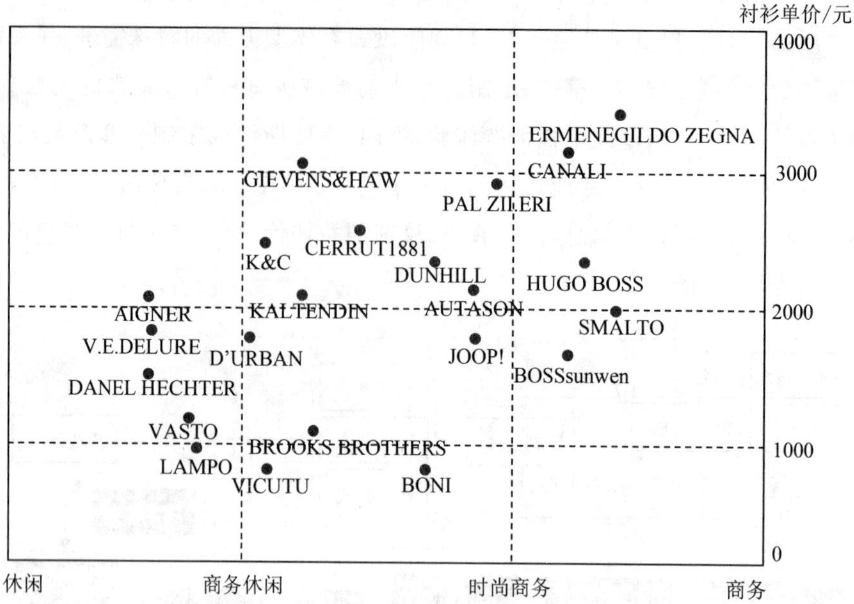

图6-9　中高端商务男装转型定制价格构建——以衬衫为例

服务。在售后服务方面，根据客户需求量的大小提供定时专送服务，即将定制服装送达顾客指定地点。此外，还可为每位顾客制作形象手册，在完善客户VIP信息数据库的同时，分享男装流行趋势、男士着装搭配技巧和生活艺术等方面的知识。

（二）智能制造的商务休闲男装转型“C2B＋O2O”定制

1. 商务休闲男装转型定制竞争格局

商务休闲男装作为男装中的一个细分市场，与整个服装产业同属于完全市场化竞争，企业和品牌数量众多，竞争激烈。在互联网新经济时代，商务休闲男装的消费者在选择服装时，对品牌、品质、面料、款式、工艺、细节等个性化的需求不断提高，催生商务休闲男装品牌转型定制业务，形成以成衣为主、定制为辅的良好的品牌发展态势。主流的商务休闲男装转型定制业务有温州报喜鸟、宁波雅戈尔、江苏波司登、晋江七匹狼、石狮虎都等（见图6-10），具体有：雅戈尔在杭州大厦五楼专门开设雅戈尔生活馆，七匹狼携手苏宁易购发布狼图腾极致衬衫，九牧王在终端门店开设个性化定制和团体定制服务。此外，电商平台亦推出定制服务，如阿里巴巴通过“天猫＋”服装定制在报喜鸟、九牧王、法派等商务休闲品牌实现个性化定制；京东携手EVE de CINA、Kevin Kelly亮相伦敦时装周，正式上线“京·制”。定制市场群雄逐鹿，尚处于发展成长阶段的商务休闲男装定制市场竞争日益激烈。

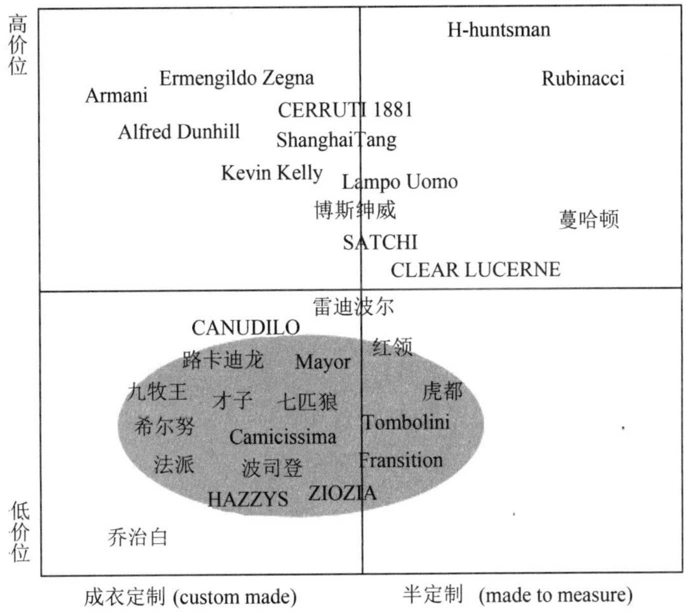

图 6－10　商务休闲男装定制竞争格局

2. 报喜鸟云翼互联智能化定制模式探究

（1）报喜鸟品牌模式

报喜鸟服饰股份有限公司成立于 2001 年 6 月，涵盖服装全品类研发、生产销售和定制业务三大板块，运营品牌包括报喜鸟（SAINT ANGELO）、哈吉斯（HAZZYS）、恺米切（Camicissima）、乐飞叶（Lafuma）、东博利尼（TOMBOLINI）、云翼智能、宝鸟（BONO）、柯兰美（CREMIEUX），品牌构成体系具体见表 6－3。主导产品以自制生产为主，拥有西服产能 120 万套、衬衫产能 70 万件，其中智能定制生产产能 20 万套，其他产品主要采用贴牌生产方式进行生产，包括衬衫、T 恤、夹克、羊毛衫等。零售品牌销售模式以线下销售为主、线上销售为辅：线下销售主要采用直营和代理加盟相结合的模式，通过开设品牌专卖店、商场专柜/专厅进行品牌服装零售；线上销售主要通过报喜鸟官网（www.bxn.com）推广定制业务，同天猫商城、京东、唯品会等第三方电商平台合作，开设网络旗舰店实现线上线下同款同价，通过唯品会等平台进行品牌特卖。其中职业装品牌宝鸟和各品牌定制业务，通过招投标、市场开拓等形式获取客户订单，根据客户订单需求进行自主生产或委外加工，满足中产阶层消费者不同场合下的着装需求。

表 6-3 报喜鸟品牌构成体系

品牌	发展阶段	品牌商标	品牌风格	目标消费群体
报喜鸟	成熟	报喜鸟 SAINT ANGELO	中高档商务男装品牌	30～50 岁自信、儒雅、尊贵的白领、商务人士
所罗	成长	SOLOSALI	专业意大利绅士定制品牌	30～50 岁追求精致、奢侈、精细的商务精英
哈吉斯	成长	HAZZYS	中高档英伦风格男女装品牌	20～40 岁时尚、品味新锐人士
恺米切	成长	Camicissima MILANO	极具性价比的意大利衬衫品牌	22～45 岁的中产阶层、商务人士
乐飞叶	潜力	lafuma	高档户外休闲品牌	30～50 岁户外休闲爱好者
东博利尼	调整	TOMBOLINI	意大利轻奢男装品牌	35～45 岁追求精致生活的中产阶层人士
云翼智能	潜力	云翼智能 YUNYIZHINENG	中高档私人定制服务平台	定制店、定制品牌商、服饰品牌商、定制贸易商
宝鸟	成熟	BONO	职业装团体定制品牌	统一着装需求的企业或组织团体
柯兰美	初创	CREMIEUX 38	中高档美式时尚休闲品牌	25～40 岁高级时尚白领

(2) 报喜鸟定制特色

第一，自 2003 年报喜鸟启动量体定制业务至今已有 16 年，足以证明报喜鸟定制业务的成熟程度。报喜鸟的优势就是把定制做成流程工业化和服务个性化的结合，来实现定制业务服务价格的大众化，为拓展“互联网＋C2B”个性化定制奠定了基础。报喜鸟提供的定制品类涵盖西服套装、西服、西裤、衬衫、夹克、马甲、风衣、休闲裤、羊绒衫、皮鞋等，是目前国内唯一一个真正做到服装全品类定制的商务休闲男装品牌(见图 6-11)。

第二，报喜鸟拥有专门的外籍量体师团队，并已在全国建立起由 300 多名接受过专业培训的量体师组成的团队，分布在全国 900 多家报喜鸟专卖店作为开展定制业务的服务

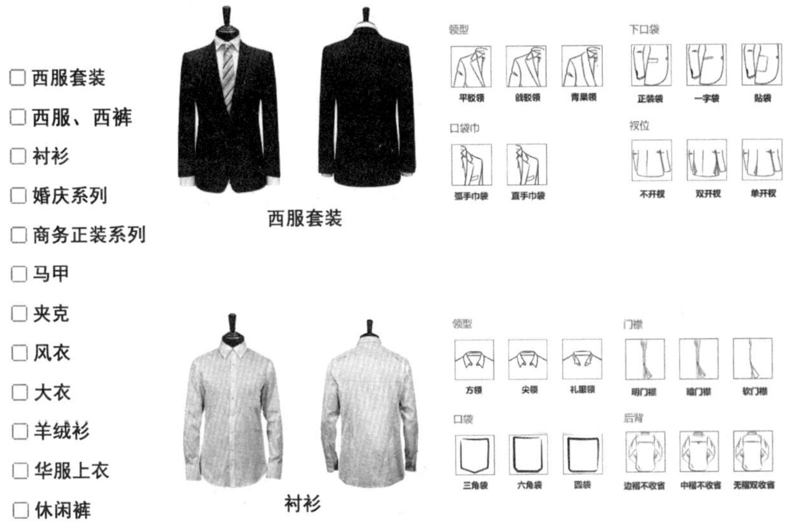

图 6－11　报喜鸟全品类私人定制

支撑点，并设立门店、省会、总部三级响应机制，确保量体业务覆盖全国，实现 48 小时上门量体，用 1000 余款精选面料，历经 300 多道工序，工业 4.0 智能制造，240 小时交付成衣。

第三，在面料方面，报喜鸟实施多品牌、跨行业发展战略，与多家世界著名面料商品牌长期代理合作，保证面料的充足供应，并借助代理加盟商的渠道拓展方式实现定制服务的快速布局，将世界顶级的男装定制概念带入中国。

第四，报喜鸟在稳定现有定制业务的基础上搭建定制平台（见图 6－12），包括自有定制业务和整合定制业各两大板块，实现二者双向互通，对定制业务进行大规模推广，优化供应链系统，以此打开定制产业的成长空间。

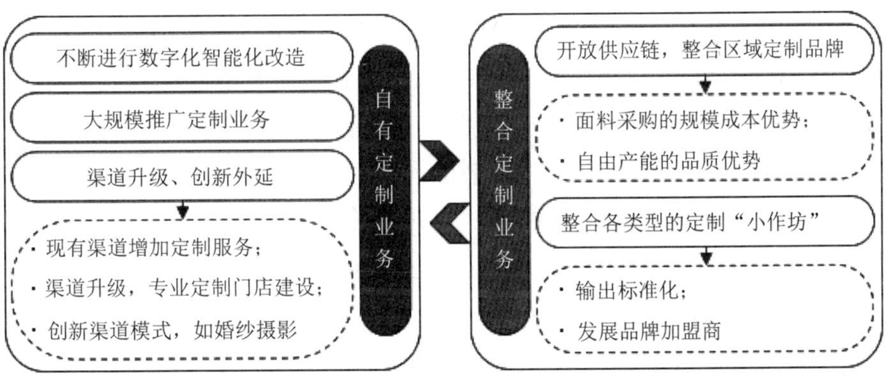

图 6－12　报喜鸟定制平台搭建

（3）报喜鸟云翼互联智能化定制

2014 年，报喜鸟借助互联网电商平台天猫商城推出 O2O 个性化定制服装。2015 年，正式转型 C2B 全品类个性化私人定制。2016 年，报喜鸟联合 SAP 软件厂商发布名为"云翼互联"的智能化生产项目，推出了服装行业首个云体系架构——"一体两翼、云翼互联"，使生产模式发生了变化，打造具有国内领先水平的以"智能制造透明云工厂"为"一体"，"私享定制云平台"和"分享大数据云平台"为"两翼"的大批量个性化定制体系。从基础工艺数字化，到版型建模智能化、生产工序自动化，再到消费者个性需求模块化，实现人、机、物互联互通。通过数字化能力的提升，下单系统向消费者直接开放，所有消费者可根据个人喜好对300多项工艺进行在线DIY自助设计后下单，并通过3D虚拟效果直接呈现(见图6-13)。

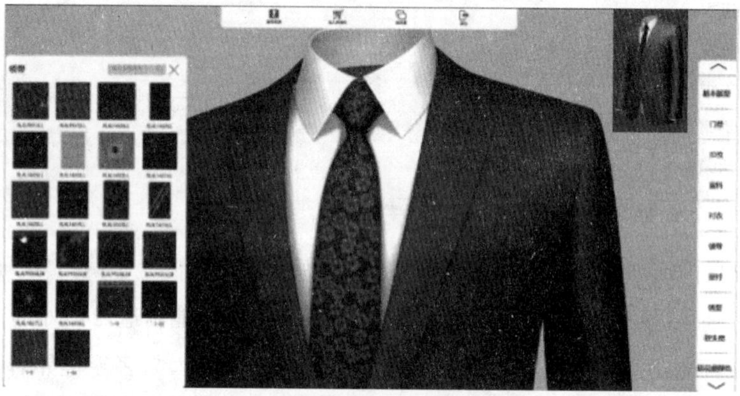

图6-13　3D虚拟效果

报喜鸟利用互联网信息技术，从用户个性化需求入手，用户可以通过电话预约或在线下体验店、官网、第三方电商平台(天猫、京东、唯品会)、微信下单。报喜鸟通过量体让用户感知定制的体验服务，然后经由云数据平台，将订单信息数据直送生产技术中心的制造执行系统。CAD智能打版，智能裁床自动裁剪后，数据通过智能吊挂系统传输到生产车间不同的加工生产线，根据识别衣架上RFID芯片的唯一标识，运算生产过程大数据、工人智能模型数据、品质管控大数据，由制造执行系统进行智能平衡、智能路由、智能部件组合、智能质量控制，让合适的工人负责适合的工序。每位工人的无线射频识别器，接收到RFID感应联络后，根据智能工艺看板显示的顾客个性化需求，和工艺师个性化工艺指导进行缝制，实现一单一流、一衣一款、一人一版的"C2B＋O2O"个性化定制。最后，通过客户管理系统和物流系统，智能仓储、配发，平均3天时间一件个性化定制西服即可诞生，打造服装行业批量化个性化定制新生态系统(见图6-14)。

3. 商务休闲男装"C2B＋O2O"定制模式构建

(1) 报喜鸟核心竞争优势

第一，多品牌平台协同优势，拥有或代理品牌报喜鸟、哈吉斯、恺米切、宝鸟等，基本形成运作较为成熟的品牌，同时零售品牌通过直营平台、奥莱平台、电商平台、供应链平台等形成协同效应，实现资源共享、协调发展，扩大品牌规模效应；第二，私人量体定制

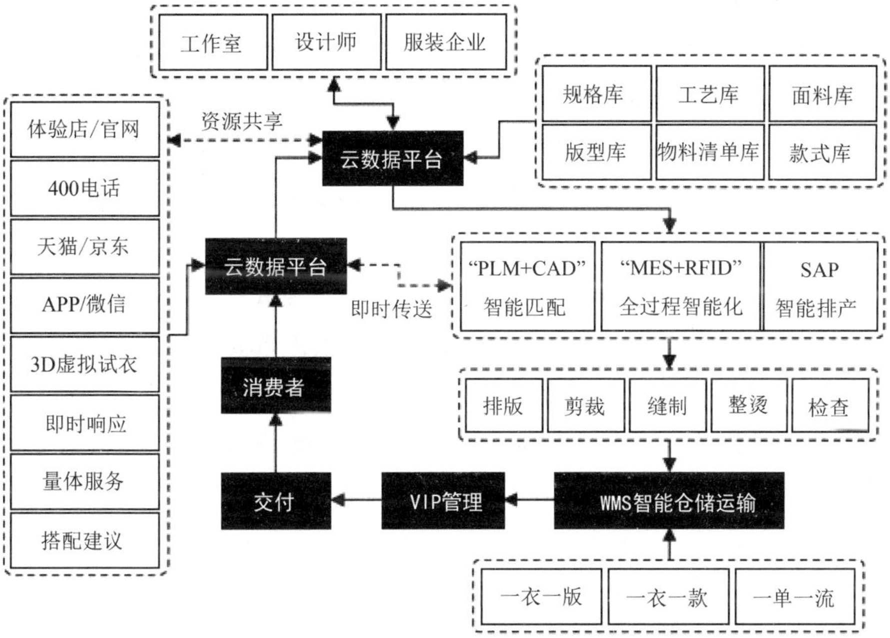

图 6－14　报喜鸟云翼互联智能化定制模式

优势，为满足消费者日益时尚化、个性化的着装需求，拓展线上渠道，开发移动端 APP 与微信公众号预约下单功能，多渠道推动“C2B＋O2O”全品类定制业务发展；第三，智能生产优势，为支持全品类私人量体定制业务的发展，投建全智能吊挂系统和生产系统数字化信息化，实施工业 4.0 智能生产制造，全面提高产品质量和生产效率，克服男装个性化定制过程中品质和效率低的发展瓶颈；第四，信息化系统优势，拥有完备的信息管理系统，为面辅料的采购、产品的设计生产、智能仓储物流、终端门店及线上的销售提供全方位的支持，并根据业务需求不断进行系统升级优化；第五，全渠道营销优势，报喜鸟已形成覆盖国内一、二、三、四线城市的全国性营销网络，并成功开拓电商渠道，实现全渠道营销，促进实体店和电商联动，线上线下相互协同、相互促进。

（2）模式构建

商务休闲男装转型 C2B 定制业务易遇到以下几个问题：第一，宏观经济的不景气，居民可支配收入和消费水平发生变化，致使商务休闲男装各个子品牌都难以完成年销售目标；第二，因市场环境发生变化，竞争加剧等原因，存货变现困难；第三，互联网新兴商业模式及品牌不断涌现，消费者的选择范围愈加广泛；第四，定制消费群体难以培养，忠实客户难以维持；第五，多品牌架构的定制产品所用的商标仍以母品牌的经典标志为主，易造成产品属性模糊和其他一系列衍生问题。对于这一系列风险可采取如下应对措施：首先，加强品牌建设，加大全品类私人定制业务的推广力度，加深品牌全渠道营销策略，提升客户体验，提高产品性价比，由此增强品牌核心竞争力；其次，通过产品精准开发，提升产销率，减少库存；再次，加强对加盟代理商的管理和处置，紧密关注加盟商终端经营情况，支持加盟商发展的同时持续做好跟踪监控，实现双赢；最后，传统服装制造模式转型数字化智能化定制，深度融合大数据、云计算等数字化信息技术，加快建设资源共享数据库和大规模个性化智能定制服务平台，完善各项管理体系，使之愈加标准化。

随着移动互联网的快速应用，仅仅线下的定制服务并不能满足消费者日益增强的消费需求，促使各商务休闲男装品牌纷纷推出 O2O 体验式定制服务，将原先一站式线下体验模式逐渐向在线筛选服务和 O2O 线上线下体验模式转型。顾客可享受在线预约下单、门店量体、3D 量体、在线自主选择面辅料和款式等服务，通过移动端、APP 进行个性化 DIY 组合；品牌打造供商务休闲男装定制所需的版型数据库、EMS 生产系统、智能化生产设备、全渠道供应链体系和 VIP 管理系统，实现定制流程改造和数据共享，提供高效率低成本的定制服务与更个性化的产品和更优质的服务，实现品牌与消费者的交互，满足消费者日益个性化差异化的需求，推动品牌向智能制造转变，为商务休闲男装“C2B＋O2O”定制模式转型提供技术支持（见图 6－15）。

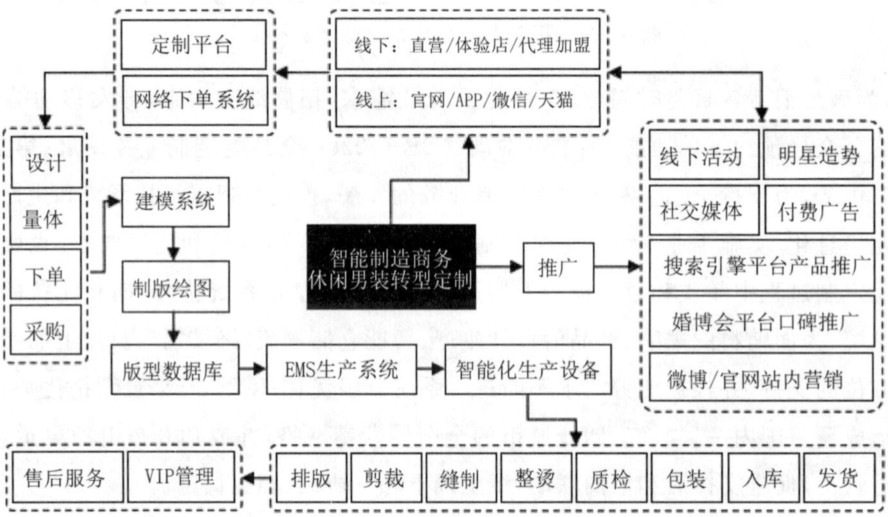

图 6－15　商务休闲男装“C2B＋O2O”定制模式构建

（三）面向大众的职业装“C2B＋O2O”团体定制

1. 职业装定制品牌竞争格局

职业装是用于各种工作环境的制式服装，集服装的功能性、象征性、美学性于一体。中国服装协会首次发布的《中国职业装优势企业评价结果》报告显示，国家规定必须穿职业装的行业达 19 个，全年市场的需求在 3000 至 4000 亿元。职业装主要产生于 1970

年至2000年之间，以乔治白、宝鸟、雅戈尔、圣凯诺等为代表。职业装除了求职者所穿的服装外，还具有行业特点和职业特征。自2012年起，受互联网的影响，一批借助互联网技术的单品类职业装品牌兴起，导致职业装市场竞争进一步加剧。而职业装定制是一个新兴概念，强调满足客户的个性化需求，体现其具有识别性的着装形象，甚至客户也可参与到设计过程中，完成职业装的量身定制，以适应群体间差异的商业行为，个性化识别更明确。职业装定制主要包括以下三类：第一类是纯职业装定制品牌，以正装出口为主的企业，如宝鸟（报喜鸟旗下职业装定制品牌）、圣凯诺（海澜之家旗下职业装定制品牌）等；第二类是西服面料生产的跨界转型职业装定制企业，如青岛红领、江苏阳光、际华三五零二、宁波罗蒙等；第三类是以单品类定制为主的企业，如量品、良衣（见图6-16）。

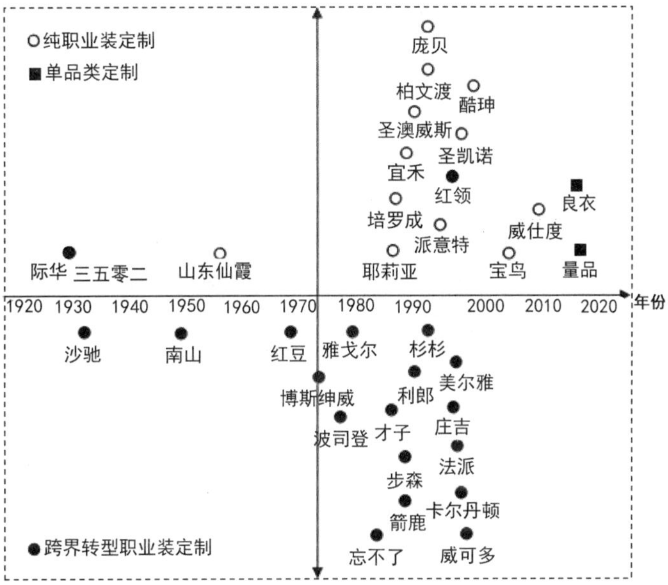

图6-16 职业装品牌竞争格局

2. 乔治白职业装C2B定制服务流程

（1）乔治白品牌模式

乔治白是服装行业中职业装第一股和领导品牌，主要从事乔治白系列职业装、男女休闲装的生产与销售，形成了以商务职业装为主、零售为辅，男女装定制与校服市场并存的业务模式。2015年，乔治白率先推出微信衬衫定制系统，并通过与英国的高端定制品牌切斯特巴雷（Chester Barrie）合作，借鉴吸收其优秀的设计方法和运营经验，大幅增加乔治白职业装定制业务。

2015年年初，乔治白依靠现有的职业装生产经验，开始拓展校服市场，采用搭档合伙人的形式，参与筹划中国学生装的设计研发、生产、销售和定制业务，力图打造中国校服行业第一品牌。目前，其学生装业务正处于开拓期。

乔治白与海澜之家、江苏阳光、雅戈尔、报喜鸟等品牌“多元化战略”不同的是，它始终专注服装领域的研究与市场拓展，定位于时尚职业装，产品开发设计基于着装者职业需求和追求个性化的发展趋势，遵循大规模定制化的服务功能，满足各个行业客户的全方位需求。旗下拥有乔治白职业装、乔治白校服以及G73乔治白衬衫馆、G52和JZZ等品牌，如表6-4所示。其收入主要来自两部分：以直营职业装营销中心为主、代理商销售为辅的职业装定制市场和采取直营店与特许加盟店相互结合形式的零售专卖市场。

表6-4 乔治白品牌模式

旗下品牌	产品类型	主营品类	消费人群	品牌分类
乔治白职业装	定制、成衣	套装、西服、衬衫、西裤、休闲裤	银行职员、行政公务人员、企事业单位职员	主力品牌
G73乔治白衬衫馆	定制、成衣	EEQ记忆衬衫	时尚商务人士	主力品牌
G52	成衣	衬衫、洋服、裤装	时尚男士	时尚品牌
JZZ	成衣	西装、衬衫、休闲裤	年轻时尚人群	时尚品牌
老裁缝职业装	定制、成衣	校服、西服、衬衫	商务人士、学生	主力品牌
商祺女装设计	定制、成衣、设计	套装、西装、衬衫、连衣裙、大衣	时尚商务女装	主力品牌
乔治白校服	定制	学生套装	中小学生	主力品牌

(2) 乔治白C2B职业装定制服务流程

乔治白职业装定制业务，以招投标方式获取订单驱动生产，由乔治白总部统一采购、按单统一排产，区别于普通服装零售企业，其主要客户集中在金融领域。乔治白推出的“一人一版”UPC(商品统一代码)职业装个性化定制系统，以客户需求为导向，同时整合职业装特性，满足客户对职业装个性化、差异化的定制需求，为工业化生产转型个性化定制提供可行路径，全面提升品牌竞争力。乔治白职业装定制流程如图6-17所示，主要包括商务代表与企业沟通，商务代表上门服务并协助面料和款式选择，招投标并签署服装制作合同，专业的量体师团队上门进行套码量体服务，构建服装档案管理系统，下单组织生产，送货上门并协助企业统一派发，问题服装返修，等等。

(3) 乔治白职业装定制特色

第一，乔治白职业装C2B定制采用按需采购的模式，登记在册的面、辅料供应商共有244家，其中90家为长期合作供应商，代表性的面料合作品牌有意大利的杰尼亚(Zegna)、维达莱(VBC)、CERRUTI 1881，英国的世家宝(Scabal)、多美(Dormeuil)；顶

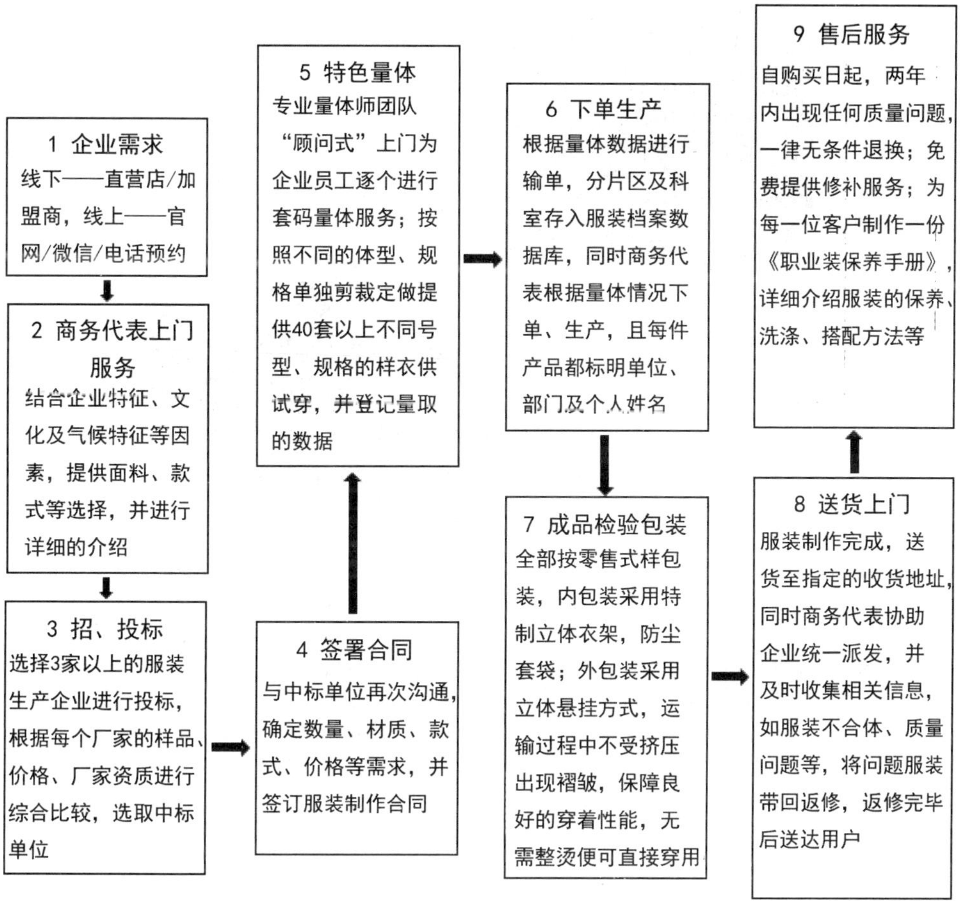

图 6－17 乔治白职业装定制服务流程

级衬衫面料厂商 MONTI、LEGGINUO；辅料品牌有英国的高士（COATS）、德国的海莎（helsa）、日本的 YKK、中国的大石久恒（K.O）、伟星（SAB）等等。这保证了乔治白生产的连续性和稳定性（见图 6－18）。生产模式则采取以自主生产为主，委托加工为辅。

第二，乔治白职业装定制从订单生成到制作完成历经 385 道工序，遵循工艺、材料、裁剪三者并重、精裁精做的原则。乔治白职业装定制，首先，在生产前会对选取的面辅料进行测试，精准记录每一款面辅料的信息数据；其次，在缝制过程中，对肩膀、袖窿、腰身等重要部位采用特殊的处理工艺；最后，乔治白还引进智能化整烫技术，做到服装整身压烫定型一次完成。

第三，在科技创新方面，乔治白通过分析客户的需求，加大对服装科技元素的应用研究，跨越微分子领域，引入新材料，突破面料抗污能力弱、透气性差、缺乏环保意识的发展瓶颈，推出 EEQ 分子交叉记忆衬衫（见图 6－19）、4A 热保护功能性衬衫等科技含量高的产品，从科技出发实现全面技术革新。

图 6 - 18　乔治白主要面辅料合作品牌

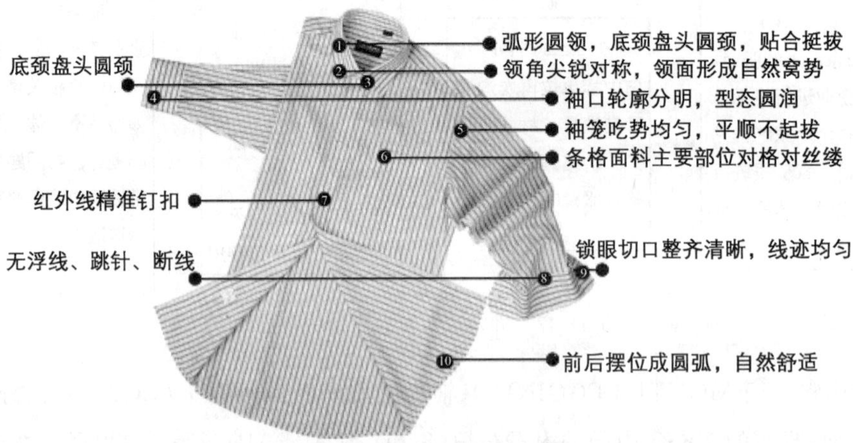

图 6 - 19　乔治白 EEQ 分子交叉记忆衬衫

第四，乔治白 UPC 职业装个性化定制系统，结束了工业生产和手工定制之间的博弈，开始了工业生产的精细与手工定制的合体化，并根据着装对象的职业需求进行面料选择、款式设计和生产加工，既满足了职业装的特性又满足了客户个性化的消费需求。

第五，乔治白的推广模式如表 6 - 5 所示。乔治白对传统和新兴传媒渠道都运用得得心应手，首建国内职业装科技馆。该科技馆位于中国浙江平阳，共由 8 个展厅（影视厅馆、知识馆、航空馆、金融馆、倒置空间馆、工装馆、实验馆、未来馆）组成，展示多项服装科技成果，积极推广职业装，向大众普及相关知识。

表 6－5 乔治白的推广模式

类型	说明
电视媒体	从 2000 年开始和央视财经频道进行合作，是第一批与央视财经频道合作的品牌；乔治白历史性投放 60 秒超长广告，创财经频道广告时长纪录；乔治白在央视财经频道累计曝光时间超过 10 万秒，广告到达职业人群超过 11 亿人次
平面媒体	与时尚传媒集团旗下《时尚先生》《时尚先生黑皮书》《时尚芭莎》，美国康泰纳仕集团旗下《GQ》等时尚杂志建立长期合作关系
科技馆	2011 年，首创职业装科技馆，陆续在上海、北京、河南等地开设 4 家分馆
网络媒体	2013 年成为唯一与网易合作的定制品牌，并为其提供量身定制服装
服饰博览会	乔治白以"职业装第一股"形象登陆北京 CHIC2013 中国国际服装服饰博览会
服装发布会	从 2009 年到 2017 年，每年举办时尚职业装主题发布会
其他	2014 年推出乔治白纪录片《专注的力量》；2015 年乔治白自主编写的《西服黑皮书》上市；2015 年 9 月与时尚杂志《时尚芭莎》合作举办明星慈善夜活动；2016 年乔治白与职场斗士登上《时尚先生》2015 秋冬版，与三组人物组合（CP）的故事登上《时尚先生》春夏版

3. 职业装“C2B＋O2O”团体定制模式构建

（1）模式构建

乔治白品牌核心竞争力主要体现在设计研发、采购、生产、仓储、销售和职业装定制垂直一体化的经营模式上。首先，依靠强大数据库及信息化、现代化工业生产技术，按订单生产，产销率高；其次，为应对电商对传统渠道的挤压，乔治白停止扩张门店，对现有门店“精耕细作”，同时加大电商渠道的拓展；最后，建立覆盖全国的高效营销体验中心，集售前信息咨询、产品展示及体验、商务洽谈、量体、交货和售后服务一条龙服务，具备对终端的掌控能力和对客户需求的快速反应能力。另外，在职业装定制中招投标的重要地位往往被忽略了，传统线下招投标易出现行业潜规则即招采人员吃回扣现象，整个过程不仅漫长，还造成成本的浪费。互联网时代，乔治白用线上比价的功能取代原有的线下招标方式，在线上通过服务商多方比价的方式，为客户提供高性价比的服装，同时为企业和团体用户提供专业合同、开具发票、交付逾期赔付、资金托管等服务保障，在价格上做到透明，降低定制成本，提高产品生产效率，提升职业装定制品牌核心竞争力。职业装“C2B＋O2O”团体定制模式构建见图 6－20。

（2）职业装定制发展趋势

消费升级背后企业对自身品牌统一着装的要求越来越高，而职业装作为品牌的形象代表之一，个性化差异化的职业装定制已然成为一种趋势。对于追求品味的企业来说，个性化职业装定制使自己的职业装区别于一般的职业装，正是企业所追求的。未来的职业装定制发展会有三大趋势：第一，职业装定制时尚化发展，在设计中融入时尚元

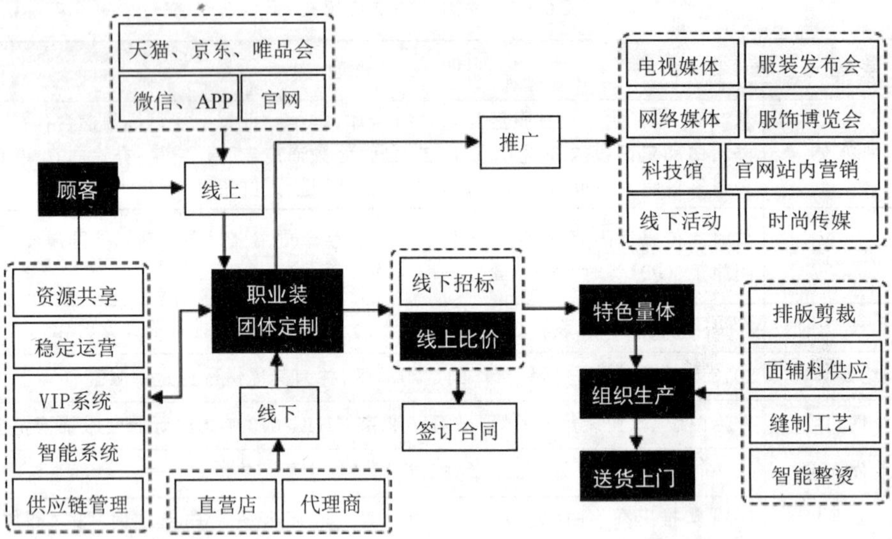

图 6-20　职业装“C2B+O2O”团体定制模式构建

素，艺术性与实用性相结合，体现现代服装的时尚潮流；第二，职业装定制品牌化发展，所有职业装企业都应该思考如何创建一个让消费者认知并认可的定制品牌；第三，职业装定制科技化发展，目前对职业装科技含量的认知多半停留在特种防护服层面，往往忽略了普通行业对职业装科技含量的需求，未来高科技含量的“绿色环保职业装”将会越来越受企业或个体消费者关注。

（四）互联网技术驱动的个性化定制

1. 互联网定制品牌竞争格局

中产消费阶层的兴起，打破服装业旧有的天花板，依靠互联网技术创造消费新需求，“互联网＋”服装定制应运而生。众多 IT 企业进入服装产业，借助服装这个销售载体，实现互联网个性化定制转型，受到资本市场的热捧。在信息化网络 3.0 时代，在线上流量成为重要流量入口的智能化终端普及时代，“互联网＋”服装定制依靠互联网平台，通过搜索引擎捕捉信息并呈现给屏幕前的用户，利用竞价广告、优化站点晋升排名等方式形成强者越强、越易获取流量的状况。这是品牌向市场展现知名度、专业度以及影响消费者的重要渠道。在基于长尾理论的互联网市场范围效应下，互联网定制品牌强势崛起，大多是共持股份的合伙人合作创立的创新创业型企业，如衣邦人、埃沃、帝楷、ANDwow、量品等。它们以 IT 为切入点（见图 6-21），充分利用自带的互联网基因嫁接服装定制，成功进行转型，不断推广挖掘潜在顾客群，在商务休闲男装个性化定制市场占得先机。

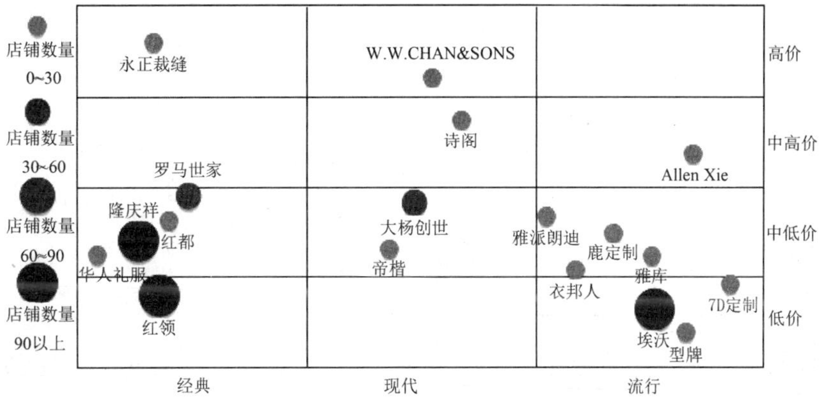

图 6-21 互联网定制品牌竞争格局

2. 衣邦人定制模式运作分析

(1) 衣邦人品牌模式

衣邦人隶属杭州贝嘟科技有限公司，是以“互联网思维＋工业 4.0”为切入点的个性化服装定制电商平台。平台本身并不生产产品，而是通过提供极致服务和供应链管理，为客户提供超高性价比的量身定制服装。2015 年，衣邦人推出内部 ERP 系统提升信息化服务效率，并上线移动端 APP，让消费者可以拥有专属着装顾问，并能随时查看身材数据。目前，衣邦人提供的定制品类包括西服、衬衣、夹克、连衣裙、牛仔裤、T 恤等，与其合作的定制品牌有凯莱乔治、杰士里尼、华派、玛图斯、雅库、金舰领行、圣百榕、绅士曼、衣央、VOA、丽柏翠、鲁泰(见图 6-22)。衣邦人作为服装定制电商平台，利用网络营销、线上引流，提供上门量体、服装信息及搭配建议，整合定制供应商品牌与工业 4.0定制工厂，致力于为消费者提供高性价比的定制服装。

(2) 衣邦人定制特色

互联网起家的定制品牌无线下实体店铺，线上营销方式以 PC 端品牌官网、淘宝天猫等第三方电商平台、手机移动端 APP 和微信公众号推广为主，提供详细的服装信息与在线预约服务，消费者可自主在线下单购买。其中，衣邦人官方网站除了购物平台外，兼具品牌杂志的功能，为顾客提供全方位的资讯，如面料信息、保养手册、品牌合作、新闻动态等。衣邦人微信公众平台除了提供资讯服务以外，可链接到在线商城为顾客提供预约购买服务。为了提升顾客消费体验，微信公众平台还通过微信让顾客参与 3 版框架广告的投票评选，并对投票点评者发放 200 元无门槛优惠券。这种顾客参与式体验，更好地把客户转化为粉丝，利用粉丝规模传播品牌。移动端 APP(见图 6-23)作为一种新颖的营销工具，主要为顾客提供服装信息介绍、在线选择款式/面料、上门量体、售后服务等全方位业务，既提高了品牌核心竞争力，又优化了用户线上体验流程。顾客可通过“定制精选”模块，查看着装顾问的动态信息，指定预约量体师。

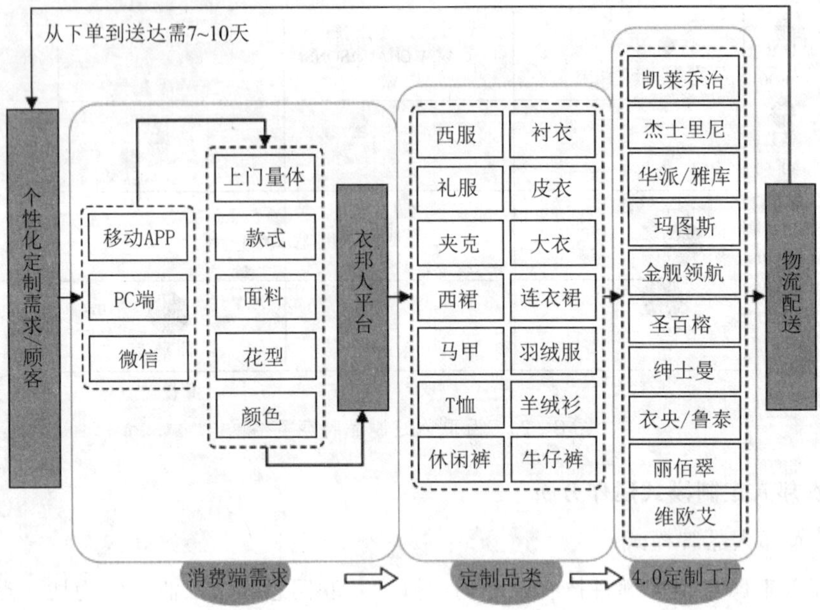

图6-22　衣邦人品牌商业模式

图6-23　衣邦人移动端APP定制界面

随着国内互联网电商市场日趋饱和，在线宣传和销售竞争日益白热化。众多有实力的电商企业为寻求突破口，纷纷转战线下渠道建设，通过实体门店展示与销售、企业合作等方式拓展线下宣传，其中以开设体验店或展厅的方式最为流行。

衣邦人的营销模式是线上线下相结合，多渠道共同推进：线上借助第三方电商平台、社会化媒体平台、移动APP等多样化的数字平台；线下采取与企业跨界合作、服装赞助、拓展服务网点等方式。衣邦人的合作模式主要是品牌加盟以及“衣邦客”加盟两种形式，整合线下多渠道，落地推广营销（见图6-24），不断提高衣邦人的品牌影响力，扩大衣邦人的市场占有率。衣邦人的服务模式为专业着装顾问上门量体，量取19个部位数据并录入量体数据库。整个过程历经298道工序，从顾客定制到顾客收货10天完成，365天无忧售后，是高端服装定制行业内对消费者的又一次突破性承诺。

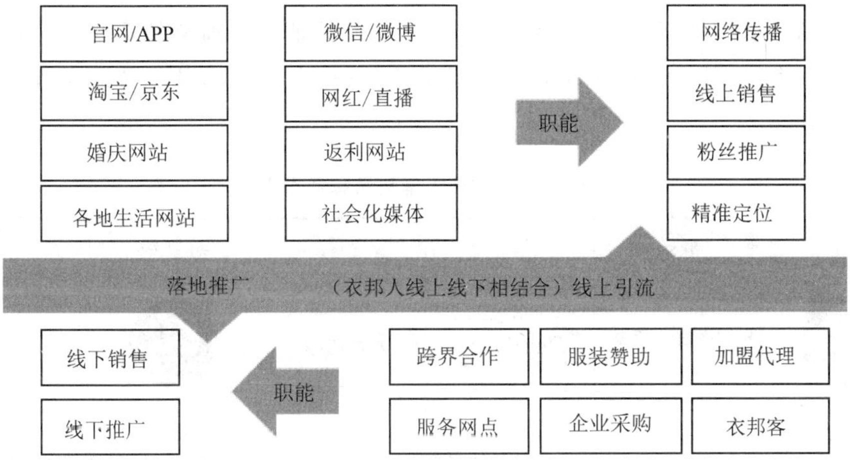

图 6-24　衣邦人营销模式

在面料选取方面，衣邦人与数家国际顶级面料商达成合作（见表 6-6），不断丰富产品选择，满足广大白领群体个性化、高品质的需求，提供最优质的服装定制消费体验。

表 6-6　衣邦人面料合作品牌

合作品牌		面料和制作特点	品牌地位
西装面料品牌	维达莱	精纺 110～140 支面料、澳大利亚超细（16.65 微米）美利奴羊毛	全球首批 8 个“金羊毛”合作伙伴及性价比最高的面料之一
	杰尼亚	直径 11.7 微米以下的超细澳洲美利奴精纺羊毛	意大利最古老的家族企业之一，全球顶级男装面料品牌
	伊·托马斯	半手工式纺织工艺，直径 14～17 微米的澳大利亚美利奴羊毛和顶级山羊绒、桑蚕丝	意大利高端男士正装精纺面料的代表厂商，全球最负盛名的面料厂商之一
	世家宝	super150、180、200 和 250 支面料	面料之王，金钱能买到的最好的面料
	CERRUTI 1881	高支纱毛料，澳大利亚羊毛和蒙古羊绒	意大利顶级西服面料品牌
衬衫面料品牌	CANCLINI（康可俪尼）	原纱采用长绒棉 GIZA45	意大利三大衬衫集团之一，全球最好的面料之一
	MONTI（蒙提）	埃及长绒棉、美国超长纤维棉	欧洲最大专业衬衫面料生产企业之一
	LIBERTY（利伯缇）	英伦格调的原创印花和色彩设计	英国皇家御供面料，全球著名原创纺织品牌
	DECHAMPS（迪骧）	100%埃及吉萨 45 棉，以高纱支衬衫面料为主	英国皇家御用面料，欧洲高端纺织面料四大天王之一
	ALBINI（阿尔贝尼）	70/100/120/140/170/200/240 支风格各异、花型丰富的产品	意大利最大的衬衫面料生产厂商

在辅料选取方面，衣邦人优选与奢侈品牌相同的辅料。辅料品牌合作商有德国的骏马、劳拉、海莎、科德宝和日本宾霸、英国高士等(见表 6－7)，从细节上为消费者提供高品质的选择。

表 6－7　衣邦人辅料品牌合作商

衬布	嵌条	里料	垫肩	缝纫线	无纺布
KUFNER	Wendler	A Touch of Nature Bemberg Cupro fiber	helsa	COATS	Freudenberg
德国骏马	德国劳拉	日本宾霸	德国海莎	英国高士	德国科德宝

(3) 衣邦人 C2M 个性化定制

衣邦人作为拥有互联网基因的创业公司切入服装定制领域，采用“网络营销＋着装顾问上门服务＋工业 4.0 工厂”的经营模式，属于新兴网络服装定制品牌。“互联网＋”定制介于传统高定与成衣之间，利用成衣版型和规格数据进行制造，满足消费者个性化、差异化、合体性需求。衣邦人将消费者的个性化需求，通过平台和优质的定制工厂直接对接，选择有多年个性化定制经验的工业 4.0 工厂作为供应商，从源头上保证产品的质量和发货速度；用着装顾问上门免费量体取代门店量体，摒弃高租金店铺，将中间商的价差剥离，采用网络营销方法，扩大品牌知名度，抢占市场先机，从下单到送达仅需 7～10天(见图 6－25)；采用线上与线下相结合的多渠道营销模式，借助移动终端媒体、社会化媒体、电子商务等多样化的数字化平台，不断扩大自身品牌影响力，实现“互联网＋”定制的大规模生产，提高市场占有率。

3. “互联网＋”定制平台构建

(1) 互联网定制平台优劣势分析

“互联网＋”服装定制平台将传统局限于某一地域范围内的定制服务有效率地铺向全国的链接系统，一方面以技术手段处理来自全国范围的需求预定，另一方面以规范化流程应对各种情况，比如城市运营商通过定制平台系统有序地与上游生产者及下游客户建立关系。“互联网＋”定制平台优势凸显：第一，互联网经济重叠线上定制，订单分布的碎片化、分散化和不均衡，使得利基市场成为大众化市场，原本垂直细分的定制市场被纵向分割；第二，依托“互联网＋”连接产业链上下游与消费者，优化营销渠道，消除中间环节，“短路”营销零售成本，以粉丝经济和口碑营销还利消费者；第三，通过“互联网＋”定制平台的构建，实现资源优化配置，提高服装产业定制效率。除衣邦人之外，近年新兴的互联网定制品牌还有 LESS & MORE、乐裁网、拉链互动、量品、M-Plus 定制等(见表 6－8)。

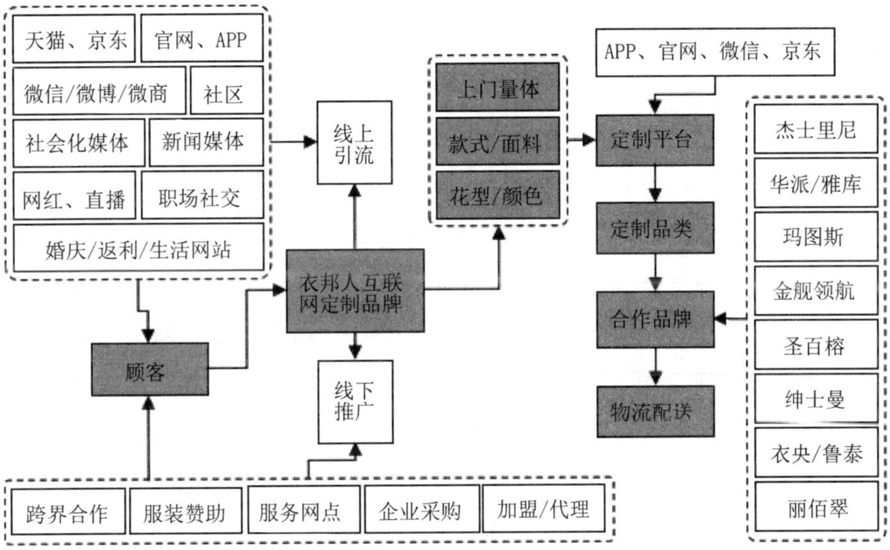

图 6－25　衣邦人个性化定制模式

表 6－8　新兴的互联网定制品牌

品牌	成立时间地点	最新融资	定制特点	西服均价
LESS & MORE	2015 年 5 月，北京	2016 年 11 月 A 轮融资：张泉灵、林依轮	房车上门服务；3D、AR 选款设计	3900 元
乐裁网	2015 年 5 月，上海	2015 年 9 月 B 轮融资：普思资本	O2O	4500 元
衣邦人	2014 年 11 月，浙江	2017 年 9 月 B 轮融资：北京茂榕投资、竞技创投	C2M＋O2O	3500 元
拉链互动	2014 年 12 月，北京	2016 年 7 月天使轮融资	高性价比	2000 元
量品	2015 年 7 月，广东	2016 年 7 月天使轮融资	定制衬衫	450 元
M-Plus 定制	2016 年 12 月，北京	种子轮，在融资	高性价职业装定制	1200 元

“互联网＋”定制平台同样面临着订单的分散性、不连续性、差异性和分布不均等问题，而评价 C2M 第三方平台商业模式主要看 C 端的引流能力、M 端的资源整合能力和连接过程中的服务能力。“互联网＋”定制平台在快速扩张中面临着如下挑战：首先，线上流量的导流速度线下难以同步，线下很难在短时间建立顾客群，互联网定制品牌没有开设线下终端店铺导致众多品牌做电商服装定制的效果一般；其次，要实现“互联网＋”定制平台一体化标准化存在一定难度，对线下门店的统一改造、统一规范、统一培训须花费和投入大量的时间和资本，尤其是量体、版型、工艺和细节等方面标准统一化最为重要；最后，重中之重的供应链问题，即对整个产业链的掌控能力，是对定制生产过程中

各个环节的考验与革新，全盘掌控产业链上设计、生产、销售等多个方面，为个性化定制、柔性化生产提供有效、切实可行的途径。

(2) 模式构建

基于上述对"互联网+"定制平台的优劣势分析可知，互联网定制的天然缺陷在于纯粹的网络营销，消费者对产品的认知停留在图片、文字或视频上，无法享受到实体店铺真实有效的消费体验。为了消除网络营销与实物脱节的痛点，互联网定制品牌必须开发线下渠道，在品牌推广、产品认知与销售渠道上弥补纯线上模式的固有缺陷，改善消费者体验，拉近产品与客户的距离，形成O2O闭环模式。"互联网+"定制与传统高定最大的区别在于互联网定制线下店铺的建设侧重产品展示和消费体验作用，其次才是销售。此外，互联网定制线下各门店的设置可采用直营和代理加盟的形式，但由于市场区域、目标客群的不同，易出现产品定位不精准、工艺品质差异大等现象。因此，"互联网+"定制平台的整合需要对线下各定制门店进行统一改造，实现各店铺统一运营、统一形象、统一供货、统一价格、统一培训、统一活动(见图6-26)。"互联网+"定制平台整合的关键取决于平台盈利模式的构建、定制团队的力量、产品的开发与定价以及全渠道供应链和资金链的整合。

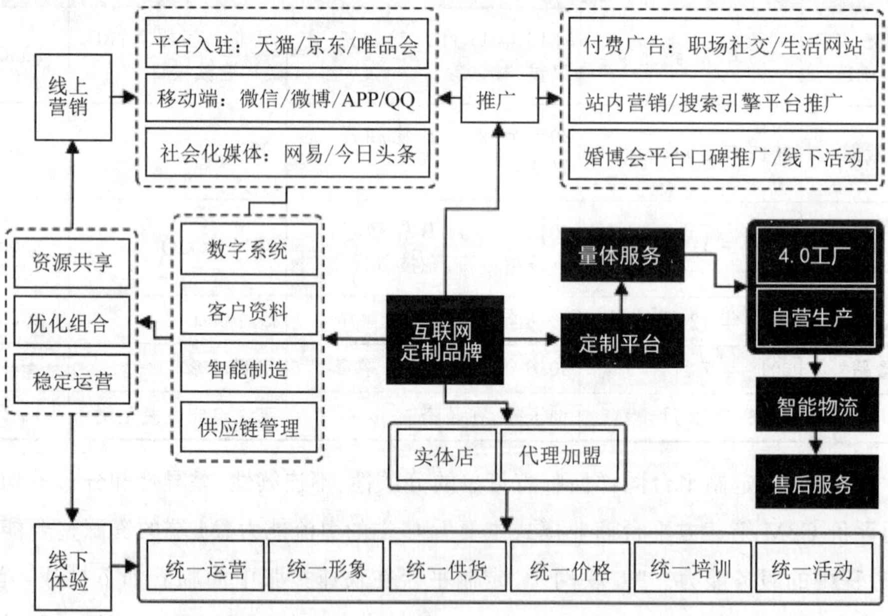

图6-26 互联网技术驱动的个性化定制模式构建

小 结

以个性化、高品质为特点的高级服装定制成为商务休闲男装消费者的首选和身份地位的象征。基于价值链延伸的中高端商务男装C2B个性化定制的竞争方式主要是取悦顾客，让顾客体验、参与定制价值链，侧重价值链服务环节的体现；智能制造的商务休闲男装转型"C2B+O2O"定制，运用"互联网+"、智能制造技术解决量体、裁剪、制版工艺等方面难以突破规模化的瓶颈；面向大众的职业装"C2B+O2O"团体服装定制具备典型的高客单价、高毛利特征，体现群体顾客个性化的独特价值诉求、形象化的标签和商品稀有度，解决以往团体服装采购中存在的多个痛点，增加服务黏性，建立品牌竞争壁垒；互联网技术驱动的个性化定制介于传统高定与成衣之间，通过各种移动互联网软件、上门量体等实现顾客个性化定制体验，实现互联网下定制的规模效应，在价格上较传统高级定制有很强的竞争力。为了更直观地分析商务休闲男装C2B定制模式的差异性，本书将从定制品类、量体师、量体方式、工艺工序、生产效率、消费群体、推广方式、销售渠道、价值链与供应链优势和售后服务等方面对各层次商务休闲男装进行对比分析(见表6-9)。

表6-9 各层次商务休闲男装C2B定制模式对比分析

对比项目	价值链延伸的中高端商务男装C2B定制	智能制造的商务休闲男装"C2B+O2O"定制	面向大众的职业装"C2B+O2O"团体定制	互联网技术驱动的个性化定制
定制品类	西服套装、衬衫、西裤	男装全品类定制	衬衫、职业套装定制	男装全品类定制
量体师	老裁缝量体师	300多名量体师的团队	专业量体师队伍	着装顾问
量体方式	预约量体	门店量体、上门量体	预约套码量体	上门量体
工艺工序	不详	MTM智能制造透明云工厂、396道工序	个性化流水线生产、385道工序	4.0工厂流水线生产、298道工序
生产效率	30～45天	10天	根据订单量决定	7～10天
消费群体	有定制需求，且忠诚度高	有定制需求，且忠诚度高	集中固定	有定制需求，且忠诚度高
推广方式	跨界营销、明星造势、网络推广、社交媒体推广、举办展览、赞助赛事、商业合作、事件性传播	线下活动、明星造势、社交媒体、付费广告、搜索引擎平台产品推广、婚博会平台推广、微博营销	电视媒体、网络媒体、平面媒体、科技馆、服装发布会、慈善活动、科技馆	社会化营销、粉丝推广、跨界合作、各地生活网站、职场社交、婚博会口碑推广

续表

对比项目	价值链延伸的中高端商务男装 C2B 定制	智能制造的商务休闲男装“C2B+O2O”定制	面向大众的职业装“C2B+O2O”团体定制	互联网技术驱动的个性化定制
销售渠道	终端店铺、电话预约、加盟代理	店铺直营、加盟代理、电话预约、官网、微信、天猫、APP	终端店铺、代理加盟、电话预约、微信、网上商城	微信、官网、APP平台、电话预约
价值链优势	服务环节	云翼互联智能制造、3D 试衣 DIY 系统直观体验	信息化精益生产	互联网技术
供应链优势	百余款面料	千余款面料、零差价面料进货成本	千余款面料、零差价面料进货成本	千余款面料、零差价面料进货成本
售后服务	规定时间免费修理	一年以上有质量问题重做或退换货；人为因素 3 个月后给予一次返修/6～12 个月给予 7～9 折退货/12 个月以上承担 3～5 折退货损失	一年以上有质量问题重做或退换货	365 天无忧售后

第七章

O2O服装品牌个性化服务的顾客价值与顾客忠诚度研究

一、基于个性化服务的 O2O 服装品牌运营节点研究

互联网技术的革命，使人类从 IT 时代跨入 DT(数据处理技术)时代，移动互联网、大数据、云计算相互交织在一起，共同改变了人们的交易场所，提高了交易速度，拓宽了交易范围，让线上线下逐渐融为一体。O2O 商业模式以其方便、重体验和个性化服务的特点不断承载着人们对购物环境的更高要求，随时线上消费，随时线下体验。在新常态的大环境下，企业转型面临巨大压力，纺织服装行业尤其如此。在产业布局、市场结构、行业特性发生变化的时局中，探讨品牌转型升级是适应经济新常态的题中应有之义，对 O2O 服装品牌节点的分析是关于线上线下服装品牌运营策略的探讨。随着互联网、云计算、大数据等技术助力经济的增长，经济发展进入个人帝国主义时代，个人成为创造财富主体，形成“用户本位主义”。在 O2O 商业模式下，服装品牌联动线上线下，深化各节点与其他领域的发展，优化资源组合，为服装企业转型指明方向。

（一）服装品牌的 O2O 模式

O2O 模式是指将线上电子商务模式与线下实体经济相融合，通过互联网平台将线上商务模式延伸到线下实体经济，或者将线下资源推送给线上用户，根据线上线下连接所形成的数据进行良性互动，并达到双赢的一种电子商务模式。许多专家学者对服装企业的 O2O 模式进行了详细划分，有以 O2O 模式对服装品牌的作用进行划分的，也有以 O2O 模式的自身功能进行划分的，具体见表 7 - 1。O2O 模式之于服装品牌，改变了传统服装品牌的运营思维，在品牌定位、品牌经营以及品牌战略上都给予了经营者多元化的选择。O2O 模式之于消费者，让消费者从购物习惯、购物环境、购物模式上更加青睐于高品质、体验型的消费方式。

表 7 - 1　服装品牌 O2O 模式的分类

学者	分类	代表品牌
管荣伟(2015)	门店式 O2O	优衣库
	私人定制式 O2O	绫致
	生活体验店式 O2O	美特斯邦威
	粉丝式 O2O	歌莉娅

续表

学者	分类	代表品牌
任力，郭建南(2015)	传统改良型 O2O	美特斯邦威、森马
	全新型 O2O	上品折扣
	推广型 O2O	雅莹、欧时力
	导购型 O2O	无印良品
	全能型 O2O	优衣库
	高端型 O2O	博柏利
吴玉璇(2015)	O2O 二维码	ZARA 等
	团购、优惠券 O2O	H&M 等
	社会化网络营销 O2O	C&A

（二）O2O 模式的运营机制

基于消费者在 O2O 模式中的购物流程，面向协同的 O2O 服装品牌运营机制被提出。消费者在线挑选产品或服务并在线下单，线下商家根据自身情况选择接单与否，组织生产或提供相应的服务以供消费者消费。消费者在消费之后，在线确认并评价订单，形成口碑，以供其他顾客参考。如此从线上到线下，再从线下到线上，形成一个闭环，解决顾客挑选货品的问题，以及达到商家销售货品的目的，如图 7－1 所示。

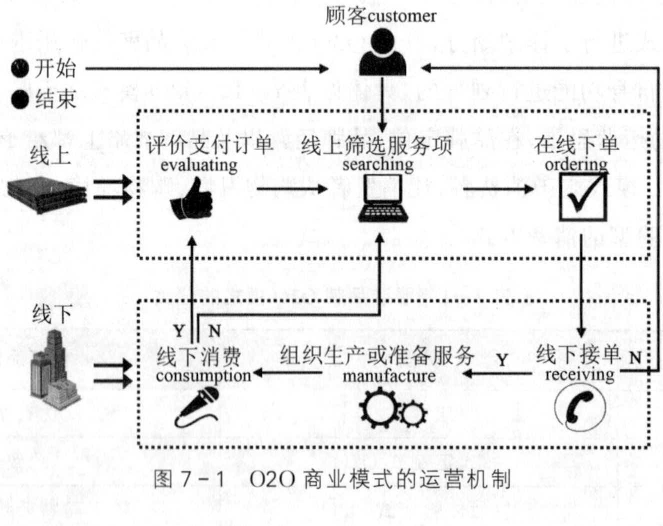

图 7－1　O2O 商业模式的运营机制

（三）O2O 服装品牌运营机制的节点性分析

首先，消费者从品牌积累的口碑、信用、评价中获取品牌信息，然后在线挑选服务项并下单；其次，线下商家接到预约订单或实时订单后组织生产或准备服务；再次，消费者到线下体验服务；最后，由消费者对所体验的服务进行评价，形成的评价再次形成对该品牌的口碑。在 O2O 运营闭路中，其关键节点主要有精准推广、网络促销、利润分配、服务设计、线下体验以及顾客反馈，如图 7－2 所示。每一个关键节点在运作机制中起到的耦合协同作用，是 O2O 运营机制中不可缺少的环节。以顾客所感知的个性化服务为研究对象，提取其中四个关键节点进行详细阐述，其分别为精准推广、服务设计、线下体验以及顾客反馈。

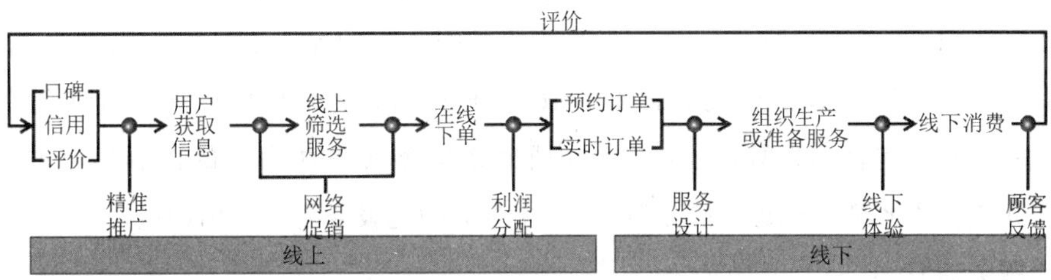

图 7－2　O2O 服装品牌运营节点

1. 精准推广

商家在大数据分析的基础上，寻找与该品牌目标客户群相近或相似的消费者，来进行点对点的推广与宣传，以提高推广效率，让线下消费者到线上下单，让线上消费者到线下体验。基于 O2O 的思维逻辑，线上与线下行动的前提是数据挖掘和信息推送。不管是线上还是线下，人们都需要通过数据了解现在发生了什么，更需要利用数据对将要发生什么进行预测，以便在行动上主动做出一些准备。数据挖掘不仅能及时发现潜在消费者，提供个性化、商务化、智能化的服务，提高用户满意度，而且还能优化网站的结构，提高网站对数据的提取、移动和分析能力。

对于数据的挖掘，可以通过做出精准判断来降低供应链成本，提升品牌形象，扩大辐射范围。第一，筛选出忠实顾客；第二，描述这些顾客的轮廓；第三，分析顾客行为及情感上的共性；第四，寻找行为数据做出商业判断，并制订营销方案，如图 7－3 所示。基于顾客数据的采集与分析，导购结合当前的流行趋势和顾客的消费状况向顾客做精准的推广。

在筛选顾客时，首先是要寻找基于目标项目的弱相似用户，通过用户关联性和属性相似性进行定向挖掘以形成推荐集合。为了处理协同过滤的扩展性问题，王伟军和宋

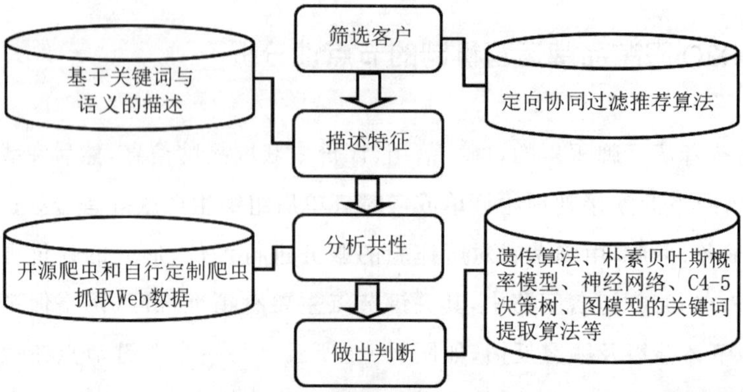

图 7-3　O2O 商业模式的数据挖掘

梅青(2014)提出一种定向协同过滤推荐算法,以提高推荐的实时性,增加推荐的准确性。对于用户特征的描述,采取基于关键词与语义的描述,从自然语言理解的角度来进行关键词抽取,形成用户特征集合。张婷婷等(2015)以单站静态、动态,跨站静态、动态的模式通过开源爬虫和自行定制爬虫抓取 Web 数据,分析其共性,为商业决策判断做参考。最后通过包括遗传算法、朴素贝叶斯概率模型等方法在内的机器学习方法对所建立的用户个性化偏好模型进行分类,以对顾客个性化服务需求做出回应(见图 7-3)。

2. 服务设计

O2O 服装品牌为了在竞争中脱颖而出,重点强调个性化服务的建设。个性化服务建立在专业、标准的服务基础之上,在保证最基本的服务质量的基础上,寻求服务方式、传递方法、传递介质等方面的突破,以满足不同客户的不同需求,有利于提升顾客的消费体验和顾客的忠诚度,获得差异化竞争的优势。因此,个性化服务是指品牌零售商提供超出顾客预期的且有别于其他品牌零售商的服务。

例如在传统的服装定制行业中,顾客除了购买到高品质的定制服装之外,再没有其他的服务可享受。而如今的互联网定制服务不仅能够节约定制成本,而且顾客还能从智能云定制、3D 量体以及线上选款中体验到定制服装的乐趣,这些新兴的服务方式在传统定制服装行业中并没有出现过。再如,Trunk Club 是一家专为男士服务的高端服装 O2O 网站,其服装顾问通过电话了解顾客的爱好和品味,然后寄送一些顾客可能喜欢的衣服和鞋子,并与顾客讨论如何穿搭,等等。顾客将自己喜欢的服饰留下,把不喜欢的寄回去,并且只需要为自己喜欢的那部分付费。公司可以根据客户的独特喜好为其提供有针对性的服装建议。创新服务方式,有效整合资源,提供超出顾客预期的服务,为顾客营造一种全新消费体验的服务便是个性化服务。

个性化服务的实现机制(见图 7-4)具体包括:对用户的个人信息进行搜集,如用户的兴趣、爱好、习惯等等,形成数据,并建立用户模型,透过个性化服务系统对用户模

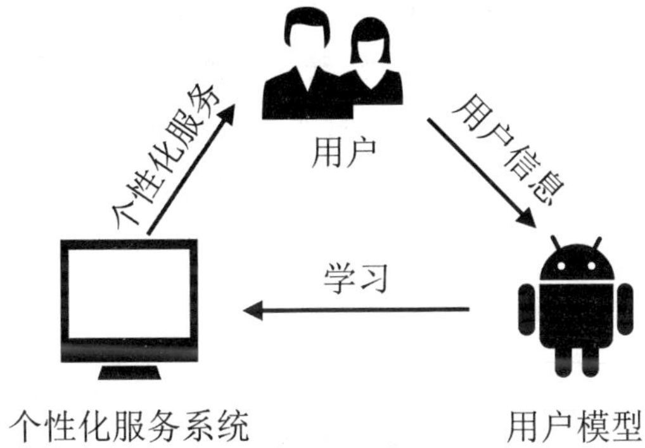

图 7－4 个性化服务的实现机制

型进行学习，以便了解用户的行为特征，用以给用户提供个性化的服务。

为了分析个性化服务实现的关键技术，曾春等(2002)研究了用户描述文件、资源描述文件、个性化推荐以及个性化服务体系结构之间的关系及相互作用，通过刻画用户特征以及对不同资源的描述，来对资源进行匹配，通过基于规则的技术、基于内容过滤的技术和协作过滤技术来实现个性化推荐的目的。其中，用户描述文件可以存放在服务器端、客户端和代理端，用户描述文件的分布位置决定了其是否需要进行传输和能否在不同的应用之间进行共享，因此直接影响着基于 Web 的个性化服务体系。

3. 线下体验

O2O 模式竞争愈来愈激烈，以制造业为主的纺织服装行业在面临产品同质化程度较高、品牌区隔度较差的市场环境下，应将资源更多地倾注于产业链的“长尾”部分，增强顾客线下体验，提升服装质量，跨过服装质量不敏感区。此外，还要加大商户的介入程度和提高用户的体验感，通过线上推广交易引擎带动线下体验消费。

第一，差异化体验。公司通过严格区分其提供的服务来实现差异化，主要原因是大多数服务革新容易被他人模仿。然而，有的服务公司仍经常在服务革新方面进行研究，获得了超过竞争者的暂时的连续优势。O2O 的核心在于解决信息的对称问题，降低消费者获取服务的成本，进而提升其消费积极性。而提升消费者消费积极性必须注重服务和细节，只有每一个触点都做好了，才能形成品牌的差异化，增加顾客黏性。实现差异化战略的方式有很多，比如可以提升品牌形象、技术特点、外观特点、客户服务、经销网络及其他方面的独特性。巩固差异化竞争力的重点在于关键环节的建设。线下顾客体验是差异化变量的函数，因此要通过稳固差异化的变量，提升 O2O 的线下顾客体验。

第二，平台、商家、用户三者的“泛体验”。O2O 与传统 B2C 相比，最大的不同是在获取商品和服务的环节中，O2O 讲求的是线下完美的体验与享受。例如，优衣库通过与 SNS 社交平台进行深入对接，设置一些轻量级的社交小游戏，利用游戏充分调动用户的社交积极性，使线上线下互动连接。而且在不同的游戏活动中，优衣库会及时根据活动进展随时调整策略，让用户充分参与，提高实体门店的销售额。而LBS的定位功能，可满足位于不同地区的顾客随时搜寻附近优衣库门店的需要，并提供在线下单、门店提货等服务，提高销售效率，延长销售半径。因此，只有让平台、商家、用户，即线上、线下、消费者三者保持互动的关系，做到“泛体验”，让线下商家有强烈参与感，三者才能形成良性循环，如图7－5所示。

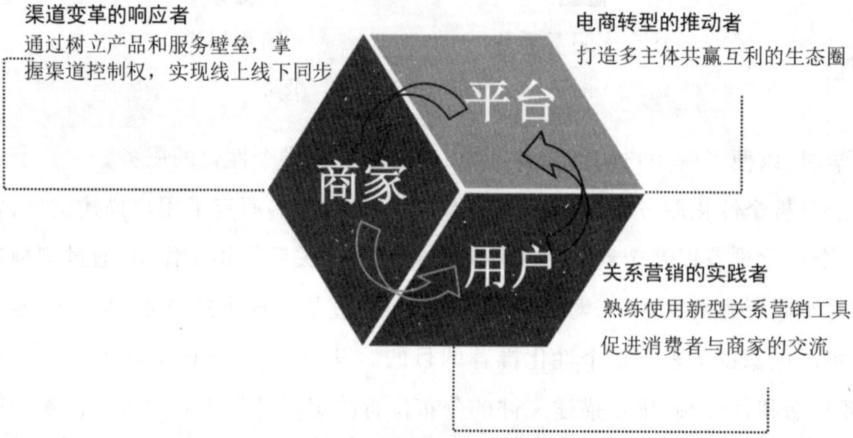

图7－5　平台、商家、用户之间的互动关系

4. 顾客反馈

顾客反馈是O2O运营模式的催化剂（见图7－6），它促使商家和平台不断完善其服务，提升其产品质量。顾客对商家的反馈不仅是对商家的督促，而且在一定程度上反映了品牌的价值，影响着其他消费者对品牌的认知和对服务的期望。因此，良好的顾客反馈能增加品牌服务的销量，不良的顾客反馈则会减少品牌服务的销量。而如果企业能够深刻地认识到产品或服务的缺陷，并及时地加以改正，则会更加增强消费者的信任。

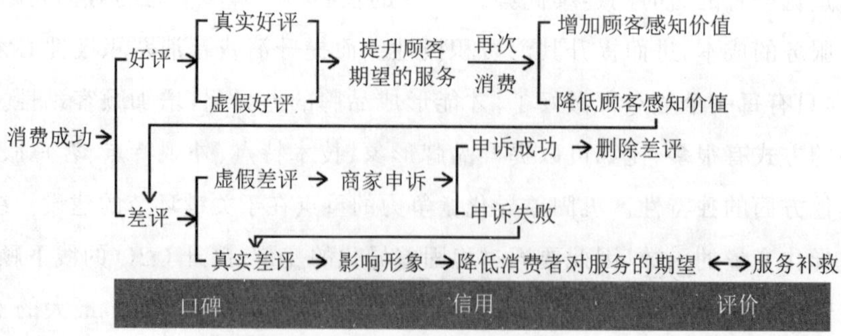

图7－6　O2O模式的顾客反馈

第一，消费者评价。消费者在成功消费之后，会对该商品或服务进行评价。由于在网络环境下的评价处于公开状态，消费者评价的好坏将直接影响到品牌的形象。

第二，服务补救。在服务出现失误后，如何采取及时有效的措施来防止不良信息的扩散，是所有品牌公关部门首要考虑的问题。员工会出现失误，系统会出现故障，顾客也会给彼此之间制造麻烦。如果顾客的抱怨没有得到及时有效的处理，消费者和品牌企业之间的关系就会趋于恶化。有学者经过研究发现，对于得到及时有效的服务补救的顾客，其满意度比那些没有遇到服务失误的顾客的满意度还要高。

（四）小结

O2O 模式通过自身不断的变轨，发展日臻成熟。服装行业急需 O2O 模式带来新鲜的购物体验，当然，其对传统服装行业产生的冲击也是必然的。首先，O2O 在其未来的运行过程中要不断优化各个节点，使各部分相互契合，最终打造出完整的 O2O 闭环模式，给消费者带来完美的购物体验。其次，O2O 与传统 B2C 相比，其区别主要是在获取商品或服务的环节中，O2O 能够降低对物流的依赖度，增强消费的体验。因此，以用户为中心应升级为以体验为中心，重新梳理“用户至上”理念。最后，为了保持 O2O 生态的良性循环，平台、商家、用户三者要保持互动关系，在横向上形成各自的规模经济和范围经济，在纵向上增加产业链各环节的附加价值，实现线上与线下优势互补。

随着柔性制造模式逐渐被认可，模仿型消费方式逐渐结束，个性化、多元化的消费方式及服务方式占据市场主导地位。在自媒体时代，人人都是宣传主体，O2O 服装品牌要提升个性化服务的感知价值，利用好消费者的口碑宣传，通过资源的解构和重组，实现需求引导供给、消费主导生产的局面。

二、O2O 服装定制品牌顾客感知价值的差异研究

（一）O2O 服装定制现状

为了更好地挖掘市场机会和投资潜力，中国互联网络信息中心（CNNIC）根据 O2O 市场评估模型对中国一至三线城市进行综合评估对比，调查全国网民的 O2O 应用行为。从综合实力来看，一线城市得分最高，为 44.6 分；二线城市 34.3 分，二者均高于全国平均水平（30.7 分）；三线城市 30 分，与一、二线城市及全国平均水平尚有差距。其中从 O2O 应用水平来看，一、二、三线城市得分分别为 40 分、27.8 分、23.8 分。一、二、三

线城市O2O用户渗透水平相差较为悬殊，一线城市得分最高，遥遥领先于二、三线城市，但是各线城市彼此之间的O2O应用水平和O2O应用深度相差不大，均处于发展阶段。根据迅销有限公司2015年度第一季度（2014年9—11月）业绩概要，优衣库海外事业部收益及溢利增长均高于预期，收益大幅增长至1680亿日元（约合86.6亿人民币），较上年度增长47.3%。优衣库基于LBS的O2O模式，使其在营销模式上领先一步，将线上线下无缝连接，更好地满足了顾客的个性化需求。

定制需求是个性角色形成的市场，其动机是表达个性，进而会有共同的行为特征表达。定制就是一种服务，在同质化的市场和高度个性化的市场，以“南极”和“北极”的形态存在的服装定制正是基于顾客的个人诉求、体型特征、气质类型，以顾客需求为驱动和导向，依据顾客对设计、裁剪、工艺、服务、价格、销售方式等方面的要求制作的顾客独享的服装。而O2O服装定制就是通过大数据思维、3D测量、线上定制等科技手段，满足顾客对于个性化服装和体验定制的需求。从服装定制企业的角度来讲，顾客的消费体验因素值越高，服装品牌越能获得更多竞争优势。

（二）顾客感知价值及其维度

1954年，彼得·德鲁克（Peter F. Dtucker）指出，顾客购买和消费的不是产品，而是价值，这是关于顾客感知价值最早的思想表达。顾客感知价值（CPV）是顾客对其所能感知到的利益与其在获取产品或服务时所付出的成本进行权衡后对产品或服务效用的总体评价。顾客感知价值体现的是顾客对企业提供的产品或服务所具有的价值的主观认知和价值判断。

国内外学者从各自的专业与不同的研究角度赋予顾客感知价值不同的含义。Zeithaml于1988年提出的定义为学术界广泛认可。Zeithaml（1988）认为，顾客感知价值即在特定环境和消费背景下，结合自身具体条件和需要，顾客对其所能感知到的利益与其在获取产品或服务时所付出的成本进行权衡后对产品或服务效用的整体评价。此外，Flint等通过建立顾客感知价值层次的模型，提出了顾客感知价值的层次性；Slater等认为，为了不断地为顾客创造优异价值，销售商不仅要理解顾客价值链的现状，而且还需要了解这一价值链随着时间的推移而变化。因此，可以确定顾客价值的动态性，而且顾客感知价值的层次性和动态性具有深刻的管理内涵。

Sweeny等人根据Sheth等人提出的消费价值五方面（社会价值、情感价值、功能价值、认知价值、情景价值）设计了测量耐用消费品顾客感知价值的量表，将顾客感知价值归纳为如下四个维度：情感价值，指顾客从商品消费的感觉和情感状态中所得到的效用；社会价值，指产品提高社会自我概念给顾客带来的效用；质量价值，指顾客从产品感知质量和期望的比较中所得到的效用；价格价值，指短期和长期感知成本的降低给顾客带来的效用。本书在服装定制顾客感知价值的研究上，参照文献对顾客感知价值的维度划分进行研究。

（三）国内外 O2O 服装定制品牌

位于伦敦萨维尔街 1 号的基福斯与浩克斯（Gieves & Hawkes）是一家 18 世纪晚期创立的专为传统英国绅士量身定做衣饰的裁缝店。初到基福斯与浩克斯的顾客会有专人陪同去上面楼层的亚当室（Adam Room），那里轻松的氛围能够为客户和裁剪师之间的信任打下基础。在顾客描述自己，介绍自己的习惯，表达自己对西装裁剪和面料的喜好时，裁剪师会根据他的所见所闻对这个顾客形成一个基本印象，然后在这一基础上设计出顾客所期盼的西装轮廓。

恒龙有为实业（杭州）有限公司利用 3D 测量、大数据思维等互联网技术，辅以数字化的解决方案，针对顾客对服装个性化的需求，打造了恒龙云定制平台。平台通过数据共享、信息共享、客户共享、服务共享和管理共享建立起品牌联盟。设计师通过提供点对点移动终端服务，来满足顾客对服装的个性化需求，同时也降低了网销服装退货率，提高了服装定制的效率。2014 年年底，北京拉链互动科技有限公司发布了首款来自互联网的个性定制西服，通过基于地理位置的上门量体服务，深度整合产业资源，对传统行业进行现代化运作；用垂直整合的理念，集合中国最优秀的设计师、西服工艺师和制造工厂，通过互联网将企业与消费者联系起来，消除中间流通环节，以期实现高性价比。

（四）调研及数据分析

1. 问卷的制定

不同的定制模式对顾客感知价值及其因素的影响不同。企业在制定不同定制模式的营销策略时，应根据品牌不同的营销目标，选择适合的定制模式，这样才能最有效地发挥其作用。本书参照顾客感知价值划分的情感价值、社会价值、质量价值、价格价值四个维度，通过调查问卷的方式研究在 O2O 服装定制模式和传统服装定制模式上存在的顾客差异，以总结出服装定制在 O2O 模式上应注意的问题。

根据顾客感知价值划分的四个维度的定义，针对不同的服装定制模式的特征，对相应维度编制 3~4 道题目，再经过提炼和归纳，一共整理出 22 道题目。其中，情感价值维度中有 3 个题项，分别针对情感价值定义中的“对商品消费的感觉”和“情感状态”这两部分内容；价格价值维度中包含3个题项，分别针对价格价值定义中“短期”和“长期”感知成本的降低。将整理出的各题项再经过进一步调试和逻辑梳理，最终形成由两部分构成的一共28个题项的调查问卷。

此次主要以社会白领阶层及从事服装定制行业的人群为调研对象，共发放300份问卷，回收有效问卷279份，有效回收率达93%，总体回收效果良好。本调查问卷共分两部分，28道题：第一部分为基础信息题，一共6道题；第二部分是关于调研主题的7级量表矩阵单选题，一共22道题。调研对象中有90位女性，210位男性，被调研者主要集中在大城市的34～55岁大专以上学历人群，月收入2万～5万元。

2. 调研数据分析

本调查问卷采用7级量表，“1”表示非常不赞同，“7”表示非常赞同，由1～7表示的赞同程度依次增强。正式问卷总体内部信度系数α值为0.937，信度非常好。对调查数据进行KMO与Bartlett测试，KMO值为0.905，具体数据见表7-2。数据显示有效，且差异极显著。

表7-2　KMO测度及Bartlett球形检验

KMO值	近似卡方	df	p
0.905	1958.569	28	0.000

注：df为自由度；p为显著性，若$0.01<p<0.05$，则差异显著，若$p<0.01$，则差异极显著。

(1) 相关性分析

SPSS相关性分析中的描述性统计量表显示(见表7-3)，CPV四个维度的均值中，质量价值得分最高，为5.59；情感价值次之，得分为5.33；再次为价格价值；最后是社会价值。由此说明，基于顾客感知价值的服装定制当中，服装定制的质量价值占比最大，其次是情感价值，最后才是社会价值。因此，服装定制企业在定制经营活动中首先要考虑的是如何确保服装定制的质量。例如，针对特殊体型的顾客进行量体，经验丰富的裁剪师在关键部位的测量上知道如何确定放量；服装定制企业提供优质的面料以满足顾客对于定制的服装所要达到效果的要求，在服装袋口、扣眼、袖褶等细节部位的处理上也会影响服装的质量；在质量有保证的前提下要积极与顾客沟通，尽量与顾客在轻松愉快的氛围中进行交流，以便更好地了解顾客的性格及爱好，通过细节的完善来满足不同顾客在服装定制过程中的不同服务需求。

此外，对于不同模式的CPV四个维度的均值，O2O模式下的情感价值、社会价值、质量价值、价格价值均比传统模式的均值高(见表7-3)。因此对于定制企业来讲，如果品牌在情感价值、社会价值、质量价值和价格价值上的优势比较突出的话，可以选择O2O服装定制模式，反之，则建议选择传统服装定制模式。

表 7-3　不同定制模式下 CPV 四个维度的均值

CPV 四维度	不同服装定制模式的均值		均值
	O2O 模式	传统模式	
情感价值	5.44	5.21	5.33
社会价值	5.15	5.03	5.09
质量价值	5.63	5.54	5.59
价格价值	5.32	4.97	5.15

在 O2O 模式中，CPV 四个维度之间的显著性水平均为 0.000，小于 0.01（见表 7-4）。情感价值与社会价值、质量价值、价格价值的相关系数分别为 0.771、0.725、0.802，社会价值与质量价值、价格价值的相关系数分别为 0.735、0.813，质量价值与价格价值的相关系数为 0.750。所以，O2O 服装定制模式中情感价值、社会价值、质量价值和价格价值的相关关系为正向的且相关性很强。服装定制企业在制定品牌战略的时候，要基于顾客感知价值，均衡发展四个维度。

表 7-4　基于 O2O 定制模式的 CPV 四个维度的相关性分析

CPV 四维度		情感价值	社会价值	质量价值	价格价值
情感价值	Pearson 相关性	1	0.771**	0.725**	0.802**
	显著性（双侧）	—	0.000	0.000	0.000
	N	279	279	279	279
社会价值	Pearson 相关性	0.771**	1	0.735**	0.813**
	显著性（双侧）	0.000	—	0.000	0.000
	N	279	279	279	279
质量价值	Pearson 相关性	0.725**	0.735**	1	0.750**
	显著性（双侧）	0.000	0.000	—	0.000
	N	279	279	279	279
价格价值	Pearson 相关性	0.802**	0.813**	0.750**	1
	显著性（双侧）	0.000	0.000	0.000	—
	N	279	279	279	279

注：** 表示在 0.01 水平（双侧）上显著相关。

（2）因子分析

由表 7-4 可知，基于 O2O 定制模式的 CPV 四个维度之间存在显著性差异，适合进一步做因子分析。为了更清楚地了解 CPV 四个维度对不同定制模式的影响，本书把两种不同的定制模式进行比较，试图探寻 CPV 四个维度对不同定制模式的影响程度。本书在因子分析方法上采用最大方差法，使得每个因子上的具有最高载荷的变量数目最小，以简化对因子的解释(见表 7-5)。

表 7-5　不同定制模式的 KMO 测度及 Bartlett 球形检验

定制模式	检验数值			
	KMO 值	近似卡方	df	p
O2O 定制模式	0.861	890.403	6	0.000
传统定制模式	0.821	825.479	6	0.000

由表 7-5 可知，两种定制模式的 KMO 值均大于 0.8，说明所选变量适合做因子分析。Bartlett 球形检验统计量的观测值分别为 890.403、825.479，相应的伴随概率均为 0.000，小于显著性水平 0.05，因此拒绝 Bartlett 球形检验的零假设，认为相关系数矩阵与单位矩阵有显著差异。

因子提取和具有 Kaiser 标准化的正交因子旋转的结果显示，O2O 定制模式和传统定制模式在初始解中各提取了 4 个公共因子，原始变量总方差均被解释，详细数据见表 7-6。可以看出，O2O 定制模式中，第 1 个公共因子的特征根为 $\lambda_1=3.299$，解释了 4 个原始变量总方差的 82.477%；传统定制模式中，第 1 个公共因子的特征根为 $\lambda_1=3.223$，解释了 4 个原始变量总方差的 80.569%；均达到了 80%以上。由此可见，在两种定制模式中，选取各自第一个主成分基本能够代替原来的变量。

表 7-6　不同定制模式的原始变量解释的总方差

定制模式	成分	初始特征值			提取平方和载入		
		合计	方差	累积/%	合计	方差	累积/%
O2O 模式	1	3.299	82.477	82.477	3.299	82.477	82.477
	2	0.292	7.310	89.787			
	3	0.229	5.735	95.523			
	4	0.179	4.477	100.000			
传统模式	1	3.223	80.569	80.569	3.223	80.569	80.569
	2	0.341	8.537	89.106			
	3	0.261	6.536	95.642			
	4	0.174	4.358	100.000			

根据表 7-7 显示的不同定制模式的 CPV 四个维度的成分系数可知，CPV 四个维度在 O2O 定制模式和传统定制模式中的系数有所差异，基本上可以用一个成分来代替

各自定制模式。

表 7-7 不同定制模式的 CPV 四个维度的成分系数矩阵

CPV 四维度	O2O 定制模式(成分 1)	传统定制模式(成分 1)
情感价值	0.908	0.902
社会价值	0.915	0.880
质量价值	0.881	0.902
价格价值	0.928	0.906

由表 7-7 可得出各定制模式的函数：

O2O 定制模式＝0.908×情感价值＋0.915×社会价值＋0.881×质量价值＋0.928×价格价值

传统定制模式＝0.902×情感价值＋0.880×社会价值＋0.902×质量价值＋0.906×价格价值

在此需要说明的是，各表达式中的各个变量已经不是原始变量而是标准化变量。

（五）结论及营销建议

1. 结论

基于 O2O 服装定制的顾客感知价值，从定制模式的本身来讲可以归纳到 CPV 四个维度里，着重点在于解决服务的质量和深度，关键点在于服装定制的质量。采用 O2O 模式的服装定制企业应深刻地了解顾客的喜好和生活习惯，把握顾客的着装风格，从服装的版型、面料、制作工艺到服装细节的处理，展现出顾客的性格特征，让定制的服装成为顾客身体的一部分。不论是 3D 量体技术，还是传统皮尺测量，都应尽可能展现出顾客完美的身形；通过与顾客的交流，在确定顾客着装环境的情况下，挑选合适的面料以满足顾客的特殊需求，与此同时要充分考虑面料的质地、花型和颜色等；与顾客及时正确地沟通，减少在工艺制作环节的失误，提高服装制作效率。服装定制企业不能单纯地把 O2O 模式当作品牌形象的宣传渠道，更不能把它视为打折促销或处理库存的手段。要基于好的产品和好的服务，不断提升互联网线上的服务方式，完善线下服务标准，在闭环中形成交互协同发展，提高用户体验。同时，这也是做好 O2O 的关键节点——同步信息和服务，降低顾客的感知成本，从而提升企业的服务价值。

此外，在满足顾客感知价值的基础之上，O2O 定制模式的另外一个核心——创新，也是 O2O 模式发展的一个主要动力。如何让消费者有新的体验，如何整合品牌次级来源导向，让用户“显性感知”，如何摆脱同质化经营，这些都将落到“创新”二字之上，这有待进一步研究。

2. 营销建议

根据不同的营销策略选择适合的定制模式。不同的定制模式有各自不同的特点，企业要根据自身文化、发展战略、目标客户群等因素选择适合的定制模式。例如，萨维尔街上的百年老店集聚了定制衣物的忠实爱好者，这些顾客并不一定都能接受O2O定制模式，反而着迷于纯手工量体、裁剪和缝制；类似地，以3D量体、在线下单、云定制等为发展契机的服装定制品牌可以更好地利用O2O服装定制模式，运用大数据思维，了解顾客的痛点，增加品牌的创新点，解决顾客的诉求点，使线上线下通过定制平台形成闭环，在提升品牌价值的同时，不断地以顾客为中心，提供更多更优质的服务。

统筹线上与线下渠道。服装定制品牌不同于一般的服装品牌，对于O2O服装定制品牌来讲，线上渠道为企业与顾客之间沟通的便利搭建了桥梁，线下渠道为提高服装定制的服务品质组建了平台，线上与线下要互相反哺，形成良性循环。在线下单为顾客节省了时间，服装定制企业根据尺寸数据库为顾客提供合理的建议，与顾客进行深度友好的沟通，在顾客到店试穿时展现服装定制企业优良的服务品质，提升整体形象，提高复购率。

三、O2O服装品牌个性化服务对顾客忠诚度的影响

波司登财报显示，截至2015年9月30日，该公司利润暴跌48.3%，与此同时，波司登羽绒服业务零售网点总数同比净减少548家，降至6051家。另外，美特斯邦威服饰2015年上半年财报显示，上半年净利润同比下跌152.98%，亏损9476.02万元，主营业务收入29.62亿元，同比下降20.11%，2015年前三季度与去年同期相比下降7.8%。资本市场改革速度加快，经济下行压力加大，倒逼细分服装企业选择资本市场。“关店潮”的不断涌现，从另一方面也反映了企业战略决策及运营业务的不断调整。为了适应不断变化的市场，服装企业改革步伐不断加大，服装企业品牌格局呈现哑铃型。在新常态环境下，互联网改变了交易场所，拓展了交易时间，丰富了交易品类，加快了交易速度，减少了中间环节，消费需求趋向碎片化、小众化、多样化。服装品牌应及时应对消费结构出现的变化，采取“小而美”的战略，深挖细分市场，从产品、营销、服务等多方面提升用户体验。

（一）理论背景

1. 个性化服务研究回顾

Zeithaml(2002)首次提出了网站服务质量(website service quality)，或者叫电子服务质量(e-SQ)。他认为，网站服务质量是测量网站推广产品和提供服务是否高效和消费者在该网站上购物、消费是否有效率。在此定义中，服务的含义既包含了售前，也包含了网站的售后服务，重点在于评论和总结那些顾客是如何通过网站感知服务质量的。个性化服务就是针对用户信息、行为、习惯、偏好和特点，向用户提供满足其各种个性化需求的一种服务，即以用户需求为中心的服务。

安毓英和束汉民(2001)从服装美学的角度阐述了个性化，他们认为，个性化指穿衣、戴帽不依附于政治，而是追求生活中的情感寄托。穿衣已经不是单纯的生理需求，而是表现人的情趣、审美、个性的一种重要手段。并且，他们还认为穿衣服要穿出自己的形象特色，才是真正穿出自己的个性。华梅(2004)从服装心理学的角度出发，解释了个性着装者的着装行为。她认为，每个人的着装行为实际上都反映内在的真实的人格，体现出不同凡响的个性特征，表现为服饰中的自我。

服务个性化意味着人性化、个人定制和自我满足。它主要包含两个方面的内容：首先，它要求产品功能齐全、高效，并且适合人的操作；其次，又要满足人们的审美和认知精神需要。顾客的消费需求越来越个性化，在产品、技术严重同质化的今天，只有在服务上形成差异，针对不同的顾客提供个性化的服务，才能获得顾客的青睐。而服务的差异化又体现在很多方面，如服务品牌差异化、服务模式差异化、服务技术差异化、服务概念差异化、服务传播方式差异化等。从产业集群的角度来讲，发展中国家的生产商和供应商在全球化竞争中，必须不断提高产业技术能力来满足国际购买商的壁垒性要求，否则就只能转向其他利基市场(niche market)。由此可以看出，小到商品零售，大到国际贸易，均要不断以新的技术、新的服务、新的途径来达到对方的准入规则，挖掘用户需求背后所代表的真实问题。而这些需求往往隐藏着非常有价值的诉求点，解决这些诉求点，引导用户的消费习惯，让用户对每一个环节都能够满意，这就是互联网思维中的痛点思维。O2O服装品牌立足于互联网，线上引流，线下体验，产品和服务并行不悖，运用互联网思维统筹整体品牌形象，通过提供差异化的产品和服务将自身品牌与其他品牌区分开来，树立差异化品牌形象。

由于个性化服务针对的是用户不同的实际需求，在互联网环境下，要求网站有获取、过滤、排序、匹配信息的能力。因此，个性化服务的研究大都停留在计算机领域内，将之与零售领域进行结合的研究目前在国内外尚少。然而，随着近年来电子商务的发展，商家获取顾客的成本越来越高，顾客对于商家所提供的服务却不甚满意。其主要原因是商家为顾客提供的服务千篇一律，没有抓住用户的消费习惯，不了解消费者的痛点，所以才会导致用户黏性低、转化率低、成交率低。

(1) 个性化服务的理论

个性化服务在2000年至2001年在国内还属新鲜事物，到了2002年，个性化服务引起了图书情报领域的研究人员的注意，相应的研究成果也逐渐增多。2003年起，个性化服务成了学者们关注的热点，但大部分的研究还是集中在计算机信息服务领域，尤其以图书馆个性化信息服务为最多，最早的相关论文的作者是张晓林等(2001)、张玉峰等(2001)。2004年至2005年，个性化服务研究虽然还是集中在高校个性化服务研究领域，但也逐渐在向个性化服务综合领域研究发展。

学术界认为人类对个性化服务研究的开端以1995年卡内基梅隆大学的罗伯特·阿姆斯特朗(Robert Armstrong)等人在美国人工智能协会上提出的个性化导航系统Web Watcher为标志。1997年，个性化推荐系统的专题报告由会《美国计算机协会通讯》(*Communications of the ACM*)组织，个性化服务开始受到技术界的高度重视。2000年8月，《美国计算机协会通讯》再次设置个性化服务的专刊，使得个性化服务的研究进入了快速发展阶段。2000年，日本电气股份有限公司(NEC Corporation)研究院的柯特·D.B.(Kurt D.B.)等人为了实现了CiteSeer的个性化，在搜索引擎CiteSeer上增加了个性化推荐功能。2001年，IBM公司为了商家能够开发个性化电子商务网站，在其电商平台Websphere中增加了个性化功能。这些都意味着个性化研究已经在商业领域得到了越来越广泛的应用。

丁浩和林云(2000)从三个层面来解释个性化服务。首先，个性化服务应该能满足用户最基本的信息需求，能够根据用户所提供的要求来提供准确的信息服务；其次，个性化服务应该成为一个展现自我、表现自我和宣传个性的窗口；最后，个性化服务应该具备培养个性、发现个性、引导需求、促进社会多元化发展的功能。

樊国萍(2005)拓宽了个性化服务的界定范围，认为个性化服务应该包括提供个性化定制，个性化信息搜索、推荐、提醒以及个性化信息代理，等等。

(2) 个性化服务的技术

基于互联网的个性化服务技术研究前景广阔，其既可以给消费者带来便利，又可以提高商家的经营效率。在移动互联网快速发展的大数据时代，个性化服务技术也得到了长足的发展。个性化服务实现的机制是通过收集和分析用户信息来模仿和学习用户的习惯和兴趣，达到主动推荐的目的，而且能充分提高站点的服务质量和访问效率。

曾春等(2002)分析了个性化服务实现的关键技术，包括用户描述文件、资源描述文件、个性化推荐及个性化服务体系结构之间的关系以及相互作用：通过刻画用户特征以及对不同资源的描述，来对资源进行匹配；通过基于规则的技术、基于内容过滤的技术和协作过滤技术来实现个性化推荐的目的。其中，用户描述文件可以存放在服务器端、客户端和代理端，用户描述文件的分布位置决定了其是否需要进行传输和能否在不同的应用之间进行共享，因此直接影响着基于网络的个性化服务体系。

李勇等(2002)对个性化服务的基本问题和所用的关键技术进行了详细的分析，其中对用户概貌的表示方法和学习算法进行了详细的描述。用户概貌能够提高查找、过滤、排序及推荐能力，向用户提供个性化的信息服务和主动信息服务，能更好地满足用户的信息需求。

李春等(2009)主要分析了用户建模技术和个性化信息检索技术，指出用户建模技术就是把用户的兴趣、偏好和访问模式等写入系统，构建用户模型，其直接关系到个性化服务的质量；个性化信息检索技术是面对相对静态的结构化数据库，针对不同用户的不同兴趣、爱好和习惯，为用户量身定做信息检索服务的技术。

(3) 个性化服务的应用

随着个性化信息模型和用户模型的日渐成熟，以及移动互联网和大数据的发展，我们可以通过二者之间的协作实现个性化服务。同时，互联网技术的发展为纺织服装工业带来了一场技术革命，使服装的个性化设计和高效率的工业化生产达到了一个新的量级，推动了服装产业结构的变化。

目前比较主流的个性化服务方式是通过对比资源数据库与用户模型的相似度来向用户推荐信息，其关键问题在于相似度计算。因此，个性化服务首先主要是应用在计算机领域，通过相似度的匹配计算，得出用户的行为习惯模型，进而为用户提供个性化的服务。典型的系统有 LIRA Web Personalizer、Personal WebWatcher、SIFTER、WebMate、CiteSeer、Syskill&Webert、WebACE 等。但是，个性化并不等于定制化。定制也可以是大批量、完全标准化的生产，而个性化是以单个消费对象的需求为主，提出一套解决方案来满足消费者的需求，见表 7-8。

表 7-8 定制化服务需求与个性化服务需求的对比

区别因素	定制化服务需求	个性化服务需求
生产模式	大规模定制	个性化模式
出发角度	生产商	单个客户
需求依据	产品属性细分	客户需求分析
需求产品	简单的产品或服务	一整套的解决方案
实现客户目标的条件	客户需要记住大量的有关产品或模块的性能和技术信息	客户只需说清楚用途和要达到的效果，不需要记住大量产品信息

2. 顾客满意度与顾客忠诚度研究回顾

关于顾客忠诚度的实证性研究始于20世纪50年代的Brown(1953)及Cunningham(1956)对顾客忠诚度的研究，他们从研究中发现消费者对不同产品的品牌购买动作存在着明显的持续性，并将其总结为个体在品牌购买中存在着强烈和有效的品牌忠诚。1997年，奥利弗(Oliver)对顾客忠诚度概念做了界定。他认为，顾客忠诚是指顾客不管营销环境如何变化，都将在自己所钟爱的企业或品牌持续性地消费，不会轻易地转换企业或品牌。

关于顾客忠诚的概念，国内外研究学者尚未形成统一的定义，但根据相关学者的研究可将有关顾客忠诚的观点归纳为三种类型：第一，态度忠诚论；第二，行为忠诚论；第三，态度和行为结合论。

刘洪程(2004)认为，顾客忠诚是指顾客积极的态度、行为和情感的统一，主要包括三个层次：行为忠诚、意识忠诚和情感忠诚。行为忠诚主要是指顾客表现出来的重复购买的行为；意识忠诚是顾客的购买意向；情感忠诚则是顾客对企业及其产品的态度。但是在行为上表现出忠诚的顾客不一定是忠诚顾客，因为有可能还受到价格、信息、转移成本及行业垄断等因素的影响。马清学和张鹏伟(2003)从情感上解释了顾客忠诚的行为。他们认为，顾客忠诚是指顾客在消费中对某家企业或品牌的产品或服务产生一定的依赖性，积极为企业或该品牌做宣传，且不易受到其他竞争品牌的信息诱惑——顾客宁愿克服各种不利条件，也会去购买他们信任的企业或品牌的产品。Kim等(2009)通过模型的构建与假设，验证了美国中西部地区的261位在校大学生的消费者信任和感知网络信心之间的关系：在多渠道服装在线零售环境下，消费者的信任对于感知网络信心有明显的影响，并且能够通过线上搜寻意图和感知网络信心明显地影响顾客行为意向。Kumar等(2004)首次从顾客的终身价值出发，建立了一个盈利能力和顾客忠诚之间关系的概念架构，为21世纪如何建立和维持顾客忠诚提供了一个参照。顾客忠诚的形成有两个方面的原因：一是由于企业或品牌对该企业或品牌的服务进行技术、经济等方面的垄断，顾客转换成本较高；二是顾客在情感上对该企业或品牌产生依赖，不愿也不易发生转换。

影响网络顾客忠诚度的因素有很多，Srinivasan(2002)提出了8个影响顾客忠诚度的因素：客制化、接触互动性、培养、关怀、虚拟社群、选择性、便利性和网站特色。通过实证分析，除便利性外，其他7个因素对网络顾客忠诚度都有着积极的正向影响。Balabanis等(2006)，认为增强顾客忠诚度的途径有两个：一是通过提供更高质量的服务来提高消费者的满意度，二是增加服务技术的差异化，来增加消费者的转换成本。邓爱民等(2014)，通过数据的分析及模型的验证，得出结论：信任可以成为顾客忠诚度的直接前因变量，且可以通过影响顾客满意度来间接影响顾客忠诚度；网站性能和线下物流服务质量也通过顾客满意度间接地正向影响顾客忠诚度；在网络环境下，顾客忠诚度的主要影响因素是顾客满意度和转换成本。此研究结果较全面地反映了网络环境下顾客忠诚度的影响因素和作用机制。陆机莹等(2014)通过实证分析认为，在B2C购物环境下，顾客满意是顾客忠诚的重要前驱因素，其对顾客忠诚有正向影响。另外他们还得出结论：顾客信任在顾客满意度与顾客忠诚的关系中具有中介作用，且性别的差异在顾客满意与顾客忠诚之间没有调节效应。

顾客满意是在顾客忠诚之前形成的。要想提高顾客忠诚度，首先要提高顾客满意度，且顾客忠诚度对顾客满意度又有积极的正向影响。O2O服装品牌在基于互联网的发展中，要不断增强影响顾客满意的因素，提高顾客忠诚度。

3. O2O服装品牌及其与顾客忠诚度关系的研究回顾

O2O服装品牌可以发挥线上、线下各自优势，弥补传统服装品牌在设计、生产、推广、销售等方面的不足。线上渠道可以为企业与顾客之间沟通的便利搭建桥梁，线下渠道可以组建平台提高服务品质，线上线下互相反哺，形成良性循环。Wen Gong等(2013)从线上的角度分析了影响中国消费者在线购物的因素，并且认为线上购物不仅仅能作为一种交易渠道，而且还能让商家根据消费者的线上消费行为把控消费者的消费意图，从而有针对性地进行销售。因此，关于顾客对O2O服装品牌忠诚度的研究，可以划分不同的维度进行测量，其测量维度既包括品牌线上形象等所产生的效应，同时也包括品牌线下对顾客忠诚度的影响。Kwon和Lennon(2009)研究了线上线下品牌形象对于顾客忠诚度的影响，认为线下的品牌形象对于线上品牌的形象有明显的影响，但是在控制了线上和线下的品牌形象影响的前提下，线上感知风险对网络顾客忠诚度没有显著的影响。这一研究证明了线下品牌形象和线上网络性能可能会影响消费者的感知、期望、品牌忠诚度。

根据前述的文献评述以及研究顾客忠诚度的相关文献，本书着重研究6个指标变量对顾客忠诚度的影响。根据刘洪程(2004)、Chandrashekaran(2007)、Liu(2007)、Yim等(2008)关于顾客满意度对顾客忠诚度的阐述可知，顾客满意度与顾客忠诚度存在积极的正向影响，且影响系数较大。因此，本书在研究个性化服务的6个指标维度与顾客忠诚度的关系时，把顾客满意度也纳入进来作为其中的一个潜在变量，并赋予相应的指标变量。本书所要研究的个性化服务通过顾客满意度对顾客忠诚度产生影响的概念模型如图7-7所示。

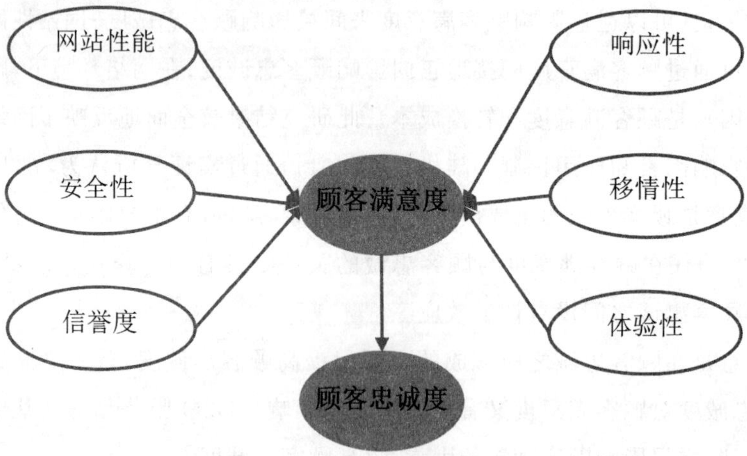

图 7-7 个性化服务指标维度与顾客忠诚关系的概念模型

从概念模型可知，本书拟以个性化服务的 6 个指标维度——网站性能、安全性、信誉度、响应性、移情性、体验性，通过顾客满意度，建立对顾客忠诚度产生影响的模型。

（二）实证研究

在相关文献研究的基础上，本书结合服装企业 O2O 运营现状，通过与有关专家进行探讨，提炼出相关变量的测量问项，并采用李克特七级量表进行测量。网站性能的测量问项是参照 Koufaris 等(2001)以及 Flavian 和 Gurrea(2006)关于评价网站的因素以及结合本书研究服装品牌的实际情况进行改编获得的；安全性参照了 Parasuraman 等(2005)关于网站保险性能的测量问项；信誉度参照了 Mcknight 等(2005)关于信任的测量问项；响应性参照了 Kim 等(2004)在顾客满意度中关于响应性的测量问项；移情性参照了 Parasuraman 等(1985)和 Zeithaml(1988)对个性化服务中的移情性的问项；体验性参照了范秀成、陆燕、蔡凌飞关于顾客体验的测量问项；顾客满意度参照了 Anderson 和 Srinivasan(2003)关于顾客满意度的测量问项；顾客忠诚度参照了 Parasuraman 等(1985)关于顾客忠诚度的测量问项。

通过访谈和相关文献的查阅，确定各项指标，具体各项指标在第二章已有论述。因此，根据本书所研究的内容，考虑了可能影响顾客忠诚度的因素及其相互关系，确定的个性化服务指标维度有 6 个：网站性能、安全性、信誉度、响应性、移情性和体验性。各个指标维度有不同的表达意涵，在问卷制作过程中，将会根据各指标维度的意涵设置相应的问项。6 个指标维度的测量意涵见表 7-9。

表 7-9　6 个指标维度的测量意涵

指标维度	测量意涵
网站性能(website)	网站的设计、链接、指令等帮助消费者方便找到商品的性能(4 个题项)
安全性(security)	网络交易中可能存在的安全隐患(4 个题项)
信誉度(credit)	商家的可信度(3 个题项)
响应性(response)	帮助顾客的意愿及迅速提供服务的能力(4 个题项)
移情性(empathy)	关心顾客并提供个人化服务的意愿(4 个题项)
体验性(experience)	消费者感知到的超出预期的服务(4 个题项)

根据 O2O 服装品牌的运营现状,小组讨论后,经过小规模的预调查处理,确定问卷分为两部分,第一部分为个性化服务各变量的测量问项,第二部分为被测者的个人基本信息。表 7-10 中所有问项均采用 7 级量表测量,“1”表示非常不认同,“7”表示非常认同,由“1”到“7”表示认同感逐渐增强。

表 7-10　个性化服务对顾客忠诚度影响的测量问项

观察变量	题项编码	测量问项
网站性能	WEB1	该网站能够让我很有效率地完成网上购物
	WEB2	我比较注重网站设计的合理性,使我能够较方便地找到想要的商品
	WEB3	网站之间的链接较为顺畅
	WEB4	该 O2O 网站交易流程比较明确,基本不存在误导性指令
安全性	SEC1	我认为要不断完善 O2O 品牌网站的安全政策
	SEC2	比较担心个人信息会遭到外泄
	SEC3	希望商家对本次交易的信息进行保密
	SEC4	线下交易时,我比较担心商家支付工具的安全性,例如 POS 机等
信誉度	CRE1	我一般习惯到信誉度高的品牌网站进行消费
	CRE2	我认为 O2O 商家要能够兑现其承诺,所提供的商品和服务信息要与实际一致
	CRE3	当我发现该品牌网站存在不符合实际的宣传信息时我会拒绝在该网站消费
响应性	RES1	与该网站的客服人员交流是否顺畅会影响我最终的购买决定
	RES2	我认为客服人员应对我不断提出的问题耐心地进行一一解答
	RES3	我认为客服人员要能够及时解答顾客在购物过程中的疑问
	RES4	线下消费时,既长又无聊的排队,会影响我的购买欲望

续表

观察变量	题项编码	测量问项
移情性	EMP1	品牌网站应该根据顾客的购买习惯适时推送顾客所需要的商品信息
	EMP2	品牌网站向消费者提供独特的产品和服务是必需的
	EMP3	品牌网站能够追踪顾客的消费信息，并给予持续关注，主动了解顾客的需求是必需的
	EMP4	我认为一家 O2O 品牌网站为顾客提供预约服务是必需的
体验性	EXP1	以用户为中心的专业化推荐是 O2O 品牌必需的
	EXP2	我期待商家能有更加多元化的商品展示、更加人性化的试用体验以及更加优化的服务流程
	EXP3	在保证安全的前提下，支付流程应稍加便捷
	EXP4	我希望 O2O 商家在售后阶段能够针对商品或服务与顾客进行更多的交流和更好地关怀顾客
满意度	CS1	从该 O2O 品牌购得的商品令我满意
	CS2	该 O2O 品牌的服务令我满意
	CS3	总的来说，我对该 O2O 品牌比较满意
忠诚度	CL1	其他 O2O 品牌都不太符合我的需求
	CL2	我经常把该 O2O 品牌推荐给其他人
	CL3	只要该 O2O 品牌网站保持现有的服务，我不会转换到其他品牌购物
	CL4	我只要 O2O 购物，首先就会来到该品牌

调查问卷通过问卷星平台向从事服装营销行业的人员发放，一共发放 408 份，回收 408 份，回收率为 100%。删除无效问卷 9 份，剩余有效问卷 399 份，有效回收率为 97.79%。其中，男性 119 人，女性 280 人；16～25 岁的有 237 人，25～33 岁的有 141 人；长期居住地为中等城市和大城市的，人数分别为 141 人和 132 人；受教育程度多为本科，有 162 人，拥有研究生学历的有 143 人；家庭人均年收入多在 5 万元至 10 万元之间，有 154 人。

研究中采用 α 系数、KMO 值以及 Bartlett 球度检验对问卷数据进行信效度分析，利用因子分析进一步验证模型的合理性。

(1) 信度效度分析

Cronbach's α 值越高则表示数据的信度越好，一般要求 α 值在 0.7 以上，0.5 到 0.7 时可接受。如表 7 - 11 所示，经 SPSS 21.0 计算，Cronbach's α 值为 0.956，说明问卷信度非常好。

表 7-11　可靠性统计

Cronbach's α	基于标准化项的 Cronbach's α	项数
0.956	0.958	30

问卷的效度用于衡量问卷能否准确地反映研究的目的及要求，判读对于其所分析的数据是否具有有效性。在内容效度检验方面，本调查问卷的内容是参照国外相关领域学者的研究成果，整理相关题项后得出的，经过了小组探讨、实地访谈以及导师指导，因此本研究的问卷具有较高的内容效度。对于本问卷的结构效度，采取 KMO 测度与 Bartlett 球度检验。KMO 值表示数据是否适合做因子分析，KMO 在 0.8 以上表示适合做因子分析。如表 7-12 所示，KMO 值为 0.957，在 0.8 以上，Bartlett 球度检验统计量的观测值为 8315.180，自由度为 435，相应的伴随概率为0.000，小于显著性水平 0.01。

表 7-12　KMO 测试和 Bartlett 球度检验

取样足够度的 KMO 度量	Bartlett 球度检验		
	近似卡方	df	Sig.
0.957	8315.180	435	0.000

（三）描述性统计

为了解数据的分布情况，以及由原始数据转化成的标准化的取值，对删除无效问卷后的数据进行描述性统计分析，见表 7-13。

表 7-13　各题项基本描述

题项代码	均值	标准偏差	项已删除的 Cronbach's α 值	各变量的 Cronbach's α 值
WEB1	5.12	1.318	0.955	0.837
WEB2	5.84	1.256	0.954	
WEB3	5.44	1.334	0.955	
WEB4	5.18	1.374	0.955	
SEC1	6.16	1.253	0.954	0.828
SEC2	5.98	1.422	0.955	
SEC3	6.31	1.188	0.954	
SEC4	5.79	1.489	0.956	

续表

题项代码	均值	标准偏差	项已删除的 Cronbach's α 值	各变量的 Cronbach's α 值
CRE1	6.14	1.225	0.955	0.772
CRE2	6.25	1.171	0.955	
CRE3	6.01	1.294	0.955	
RES1	5.83	1.216	0.955	0.830
RES2	5.99	1.198	0.954	
RES3	6.14	1.166	0.954	
RES4	5.67	1.339	0.955	
EMP1	5.53	1.394	0.954	0.854
EMP2	5.80	1.202	0.954	
EMP3	5.53	1.370	0.955	
EMP4	5.52	1.363	0.954	
EXP1	5.79	1.236	0.954	0.874
EXP2	6.05	1.135	0.954	
EXP3	6.13	1.159	0.954	
EXP4	5.95	1.195	0.954	
CS1	5.44	1.208	0.954	0.914
CS2	5.45	1.191	0.954	
CS3	5.43	1.192	0.954	
CL1	4.33	1.522	0.957	0.837
CL2	4.64	1.502	0.956	
CL3	4.71	1.510	0.956	
CL4	4.95	1.467	0.955	

图 7－8 是个性化服务各变量指标的正态概率 P－P 图，其中的斜线表示正态分布的标准线，点表示实际数据的分布，各点越接近于直线，则数据的分布越接近于正态分布。从图中可知，各点的分布拟合度较好，说明正态分布较明显。

1. 因子分析

通过主成分分析法固定提取 8 个因子，累计解释变量 74.077%，详细数据见表 7－14。从表中可看出，第 1 个公共因子的特征根为 $\lambda_1=13.79$，解释了原始变量总方差的 45.98%；第 2 个公共因子的特征根为 $\lambda_2=2.85$，解释了原始变量总方差的 9.49%，其余

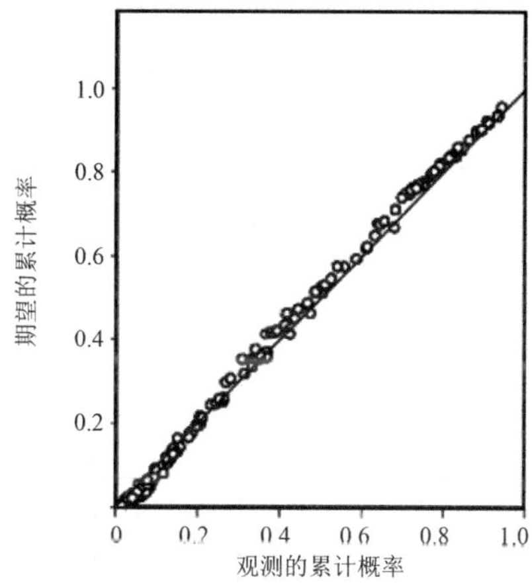

图 7-8　个性化服务各变量指标的正态概率 P-P 图

数据含义类似。在提取的 8 个公共因子中,原始变量总方差均被解释,在旋转后不会影响原始变量的共同度。

表 7-14　解释的总方差

成分	初始特征值			提取平方和载入			旋转平方和载入		
	合计	方差/%	累积/%	合计	方差/%	累积/%	合计	方差/%	累积/%
1	13.79	45.98	45.98	13.79	45.98	45.98	5.17	17.24	17.24
2	2.85	9.49	55.47	2.85	9.49	55.47	4.14	13.79	31.03
3	1.33	4.43	59.90	1.33	4.43	59.90	3.27	10.89	41.92
4	1.20	4.02	63.92	1.21	4.02	63.92	2.94	9.79	51.71
5	0.86	2.88	66.80	0.86	2.88	66.80	2.71	9.05	60.75
6	0.77	2.59	69.39	0.78	2.59	69.39	2.13	7.11	67.86
7	0.73	2.44	71.82	0.73	2.44	71.82	0.94	3.14	71.00
8	0.67	2.25	74.08	0.67	2.25	74.08	0.92	3.07	74.08

经过具有 Kaiser 标准化的正交旋转法,在 10 次迭代后收敛,分别对应了本研究模型中的网站性能、安全性、信誉度、响应性、移情性、体验性、顾客满意度及顾客忠诚度 8 个研究变量,见表 7-15。探索性因子分析结果显示,网站性能指标在第 4 个成分里,安全性在第 5 个成分里,信誉度在第 1 个成分里,其他指标的分布以此类推,且每个题项在其对应的因子上都有较高的载荷,能够很好地区分各个维度的测量。因此,本研究的各个变量维度之间具有很好的区别效度和收敛效度。

表 7－15　探索性因子分析

题项代码	成分序号							
	1	2	3	4	5	6	7	8
WEB1				0.571				
WEB2				0.643				
WEB3				0.763				
WEB4				0.728				
SEC1					0.537			
SEC2					0.731			
SEC3					0.602			
SEC4					0.774			
CRE1	0.540							
CRE2	0.696							
CRE3	0.750							
RES1							0.592	
RES2							0.765	
RES3							0.699	
RES4							0.370	
EMP1		0.645						
EMP2		0.601						
EMP3		0.731						
EMP4		0.691						
EXP1								0.704
EXP2								0.446
EXP3								0.415
EXP4								0.565
CS1						0.720		
CS2						0.707		
CS3						0.624		
CL1			0.516					
CL2			0.775					
CL3			0.848					
CL4			0.786					

2. 提出假设及模型构建

本书认为，网站性能、安全性、信誉度、响应性、移情性、体验性通过顾客满意度对顾客忠诚度产生影响，因此，提出以下7项假设。

H1：网站性能越好，顾客满意度越高。

H2：安全性越好，顾客满意度越高。

H3：信誉度越高，顾客满意度越高。

H4：响应性越高，顾客满意度越高。

H5：体验性越高，顾客满意度越高。

H6：移情性越高，顾客满意度越高。

H7：顾客满意度越高，顾客忠诚度越高。

根据前述相关数据的分析与检验，以及对相关假设的探讨，本书运用AMOS 18软件对先前提出的概念模型进行分析，导出各指标维度的影响因素模型，见图7-9。

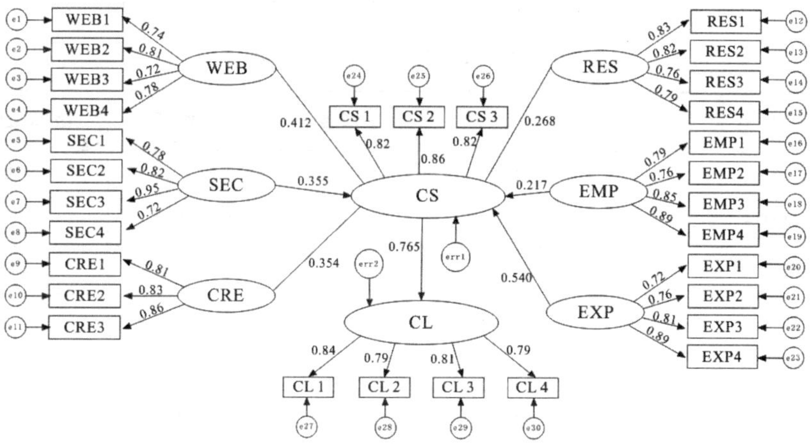

图7-9 各指标维度的影响因素模型

根据图7-9可导出相关变量指标的标准化回归加权系数，见表7-16。

表7-16 标准化回归加权系数

指标	影响方向	变量	Estimate	C.R.	*p*
顾客满意度	<---	网站性能	0.412	3.259	***
	<---	安全性	0.355	3.175	***
	<---	信誉度	0.354	2.832	***
	<---	响应性	0.268	2.169	***
	<---	体验性	0.540	3.850	***
	<---	移情性	0.217	1.605	***
顾客忠诚度	<---	顾客满意度	0.765	4.332	***

从表 7－16 可知，标准化系数(Estimate)可比较各变量指标的相对影响力，即考虑标准化因素负荷量。在整个模型中，除去顾客满意度对顾客忠诚度的影响之外，其他变量维度对顾客忠诚度的影响由大到小依次为：体验性、网站性能、安全性、信誉度、响应性、移情性。

此外，在表 7－16 中，C.R.是临界比率值(critical ration)，其含义相当于 t 值或 z 值，如果 $t>1.95$，则 $p<0.05$；如果 $t>2.58$，则 $p<0.01$，表 7－18 中，顾客满意度、网站性能、安全性、信誉度及体验性的临界比率值均大于 2.58；p 是显著性(probability)，* 表示 $p<0.05$，* * 表示 $p<0.01$，* * * 表示 $p<0.001$，表 7－18 中，各项对应关系的显著性都是 * * *，表明显著性都很强。

3.模型检验

在模型拟合度(goodness-of-fitindex)评估方面，若模型拟合度越高，则代表模型可用性越高，参数的估计越具有意义。Amos 18 是以卡方统计量(χ^2)来进行检验的，卡方值($p>0.05$)，表示模型具有良好的拟合度。根据本书研究内容，采取卡方统计量与自由度的比，以及 RMSEA 等指标进行模型拟合度的初次检验，详细数据见表 7－17。

表 7－17　模型拟合度相关指标数值

相关测量指标	Default model	拟合度良好的取值范围	指标检验结果
χ^2/df	8.365	1～5(越小越好)	不拟合
RMR	0.152	小于 0.05(越小越好)	不拟合
GFI	0.774	大于 0.90(越大越好)	不拟合
AGFI	0.816	大于 0.90(越大越好)	不拟合
RMSEA	0.112	小于 0.08(越小越好)	不拟合
RFI	0.885	大于 0.90(越大越好)	不拟合
CFI	0.904	大于 0.90(越大越好)	拟合
NFI	0.91	大于 0.90(越大越好)	拟合
IFI	0.846	大于 0.90(越大越好)	不拟合

从表 7－17 可知，卡方统计量与自由度的比值为 8.365，不在 1～5 的标准取值范围；RMR、GFI、AGFI、RMSEA、RFI、IFI 的值均不在模型拟合度良好的取值范围内，指标检验结果显示模型数据不拟合。CFI、NFI 的数据虽然在模型拟合度良好范围内，但其值均不太显著，说明本模型的拟合度不太好。此外，模型数据拟合度不够理想，前述的路径系数也将不具有意义。因此，要提高模型数据拟合度，对模型进行修正，使路径系数具有意义。

4. 模型修正

从模型基本信息中可知，卡方值＝2107.98，显著性水平＝0.000，说明此模型不能配合数据，因此要对模型加以修正，使得卡方值减少，p 值增加。在执行修正指标（modification indice，M.I.）之后，各指标变量的协方差如表 7－18 所示。

表 7－18 各指标变量的协方差

变量	影响方向	变量	M.I.	Par Change
移情性	<-->	体验性	234.245	0.576
响应性	<-->	体验性	213.897	0.665

从表 7－18 中可知，如果建立移情性与体验性之间的关联，将使卡方值减少 234.245，移情性与体验性之间的显著性水平增加 0.576；如果建立响应性与体验性之间的关联，将使卡方值减少 213.897，响应性与体验性之间的 p 值增加 0.665。为了使模型拟合度更高，本书增加了相关变量之间的关联，增加关联之后的模型如图 7－11 所示。美观起见，本模型去掉了各误差变量。增加相关变量之间关联的主要原因在于，网站的响应性在一定程度上影响了顾客的体验，而且品牌企业对于顾客的关心也直接影响着顾客的购物体验。

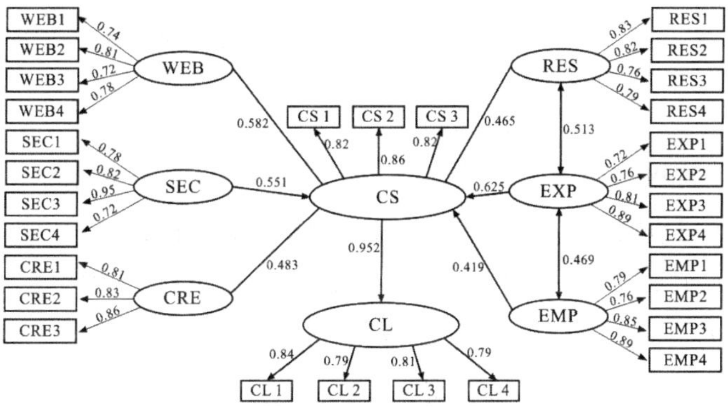

图 7－11 修正后个性化指标与顾客忠诚度 SEM 模型

对模型进行修正后，各指标变量的回归加权系数见表 7－19。

表 7－19 修正后回归加权系数

指标	影响方向	变量	Estimate	C.R.	p
顾客满意度	<---	网站性能	0.582	1.268	***
顾客满意度	<---	安全性	0.551	1.754	***
顾客满意度	<---	信誉度	0.483	1.21	***
顾客满意度	<---	响应性	0.465	1.343	***
顾客满意度	<---	体验性	0.625	1.69	***
顾客满意度	<---	移情性	0.419	1.356	***
顾客忠诚度	<---	顾客满意度	0.952	1.251	***

从表7-19可知,各变量关系之间的标准化系数较修正之前有所提升,临界比率值较之前有所下降,显著性进一步增强。因此,对修改后的模型再次进行拟合度指标分析,各指标拟合度相关指标数值见表7-20。

表7-20 修正后模型拟合度相关指标数值

相关测量指标	Default model	拟合度良好的取值范围	指标检验结果
χ^2/df	2.365	1~5(越小越好)	拟合
RMR	0.032	小于0.05(越小越好)	拟合
GFI	0.965	大于0.90(越大越好)	拟合
AGFI	0.932	大于0.90(越大越好)	拟合
RMSEA	0.012	小于0.08(越小越好)	拟合
RFI	0.945	大于0.90(越大越好)	拟合
CFI	0.904	大于0.90(越大越好)	拟合
NFI	0.912	大于0.90(越大越好)	拟合
IFI	0.941	大于0.90(越大越好)	拟合

从表7-20可以看出,RMR值为0.032,相对于模型修正前的0.152,RMR值越来越接近于0,说明修正后的模型拟合度很好;RMSEA小于0.08时,可以认为模型的拟合度很好,大于0.1时,表示拟合度很差,当0.08<RMSEA<0.1,表示模型处于灰色地带,模型不太让人满意,但尚可接受。修正后的模型RMSEA值为0.012,小于0.08,说明修正后的模型拟合度很好,模型可以接受。修正后模型的路径系数见表7-21。

表7-21 标准化因素负荷量

假设	关系	路径系数	临界比率值	假设验证
H1	WEB-->CS	0.582	1.268	支持
H2	SEC-->CS	0.551	1.754	支持
H3	CRE-->CS	0.483	1.210	支持
H4	RES-->CS	0.465	1.343	支持
H5	EXP-->CS	0.625	1.690	支持
H6	EMP-->CS	0.419	1.356	支持
H7	CS-->CL	0.952	1.251	支持

从表 7－21 中可知，O2O 服装品牌个性化服务指标中网站性能、安全性、信誉度、响应性、体验性、移情性通过顾客满意度对顾客忠诚度都有很强的影响。6 个变量指标中，体验性对顾客满意度影响最大，路径系数为 0.625，验证了 H5 的假设——体验性能越好，顾客满意度越高；其次为网站性能对顾客满意度的影响，路径系数为 0.582，验证了 H1 的假设——网站性能越好，顾客满意度越高；再次为安全性对顾客满意度的影响，路径系数为 0.551，验证了 H2 的假设——安全性越高，顾客满意度越高；信誉度、响应性、移情性也都对顾客满意度有积极的正向影响，路径系数分别为 0.483、0.465、0.419，分别验证了假设 H3——信誉度越高，顾客满意度越高；假设 H4——响应性越高，顾客满意度越高；以及 H6——移情性越高，顾客满意度越高；各指标变量通过顾客满意度对顾客忠诚度的影响的路径系数为 0.952，验证了假设 H7——顾客满意度越高，顾客忠诚度越高。因此，所有假设均得到了很强的支持。

5. 顾客忠诚度的总效应

结合表 7－21 和图 7－11 给出的修正后个性化指标与顾客忠诚度 SEM 模型，可得出个性化服务各指标变量与顾客忠诚度的回归方程。

（1）顾客忠诚度的间接影响系数计算

公式：$$顾客忠诚度的间接影响系数 = \sum_{i=1}^{6} L_i \cdot M \qquad (1)$$

其中，L 代表模型中的 6 个潜在变量对顾客满意度的路径系数，M 代表中介变量——顾客满意度对顾客忠诚度的路径系数，顾客满意度作为一个潜在变量，同时也是唯一的一个中介变量，且中介检验系数显著，表示中介效应显著。

由表 7－21 可知潜在变量与中介变量对顾客满意度的路径系数。

根据式(1)可得：$$顾客忠诚度的间接影响系数 = \sum_{i=1}^{6} L_i \cdot M$$

$$= 0.582 \times 0.952 + 0.551 \times 0.952 + 0.483 \times 0.952 + 0.465 \times 0.952 + 0.625 \times 0.952 + 0.419 \times 0.952$$

$$= 0.554 + 0.525 + 0.460 + 0.443 + 0.595 + 0.399$$

$$= 2.976$$

（2）顾客忠诚度的总效应计算

根据表 7－21 可知，顾客忠诚度的直接影响系数为 0.952，根据式(1) 可知顾客忠诚度的间接影响系数。

由此得：

$$顾客忠诚度的总效应=0.952+\sum_{i=1}^{6} L_i \cdot M$$
$$=0.952+2.976$$
$$=3.928$$

根据上述间接影响系数可知O2O服装品牌个性化服务要素对顾客忠诚度的影响程度从大到小依次为：顾客满意度、体验性、网站性能、安全性、信誉度、响应性、移情性。

因此，对于O2O服装品牌来讲，要提高顾客满意度，就要通过满足体验性、网站性能、安全性、信誉度、响应性以及移情性方面的要求来提升个性化服务质量，从而提高顾客忠诚度。

（四）结论及营销启示

1. 结论

本书从O2O服装品牌个性化服务入手，建立个性化服务指标变量，试图探索各指标变量与顾客忠诚度之间的关系，因此建立了个性化服务指标与顾客忠诚度之间关系的模型。假设个性化服务各指标变量通过顾客满意度对顾客忠诚度有影响，通过模型的分析与验证，证明个性化服务指标变量中体验性、网站性能、安全性、信誉度、响应性、移情性对顾客满意度均有积极的正向影响，且影响程度逐渐增强，证明了假设H1、H2、H3、H4、H5、H6成立。为了满足不同消费者的不同需求，O2O服装品牌在实施个性化服务中要以用户为中心，结合大数据进行专业化推荐；在商品展示、试用体验以及售后交流等环节上应该更加多元化和人性化；在服务流程上要充分利用信息技术为顾客提供更加便捷、高效、舒适的购物体验。

2. 营销启示

O2O服装品牌在移动互联网、云计算、大数据的支持下，实现了传达多元化、产品多元化、渠道多元化以及服务多元化。O2O模式代表着品牌信息趋向于透明，产品及服务组合方式越来越多，消费者的比价方式更加多样化。但是，消费者的消费方式却是更加理性了。因此，服装企业的产品品类开发要建立在顾客的刚性需求上，深度挖掘产品的性能，并横向拓展产品附加价值，以多档次的产品覆盖更为广泛的消费群体。

在服务方式上，采取具有个性、独特性的服务方式，整合品牌资源，形成品牌服务标识，做到"同一个声音，同一个形象"。针对不同层级的顾客，在服务方式上应差别对待。以产品性能为基础，辅之以品牌文化等软实力，提升顾客在消费过程中的体验性，同时也为 O2O 品牌赢得良好的信誉度和美誉度，最终使之协同发展，相互促进。

在经营模式上，从多元化经营转向单一化经营，从企业生产转向社会生产，集所有的外部优势于一体，做各自最擅长的那一块木板，以弥补木桶最短板的劣势。O2O 服装品牌融合了线上、线下资源，渠道更加广泛，营销手段更加多样。因此，O2O 服装品牌应集聚所有的资源，深耕产业链中前端的、高附加值的部分，以达到低投入、高产出的目的。

第八章 “互联网+”浙江服装专业市场转型O2O商业模式重构

在互联网技术引领渗透和带动下，电子商务的普及冲击影响了传统纺织服装专业市场的分化与重组。电子商务与传统批发市场融合发展问题引起产业和学界广泛关注，线上与线下如何更好地联动发展已成为传统专业市场研究的重大理论和实践问题。本书通过市场调研及文献查阅，剖析当前浙江纺织服装专业市场转型线上商务面临的困境，梳理“互联网＋”纺织服装专业市场转型机理，重构“互联网＋”浙江传统专业市场转型模式，并以杭州四季青服装市场为例，进一步探究传统专业市场借助互联网转型升级的新路径，提出其转型升级的相关结论及营销建议。

一、“互联网＋”冲击下浙江纺织服装专业市场困境

专业市场曾是改革开放下的一大制度创新。以淘宝、京东为代表的C2C垂直电商平台以及各类B2B、B2C电商平台的兴起，导致国内各类纺织服装专业市场和小商品类批发市场发展逐渐放缓。市场辐射范围缩小，批发商数量减少，成交额增速放慢，“空壳市场”和“半空壳市场”数量日益增加，营业利润迅速下滑，传统专业市场面临诸多市场困境。

（一）专业市场竞争激烈

目前全国主要的服装专业市场有杭州四季青服装市场、常熟服装城、石狮服装城、上海新七浦服装城、广州白马服装市场等。在消费转变和消费升级以及“互联网＋”的冲击下，浙江纺织服装专业市场传统的运营模式越来越难以为继。首先，受整体经济环境影响，纺织服装专业市场内需低迷；其次，行业信息不透明、产业链长的现状被打破，产品同质化严重，产品和服务缺乏个性，用户黏性差导致利润缩水；最后，迫于电子商务和库存的压力，尝试触网打折促销的网购服装市场盛极一时，各传统专业市场纷纷拓展电子商务，争抢商贸流通领域新一轮发展先机。

（二）经营模式逐渐老化

传统专业市场依靠提升网点密度带动销售规模、实现品牌下沉的方式不再适用，经

营户房租成本压力长期上涨，促使尝试开拓网上市场提高毛利率和现金流周转速度。但不成熟的运营模式，使经营户面临新的问题：第一，线上线下的价格冲突、串货、盗版等，促使经营户陷入发展困境；第二，虽然不少传统专业市场建立了自己的网站或利用第三方电商平台交易，但对电商的数据分析管理和应用意识落后，无法及时更新，缺乏对市场状况、客户需求的预测和把控能力，无法获取稳定客源及订单；第三，仓储物流配套服务成为制约电商发展的一个瓶颈。

（三）互联网去中间化交易

传统分销渠道通常是“生产商—分销商/批发商—下级分销商/批发商—消费者”，产业链中渠道长且复杂。互联网转变原有销售模式，加速商品流通，增强消费资源流通的便捷性与广泛性，促成生产商与终端消费者直接交易（见图 8－1）。以四季青、网上轻纺城为代表，线下纺织服装专业市场迁移线上，零售商通过网络直接与批发商进行线上交易，在 B2B 服装批发模式中，经销商日渐式微。以浙江桐乡毛衫专业市场为代表的洪合毛衫市场和濮院毛衫市场分别开设毛衫汇、濮院毛衫 APP 专属平台，实现与消费者直接沟通交流，加强了供应链管理，间接缩短服装批发产业链，去掉冗余的营销环节，对传统专业市场模式进行了颠覆。

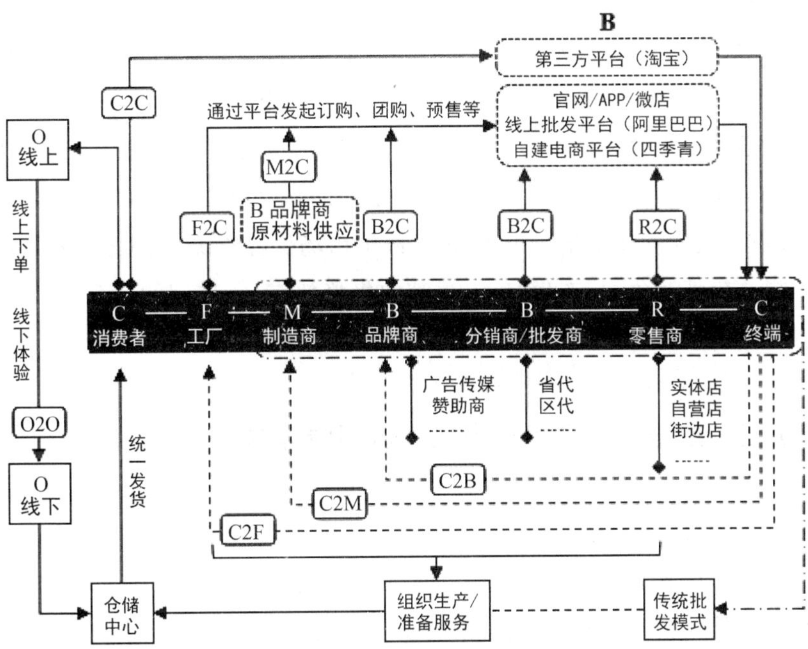

图 8－1　互联网去中间化交易

（四）传统专业市场转型难度大

传统纺织服装专业市场的多数商户借助第三方专业电商平台实现线上交易，加码O2O实现线上消费、线下展示和体验的模式，或把线上流量导入实体店中，但也存在运营专业电商平台难度较大的问题。首先，市场的自发和无序竞争，让产品处于“挖底式竞争”，无打造长远品牌的目标，导致专业市场成为一个完全竞争的碎片市场；其次，电子商务发展需要一批专业技术人才支持，需要良好的发展环境以及信用安全认证等支撑体系；再次，高端零售业的业态转型升级，涉及就地改造、新址选取等方面难题；最后，专业市场深陷“囚徒困境”，开展线上服务研发、展示、体验难以达到预期目标，互联网转型受经营思维以及原商业模式的限制。

二、“互联网＋”纺织服装专业市场转型机理

（一）互联网化助推专业市场影响范围扩大

新常态下的经济领域挑战的是产能过剩的问题。专业市场面临着外销无订单、内销无渠道的尴尬境地，经济发展放缓，带动力明显减弱，因此急需拓展。而互联网是一个全球化的信息共享平台，通过电子信息技术将市场内的工序、服务和商务活动信息化，其核心竞争力不再是物质资源，而是数据和信息。构建互联网化的供应链和营销渠道，扩展市场容量，尤其是四季青、义乌购、网上轻纺城和金蚕网等电商平台的搭建，给专业市场提供了更大的线上增量市场，依托线下市场优势资源开展线上交易服务，消化过剩产能，提高市场竞争力，产生“1＋1＞2”的集聚效应，突破制约瓶颈，实现有形与无形的无缝结合。

（二）信息数据化促进专业市场贴近消费需求

在传统粗放型批量式的生产规模效应下，产、供、销三者间信息沟通不畅，导致产品与市场需求脱节，造成滞销和库存积压。互联网时代的商业本质并非电商渠道的兴起等表面现象，而是数据化浪潮的冲击，依靠灌输主观信息给消费者而影响消费者决策的时代一去不返。借助移动互联网技术，打通供应链的各个环节，实现传统纺织服装专业市场上下游与消费者实时交互，整合营销传播（integrated marketing communication，IMC）

和客户关系管理开始盛行，与消费者沟通的渠道与模式正在不断创新。专业市场应运用云计算和大数据，实时掌握市场需求的变化，及时调整产品应对消费者越来越个性化的需求，并根据消费偏好对市场进行细分，优化生产和库存规划，形成竞争优势。

（三）柔性化促进专业市场供应链升级

行业经济的不断发展促进了消费升级，精准聚焦用户需求、小量多单、柔性化生产成为大势所趋。互联网所具备的信息海量、服务快捷、设置个性、成本低廉等特点突破了传统专业市场在时间和空间上的制约，帮助专业市场更好地利用信息空间的资源优势，便于专业市场组织结构向扁平化、柔性化和网络虚拟化发展，加快线上线下供应链的相互融合。通过供应链、市场和消费者之间信息数据的流动和对其的挖掘和处理，专业市场能够更精准把握市场和客户需求，缩短供应链流程，实现生产和服务的智能化、柔性化升级。

（四）双渠道解决专业市场"宽与深"两难问题

双渠道即将产品通过传统销售渠道或网络销售渠道送达消费者手中。专业市场除传统产品及区位优势之外，融入大数据、智能仓储物流、体验经济、信息实时反馈和全产业链整合的互联网思维经营模式，整合线上线下资源，构建"实体＋互联网"资源的整体平台，由传统单一的批发模式向"传统＋电商"双渠道模式转变。供求高度分散是传统纺织服装专业市场形成的产业基础，商家众多、品类丰富、现货交易的优势之下却长期存在两大痛点：第一，缺乏精准细分的 SKU（stock keeping wnit，库存量单位）目录索引，货源充足却费时费力；第二，在品质、交期、补货能力等方面存在较大问题。基于互联网的 B2B、B2C 平台，一方面，实现海量商品在线，通过品类索引或关键字搜索，实现货品精准定位；另一方面，通过交易在线化，形成品牌信用评价体系，可以有效促进经营户改善品质、交期等等。

（五）"互联网＋"背景下专业市场功能逐步分离

传统专业市场承载着实物商品的物流、信息流和资金流，网上交易市场的建立，将它们逐步分化。首先，价格和信息汇聚的功能被互联网替代，如阿里巴巴、慧聪、衣联网等平台；其次，交易和支付转移到互联网平台上，有效解决专业市场"三现"（现场、现货、现金）交易带来的脏乱差现象；最后是商流问题，仅依靠网上图片、文字描述尚不足以支持，互联网可实现现场展示、选货、组货，交易在实体店内洽谈完成，线上支付，总仓统一调配提货或物流配送给客户，安全快捷，提高交易效率，建立一套基于互联网的信用体系。浙江大多数纺织服装专业市场正实施“市区展场郊区货场”的人货分流(见图 8-2)。

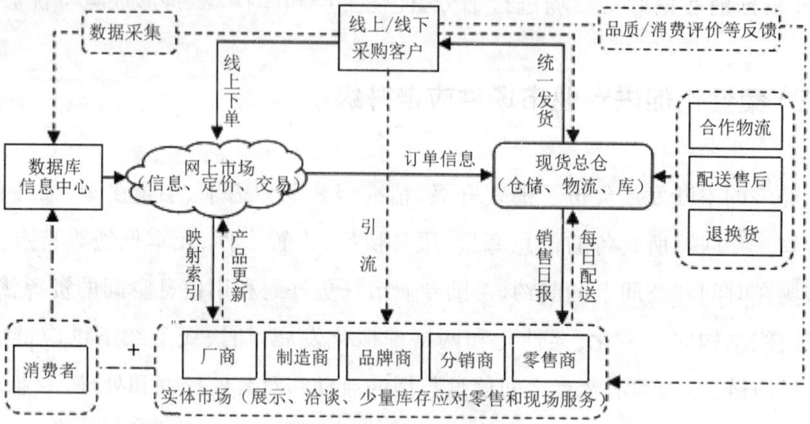

图 8-2　专业市场“信息流、物流和资金流”的分离

三、专业市场转型升级存在的瓶颈

随着“互联网＋”的发展，信息技术的进步，产业组织的变革，消费需求的升级，浙江传统纺织服装专业市场充分认识到互联网转型升级势在必行。但是，在实际操作过程中，专业市场仍然面临思维方式难转变、重交易轻服务、重投入轻应用、重商户轻客户等一系列难题，特别是对转型升级的路径选择、转型方向的认识还不够统一，各专业市场主体之间存在的问题和矛盾突出。

(一)体制机制瓶颈影响专业市场转型升级

随着专业市场功能和业态转型升级，互联网生态下的经营模式与传统产业环境下的经营模式有着很大程度的不同，这要求市场经营户具备与之相应的经营理念和操作技能。但目前大多数专业市场仍采用以独立、分散的经营户为市场主体的方式，以老的模式套电商外衣。尤其是一些传统专业市场，缺乏市场化经营的体制机制，对新型商业模式和技术的接受能力较差，经营理念落后，经营模式单一，市场管理能力弱，高素质的商贸管理人员较少，严重阻碍了专业市场的转型升级。

(二)技术创新能力不足阻碍专业市场转型升级

移动互联网、物联网、云计算、大数据等技术引发的产业革命，深刻影响着生产、制造、消费等各个方面。流通领域成为新技术、新应用、新模式渗透最深、最广的领域，而大部分专业市场在基础配套设施、技术研发与应用、人才培养等方面投入甚少，大数据和云计算的运用能力落后。在转型升级过程中侧重新技术、新模式的应用，忽略了经营户对互联网下营销理念、品牌运营、供应链管理的意识转变与能力提升，导致新技术应用效果不佳。

（三）物流仓储金融等体系不完善阻碍专业市场转型升级

传统专业市场集聚了大量的中小企业和个体商户，其产品的采购、供应、销售、仓储、配送等工作由经营户自己承担，供应链服务体系处于不完善、不成熟、不健全、不配套的状态，难以实现与消费者的无缝对接，致使市场经营户处于"被转型、被升级"的尴尬局面。一些专业市场在升级换代时建立了专门的仓储物流中心，提供仓储、物流、配送、金融等相关服务，但大多都是由原先的托运部转化而来，专业化水平不够，尤其是信息化、自动化、智能化程度低，难以适应现代信息技术大变革背景下仓储物流业高速发展、高效运作的要求，成为制约专业市场转型升级的一大短板。

（四）线上线下O2O融合发展程度低阻碍专业市场转型升级

部分传统专业市场已经实现"线上线下实时同步"，但在平台一体化运营、相关配套服务、消费体验、智慧商贸建设等方面存在差距，从虚拟交易向实时服务转变，强化线上线下服务的有机整合难以达到。因此，如何利用"互联网＋"、信息数据化、智能仓储物流、服务平台等打造"专业市场＋电商平台＋产业基地＋电商服务商"相结合的一体化O2O平台，积极推进市场主体、制造企业、贸易企业、电商平台有机融合，成为专业市场转型升级的新负担，不利于专业市场产业链延伸。

四、杭州四季青服装市场转型O2O商业模式重构

（一）杭州四季青发展历程

杭州四季青服装市场（简称四季青）的第一代专业市场是摊位制交易场所，以"供应者—需求者—零售商—消费者"的交易形式为主，属于低级的市场形态；第二代专业市场以排铺式建筑形态为主，出现物流功能，开展档口式经营，形成初级的市场形态；第三

代专业市场是店铺式展示交易场所，集展示、批发、零售于一体，采取物业式的管理模式，以中国四季青服装网官方网站(www.sjq.cn)为辅，亮相中外服装网，开始了永不打烊的“网上四季青”；第四代专业市场是形象化展示交易场所，经营方式呈现“实体＋网络”双店经营模式，拥有较为完整的商业运营体系和商贸流通体系，走线上线下互动发展模式；第五代专业市场是展贸体验型交易场所，形成集集中供应、批量采购、展示体验、贸易展洽、电子商务和现代物流为一体的新型商贸流通服务基地。四季青经过20多年的发展，成为华东地区最大的服装交易集散中心(见表8-1)。

表8-1 杭州四季青发展历程

市场	年份	发展历程
第一代专业市场	1988	因杭州清江路立交桥建成通车，原是停车场的四季青改作他用，剩下的土地上要建一个综合交易市场
	1989	四季青服装市场开业，45家温州业主进场
第二代专业市场	1992—1993	四季青服装市场二期、三期工程先后建成，摊位由原先的45个增加至2000余个
第三代专业市场	2001	四季青扩大市场规模、打造生产基地，形成工贸结合的实体，并将单一搞市场的“静态经济”转化为工贸发展的“互动经济”
	2003	四季青服装集团的唯一官方网站中国四季青服装网(www.sjq.cn)开通，日均访问量200万人次以上
	2004	中国四季青服装网亮相中外服装网，开始了永不打烊的“网上四季青”。其次，地处江干区科技经济园区的四季青服装研究发展中心一期工程落成
	2008	与阿里巴巴强强联合，缔结联盟，试水全新的商业模式。10月，中国四季青服装交易中心一期项目开业
第四代专业市场	2012	四季青加大电子商务平台建设和商户网店经营培训力度，将实体市场和电子商务交易相结合，形成了独具特色的O2O商业模式，走线上线下互动发展的道路
第五代专业市场	2013至今	四季青服装集团经过服装专业市场、电子商务园和网络科技等产业的成功积淀后，形成了“实体市场＋商业地产＋电子商务”三体融合创新型地产开发运作模型，要在全国进行复制和输出，构建以杭州四季青为核心的商业地产运营网络

（二）杭州四季青竞争格局

1. 四季青SWOT分析

经历了20多年的繁荣发展之后，专业市场持续多年的迅猛发展势头已大大减缓，市场辐射范围缩小，年成交额增长速度放慢，市场摊位出租率下降，"空壳市场"和"半空壳市场"数量日益增多。经济体制改革的不断深化和经济结构的调整与优化升级，特别是在流通领域的全面开放以及互联网的冲击下，专业市场的发展面临新的"困境"。当然专业市场发展受困，也受到城市化进程和市场自身条件的影响。在这些背景下，对四季青进行 SWOT 分析，结果见表 8-2。

表 8-2 四季青 SWOT 分析

strengths(优势)	完善的大规模现代建筑群； 产业基础厚实，产业链较完整； 物流运输发达； 交易方式灵活； 个别市场自产自销； O2O 模式初步成型； 四季青摩街 APP 与摩街时尚馆； 先进的计算机通信网络系统； 货源渠道优势
weaknesses(劣势)	市场竞争激烈； 经营方式粗放，管理模式过于简单； 档口租金成本高企； 场地狭小、停车难、消防安全隐患等问题； 市场环境脏乱，购物体验差； 缺乏市场内部准确的布局图； 市场监管难度大； 批发的货物来源广、竞争大； 低价与低质的定式思维； 客户群问题； 商铺店主素质低； 货款无保证； 电商促使价格透明化； 市场定位不明确，缺乏自主品牌意识
opportunities(机遇)	电子商务的快速发展态势； "网批"成为零售商重要货源渠道； "互联网+"转型升级； O2O 全新商业模式发展
threats(威胁)	国内批发市场竞争更加激烈； 新业态促成生产商与零售商直接交易； 新消费方式对商品流通提出更高要求； 新址对发展的影响； 同质化竞争； 专业批发市场实现转型升级难度大

从四季青外部环境来看，首先，四季青周边交通情况复杂；其次，周边绿化少，内部环境脏乱，部分道路被废物垃圾等阻挡无法通行；再次，商家素质普遍低，无法用专业术

语回答消费者问题；最后，互联网、电子商务知识普及程度低，且商家服务态度差。从市场内部环境分析，服装市场仍在很大程度上充当着“二房东”的角色，通过铺位出租收取一定费用，并从销售额中提取一定比例的回扣。由服装品牌公司来负责终端的销售，商户则依据市场变化、销售情况制订生产计划。购物中心、大型超市、专卖店等零售业态在经营方式、服务功能、物流配送等方面显露出优势。特许经营等新兴的销售模式被引进中国，尤其是班尼路等具有外资背景的服饰品牌进入中国之后，依靠先进经营的特许经营策略，在国内一路高歌，加上市场容量大，这些品牌获得高速发展，对服装批发市场造成一定影响，传统的营销模式不再适用于当下的市场需求。

2. 竞争市场格局

① 竞争品牌分析：国内最大的服装批发市场在广州和虎门，广州和虎门是全国服装生产基地和批发中心，其次是杭州、武汉、北京。从大型服装专业市场排名来看，四季青的竞争市场主要有广州白马服装批发市场、虎门富民服装批发市场、上海七浦路服装批发市场、常熟服装批发市场、武汉汉正街服装批发市场、石狮服装批发市场、沈阳五爱服装批发市场、即墨服装批发市场、北京动物园服装批发市场等。此外，还包括广州十三行服装批发市场、广州沙河服装批发市场、义乌小商品市场、临沂批发市场、郑州二七路日化批发市场等大中型批发市场(见图 8-3)。

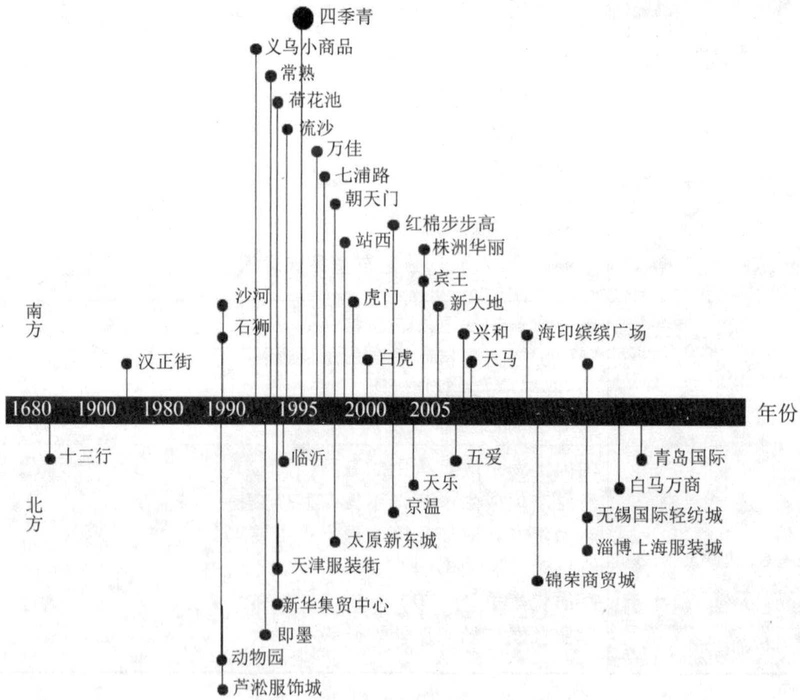

图 8-3　四季青与竞争品牌

② 四季青细分市场：除四季青老市场、苏杭服装市场、常青服装市场、中星外贸服饰城、九天国际、置地国际、自由港休闲服装、精品女装市场、九星外贸休闲服饰、九星外贸(新)、意法服饰城、电力市场(见表 8－3)外，其余的有四季青童装批发市场、杭派精品服装市场、钱江服装小商品市场、环北服装批发市场等几个规模小一点的市场，各市场之间因价格等差异存在无形的竞争。

表 8－3　四季青细分市场格局分布

细分市场	负一楼	一楼	二楼	三楼	四楼(以上)
四季青老市场	无	中低价位年轻类女装	精品类，价格偏高	无	无
苏杭服装市场	无	中低价位年轻类女装	精品类，价格偏高	无	无
常青服装市场	无	以中老年男女装为主，较成熟	女装，牛仔服装，MS 精品类	以品牌男装为主，年轻化	无
中星外贸服饰城	无	以处理尾货为主，少有潮店，男女装混杂	男女装，款式次于一楼货品	无	无
九天国际	无	男女服装都有，属于外贸服装，夏季货清仓处理，价格属于中低档	外贸女装，秋装上市多，质量较好，价格贵	高档冬衣，价格昂贵	无
置地国际	以 35～40 岁男士的夏装为主，偏高档，价格贵	一楼男夏装居多，国际品牌居多，价格合理	服装款式新颖，价格贵	男装，价格适中	四、五楼为展厅
自由港休闲服装	无	多外贸女装、清货夏装、秋装等	主营女裤	衣服杂乱，档次中低	无
精品女装市场	无	中高档价位品牌折扣店	以欧美风为主，价格偏高	中高档服装，价格高	职业装，较高档
九星外贸休闲服饰	无	做外贸服装比较久的市场，附带包和饰品类批发。外贸服装价格比较低，款式一般，而包大多是仿品			
九星外贸(新)	无	零售较多，价格适中，外贸居多，仿单较多，档次质量较高			
意法服饰城	无	杭州的杭产基地，主要销售大众流行女装，款式和性价比高，需求量大；淘宝卖的杭派女装大多是这个服饰城里二楼拿的货			
电力市场	无	男女装，婚礼服装			

3. 杭州四季青电子商务

在服装实体交易市场中，杭州四季青服装市场具备一定的影响力，销售网络遍及中国大部分地区，同时已经向欧美等国外市场拓展。在四季青服装市场中，服装类目完善，拥有各个档次的服装，在销售渠道方面主要依靠杭州市场及各个地区的分销市场，更多集中于实地交易。而该方式呈现出众多相关问题，例如：四季青早期定位于批发，对于零售未能有效重视，而实体零售销售一直未能打开局面；随着线上购物的增多，在阿里巴巴等网站上实现的服装批发或者零售越来越多，四季青服装市场面临较多的竞争对手；在实体销售区域、购物便捷性等方面劣势逐渐体现。因此，四季青服装市场决定借助电子商务来开拓服装销售市场，进一步拓展零售市场，解决实体销售存在的各种问题。

4. 四季青电子商务发展模式及特征

① B2B信息平台：四季青网上服装市场是在2002年与德国贝塔斯曼集团欧维特中国合作推出的，目的是方便各方人员查找信息，节省交易前期准备时间，实现市场资源、合作伙伴资源及客户资源的有效整合；在2003年又推出了“四季青企业门户”，提供更多的企业服务，提高网站知名度；2005年实现了网上批发交易功能(见图8-4)。

图8-4　四季青服装批发官网

② C2C平台零散销售：在淘宝网上建立网上商铺。四季青中60%以上的商家在淘宝网上进行网店销售，其最大的原因是网店相对于其他形式更为便捷和快速，且日均客流量较大。由于四季青服装市场是生活资料类的专业市场，价格也相对低廉，在C2C的网络平台上具有较大的优势。

③ 电子商务联盟：与阿里巴巴和杭州银行建立合作关系。杭州四季青服装市场在2008年与阿里巴巴合作共建专业市场电子商务，在2009年与杭州银行达成了金融服务战略联盟，这些合作关系给服装市场带了巨大的经济与社会效益。各大门户网站的推广，与金融机构的合作，对服装市场的整体宣传及效益有很大的推动作用。通过寻找商机与系统化规划，四季青网上服装市场在阿里巴巴平台上更加活跃，促使市场的技术人员改进网站建设，整合各项资源，打造服务更为便捷、更为多样化的电子商务平台。

2015年10月与12月，中纺中心服装城、杭派精品服装市场相继入驻阿里巴巴旗下1688网站推出的云市场。两家市场的线下档口货源与1688云市场相连通，全国各地的买家可通过支付宝内的云市场入口查看及采购到真实档口的货源(见图8-5)。

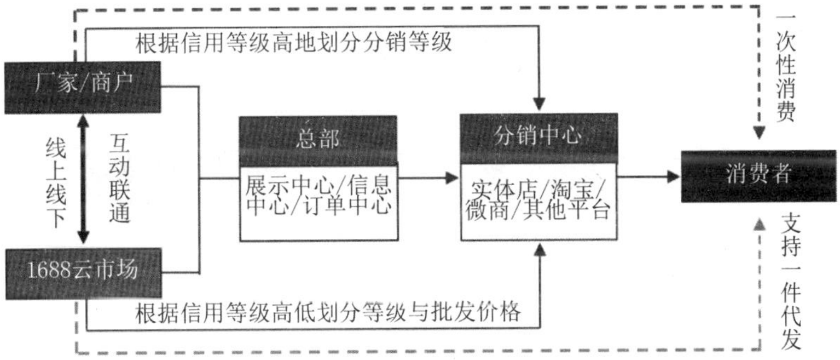

图8-5 云市场批发流程

5. 四季青“摩街”

2014年，四季青推出“摩街”APP(见图8-6)，由四季青网络科技有限公司开发运营。软件采用瀑布流呈现方式，突出“逛”的感觉，实现摩街移动平台与电脑网上平台同步。“摩街”APP在功能上主要分为买家版和卖家版，为用户提供新批发、新零售、新特卖、新网供四大核心服务，增加并优化团批、抢批、新批发的体验模块，设置各地好货、商家促销、新品专题、热销排行的商品专题，同时为商家新增红包、优惠券、满减、混批等营销硬件，让每一次在四季青“摩街”APP上的消费体验都是独一无二的。线下实体店展示，手机上下单付款，集中物流发货，O2O模式的优势初显。目前四季青服装市场已有2000多家商户加盟了O2O模式，线上的交易额已约占整个市场比重的20%。四季青

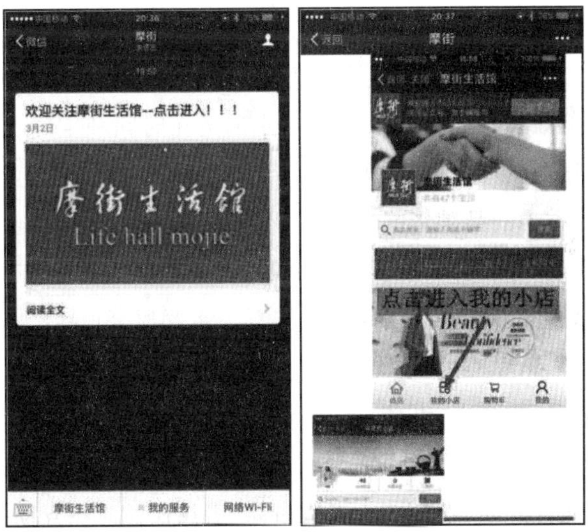

图8-6 “摩街”APP公众号界面

服装市场一方面限制实体场地租赁价格,另一方面帮助商户用电子商务的手段为传统生意开辟更多渠道销路,来增加经营户的利润空间。与纯电商相比,四季青服装市场的批发商户更拥有货源渠道优势,用好 O2O 模式,就等于在实体店之外又开了一家"市场"(见图 8-7)。

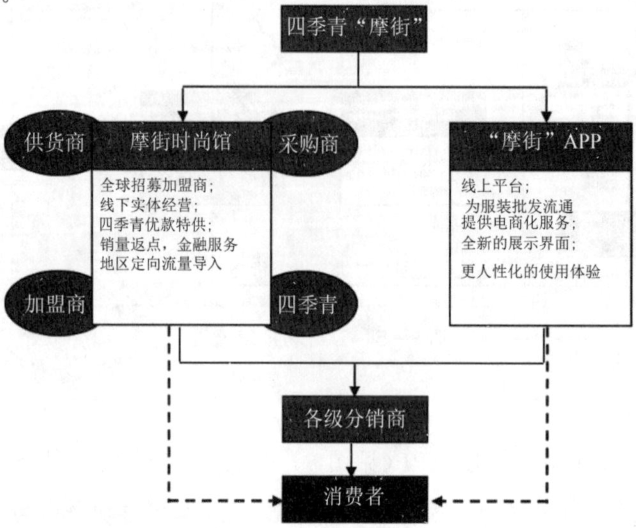

图 8-7 四季青"摩街"APP 运营模式

四季青摩街时尚馆是四季青以其 28 年的服装市场运营经验创立的,号召中小企业抱团发展,线上线下联合走向强大,从根本利益上强化新零售的核心概念。时尚馆以四季青服装市场优质供应商为基础,以街边服装零售店为对象,以加盟为主要合作形式,在全国建立一种以品牌直销、零售折扣、平台批发、渠道服务为主要运营模式的服装业新型实体流通业态(见图 8-7)。在物流越加发达、信息越来越透明、分销市场面临压力越发严峻的背景下,四季青致力于渠道的扁平化,让供应商和终端零售商直接建立联系,为买卖双方提供最高效、最节约成本的方式。电子商务所具备的信息海量、服务快捷、设置个性、成本低廉等特性突破了传统专业市场在时间和空间上的限制,缓解了传统专业市场承受的压力,极大地解放了传统专业市场。四季青充分利用 O2O 模式带来的种种优势,依托四季青的品牌影响力及专业化、现代化的运营理念,将资源效应最大化,实现线上线下双运营模式的完美结合。四季青时尚馆未来将在国内招募 100 家合作加盟商,首批将以浙江、安徽、江西、陕西、宁夏为主要招募地区。

(三)杭州四季青商业地产

对于商业地产而言,"互联网+"的战略布局,不仅仅是应用互联网技术或者某一个模式,而是更好地实现互联网化的渗透与融合,强调线上线下融合互动,攻克线上线下服务能力匮乏的行业"痛点",弥补电商的不足,从而带来新的发展机遇。四季青自2012年开始在全国构建以杭州四季青为核心的商业运营网络,四季青连锁扩张的数字化服装产业网络正在辐射全国。目前正在运作的有石狮中纺联合、中山四季青国际服装城、即墨中纺国际纺织服装城、哈尔滨四季青国际纺织服装城、常州四季青服装城等,另外,西安、马鞍山、武汉、青岛等都成为四季青战略布局之地(见表8-4)。

表8-4 线下渠道布局在建项目

类型	项目	属性
上游产地型市场整合	四季青服装市场	女装基地
	石狮中纺联合	男装基地
	中山四季青国际服装城	休闲装名镇
下游区域性商贸综合体	即墨中纺国际纺织服装城	直营
	哈尔滨四季青国际纺织服装城	直营储备
	西安四季青国际服装城	加盟
	银川四季青国际服装城	加盟
	马鞍山四季青国际服装城	加盟
	阜阳四季青国际服装城	加盟
网格化零售商业综合体	常州四季青服装城	加盟
	宿州四季青时尚广场	加盟
	皖南四季青时尚服饰广场	加盟

(四)四季青全新O2O商业模式重构

杭州四季青服装特色街区是杭州商贸发展的标志性街区。在近28年的发展历程中,该街区始终屹立于行业潮头,引领产业发展,形成了以女装为特色的综合功能区块。在拥抱"互联网+"的今天,四季青街区自觉地加快调整、升级、创新的步伐,搭建互联网平台,帮助商户提升核心竞争力。无论是牵手互联网大佬抱团触网,还是提高产业链上游的设计研发能力,将触角向终端渠道延伸,传统服装批发市场纷纷以不同的姿态探寻转型升级之路。或许,互联网时代在带来强烈危机感的同时,又开启了全新的商机。

1. 四季青电子商务发展

四季青电子商务模式发展经历了B2B、C2C、与阿里巴巴联盟、四季青"摩街"APP四种模式。"摩街"APP采用瀑布流呈现方式,突出"逛"的感觉,实现APP与PC端同步,线下展示线上下单付款,集中物流发货。四季青一方面限制实体商铺租赁价格,另一方面帮助商户利用互联网电子商务拓宽营销渠道。四季青服装市场拥有货源渠道优势,更易推进O2O模式的发展。

2. 四季青智能仓储物流中心

目前,浙江绝大部分专业市场的仓储物流体系均为粗放型,四季青打破仓储物流经营主体各自为政、粗放竞争的现状,通过整合商业、仓储和运输等现有的物流资源,组建新型的智能仓储物流配送中心,加强信息流和物流的融合,实现物流创新。四季青通过信息化改造升级,利用互联网、物联网、云计算等现代信息技术,打造智慧仓储物流网,构建统一的智能仓储物流中心,促进传统仓储物流向系统化、数字化、互联化、自动化、智能化转变,并将商品在物理上的分散与信息上的集中相结合,实现智能化高效率配送。

3. 四季青供应链金融及信用体系

专业市场的金融服务主要是为买卖双方资金流转提供支持,资金的供给与需求存在错位现象。四季青为补齐专业市场资金及信用短板,着力引导、支持、推动与市场交易相匹配的供应链金融及信用体系建设,由资金流转平台向供应链金融中心转变。通过引入专业化的供应链金融机构,四季青将各级市场商户、上游供应商、下游采购商与电子商务平台(衣付宝)进行整合,以债权、审核建立彼此间的关联性,提供更为精准、灵活、完善的供应链金融服务,打造行业金融信用服务中心。

4. 四季青转型升级全新O2O模式

四季青市场有2600家商户,40%～50%的商户在生产链中扮演“中间人”角色,探寻以“打通上下游”的方式增强商家及市场的竞争力之路。四季青加快调整、升级、创新步伐,搭建互联网平台,帮助商户提升核心竞争力。通过两手着力,一方面整合设计师资源,每日更新服装款式,免费提供给市场商户进行展示,测试后再下订单。这样,既帮助“中间人”商家降低成本又提升竞争力,同时让自产自销商家产生一种危机感,倒逼商户降低成本。另一方面渠道下沉,在全国各县城建立以大数据为核心、以信息技术为支撑的实体店,帮助卖家掌握服装市场动态,确保不囤货,同时为退换货、物流配送提供便利,由此增加买家与卖家、市场之间的黏性。

线下实体以商品展示功能为主,打通资源渠道吸客引商,实现人货分离,线上完成交易仓储统一物流发货,定期举办货品对接互动巡展活动,为经营户提供信息资源和建立合作渠道,利于吸引区域商户经批和去化换季库存。线上电商通过四季青开发的网站、品牌联盟、分销宝、“摩街”APP、WAP站点等线上工具,实现信息传递和交易管理,在联盟市场之间传递最新货品信息,扩大和提高订单量的同时能够减少库存、降低积压、盘活成本,达到以销定产。四季青满足体验型购物、电商化经营、快捷型支付、智能化管理的市场发展需求,形成“实体市场+商业地产+电子商务”三体融合的全新O2O商业模式(见图8-8)。

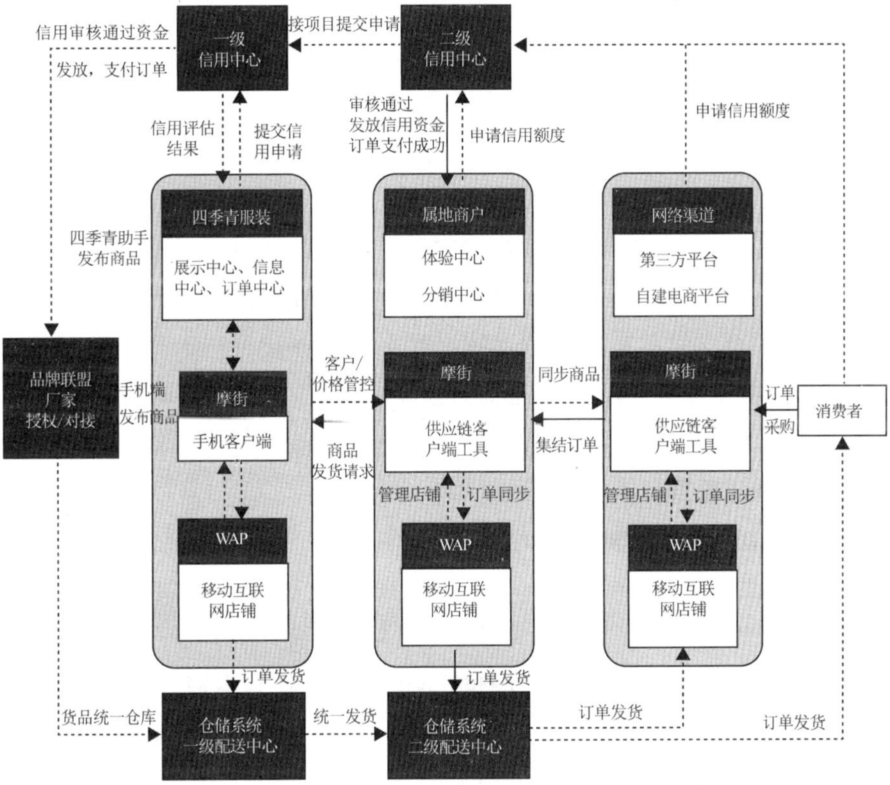

图 8-8　四季青全新 O2O 商业模式

五、结论及建议

（一）结论

传统专业市场"互联网＋"转型的本质是电商推动下发生的交易模式变迁，即从线下实体向线上交易发展。部分浙江传统纺织服装专业市场借助第三方电商平台或自建电商平台，扩充线上市场容量，提升专业市场核心竞争力。而专业市场与电子商务的融合是一个复杂的演化进阶过程，在转型过程中存在一定的问题，因此，必须转变传统专业市场发展观念及化解不同模式的冲突。杭州四季青服装市场在现有"实体＋官网"的基础上，自建独立的专业性服装电商平台，并开发"摩街"APP，为四季青上游商户与下游批发商户搭建电商平台，实现双方的线上订单交易。通过四季青实体市场、PC 端的四季青服装网、移动端的"手机四季青"和智能仓储物体系实现 O2O 全方位融合营销模式。因此，传统专业市场转型升级必须要往两个方向努力，一个是网络科技，另一个则是智能仓储物流，这样才能实现转型后的继续腾飞。

（二）建议

1. 推动专业市场建设电商产业基地

电商产业园是电子商务建设和发展的主平台、孵化器和集聚区。推动浙江纺织服装专业市场建设电子商务产业基地有利于实现专业市场电商化。首先，营造电商投资环境，加强电商平台支付系统、智慧仓储物流服务、网络基础设施建设；其次，引进技术、物流、支付、数据等支撑服务，培育以电商服务业带动上下游产业的电子商务产业链，形成电商集聚效应；最后，线上线下延伸发展，加大电商配套服务建设，尤其是物流方面，解决电商发展“物流电商一体化”难题。

2. 鼓励自建纺织服装专业电商平台

专业市场通过搭建市场专属的直面消费者的电商平台，依托实体市场拓展电子商务渠道，开展电子商务活动。目前已有部分传统专业市场掌握了电子商务规律，储备客户资源，因此传统专业市场更应该选择打造属于自身的 B2C 电商平台，强化网上交易服务体系建设，加大线上交易数据的采集与分析，发挥专业市场优势；建立集交易、金融、配送等功能为一体的网上批发和分销平台，将专业市场电商平台建设成集设计、制造、销售为一体的综合型服务平台；掌控电子商务网站的主导权，加快实体市场与电商平台“2 合 1”专业市场的电子交易平台建设。

3. 打造融合发展 O2O 纺织服装定制模式

纺织服装专业市场仍面临供大于求、高库存的危机，因此传统纺织服装专业市场电商化发展需重点关注线上线下同步、个性化定制、消费体验和科学技术融合。互联网时代产品的可持续发展必须以目标消费者需求为导向，借助成熟的电商平台或第三方平台提供各种服务功能，确切掌握消费者需求，实现按需生产；通过计算机和互联网加强专业市场数据储存功能，通过职能转换和技术改造，为生产商及时提供市场销售信息，为零售商提供货源信息、时尚流行信息，实现批发商/零售商“以销定产、以需定货”；借助互联网信息技术全方位协助批发行业突破传统模式的制约，实现一套完整的个性化定制服务 O2O 模式。

“互联网+”服装品牌O2O商业模式重构

第九章

由于O2O的构建并不是简单地在线上和线下开店卖货，因此企业需要全面调整组织架构来合理利用资源，需要将互联网思维的互动性、效率等核心精神渗透到企业管理中去。企业如仔细分析O2O的核心业务流程，就会了解到在O2O的整个流程中所有的活动都不是单独进行的，各个部门之间的相关度非常高，如：营销活动需要与公司的市场部或企划部相关联，商品信息的发布需要与设计部、生产部等部门相配合，客户关系管理以及线上的运营需要信息技术部门的技术支持。对于这些部门间的合作来说，传统企业的模式是不适合的。所以，传统企业要发展O2O模式，必须对企业的管理组织进行重构，可以从运营特点、组织架构、供应链模式等方面进行重构。

一、服装品牌O2O业务模式重构

（一）新营销环境下的运营特点

在互联网思维下的营销时代，传统企业面临着一个全新的营销环境，信息的传递不再是自上而下的单线结构，而是发展为多点对多点的立体网状结构。

新营销环境有三大特点：移动化、碎片化和场景化。移动化是指在移动互联网高速发展的时代，消费者的生活习惯发生了巨大的变化，消费者的行为方式逐渐从传统的以PC端为主转移至“PC端＋移动端”并重，呈现出跨屏互动的趋势。随着生活节奏的越来越快，用户越来越依赖移动互联网，移动互联网的触角触碰着用户生活的方方面面，移动互联网已经全面生活化。用户可以通过移动设施随时随地、自主地获取信息与服务。移动互联网为品牌带来的机遇在于多触点，为品牌精准触达用户提供更多可能。

碎片化的最大特点是人人都是传播者，处处都是传播渠道。任何一种传播媒体都不可能成为唯一渠道，覆盖率在传统营销模式中占70％的媒体在碎片化时代下也只有20％～30％。消费者接受信息的耐心也越来越差，只有简单、抓眼球的才会进入消费者的视线。而在人人都是传播者的时代，消费者已经不愿意去相信传统媒体，更愿意去相信身边的朋友，消费者的购物习惯逐渐从“买什么”变为“跟谁买”。为了赢得消费者更多的碎片化时间，品牌必须建立碎片化思维，做到全天候渗透到用户生活中。

另外，在移动互联网时代，消费者的生活中充斥着各种广告，使得消费者逐渐对传统的广告形式产生反感。品牌的推广要想引起消费者的兴趣与共鸣，必须场景化。消费者购买行为已经不再是静止和计划性的了，而是处在不同的场景中，是在某种特定的场景互动中被触发的。所以品牌必须为消费者营造出感兴趣的话题，使消费者在短时间内通过不同的媒介制造出话题场景，从而引爆品牌。当用户觉得某一产品的诉求和制造出的话题与自己所处的场景相符合时，会自发参与进来并进行后续的延续传播。这样一来，品牌广告对于用户来说就不再是令人厌烦的硬广告，而是愿意参与、愿意讨论、愿意互动的内容，用户会自发对其在社交网络中进行“转发”“点赞”和“分享”。

（二）组织架构重构

O2O绝对不是简单的将线上线下销售打通的问题，而是一个商务电子化、一个产业革命的问题。对于品牌商而言，最大的问题不是技术、产品、平台等，而是人的问题，归根到底是利益再分配的问题。就目前的组织架构而言，主要分为中心化组织、多元中心化组织与分布式组织。中心化组织又分为：垂直性线性结构，即很多传统服装企业目前的组织架构，从董事长开始一级级传递下去；网状的线性结构，即很多互联网服装品牌的组织结构，每个部门层层交错，需要共享数据流量。多元中心化组织指的是服装企业中不止一个负责人做决定，每个负责人又拥有和管理多个事业部与员工，所有负责人对于公司未来研发的项目共同竞争，谁的项目更具创意，公司便选用该项目。分布式组织是最具创新化的组织，对企业而言同样是最冒险的组织架构，即充分给予员工分配工作时间的自由，不加干涉，用20%的时间换得创造力。未来的组织架构则是信息的组织。要真正实现O2O，须将品牌后端运营打通，让数据自由流动到它应该到达的地方。

服装品牌线上运营模式存在的种种内在问题，其实可以追溯到企业的组织结构不灵活、组织结构过于繁杂的问题上。不管是反应速度慢、应变能力差还是商品的更新速度慢，都是由于企业组织结构的不合理划分造成的。O2O模式的兴起，正加快着传统服装企业组织架构向移动互联网时代的服装企业组织架构靠拢的速度。移动互联网时代的企业组织架构与传统企业完全不同（见表9-1），如果前者是一座金字塔的话，后者就是一座倒金字塔。

表 9-1 传统服装企业与移动互联网时代的服装企业组织架构的不同点

比较项目	传统服装企业	移动互联网时代服装企业
组织架构	众多层级复杂的组织架构	点对点、扁平化的自适应经营组织
经营者角色	企业领导才是经营者,员工有不同的分工	人人都是经营者,直接面对用户
经营团队	规模化的各个专业化分工团队	都是少于100人的经营团队
用户价值	上级指挥下级,上传下达,员工以领导为中心展开工作	用户指挥员工,员工以用户价值为中心展开工作
与客户建立连接	下级给上级汇报工作,各级领导与用户主要是在正式场合接触,与用户直接接触的是基层员工	不是下级给上级汇报,而是相互建立日常连接,各级领导同时与客户建立日常连接

在传统企业中,企业的管理组织是以权威中心作为核心管理部门或最高层管理部门,企业架构的中间层有5层左右。中间层在传统企业中的作用主要是承上启下:向上负责执行上级的指示,按照企业的要求承担工作职责,实现组织要求的目标;向下负责做好管理工作,带领团队,发挥资源优势,实现企业目标,等等。而互联网时代企业组织架构中最重要的就是去中间化。互联网的出现使得中间层受到威胁从而消失,网络技术的应用可以取代中间层的工作,网络使得各层级间的沟通更为直接畅通,信息传递更加迅速、准确,提高工作效率。计算机辅助管理改变了原有的工作性质。移动互联网更是突破了空间的限制,模糊了组织间的边界,使各部门的配合协作更加方便。互联网思维将整个业务过程进行分段思考,以接近实时动态的速度收集、处理、加工和应用各种商务信息,根据每个阶段的需求再来寻求相对应的管理策略,这样才令管理具有时效性。互联网思维下去中心化的管理模式见图9-1。重构后的组织架构可以很好地适应互联网

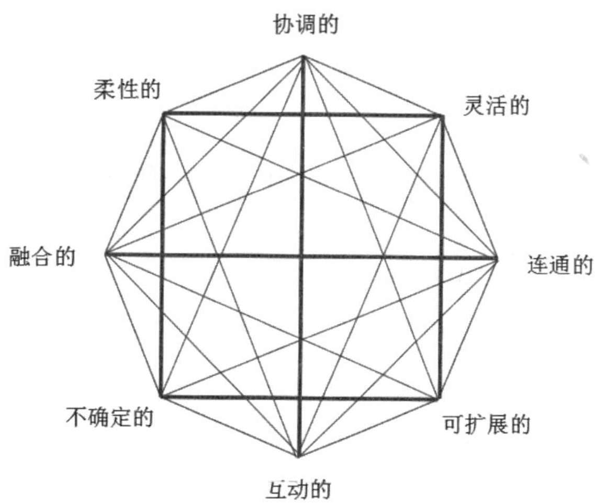

图9-1 互联网思维下去中心化的管理模式

大环境，主要表现在：在管理思想上，强调的是高效、敏捷的反应，需要对市场变化做出迅速的反应；在管理体制上，注重各个环节的配合与协调或者平行工作；在组织功能上，着重强调领导者的协调、服务和创新能力，注重培养员工的团队精神，增强企业的凝聚力；在管理任务方面，强调以客户为中心，以满足客户的需求、赢得客户的信任为企业管理活动的出发点。

（三）供应链模式重构

传统服装企业的供应链模式基本上为订货制，即每年为其代理商或加盟商举办订货会，方便选款。但是这样的模式，如没有前瞻性的眼光和对市场的灵敏度，很容易产生库存的积压或者是走向另一个极端，就是出现断货补不到货的现象。无论是两者中的哪一种，对于服装品牌商而言都是致命的一击。在O2O模式下，对于供应链的管理，运用C2B模式和将供应链可视化是解决上述问题的可选方案。

第一，C2B模式即消费者将自己的喜好反馈给品牌商，再由品牌商将货品投入生产后提供给消费者。例如服装电商品牌茵曼，其为2015年"双11"活动选择了500款服装后并没有投入生产，而是设计了样衣并定好了价格，将其上架后由消费者选择。其主要流程如下：消费者根据喜好挑款—挑完后根据购买数量预付定金—品牌商将订单数量及产品下生产合同给工厂—工厂再将生产合同下给辅料生产商。该产业链模式与传统的直接下单订量生产的模式截然相反，但确保了无库存的挤压，并且能与消费者进行更密切的沟通，能够更精准地适应消费者的需求。对于品牌商来说大大减少了库存，并且能够更了解消费者的喜好，从而开发出更精准的款式来适应消费者的需求。

第二，将供应链可视化，顾客可以通过线上平台或线下门店的终端，查询商品库存情况、门店的地理位置、商品价格以及其他信息。如果有库存，可以直接下单购买，如果没有也可以先下单，品牌保证1～2天内到货。

二、服装品牌O2O营销模式重构

目前乃至未来，服装品牌的O2O模式在很大程度上都仰赖于线上线下的相互引流。就目前情况看，有如下几种营销模式：二维码引流带动O2O模式运行，团购、优惠券等引流带动O2O模式运行以及社会化营销引流带动O2O模式运行。社会化营销引流主要分渠道和价格两方面进行。

（一）二维码带动 O2O

二维码类似于一种电子化凭证，为线下现实世界和线上虚拟世界的 O2O 互动提供纽带，其主要特点有：第一，可以包含下订单、支付、消费体验等商务行为的信息，并将这些信息存储在多个角色（消费者、线下实体商户和线上电商）中；第二，这些商务行为的信息是可追溯的，这就是电子凭证存在的价值。服装品牌 O2O 二维码模式是指消费者通过使用手机等移动终端扫描服装企业供给的二维码信息，实现消费者在线购买，或者关注企业线上服装品牌的服饰或服务的商业模式。服装品牌 O2O 二维码模式，其核心是把线下拥有的关注度引入线上，与团购等平台将线上拥有的关注度引到线下的模式正好相反。目前，国内的服装品牌正是利用这一模式的便捷性，使得服装品牌 O2O 商业模式成为服装品牌拓展互联网业务的重要手段。

（二）团购、优惠券带动 O2O

团购起初是以单纯低价的形式冲击线下产业，主要是为了线下引流服务。但随着 O2O 模式的发展，这种低价模式逐渐被其他服务方式取代。团购是服务业的互联网入口，从目前看来，还未有一个线上产品形态能如团购一般集消费与引流至线下于一身来助推服务行业的发展。O2O 电子商务的团购网站模式是指消费者通过登录线上的团购网站或手机移动客户端 APP，获取线下商家的商品和服务的优惠信息，完成商品的挑选与支付，并在线下实体店最终进行消费的形式。淘宝聚划算中的品牌团就是这个模式，为终端消费者和品牌商提供产品及服务平台。

对于消费者来说，淘宝"聚划算"中的品牌团能够为其提供高性价比的产品和服务。例如，淘宝的品牌团会为消费者推荐很多超值折扣（5 折以下）的品牌服饰，汇聚更多的消费者在线上一同购买，每人每天仅限购买 1 次，直至卖完为止。这一模式对于商家来说，是为线下商家提供了一个营销推广的平台。优惠券也是服装企业从线下引流至线上的主要操作方法。目前快时尚品牌 H&M 也在大力推行 O2O 模式，比如顾客在实体店内只要购买 3 件服装（包括配饰），就能获得线上购物满 200 元送 50 元的优惠券一张。这样就可以成功地将线下的顾客引到线上，并且对于一些不知晓网上商城的顾客，也起到了一定的宣传作用。

（三）服装品牌 O2O 渠道重构

社会化网络营销是指通过社会化的网络，用创意的营销内容，与消费者交流，实现品牌和消费者的双向沟通后建立消费者与品牌的长期互动关系，从而提高品牌的口碑和销量；同时通过消费者的参与和消费体验，影响并带动更多顾客参与购买或讨论，形成品牌认知。O2O 的社会化营销更注重客户行为和营销内容的无边界结合，在任何地点、任何时间都能够跨越线上线下无边界地倾听客户声音，了解客户，并快速有效地回复和满足客户的需求。

服装品牌大多数采取扁平化的战略，在国内一级城市铺开自己的店铺，以自营和代理为主。运用扁平化的战略可以使得新增的每一个店铺都能和已有店铺做到一致，并能方便管理。现阶段服装品牌店铺都将 PC 化，与线上平台的支付方式对接，店铺设有免费的无线网络，每个商品都具备详细的商品描述二维码，方便顾客扫码了解和分享；提供线上支付，可以利用支付宝、网银等方式付款，并且为顾客提供线上付款线下提货、线下买单线上优惠等方式，线上线下互相带动销量。

（四）服装品牌 O2O 价格重构

在 O2O 模式的运行中，线上线下的货品及价格必须一致才能引流。消费者偏爱网购不逛实体店的一个重要原因是线上因没有店铺租金、商场扣点等的额外的支出，产品的价格更占优势。而要做到线上线下互相引流，就必须通过一致的产品和价格来换取消费者对于实体店的兴趣。服装品牌多为传统企业，早先采用以加盟为主的模式，品牌拥有省代、分代、分分代，不同地区不同代理销售价格不同，而线上商城也有自己的价格，这对 O2O 的发展是非常不利的。针对产品定价的问题，企业可以选择两种方案。

方案一是“线上价钱＝线下价钱”。借鉴优衣库等成功案例实行线上线下同款同价，既避免了实体店面沦为消费者试衣间的尴尬，又对商品的服务与管理等方面起到促进融合的作用。此做法大大降低了消费者的购物时间成本。由于没有了价格因素的干扰，消费者可以完全根据自己的需求，自由选择线上或线下消费，拥有一个更加便捷的购物体验，提高满意度。所以同款同价更容易打通品牌的线上与线下，促进 O2O 的发展。

方案二是“线上价钱≠线下价钱”。针对具有众多代理商的传统企业，要运行 O2O 模式可选择区域性的线上线下同价政策。若要实现区域性的同价政策，必须要将商品、库存、物流等信息全面打通，一方有变则八方实时更新。企业的整个 O2O 系统归总部管理，信息共享给全部门店，各品牌商均拥有公众号，各个区域拥有本区域的线上平台，消费者在店内通过二维码扫描进入的平台为区域平台而非总部平台。因区域已实现同价同款，所以对于消费者来说同样没有比价环节，可以选择线上下单或者店内购物。而对于线上消费，总部平台也会清晰地分析商品流通情况，较好地处理业绩归属与利益分成，实现品牌区域化营销。

三、服装品牌 O2O 盈利模式重构

（一）自建平台与进驻平台的比较

服装品牌在扩张 O2O 模式时，一定会遇到这个问题：对于线上平台的构建，究竟是自建 O2O 线上平台还是进驻 O2O 第三方交易平台共享流量、资源？这两种盈利方式各有利弊，自建 O2O 线上平台与进驻 O2O 第三方交易平台的比较分析见表 9－2。

表 9－2 自建 O2O 线上平台与进驻 O2O 第三方交易平台的比较分析

分析角度	自建 O2O 线上平台	进驻 O2O 第三方交易平台
流量把控	能自如把控流量去向，可拓展性较高	流量与进驻平台共享，易被平台控制流量
基础设施投入	需要投资购买服务器、域名等基础设施	无需投入，可依赖第三方平台强大的基础设施和技术
佣金	自主研发，无佣金负担	品牌进驻需向第三方平台缴纳进驻费用和部分的佣金
促销活动	根据节假日、店庆等可自行安排促销活动，无平台施压	需要参与第三方平台的促销活动。这是一把双刃剑，平台能为品牌吸引流量，但促销力度被控制
后台技术	需要投入大量的资金进行后台研发和吸引人才，且未必能达到业内领先水平	拥有第三方平台强大的后台技术支持，节省研发资金投入，可以共享领先的后台技术水平
广告宣传	需要投入资金，线上平台宣传效果未必能理想	借助进驻平台的流量优势，能为品牌造势宣传，通过一些线上技术手段达到品牌宣传的目的
用户资源	需要品牌自行培养	可利用现成的庞大用户资源
消费行为	易于培养忠实顾客，来自建平台购物的消费者往往是被品牌自身吸引	进驻平台上对于消费者的诱惑较多，易于使消费者对同款服饰进行多个品牌的比较，竞争较大，消费者容易易主

续表

分析角度	自建O2O线上平台	进驻O2O第三方交易平台
客户关系管理	建立优于第三方的客户关系管理，给予其更贴心的服务	品牌运营受第三方平台规则的限制与制约
店铺样式	自行设计以吸引顾客	使用店铺模板，样式单一
顾客体验	可以结合用户自身特点贴合用户使用及消费习惯提供个性化服务	功能受限，可拓展性较低，只能在第三方现有服务的框架下提供服务，很多个性化服务需借助第三方平台并且有偿使用
信用体系	自建平台对于信用体系来说是个考验，售后服务也需要自行投入和解决	信用体系完善，信用制度建立时间较早且有第三方平台做支撑，消费者购买更放心
品牌形象建设	容易维护品牌自身形象，是个性化展示品牌形象的窗口	大品牌使用第三方平台存在降低品牌在客户心中地位形象的风险
盈利时期	自建平台起步初期往往投入大，资金回笼较慢，需要很长的培育期	借助平台流量资源，与平台共同发力造势，吸引客户，从而缩短培育期

除了上述两类方式以外，还有将O2O第三方交易平台与自建O2O线上平台相结合的复合模式。该模式已被快时尚品牌优衣库领先使用，其自建平台的购物链接自动跳转至淘宝天猫商城，将两者结合从而更好地为消费者提供服务。而对于服装企业普遍存在的IT短板，将二者结合能够更好地为顾客提供便利，也能为企业创造价值。传统服装O2O平台的选择应当根据企业的性质与能力结合平台的利弊来选择。就目前成功案例优衣库来看，将自建平台与第三方平台打通，是一种不错的选择。对于人才与资金不足的企业，建立自己的独立电商平台，树立品牌形象应当是每个企业发展的目的，但是很多服装品牌不理解互联网思维，只是互联网时代的门外汉。自建平台相对投入比较庞大，后期推广也是费时费财，还有更重要的网站安全维护等问题，这些对于传统企业来说都是巨大的考验。所以在发展前期，应当遵循“快鱼吃慢鱼”的规则选择入驻具有巨大流量与用户群的第三方平台，如淘宝、京东等，选择适合自己的平台，在第三方平台培养品牌形象与顾客群体，使品牌在一个相对稳定的环境中适应互联网时代。待企业在平台中发展有所规模，拥有了品牌知名度，积累了客户后，品牌可以考虑自建平台。

（二）服装品牌O2O盈利模式重构

通过分析传统企业中的盈利模式，从价值创造方式、价值创造体系以及价值获取方式三方面进行盈利模式重构。

1. 价值创造方式

传统企业主要通过渠道来获取价值，企业拥有品牌权，经销渠道拥有销售权，通过大规模的传播来诱导消费者消费。但是企业缺失的是对终端消费者的了解，难以将用户的需求与体验作为各项工作的中心。而在互联网思维下消费者已经掌握了话语权，企业必须将重点从渠道转移至消费者身上，必须明确消费者的痛点与痒点，从而更好地赢得消费者。具体来说，企业应在某一方面满足消费者，将产品做到极致，做出令消费者尖叫的产品，为消费者创造真正的价值。

2. 价值创造体系

传统服装企业的价值创造体系是根据往年的销售业绩来进行产品预测，通过预测选择产品进行打样与生产，然后举办订货会，最后根据订货会具体情况进行大货生产。工厂生产周期一般为2到3个月，工厂交货后终端店铺开始铺货销售。传统模式的体系由于不够精准、效率低下所以容易产生库存积压，如图9-2所示。而布局O2O过程中，价值链的起点不再是以企业为中心，而是以消费者为中心，企业应当通过整合线上与线下资源，引导消费者参与到企业的各个价值链环节中，将消费者提出的意见与需求运用到对应的环节，做出相应改变。企业通过不断与消费者的互动来实现定制化，通过消费者参与、精准营销、信息推送、会员服务以及物流打通来完善消费者的购物闭环体验，从实际做到以消费者为中心，处处体现为消费者服务的理念。通过整合线上平台和线下零售，企业主动邀请用户参与到从创意、设计、生产到销售的整个价值链中来，通过将定制化的粉丝参与、信息推送、精准营销与优质的会员服务和物流打通，形成消费者的良好购物闭环体验，来真正地做到以消费者为中心构建价值创造体系。

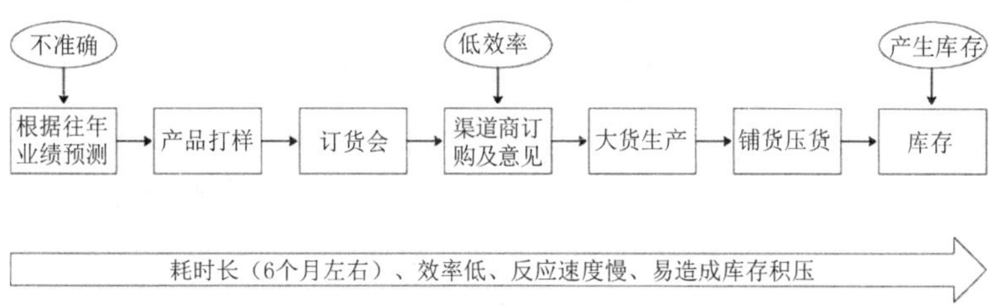

图9-2 传统服装品牌价值创造体系

3. 价值获取方式

传统模式中的盈利部分为在总收入的基础上减去产品成本、营销成本、运营成本后得到的差额。由于信息的不对称，消费者不能进行产品比较，只能被动接受企业的广告宣传与终端销售。企业创造价值的规律为"规模化"的，即大规模的生产，大规模的销售。但是大规模的销售面对的是分散在全国各地的消费者，品牌只有通过各个城市终端店铺的店长以及导购来完成销售，可以说传统盈利模式是通过提高单件的利润来获取价值的。而互联网的本质是连接，它不仅是物的连接、人的连接、信息的连接，还是商业与人的连接。互联网更是将用户随时随地置身其中，在任何情况下消费者都可以通过手机进行商品比较，彻底颠覆了传统模式中信息不对称的情况，企业的所有环节都必须以用户为中心。所以在构建O2O模式中价值的获取方式时也必须依靠消费者，消费者的体验、好评、忠诚度和口碑是企业最大的资产，互联网下品牌主要价值获取方式就是增加粉丝的规模与数量。

（三）服装品牌O2O利益分配

O2O的核心与矛盾的焦点就是利益分配的问题。要解决利益分配的问题，必须做到以下几点：首先，线上和线下的业绩需调整为集体业绩。对于O2O模式来说，不管是线上为线下引流还是线下为线上引流，中间都存在业绩归哪方和利润如何分配的问题。这里的集体业绩尤其指的是线下导购与线上客服的业绩。如果企业按照个人业绩来考核员工，容易造成员工单方面竞争的局面，不利于平台的发展。无论线上还是线下，导购与客服都是直接与消费者接触的关键环节，如果导购或客户疏忽推广，只为其个人业绩或利益着想，都会导致企业无法更好地宣传O2O模式。但如果调整为集体业绩，导购或客服之间就会彼此配合，不仅能够更好地推广品牌O2O平台，让消费者了解更多优惠信息，还能够更好地为消费者服务，或者换句话说，应势利导，更容易说服消费者购买。

其次，对线下店铺店长和员工的利益要充分给予保障支持，甚至直营分公司负责人的利益也需要得到保障。因为服装企业推广O2O平台，将原本的线下实体搬到线上，势必会引发线下业绩被线上分流的问题。而终端店铺业绩又和店员业绩挂钩，如果分公司年度业绩线上与线下不统一累加核算，那么也会同时弱化分公司员工的积极性。

再次，线上线下应同款同价。过去从服装企业的营销方式来分析，扁平化的渠道常常被质疑。可是，在O2O模式背景下，扁平化的渠道却是最能够帮助实现O2O模式下线上线下同款同价的，因为不用去整合代理商的利益问题，渠道直营或直接加盟的方式都对O2O模式的推广非常有利。

最后，物流体系也应重新整合分配。第一，实行分步走策略，首先由公司总部实行统一发货。消费者在线上平台订购的商品，如果平台将链接分享给代理商（根据地域划分，消费者自行选择离自己位置近的店铺下单），由代理商发货，利润归属于代理商，平台方面只更好地为代理商或加盟商引流；如果消费者选购的链接属于公司直营的，那么可以由公司总部发货，或者消费者选择线上付款线下自提，那么利润归属于离消费者较近的直营店。企业无需担心货品流向谁的问题，代理商需补货时自然会向总部订货。公司在O2O起步初期必须先规范市场，规范O2O平台，这样才能取信于消费者，从而建立平台优势。第二，企业需要建立强大的ERP系统作为后台支持，且系统必须包括完备的订单核销或者物流跟踪环节，以确保消费者线下自行取货时，线上或线下就近店铺不再重复发货。第三，完成直营店的改造，推进加盟商的参与。在品牌建立O2O模式，通过线上平台为加盟商与代理商引流的前提下，适当鼓励加盟商参与O2O模式，并鼓励其共同为品牌O2O模式进行宣传推广，从而适度减少推广费用。对于服装企业而言，节流也就意味着盈利。

四、服装品牌O2O商品模式重构

互联网时代下信息透明，时尚资讯传播迅速，消费者个性化的追求也越来越强烈，消费者不断追求个性化的产品。所以在产品研发设计阶段，企业必须做"从0到1"而非"从1到N"。"从0到1"是指垂直进步，也称为深入进步，意思是要探索新的道路。垂直进步比较难想象，人们需要尝试从未做过的事情。而"从1到N"就是指水平进步，也称为广泛进步，意思就是照搬已取得成功的经验，直接从1跨越到N。O2O模式最大的特点是O2O交易平台可以查阅用户交易记录，可以跟踪消费者消费记录，分析消费者的消费数据。互联网时代中产品的创新需要依据大数据分析结果来进行，传统企业应当通过分析数据、消费者的消费习惯以及消费者对产品的评价、对产品关键词的接受度等细节来进行新产品的创新设计。

（一）传统服装品牌产品生产流程

传统服装品牌大货生产流程环节众多(见图9-3)：由设计部根据市场调研以及销售部的开发计划还有门店反馈信息来进行新品设计，顺利通过企业高层审核后进行面辅料采购，申请打样，审核通过后确认打样，再进行审核，确定后进行产前样准备，最后进行大货生产以及质检工作。在整个过程中，大多时间是设计师与企业高层交流，而没有让用户参与进来。这样的过程持续时间久，生产速度慢，产品更新迭代速度跟不上市场要求，会有很多弊端出现。

（二）O2O服装品牌产品开发模式重构

而互联网时代，产品的设计流程变得更加灵活，传统企业标准化的设计流程已经不

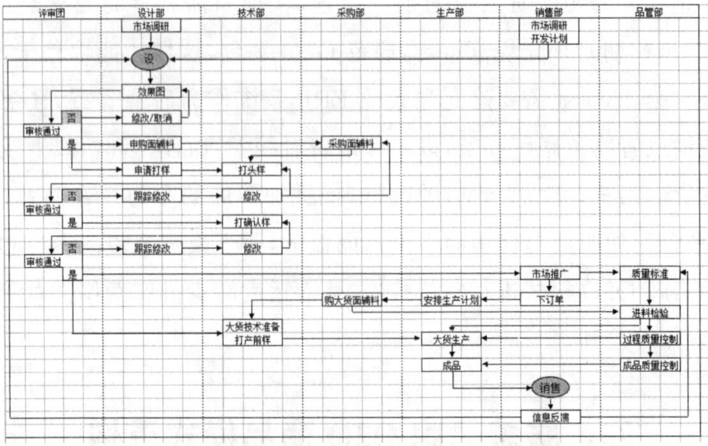

图 9－3　传统服装品牌大货生产流程

适用于互联网思维下的产品生产。互联网思维下的产品设计流程中更加注重的是“以用户为中心”，并且要在每个环节深入体现。消费者的意见与建议是每个环节的主要引导因素，每个环节都不是必然的承接关系。各个环节灵活变通，随时根据消费者的提议改变，消费者的反馈可以使一个小阶段的环节不断反复循环甚至倒退到之前的环节。虽然要不断根据消费者的反馈改变，但是互联网思维要求企业在各个环节反应迅速，用最快速度将产品投放市场，接受更多消费者在体验后的反馈，从而取得更加完善的解决方案。在整个过程中，消费者的反馈贯穿始终，企业要为消费者提供更好的产品，不断完善产品生产，使得产品趋于成熟。

然而在不断循环的过程中，企业也渐渐改变了供应链，利用互联网的高效工序匹配力，使消费者完全参与到产品研发设计的各个环节，实现了个性化定制，也逐渐实现了O2O 的未来趋势——C2B 模式。个性化定制将取代传统的大规模生产，企业的生产线也将受到影响而改变，生产制造更加柔性化（见图 9－4）。

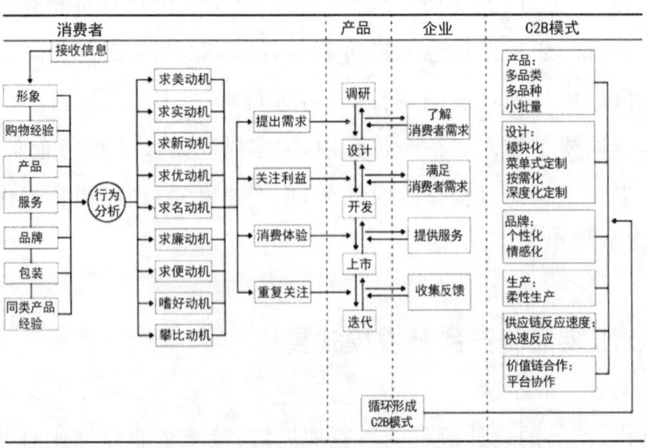

图 9－4　互联网思维下产品开发流程

五、服装品牌 O2O 导购模式重构

（一）线下导购系统

有了二维码在实体店铺内的运用，今后的线下店铺将会变成 PC 店，即线下、店铺中的导购、支付都能用二维码来操作，将会更方便消费者购物。目前，上品折扣实体店已经实行了将二维码运行至整个店铺的操作方式。而在服装企业中，优衣库的线下实体店也全面实行了二维码模式。导购系统的设计流程是消费者选择了心仪的商品后，扫一扫衣架上的二维码生成订单，然后放入该店铺的电子购物车中。当所有想要购买的商品都选择完毕后，消费者在页面点击“生成订单”，店铺导购员处就会自动生成一个支付二维码，顾客扫完该二维码后即可完成付款。付款后，导购员将帮助顾客把衣服打包，由顾客选择先寄存在该店铺还是直接带走。这样的方式就会使得导购系统变成一个了解消费者的强大数据库。它不仅能够及时获得有关消费者喜好的 SKU 信息，感知库存，解决复杂的找零等支付环节出现的错误（人工找零容易出错），还能增进与消费者的互动，将商品环节打通。

导购系统的优势是可以作为分析数据指导线下实体店开店，销量、人流量和地理位置等分析都能通过数据预测；可以知道店铺备货情况，如有断码断色等问题都能及时反映；还能了解消费者的喜好，将数据提交给设计部，更能设计出贴合消费者喜好的服饰。该导购系统呈现的困难是：一方面需要技术支持；另一方面需要消费者都能融入这样的顾客体验环境。

（二）线上导购系统

不同于传统的导购概念，线上导购系统往往是社交与电商的交互模式：基于 SNS 圈子，以用户分享推荐的形式，将兴趣点转化为购买行为，从而大大降低购物搜索成本。除了在服装品牌 O2O 线上商城提供服装款式信息与即时线上客服咨询以外，线上导购系统还有以下几个新兴的方式，这些方式如同隐形促销一般，以社交商务的形式传递给消费者：比如，服装品牌在一些大众社交媒体建立自己的官方平台，发布品牌新季新款，通过转发消费者的购买心得或者让更多明星为其宣传新款，让更多关注者参与互动交流，通过一些转发抽奖的形式吸引消费者的眼球；建立官方论坛，让消费者记录购买某品牌后的心得体会和服装搭配的必得；定期在社交平台上发布视频，为消费者提供一些生活方式类的渲染，让消费者产生更多关于品牌的联想。

（三）品牌导购线上线下互动

当消费者对线上及线下渠道同时产生需求的时候，品牌商只从一个角度或用单一的思维模式去解决问题是一定行不通的。只靠实体店铺的陈列、推销或海报宣传等传统的线下店铺营销方式将无法满足消费者的需求。线上线下的重新整合必定会引发出新的商业模式，也会带来更多机会。O2O 的商业模式便是商业发展的一个产物，也是企业应考虑的一个良好机会，比如可以考虑品牌导购的线上线下互动。

（四）服装品牌 O2O 促销活动重构

企业在 O2O 的促销活动中，应主要考虑线上线下的流量和信息产生投射所创造的价值。企业需更注意利用网络把碎片化的信息相互投射，从而准确地找到目标人群。而网络并不单指互联网，它包括线上线下所有渠道的流量和内容。企业在 O2O 促销活动中，应更多地关注传递信息过程的行为，如何在一个合适的渠道（线上或线下）把产品的信息展示出来，这不仅能让消费者感兴趣，而且还能推动消费者产生消费行为。

六、服装品牌 O2O 会员模式重构

目前大多传统企业都在想方设法建立会员管理系统。传统企业由于营销模式的特殊性，线上发展起步晚，没有积累好客户资源，更没有建立完善的会员管理制度。至于线下的情况，由于代理等机制，会员资料掌握在各个代理商手中，企业只有直营店微弱的会员数量。而传统的会员管理模式也不利于会员培养与长久发展（见图 9－5）。

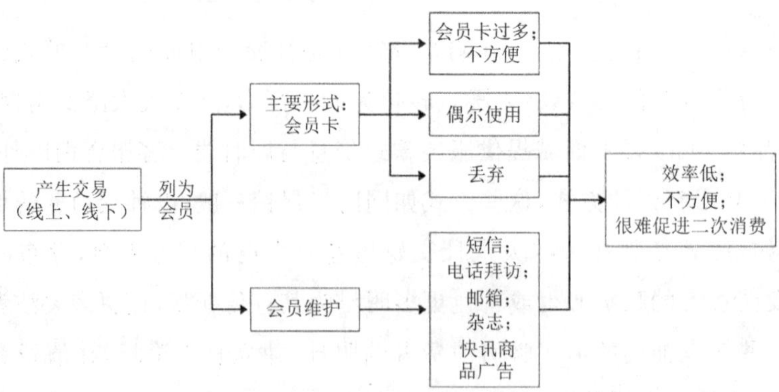

图 9－5 传统渠道会员管理方式

要建立O2O会员模式，必须打通会员管理线上线下数据，这样不仅方便消费者线上线下购物，也更有利于企业对会员的整体管理，对会员进行精准营销。所以，企业必须整改线上线下分开的会员体制，将会员收揽在统一的系统中，建立统一的管理系统对会员进行精准营销、个性化营销以及数据化营销（见图9－6）。

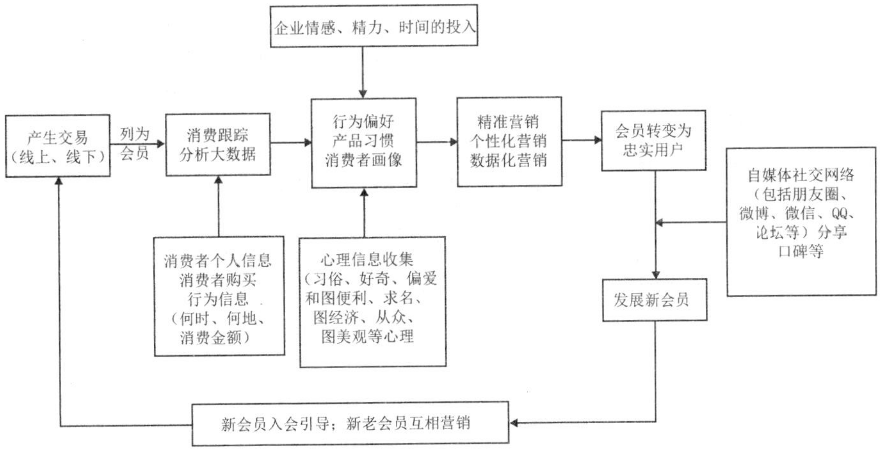

图9－6　O2O下会员模式

七、O2O服装模式重构案例——优衣库

（一）快时尚市场竞争格局

快时尚之所以受到消费者的青睐，一方面是因为快时尚运作模式能够提供丰富的、多样化的产品，增加了消费者的时尚选择；另一方面是因为快时尚品牌相比于其他时尚品牌更便宜、性价比更高、品牌溢价更低。2017年，多数快时尚品牌仍然在中国市场加速门店拓展，大量个性化服饰品牌进入市场，使得行业竞争更加激烈。为此，ZARA、优衣库等国外快时尚品牌和UR、MJstyle等本土快时尚品牌各自采取了创新举措来应对低迷的市场，并吸引愈加挑剔的消费者（见图9－7）。

1. 快时尚品牌发展趋势

（1）增加线上业务

目前，优衣库、ZARA、GAP、C&A、MANGO等品牌已先后在天猫和京东开店。ZARA曾表示，集团业绩上涨主要受益于集团在网上扩张店铺的策略。以优衣库为例，其母公司未来目标是将电商占比由目前的5%提升至30%，并通过全渠道的方式提升消费体验，提供线上下单，线下门店24小时便捷取货的O2O服务。

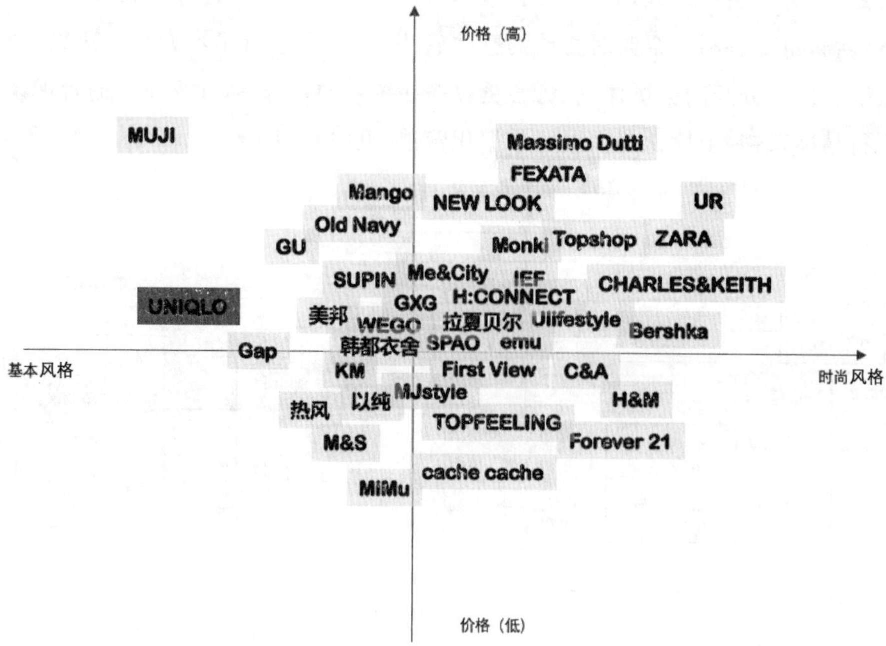

图 9-7　快时尚市场竞争格局

（2）采取多品牌战略

未来更多国际品牌会积极尝试在中国实行多品牌战略，以满足中国消费者日益差异化、细分化的购买需求。例如，ZARA 推出旗下的 Home 家居和 Oysho 女士内衣品牌，首个运动系列 Gymwear 正式上市；优衣库推出姐妹品牌 GU；等等。

（3）加速产品转型升级

在当今市场业绩下滑、库存压力庞大及关店危机的情况下，各大快时尚品牌将在价格体系、产品定位等方面进行更多调整，以面对国内不同的市场消费群体，产品业务向多元化发展。优衣库向高品质服装品牌方向转型，摆脱只关注时尚潮流的快时尚品牌形象，致力于专注设计生产高质量的衣服，注重产品使用的"可持续性"，试图与 H&M、ZARA 等快时尚品牌划清界限。H&M 将目光放在渠道整合上，尝试线上线下整合方案，包括提供线上下单、到店取货、商店在线退货以及扫码购买等 O2O 服务。由于消费者更加追求个性化和新颖度，更加注重产品品质，当今国际快时尚品牌的产品吸引力大不如前。未来，各大快时尚品牌需要将注意力回归产品，加快市场反应速度，加速品牌升级转型。

（4）集合店形式拓展

各大国际快时尚品牌均在不断丰富产品业态，由原来单一经营服装、配饰，发展到家居、餐饮、彩妆、图书等全新产品线，跨界营销将是未来业务整合的重要方向。无印良品自上海淮海路旗舰店出现 Café MUJI 和 MUJI Books 之后，未来将在国内新增门店中进一步扩大零售店的餐饮品类。另外在国内快时尚品牌中，MJstyle 也在新增门店中更多以集合店形式进行了拓展，包括 MJ COFFEE、创意家居、潮流饰品、精品包饰等，其中创意家居产品在 MJstyle 店铺里占据非常重要的部分。以深圳龙华店为例，创意家居产品占据了 MJstyle 整个店面的三分之一，小到刀叉、杯具、碗碟筷子、茶具、花瓶、灯具，大到桌椅、沙发、茶几等。

（5）借助新媒体引导社会化营销

在全屏媒体的电子化营销时代，如何洞察消费者需求点的普遍性及共性，如何利用新媒体有效构建起无界营销的品牌 O2O 渠道，都是当今快时尚品牌公司面临的未来推广方向。为了让消费者获得专属体验，H&M 在海外市场尝试在 Google+上提供不同于其他社交平台的内容，比如新品抢先预览、舞台幕后报道等。H&M 在满足用户好奇心的同时，让用户全面深入地了解品牌的二次传播策略，通过以用户为中心的个性化内容体验，增加用户黏性，培育其品牌忠诚。GAP 在美国通过开发同名 APP，配合相关宣传，让用户通过 APP 将拍下的子女照片实时分享给朋友们，达成社交互动和 APP 侧面宣传效果。借助这一策略，GAP 成功将消费者变成内容创作者，为新产品系列及品牌自身创造了口碑。在当今国内严峻的竞争环境下，国内快时尚品牌不妨借荐国外更多的成功推广案例，以应对国内不同的消费市场。

2. 快时尚品牌存在的问题

（1）创意匮乏，抄袭问题严重

在原创性、精力值或投资方面，很多企业在商业模式的制约下普遍难以投入大量时间和资源，但又必须跟上"快"时尚的节奏，所以就出现了"借鉴"，也就是"抄袭"和"复制"的问题。时下快时尚品牌多数是从国外引进中国的，难免有设计风格的偏向问题，在不知不觉中，中国元素也被大幅度地削弱了。这些快时尚品牌的设计过于欧美化，符合欧美人体型的裁剪比例和颜色搭配不一定适应中国市场，很多款式并不适合中国人。

（2）品牌意识淡薄

低价、时髦、随意定位是快时尚服饰企业传递出的产品信息，而消费者需要的是一种消费价值。产品设计覆盖了品牌意识，设计师能够准确预测近段时间的潮流趋势，在短时间内设计出各种新潮服装，但却忽略了要将品牌意识植入消费者心中，局限于做潮流的跟随者而非创造者。消费者对快时尚的热情不再高涨，究其原因，还是消费者对品牌的认可度不高。如果一个品牌没有过硬的品质、文化，那就只能面对重重危机。

(3) 质量被消费挤压

随着以H&M、优衣库、Oysho、ZARA等为代表的品牌服装,在“秋衣”“秋裤”的技术层面上进行变革,“Me More Cool”(“棉毛裤”的戏译)终于获得了不少年轻人的承认。不过,材料的更新远没有造势来得猛烈。快时尚通过给消费者灌输概念,正在加速买家更新衣服的速度。与此同时,快时尚市场通过各种暗示,制造出新鲜感。快速满足然后丢弃,再次消费的恶性模式,是快时尚的符号,这不仅令多数消费者愈发沉湎、毫无节制,也改变了人与衣物的情感关系。快时尚不断在质量问题以及环保方面承担连带责任,在产品质量上最主要的问题是色牢度、纤维成分含量不合格。尽管这些不合格品被拦在了国门之外,但是业内人士强调,相比快时尚的安全性,其背后的环保成本更应该引发关注。资源和环境问题,是快时尚消费观念的“副产品”。纺织行业在生产过程中大量使用化学品,而其持久性和毒性则是水污染的主要源头之一,包括在染色、清洗、印花和织物整理过程中,也很容易产生大量包含有毒有害物质的废水。

(二) 优衣库品牌定位分析

1. 优衣库发展历程

优衣库的英文名称为UNIQLO(unique clothing warehouse)。它超越了以往店铺运营方式,采取自主选择的购物模式,使得客户根据自身的需求选择商品,以高品质的衣物以及合理的价格满足客户对商品的需求。从优衣库的英文名来看,它是unique(唯一的)与clothing(服饰)的结合,这也体现了优衣库的企业宗旨,即以较低的价格提供高质量的衣物,始终坚持将时尚元素、简约元素以及“百搭”元素提供给消费者。

优衣库是日本迅销集团的核心品牌,母公司迅销集团建立于1963年,优衣库创建于1984年。优衣库在创始之初的发展目标就是在任意时间地点,以合理的价格满足不同人群的不同需求,以高品质的衣物不断提升顾客的生活质量。与此同时,优衣库还坚持将简约、时尚的风格提供给不同国家、地区的消费者,满足大众的不同需求,是集休闲服装的设计、制造和零售为一体的日本公司。据数据资料统计,迅销集团也以其优异的销售成绩成了世界服装零售业的巨头企业之一。母公司营业额的70%以上是由旗下品牌优衣库创造的,而优衣库也是快时尚品牌中最先将O2O落到实处的品牌,并借助互联网快速发展(见表9-3)。

表 9-3 优衣库品牌基本概况

内容	项目	说明
基本信息	公司名称	日本迅销股份有限公司
	公司成立日期	1963 年 5 月
	公司总部	日本东京
	创始人/CEO	柳井正
	品牌域名	www.uniqlo.com
O2O 产品	UNIQLOCK	2008 年上线
	UNIQ CALENDAR	2009 年上线
	UNIQLO WAKE UP	2012 年上线
	APP(内嵌位置服务)	2013 年上线
	虚拟试衣间(线下)	2012 年上线
	虚拟试衣间(线上)	2013 年上线

经过 30 多年的发展,优衣库已经成了全球著名的服装零售品牌,在国际化营销上取得了可观的经济收益。2008 年以来,虽然日本整体金融环境并不景气,但优衣库却能凭借其独特优势在这种大背景下逆势崛起,保持盈利增长。而优衣库如今能发展成国际化的大公司,也并不是一帆风顺的,而是其经过不断的改革、创新一路过来的。总的来看,优衣库的发展过程分为了三个阶段,即国内起步阶段、国内发展壮大阶段、开拓国际市场阶段(见表 9-4),每个阶段都体现了优衣库的经营特色。

表 9-4 优衣库的发展历程

国内起步阶段(1984 年—1997 年)	● 1984 年,优衣库建立,成了日本第一家仓储型的服装店,在广岛县广岛市开业 ● 1994 年,优衣库母公司迅销股份有限公司在广岛证券交易所股票上市 ● 1996 年,优衣库在山东成立了山东宏利棉针织有限公司;此外,为强化商品的策划工作,优衣库在东京设立了事务所 ● 1997 年,优衣库于东京证券交易所二部上市

续表

国内发展壮大阶段（1998年—2001年）	● 1998年，优衣库对公司进行了改革，即产品从设计到销售的整个过程都由企业自己来运营。这个改革也被称作ABC改革 ● 1999年，优衣库先后在上海和广州分别成立了事务所来加强对生产运营的管理 ● 2000年，公司总部迁往东京，加强市场营销，提高整体运营效率，并开始网上销售业务
开拓国际市场阶段（2001年至今）	● 2001年，优衣库的第一家海外店定址英国，并陆续在中、韩、美、法接连开设多家分店 ● 2002年，在东京建立优衣库设计室（现已发展为R&D中心）；在中国上海开设第一家中国分店；以“SKIP”为商标名开始食品经营业务 ● 2004年，参股Theory外套营销公司，与韩国的乐天百货有限公司开办合资企业；在纽约设立优衣库设计室的分支机构 ● 2007年，开设T恤专业店“UT Store Harajuku”，推出的第一场“HEATTECH”品牌T恤衫促销战取得极大成功 ● 2008年，收购ViewCOMPANY有限公司的股权，使之成为迅销公司的全资子公司 ● 自建低价时尚品牌GU，并购VIEWCOMPANY、Onezone等公司 ● 2009年，优衣库中国在淘宝网开第一家网店，开展B2C业务；收购Link Theory Holdings有限公司的股权；与世界著名时尚设计师吉尔·桑达（Jil Sander）女士签订优衣库产品设计咨询合同 ● 2014年，UT被长尾智明（NIGO）重新定位为“新世代T恤”，推出约30个主题、1200多种颜色和图案，掀起UT风潮

2. 优衣库的市场定位

优衣库一直秉承为顾客提供“低价良品、品质保证”的经营理念，走的是“大牌”与“平民”路线。出于该经营理念，优衣库一直致力于为所有人提供种类尽可能齐全的休闲服，满足儿童、青年、中年、老年以及不同性别人的穿着需求。优衣库的目标市场定位为以家庭购买为主，主要消费群体是中坚阶层、不断追求高品质生活和成功事业的人士，不单单按年龄和身份来划分，既突出了品牌特质，又十分契合“所有人的服装”这一理念。优衣库产品种类也很丰富，适合大众，主要分为男装、女装、童装三大类，或依据功能分为休闲装、家居装和职业装。同时，每一大类又包含丰富的种类，比如衬衫、内衣、外套、起居服、针织衫、背心、休闲裤、牛仔裤、配饰等，几乎涵盖了顾客生活中可能会穿用到的所有休闲单品。

1985年，柳井正把优衣库定位为平价休闲的服装市场。优衣库的品牌定位是高品质的质地、简约的设计和丰富的色彩。虽然服装产品设计相对比较简单，大多是日常服装的基本款，但其优势在于定位大众且价格便宜，质量优秀同时又讲究潮流感和时代感。这一定位不单是基于价格，更是基于对消费者需求的理解和把握。优衣库对休闲服装的理解是,"个性不在于服装而在于人的理解与此不谋而合"。优衣库希望把服装仅仅作为顾客的"道具"来生产,更追求舒服的日常服装,并且尽力提供物美价廉的服装产品。优衣库将休闲服饰"道具化"的理念让崇尚名牌的日本人改变对廉价服饰的看法。优衣库打破了"廉价"与"高质量"之间的界限,在改变服装定位的同时变革了人们的思想。

优衣库确定进军中国市场后,始终把活动看成企业与中国消费者发生互动作用的过程,在这个过程中最为重要的部分就是企业与消费者之间的关系。在发展这一关系的过程中,优衣库先与消费者建立相应的关系,以消费者为核心,与消费者不断沟通互动,让消费者参与到沟通过程中,而不是所谓的形式主义。因此,企业在与消费者发展关系的过程中,应该摒弃以往的传统买卖关系,与消费者交朋友,真正了解消费者的需求,并尽最大努力予以满足。

3. 优衣库 SPA 模式

优衣库建立了一套从设计到生产到最终销售的围绕所有经营策略的自有品牌专业零售商(SPA)模式。SPA 模式是指当前服装品牌通过将生产与零售直接连接,使产品直接面对顾客,节约时间与成本,把握商机与确保利润的营销方式。其特点是全面修正策划、生产、流通、销售等商业流程,努力建立最适合消费者的商业模式,其中关键是以满足消费者的需求为首要目标,通过革新供货方法和供应链流程,实现对市场的快速反应(见图 9-8)。

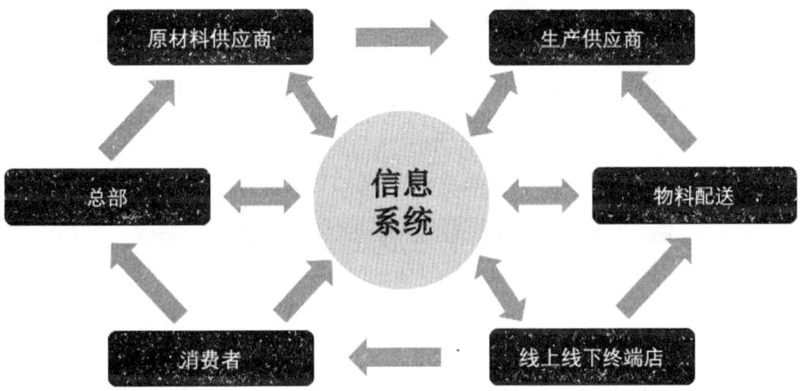

图 9-8　优衣库 SPA 模式

优衣库通过开发独特的产品以区分自己和其他品牌,通过 SPA 模式快速对产品做出调整来反映最新的销售趋势,同时减少运营成本。SPA 模式包含从原料采购到产品规划及开发,到加工制造、零售管理的整个过程。优衣库的研发中心分析来自世界各地的最新的时尚和面料以及最流行的生活方式,一个产品在一年以前就会确定下来——需要设计师与销售代表、材料研发部门和生产部门共同讨论并确定下来。其中,优衣库的研发中心要为每个产品做好充分的准备,并不断地修改,直到每个产品得到各个部门的认可。优衣库的面料采购部门稳定、低成本、大批量地从面料供应商手中采购优质面料，并用于核心产品的开发，以此与其他品牌进行竞争。优衣库营销人员在与研发设计人员会面之后，调整自己的观念以适应当季产品的计划、材料和设计，然后决定每季产品的产品线及生产量。事实上，营销人员从产品规划到生产都起着至关重要的作用。由此，我们可以看出，优衣库的每个环节、每个部门以及每个流程都是以快速、精确的方式围绕产品在活动，这也是优衣库能够对最新的流行信息做出快速反应的一个重要原因（见图 9－9）。

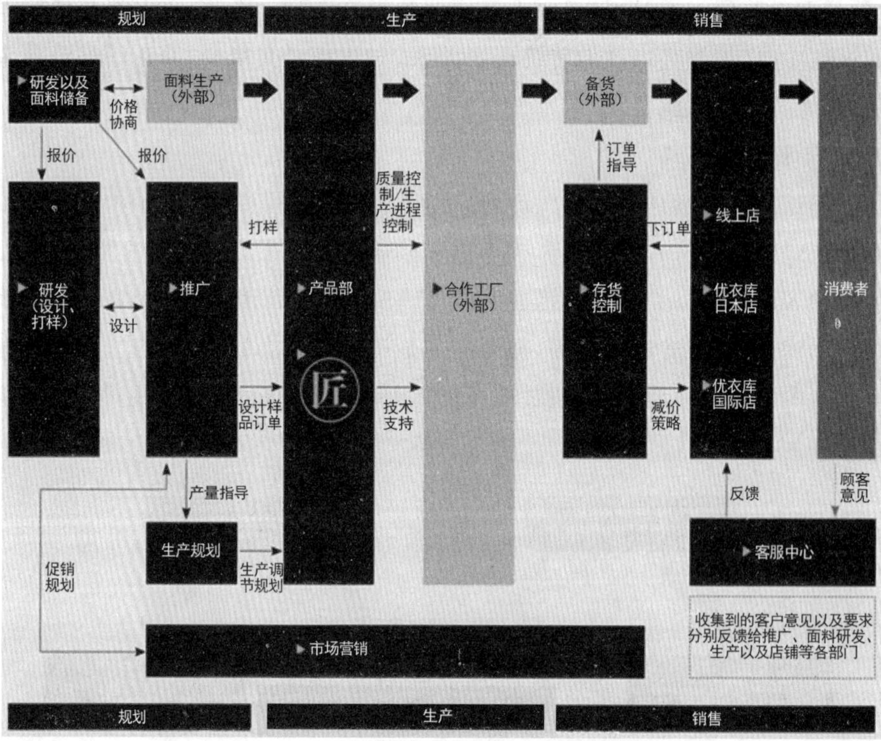

图 9－9　优衣库产销一体化的组织架构

外部的生产外包费用转化为内部管理费用，利于对质量的监管，更利于盈利。优衣库将“供—产—销”三个环节连成一线，统一内部管理，形成 SPA 模式。这一模式的运用简化了供应链环节，能大幅度压缩物流成本和时间，能最大限度地降低需求预测的风险，实现快速反应供货。优衣库对此模式的实际运用以销售数据收集与分析为基础，以市场需求为主线，从原材料采购、产品生产到产品的销售及各支流环节，严格按照销售第一线的销售数据，分析数据所指向的市场需求，下达采购及生产任务，实现对产品的及时供应。同时，此模式要求各环节由企业内部承担，真正保证了产品生产的质量，也控制了产品生产的成本。在这种模式经营下，优衣库有能力实行“低价”，也能保证“高质”，还能对市场需求做出迅速准确的判断。

（三）优衣库 O2O 模式运行现状

优衣库基于 SPA 模式，利用互联网积极推行线上营销策略，并最终实行线上线下互联，从线上引流至线下，从线下吸引至线上，实现线上线下良性互动。优衣库最近几年的线上推广活动（见表 9－5），也可以归结为优衣库的 O2O 转型过程。从表中可以看出，优衣库充分调动社交积极性，抓住消费者的心理，利用 SNS 平台与消费者进行深入交流。同时，对于门店的营销策略也随时进行调整，例如，纽约的优衣库旗舰店引入星巴克咖啡，为顾客提供沙发、桌子、椅子和一个 iPad，为的就是要留住顾客，增加购物概率。

表 9－5　优衣库线上推广活动

年份	活动内容
2008	在博客上推出 UNIQLOCK，向客户宣传优衣库每季的新款服装
2009	推出 UNIQLO CALENDAR，把不同季节的影像、音乐和优衣库的商品画像合为一体，供顾客在博客页面欣赏
2010	在脸谱网官方主页推出 3D 弹球游戏，让用户可以一边聊天一边玩游戏
2010	用户可以在脸谱网或人人网发布新鲜事来进行在线排队，排队过程中有机会领取奖品
2012	推出 UNIQLO WAKE UP 应用软件，可以显示天气、日期、星期，而且还能根据不同情况生成不同的闹钟音效
2013	用户可在 APP 上查找距自己最近的店铺和店铺的联络方式、营业时间以及销售商品范围等信息
2013	邀请 6 位穿着优衣库品牌服装的新晋厨师，同时也是时尚达人，让他们各自贡献 4 道独家食谱，传达衣食之间的联系
2015	请顾客在店内 iPad 上 DIY 迪士尼图案，并现场印制 T 恤
2016	通过五波段主题内容，激发消费者春节购买欲，并联手移动支付，实现移动场景 OXO 营销
2017	与日本角川出版社合作，邀请漫画家为优衣库创作品牌系列漫画。该系列漫画以优衣库的日常搭配为中心创作，漫画中的所有服饰都可以在优衣库的实体店铺中找到
	和日本音乐流媒体 AWA 共同运营一个音乐板块，在该音乐板块中还推出了自己的音乐栏目"Fashion Tunes"，每个月都会更换新主题，而主题会依据衣服的类别划分，不同的类别都会有不同主题的乐曲推荐

优衣库在 O2O 运营机制的每个节点上不仅能够抓住消费者的痛点，而且还能够为消费者制造痛点，从而吸引用户、发酵信息、传播品牌。具体来讲，主要体现在以下几个方面。

第一，移动支付线上线下深度合作。因为传统服装零售品牌受电商打压，实体商铺甚至沦为网购的“试衣间”，所以应看到O2O未来的巨大价值，进行迎合消费者喜好的O2O布局。优衣库优先接入微信支付，这无疑是深思熟虑后做出的选择。首先，微信的用户基数庞大，用微信支付可以给用户带来支付便利，省去付款找零、签字等琐碎环节，商家也能通过简化支付流程，提高收款及服务的效率。其次，作为一个社交化的应用，微信拥有天然的社交与分享基因，有利于品牌影响力的扩散，精准命中用户群体，提高品牌推广的效率。最后，微信支付作为一个入口，对于商家而言，能利用微信平台打通会员体系，实现用户数据的沉淀，有助于提高营销的转化率。通过微信卡包等开放能力，商家又能进行线上活动派券、会员资格发放等，实现线上渠道引流到店、带动门店客流，同时方便会员管理，增加顾客黏性。不难看出，优衣库通过微信的确能顺利实现线上线下的双向融合，并提高线下门店的销量，进行全面加速的O2O布局以突破现在的瓶颈，实现自身可持续发展。

第二，网络信息技术的变革，促使IT时代跨入DT(data technology)时代，市场运营的任何策略性的举动都将更加依赖于数据分析。对于优衣库这样的快时尚品牌，其优势在于优化供应链，降低生产成本，而数据分析则依赖于阿里巴巴这样的大型第三方平台。支付宝为优衣库提供了数据支持，使得优衣库能够根据不同地区的消费人群特征制定相应的营销策略。此外，优衣库还根据用户地域分布情况，来帮助新店选址及市场宣传，这也大大降低了优衣库的运营成本。2017年优衣库门店引入RFID(无线射频识别)电子标签，其节省支付和库存管理的时间，以保证公司能迅速提高热销产品产量。使用RFID电子标签还能缩短结账时间，确保商品有库存及提供其他益处(见图9-10)。

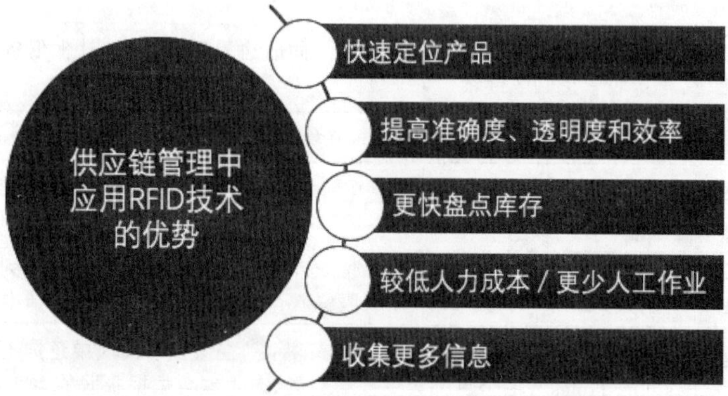

图9-10 供应链管理中应用RFID技术的优势

第三，智能科技助推线下体验。首先，优衣库通过大量的科研投入来降低产品开发的风险，借助其高效的供应链体系来降低产品成本。这是其实现个性化服务的前提，也是满足消费者不同需求的保证。其次，优衣库基于差异化战略和精耕细作原则，提高消费者参与度,深化用户体验,"Life Wear"正是其品牌理念最贴切的表达。最后,优衣库推出名为"智能买手"的电子屏(见图 9-11)。当消费者走进距"智能买手"5 米的范围内,它便会说"hi",与消费者打招呼。消费者滑动屏幕能浏览到店内新品、穿搭建议和优惠信息,甚至还有简单的互动游戏。优衣库通过这款能够与消费者互动的"智能买手",提升顾客在门店的购物体验,让顾客能更精准、明确地消费或购物。

图 9-11 优衣库"智能买手"电子屏

第四,线上向线下导流的门店模式。优衣库的门店模式是指把门店作为 O2O 的核心,强调 O2O 为线下门店服务的工具性价值,用来为线下门店导流,提高线下门店销量。例如线上发放优惠券让用户线下使用,提高门店销量;线上发布新品预告和相关搭配,吸引用户到店试穿,刺激用户购买欲望;收集门店用户数据,做精准营销;通过地理位置定位功能帮助用户快速找到门店位置,为线下门店导流;等等。线上向线下导流的门店模式,主要应用于品牌号召力较强,同时销售以门店体验和服务拉动为主的服装品牌,所以手机 APP 的主要功能是向线下门店导流,具体包括门店查找、优惠券发放、品牌宣传等,也有手机商城,方便用户直接下单。优衣库一直坚信实体渠道(门店)对于消费者有着巨大的价值,O2O 的主要作用是为线下门店提供服务,帮助线下门店提高销量,并做到推广效果可查、每笔交易可追踪。优衣库实现了"门店+官网+天猫旗舰店+手机 APP"的多渠道布局。优衣库的 APP 支持在线购物、二维码扫描、优惠券发放以及线下店铺查询,其中在线购物功能是通过跳转到手机端的天猫旗舰店来实现的,优惠券发放和线下店铺查询功能主要是为了向线下门店引流,增加用户到店消费的频次和客单价。优衣库 O2O 布局简单、直接、有效,在策略方面,实现线上线下的双向融合。首先,APP 上所展示的优惠券、二维码都是专门为门店设计的,只能在实体店内才能扫描使用,实现从 APP 直接引流到门店;其次,优衣库店内商品和优惠券的二维码也是专门为自有 APP 设计的，只能用优衣库的 APP 才能扫描识别，从而将线下门店里的消费人群吸引到线上，提高 APP 下载量和使用率，通过 APP 的优质功能，APP 使用者又会成为门店忠实消费者，从而形成良性循环（见图 9－12）。

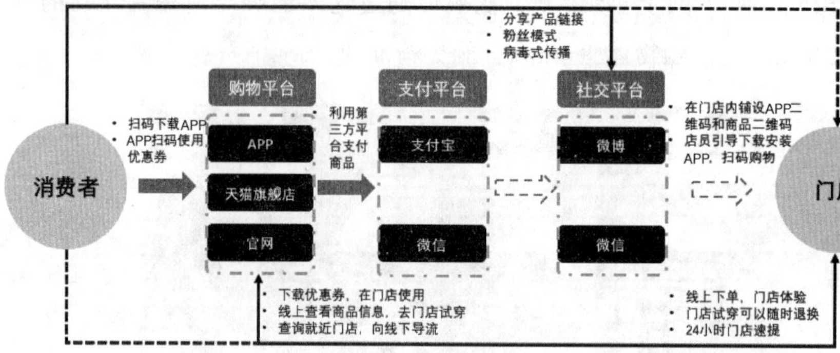

图 9－12 优衣库的 O2O 模式

第五，线上下单，门店自提。2016 年，优衣库试水门店自提业务，开始提供线上订购、24 小时内就近线下实体店取货的服务（见图 9－13）。顾客在网上订购优衣库商品后，可以选择寄到自己家，也可以选择去优衣库实体店提取。优衣库天猫官方旗舰店全品类开通门店自提服务，利用遍布全国的门店有效缩短顾客等待物流配送的时间。优衣库在线上推出的一系列服务目标非常清晰，就是让用户通过线上的工具和服务能再次回到实体店实现闭环购买商品；通过到门店取货增加顾客光顾频率还有助于促进顾客购买其他商品，从而打破线上线下的区隔，让用户拥有无缝购买的畅快消费新体验。面对流量成本不断攀高、消费者越来越理性的局面，优衣库的 O2O 策略采取 SNS、跨界、用户至上、极致简约等互联网思维，从品牌和顾客角度入手，传递品牌价值，实现可持续盈利。

图 9－13 线上下单门店取货

第六，新零售体验经济。优衣库宣布要推动服装业界前所未有的改革，实现从“Made for All”（为所有人而做）转变为“Made for You”（为你而做）的新产品模式，利用人工智能建立全球顾客数字信息平台，让生产更符合个人需求。这颠覆了传统的线上零售或纯实体零售，将线上和线下结合起来，诞生一种全新的生产和销售模式——新零售。新零售将改变过去的零售流通形态，“厂商＋线上线下”一体化零售平台与消费之间的流通将成为主流。新零售模式之下，传统的线下渠道也会做出相应的转变，更加注重环境、人和体验。2017 年 3 月,优衣库推出全新运动系列,主打“生活就是运动场”的理念,在上海两家旗舰店开设了“健康生活”的分享课程,强调以新零售新体验的方式发展线下门店。此外,优衣库还计划采取新的科技手段来改善自身供应链。新模式拟利用数字技术统一管理所有业务,积极利用人工智能等技术分析消费者想要的商品,并将相应信息同时发送至工厂、物流公司和店铺。这将大幅改变在销售旺季之前完成策划和生产的传统服装流通机制,构建“只生产消费者需要的东西”的新商业模式,将设计到货运的时间缩短至 13 天左右。传统零售模式中,消费者即买即走,需要通过会员关系连接消费者;新零售模式则通过全渠道全场景无缝切换的服务和大数据、智能设备连接消费者。新零售将促使线下的店铺智能化,商品展示、体验、会员管理都会引入智能设备和系统。

(四)线上线下营销策略

1. 全渠道策略

全渠道即为内部打造统一 IT 系统,运用数字技术消除渠道壁垒,在任一时刻、任一接触点为每一位消费者提供连贯的个性化品牌体验的能力。事实上,优衣库从建立线上渠道之初就秉承这个原则。优衣库在每个国家的电商方式都不同,其在中国市场的线上渠道只有优衣库官网和天猫旗舰店,二者共建站点,所有消费者的线上购买账户均为淘宝账户。更重要的是,优衣库从不做电商定制款,线上、线下的产品同款同质同价,同时上线,有助于吸引消费者在任何一个渠道购买。此外,优衣库会通过多种方式吸引用户前往实体店购物,比如 APP 中提供周边店面的位置指引,其线上 APP 提供的优惠券二维码也推荐在实体店扫描使用,从而实现从线上到店的引流。在优衣库店内,顾客可以立刻连接无线网络,扫描店内数字海报了解商品的详细介绍、搭配指南和实时库存,还可以用微信和支付宝等移动支付方式迅速买单,线下线上无缝连接。在电商购物的体验中,优衣库也努力给顾客提供包括面向会员的特别服务、基于购物记录的个性化信息推荐、多元便利化结算与配送服务、快速配送、直接适配顾客尺码订购、电商特别商品等更多新的购物体验。

当然,在消费者端实现的功能都取决于后台能力,同时后台能力也会反哺前台能力。2015 年 6 月,优衣库社长柳井正就表示要将以往“看不见脸的顾客”具体化,同时让全球供应链管理与信息系统反应更加统一、快速,全面颠覆素材调配、企划、设计、生产、销售这一系列供应链,以顾客为中心,提供他们真正想要的商品。具体来说,通过统一的客户销售数据,用大数据技术进行更深入更全面的客户洞察,了解消费者在任何时候、任何场景对购物体验的需求,甚至可以从事后分析式洞察转到事前洞察,更精准地进行客户窄众分群，为分销、生产、服务提供更丰富、准确的信息。企业应跳出"价格战"的简单思路，将单纯产品购买转化为一整套服务体验，整合产品和服务，提升对消费者的价值，让消费者行为不止于单次线上购买，而是转化成重复享受服务的模式，实现新零售。

2. 多效营销模式

优衣库在对市场进行充分调研的情况下，独创性地提出了"基本款至上"的销售理念，不对市场进行大量细分，产品适合所有年龄段和性别的人，是真正的大众商品。考虑到款式的基本性，颜色变成优衣库的亮点。销售卖场与仓库一体化设计，使优衣库的商品有一种特别的简约与大方，各类衣饰按照颜色和款式的不同进行规整摆放，给顾客一种不压抑的舒适感。传统的促销方式有其独特的效果，优衣库在其基础上又进行了大量的创新，把以往炫酷喧闹的音乐换成了似乎没有任何起伏的轻柔乐曲。广告看似没有很好地实现宣传效果，实则给人留下最为深刻的印象，音乐人山崎正义身着摇粒绒衫、手持吉他就是最好的证明。此外，优衣库收集消费者的喜好，在销售方式上以单一的点吸引顾客的眼球。原宿店开店当日，大街小巷的优衣库广告只想告诉顾客一个消息——"优衣库的服装只卖1900日元！"如此低价自然引起了全民哄抢。在广告方面的创新，优衣库自成一家，形成了其独特的营销风格。

网络营销归根到底都要与线下营销结合，SNS营销模式的成功运用是O2O的典范。除此之外，优衣库还使实体店铺成为网购试衣间，使网上销售与实体店铺相互影响，真正让线上线下数据实现共享。具体地，优衣库O2O的裂变把门店模式、私人定制模式与粉丝模式结合在一起，强调O2O为门店服务的工具性价值，主要用来为线下门店导流，提高线下销售量。优衣库根据客户在线上的购买记录判断客户的购买喜好及愿意支付的商品价格，在客户登录优衣库购买界面时就会展示出相应商品的信息。客户在看中一件商品但不能确定是否合适时，可以先在系统中下单，并可前往实体店试穿，如果不合适，可继续在优衣库店内参观购买。人性化的设计形成了粉丝效应，顾客带来了更多的顾客。优衣库O2O的成功裂变，在于第一时间让顾客喜欢上优衣库的服饰，在这一点上，数据分析是基础也是重点。"Lucky Line"是优衣库SNS营销的一个最好案例，通过与脸谱网合作，以具有吸引力的界面和网上排队这一新奇的形式，吸引大量的人参与这一款游戏，再通过丰厚的奖品（如代金券、纪念T恤等）吸引人们到店选购商品。而且参与者还可通过脸谱网呼朋唤友，召集其他的好友参与游戏，实现了人与人的充分互动，让优衣库这一品牌众口相传。除此之外，在国内市场基于微博、微信等社交网络平台，优衣库通过对社区人口的数量、年龄及收入等数据的综合分析，对每个社区设计并实施有差别的营销策略，对相应社区参与者的针对性宣传与互动使精准营销成为现实。同时，优衣库这一SNS营销的成功实践，不仅使营销效果超越预期，还有效地降低了营销成本。这一创新是对传统的口碑营销的突破，是对 O2O 模式的成功裂变，还是大数据运用的典范。

3. 社会化营销模式

优衣库在其新浪官方微博上发布了“热拍”活动（见图 9－14），只要能与“热能使者”合照，就能获得 HEATTECH 系列内衣一件。其目的是推广该系列的产品，这是迎合推广所做的消费者体验活动。活动从 2014 年 10 月 9 日延续至 26 日，覆盖了 12 个城市。消费者扫描二维码—进入活动页面—合影—在微信朋友圈分享—参与抽奖—有幸中奖后便可获得 HEATTECH 系列内衣一件。而优衣库新浪官方微博晒出的活动照片，也能说明消费者参与门店体验的热情高涨。

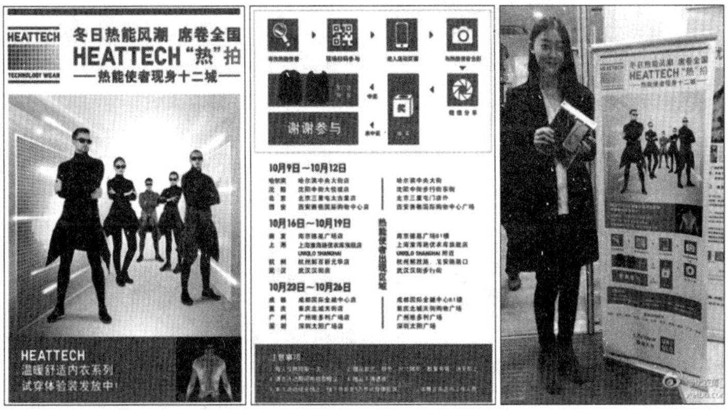

图 9－14 优衣库“热拍”线下体验活动

优衣库在其移动 APP 中内嵌了 NICE APP——一个可以显示用户穿着品牌的手机应用，和 U 搭配——U 搭配中，用户通过按“赞”评选出搭配最佳的款式供消费者参考（见图 9－15），另外还内嵌了两个优衣库自行开发的应用，UT CAMERA 和 UNQLO WAKE UP。顾客可以从起床时开始用优衣库的闹铃，拍照时用优衣库的拍照 APP，穿上优衣库的衣服时可以进入 NICE APP 进行分享。优衣库全方位地融入顾客的生活，是构建消费者与品牌形影不离关系的重要举措。

优衣库目前拥有多款 APP，包括 UNIQLO HAIRDO、UT CAMERA、UNIQLO WAKE UP 等生活方面的 APP。2014 年 5 月，优衣库新推出一款 APP——UTIME，通过该 APP，用户可以自行制作 UT（优衣库的经典 T 恤）。用户下载该 APP 后可以涂鸦、使用手机照片或者字母图案制作自己的 T 恤，不过目前仅限日本用户可以完全使用。该应用目前仅支持苹果系统和安卓平台（见图 9－16）。

面对流量成本不断攀高、消费者越来越理性的局面，优衣库的 O2O 策略采取 SNS、跨界、用户至上、极致简约等互联网思维，从品牌和顾客角度入手，传递品牌价值，实现可持续盈利。根据以上分析，得出优衣库依据现实情况所创新的商业模式（见图 9－17）。

图 9－15　优衣库 APP 中内嵌的 NICE APP 和 U 搭配

图 9－16　优衣库的三款 APP

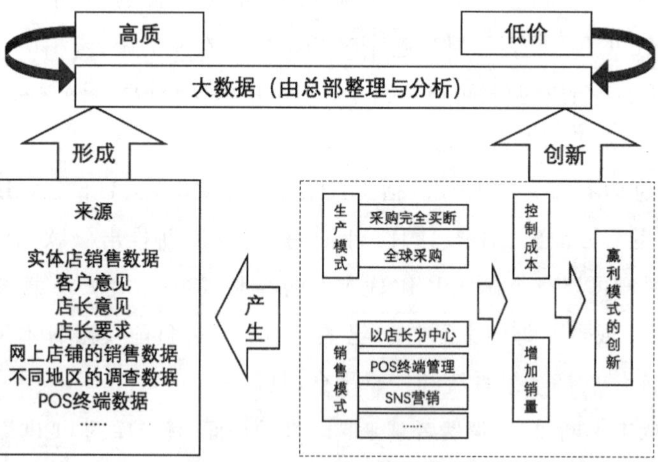

图 9－17　优衣库的商业模式

4. 店铺 VIP 管理模式

VIP(贵宾)营销是商业和服务企业应对日益激烈的市场竞争的法宝,企业 80%的营业额是由 20%的 VIP 顾客带来的。提高顾客的忠诚度是为促进销售而推出的一种营销手段。所以,VIP 顾客营销管理的核心就是服务。当企业把线上和线下数据库打通后,做到了两边信息的同步,这个时候 VIP 的营销就不仅是在线下做回头客,线上也要挖掘二次消费甚至多次消费。企业要为 VIP 顾客提供更多差异性的服务,不断创新服务的方式,丰富服务的内容,同时也要提高 VIP 客户群的质量。目前,优衣库在品牌营销部门设立了 VIP 管理的岗位专员,负责分析 VIP 消费数据和 VIP 信息的管理,并定期召开 VIP 营销活动和品鉴会,邀请 VIP 顾客参与产品的体验互动。优衣库借助 O2O 平台大量的线上线下数据,可以更好地挖掘新客户,维护老客户。优衣库目前采用了 CRM(客户关系管理)系统来管理和维护 VIP。这个系统中,不再是单纯地对 VIP 进行消费鼓励,公司经销商的利益也是管理和维护的对象。图 9 - 18 所示的是优衣库 CRM 系统的构建框架。

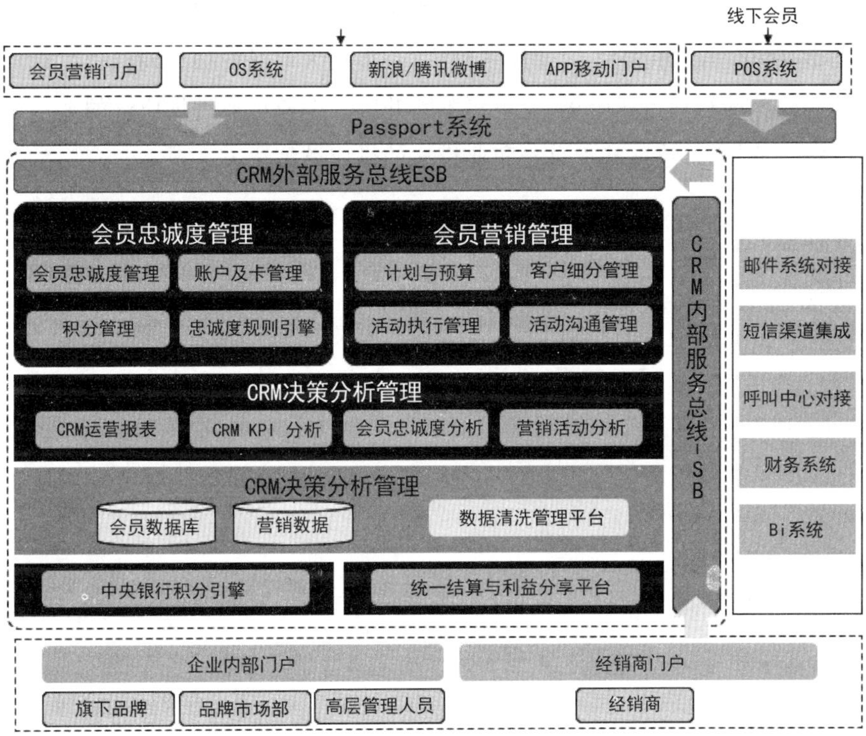

图 9 - 18 优衣库 CRM 系统的构建框架

O2O 营销模式把线上和线下联系到一起后,就需要让 O2O 的通道更为人性化。如某品牌在地铁站里面的柱状海报上设计了二维码,但是遗憾的是二维码设计的位置刚好是在靠近地面的位置,这就给需要扫描它的潜在顾客群体带来了麻烦——大家不会为了去扫描一个二维码而趴在地面上。就是这个小小的设计失误造成了潜在顾客的流失。而优衣库推广科技绒产品时在店铺橱窗和海报上做了贴心的设计，为线上流量的引流提供了技术服务，保持O2O营销渠道的畅通。对于支撑线上业务的后台服务，优衣库在搭建基础IT平台上也投入了大量的资金，保证对内对外工作信息的时效性，比如要求打开网页的速度不超过5秒钟。

小　结

优衣库以中国市场为目标，以消费者为核心，建立完善的创新营销模式，重视产品研发与创新、O2O网络定制营销、品牌核心内容创新、以店长为中心的管理制度，并取得了成功。优衣库的O2O运营模式主要依托SPA运营模式，而SPA运营的关键之处，即向消费者提供崭新的有创造力的产品，同时还要与电子信息处理相结合，快速实现生产与消费的匹配。然而在现实情况中，随着时间的推移，低类型消费者能够逐渐转化为高类型消费者。因此，企业可通过品牌塑造(品牌形象、品牌认知度等)改变一部分消费者类型，优化与改进SPA运营经营模式，获得更大市场份额。同时也可以看到，随着电商行业的各种红利消耗殆尽，竞争将不断升级。企业可通过供应链的上下游整合，增强供应链掌控能力，建立基于自身商业模式的供应链解决方案。

第十章 结论

经济发展进入新常态，模仿型排浪式消费阶段基本结束，个性化多样化消费渐成主流，需求呈现易变性、复杂性和模糊性等特点，急需推进供给侧结构性改革。面对需求侧的不确定，我国服装业如何响应消费升级驱动的个性化增量市场，实现供给侧柔性调度，适配个性化需求，成为当前服装业面临的一个重要课题。本书以新制造、新消费、新技术等为主要研究内容，基于互联网思维下消费碎片化、个性化和制造数字化、智能化、网络化，以个性化需求崛起为切入点，围绕服装供给侧结构性适配机制，揭示个性化服装需求的变迁，剖析我国服装供给侧结构性不平衡不充分的现状与机遇，深度研究了"互联网＋"当下服装产业数字化、智能化、个性化全渠道融合的未来趋势，其主要表现在"互联网＋"个性化定制、全渠道 O2O 运营、时尚网红 IP、C2M 商业模式、男装"C2B＋O2O"模式以及服装专业市场 O2O 转型重构等方面。本书既对互联网思维下的中国服装产业进行定性分析，也运用 SPSS 和 AMOS 等数据统计手段，对时尚网红与品牌原型、个性化服务顾客价值与顾客忠诚度之间进行定量分析。书中充分运用"互联网＋"、数字经济、新零售重构"人货场"、无人零售、渠道下沉、转型升级、精选模式、智慧供应链、智能制造等新概念对标服装产业，也运用数字孪生(digital twin)、大数据挖掘算法和信息物理系统等手段和方法，研究个性化需求与服装供给侧结构性数字化、柔性化和智能化适配机制，破解"有需求缺供给"的突出矛盾，为推动"中国制造 2025"和工业 4.0 在服装产业落地提供对策思路，为服装产业的供给侧结构性改革提供解决方案，为传统服装产业升级改造提供理论依据。

互联网思维，就是在移动互联网、大数据、云计算等技术不断发展的背景下，对市场、对用户、对产品、对企业价值链乃至对整个商业生态进行重新审视的思考方式。通过对互联网思维下时尚产业重构的分析研究，本书形成以下结论。

第一，企业应以消费者为核心，后端实现线上线下互通的商业业态，重构"人货场"，加速消费者与企业的融合，构建高效灵活的供应链。

第二，目前全球出现了各种"互联网＋"服装定制的变形模式，国内以埃沃、衣邦人、量品等为代表。该模式下，互联网定制订单呈现碎片化、零散性和分布不均的特点，互联网范围经济叠加，使原本垂直细分的定制市场因为范围效应叠加，将小众市场变成热门的规模性市场。互联网将产业上游与消费者联系起来，依托"互联网＋"思维使渠道优化，用互联网"短路"所有零售中的成本，将中间流通环节全部消除。"互联网＋"服装定制模式省去传统营销模式中的大笔营销开支,以粉丝经济和口碑营销还利消费者,实现真正高性价比,解决了低端无品质、高端太昂贵、成衣不合身、定制周期长、消费者认知度低、市场不透明、服务体验差等消费痛点。

第三,通过对时尚网红服饰品牌的消费群体展开调查,验证在微博平台影响消费者对时尚网红服饰品牌原型认知的理论模型。本书基于品牌原型理论下时尚网红服饰品牌在微博平台的传播现状,构建影响消费者感知的时尚网红服饰品牌原型因素,利用SPSS 21.0 对数据进行回归分析、方差分析以及主成分分析。对调查数据的分析结果展现了各项影响因素对于消费者感知两位时尚网红服饰品牌原型的影响因素,从品牌原型理论角度出发构建品牌人格,为时尚网红服饰品牌在新媒体传播平台的推广提供建设性建议。

第四,C2M 是由用户驱动的生产制造模式,是基于社区 SNS 平台以及 B2C 平台模式的一种新的电子商务模式。C2M 又称"短路经济",即连接消费者和制造商,预约购买,按需生产。C2M 商业模式实现了顾客到工厂的直接连接,去掉了所有的中间流通加价环节,使顾客能与制造商、设计师直接连接,为顾客提供优质、平价、性价比高、个性化且专属的产品。C2M 模式的新颖性和颠覆性引来众多参与者的涌入,既有互联网企业的强势进入,也有传统行业领导企业的华丽转身。然而消费者 C 端的需求千变万化,而大多数制造商 M 端能提供的产品却是单一的,不可能完全满足 C 端的全部需求,那么基于 C 端多元化需求的 C2M 整合平台也就成了唯一可行的方案。现实也已经证明了 C2M 平台为大多数制造商 M 端提供了连接的渠道,如网易严选和必要等平台。而评价 C2M 第三方平台商业模式的标准主要就是 C 端的引流能力、M 端的资源整合能力和连接过程中的服务能力。

第五,随着互联网信息技术革命的发展,产业链上消费者与品牌商的关系正在重构。以互联网为连接、消费者为中心的男装个性化定制成为时尚生活新方式,成为商务休闲男装转型升级的新方向。C2B 定制以消费者需求为中心,根据消费者体型、气质、年龄、着装场合进行专属设计,并通过提供量体裁衣的服务,满足互联网时代消费者越来越个性化、差异化、有专属感的着装需求,给予顾客更好的消费体验。同时,将消费者定制需求直达品牌商,将工厂生产与消费者"订单式"需求连接,去掉多余的中间成本,降低生产及运营成本,从而使产品在保证品质的前提下以最优的价格送达消费者手中。

第六,从商家和消费者的角度出发,提出消费者导向的 O2O 模式的体验流程,探索线上线下耦合驱动要素,统筹面向协同的 O2O 模式运营机制。在运营机制的基础上,分析运作流程中的关键节点,考量其与个性化服务之间的相关性关系,并最终锁定精准推广、线下体验以及客户反馈这 3 个与个性化服务之间有密切联系的关键节点。在对相关文献研究的基础上,提出个性化服务的 6 个指标维度在 O2O 服装品牌中与顾客满意度和顾客忠诚度的关系概念模型。经过数据分析与对模型的分析、检验，最终得出 6 个指标维度通过顾客满意度对顾客忠诚度的影响大小依次为：体验性、网站性能、安全性、信誉度、响应性、移情性。

第七，围绕服装品牌 O2O 模式中"人、货、场"的模式，线上线下相互引流，从全渠道会员打通、区域化精准营销、地图模式再到预售与顾客定制的 C2B 模式，从线下引流到线上，最终回归到线下，再进行循环。在整个循环（闭环）下，又有资金流、物流与数据流做支撑，围绕三者开发出各个系统，帮助内核场景（O2O 闭环）提供打通平台，所以又将"流"视为"场"（见图 10－1）。在各个环节中，人与产品是核心。O2O 模式因为移动互联网的发展而产生，则人与产品将趋于电子化，所有的模式都将从电子化、互联化的角度展开。

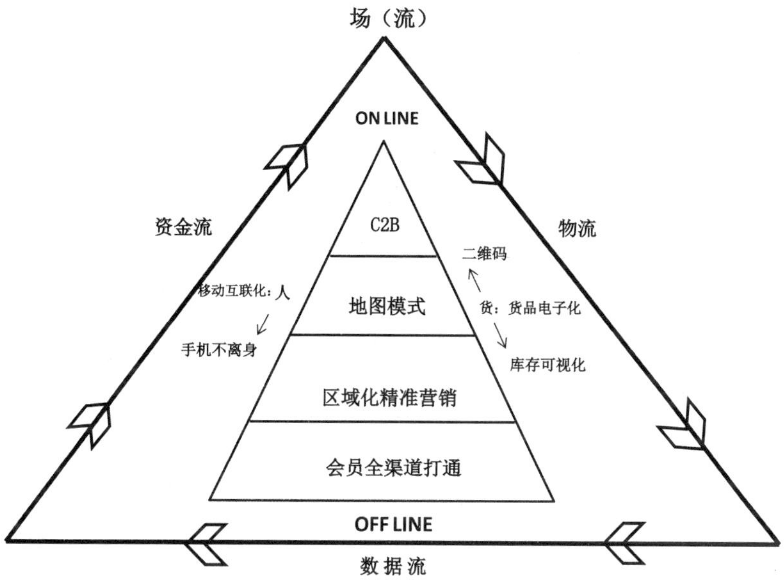

图 10－1　服装新零售"人货场"的模式

参考文献

[1] ADOMAVICIUS G, TUZHILIN A. Toward the next generation of recommender systems: a survey of the state-of-the-art and possibleextensions[J]. IEEE transactions on knowledge and data engineering, 2005, 17(6):734 - 749.

[2] ADOMAVICIUS G, TUZHILIN A. User profiling in personalization applications through rule discovery and validation[C]. New York: ACM Press, 1999:377 - 381.

[3] ANDERSON R E, SRINIVASAN S S. E-satisfaction and e-loyalty: a contingency framework[J]. Psychology and marketing, 2003(2):123 - 138.

[4] BALABANIS G, REYNOLDS N, SIMINTIRAS A C. Bases of e-store loyalty: perceived switching barriers and satisfaction[J]. Journal of business research, 2006, 59(2): 214 - 224.

[5] BROWN G H. Brand loyalty—fact or fiction? [J]. Advertising age, 1953, 23:53 - 55.

[6] CHANDRASHEKARAN M, ROTTE K, TAX S, et al. Satisfaction strength and customer loyalty[J]. Journal of marketing research, 2006, 44(1):1 - 20.

[7] CUNNINGHAM R M. Brand loyalty—what, where, how much? [J]. Harvard business review, 1956, 34:116 - 128.

[8] Electronic commerce applications[J]. Journal of organizational computing and electronic commerce, 1996, 6(1):11 - 32.

[9] FIORELLI G. Understand and hanrness the power of archetypes in marketing [EB/OL]. (2015 - 03 - 12) [2017 - 10 - 15]. https://moz.com/blog/the-power-of-archetypes-in-marketing.

[10] FLAVIÁN C, GURREA R. The choice of digital newspapers: influence of readers goals and user experience[J]. Internet research, 2006, 16(3):231 - 247.

[11] GONG W, STUMP R, MADDOX L. Factors influencing consumers' online shopping in China[J]. Journal of Asia business studies, 2013, 7(3):214 - 230.

[12] GRUBER F E. Industry 4.0: a best practice project of the automotive industry[J]. Digital product and process development systems, 2013, 411:36 - 40.

[13] KALAKOTA R, STALLAERT J, WHINSTON A. Worldwide real-time decision support systems for electronic commerce applications [J]. Journal of organizational computing and electronic commerce, 1996, 6(1):11 - 32.

[14] KAPIL K, KAPOOR A. Capturing the brand essence and communication commonalties of a Western brand in an Eastern country[M]// Managing in recovering markets. New Delhi:Springer, 2015, 183 - 192.

[15] KAUFFMAN R J, LAI H, HO C-T. Incentive mechanisms, fairness and participation in online group-buying auctions[J]. Electronic commerce research and applications, 2010, 9:249 - 262.

[16] KEINERT M, KRETSCHMER F. Making existing production systems Industry 4.0 ready[J]. Production engineering, 2015, 2:143 - 148.

[17] KIM H H, JIHYUN K. The effect of offline brand trust and perceived Internet confidence on online shopping intention in the integrated multi-channel context [J]. International journal of retail and distribution management, 2009, 37(2):126 - 141.

[18] KIM S, STOEL L. Apparel retailers: website quality dimensions and satisfaction[J]. Journal of retailing and consumer services, 2004, 11(2):109 - 117.

[19] KO E, KIM K H, KIM H, et al. The relationship among country of origin, brand equity and brand loyalty[J]. Journal of global academy of marketing science, 2009, 19:47 - 58.

[20] KOUFARIS M, KAMBIL A, LABARBERA P A. Consumer behavior in web-based commerce: an empirical study[J]. International journal of electronic commerce, 2001, 6(2):115 - 138.

[21] KUMARA V, SHAHB D. Building and sustaining profitable customer loyalty for the 21st century[J]. Journal of retailing, 2004, 80(4):317 - 329.

[22] KWON W, SHARRON L J. What induces online loyalty? Online versus offline brand images[J]. Journal of business research, 2009, 62(5):557 - 564.

[23] LASI H, FETTKE P, KEMPER H G. Industry 4.0 [J]. Business & information systems engineering, 2014, 8(6):239 - 242.

[24] Liu Y. The long-term impact of loyalty programs on consumer purchase behavior and loyalty[J]. Journal of marketing, 2007, 71:19 - 35.

[25] LLOYD S, WOODSIDE A G. Animals, archetypes, and advertising(A3): The theory and the practice of customer brand symbolism[J]. Journal of marketing management, 2013, 29(1 - 2):5 - 25.

[26] MCKNIGHT D H, CHOUDURY V, KACMAR C. The Impact of initial consumer trust on intentions to transact with a website: a trust building model[J]. Journal of strategic information systems, 2002,11:297 - 323.

[27] MEGEHEE C M, SPEKE D F. Consumer enactments of archetypes using luxury brands[J]. Journal of business research, 2012, 65(10):1434 - 1442.

[28] MUNIZ K M, WOODSIDE A G, SOOD S. Consumer storytelling of brand archetypal enactments[J]. International journal of tourism anthropology, 2015, 4(1): 67 - 88.

[29] NATALIA L, MANUEL A.Distinction and status production on user-generated content platforms: using Bourdieu's theory of cultural production to understand social dynamics in online fields[J]. Information systems research, 2015, 25(3): 468 - 488.

[30] PARASURAMAN A, ZEITHAML V A, BERRY L L. SERVQUAL: a multiple-item scale for measuring consumer perceptions of service quality[J]. Journal of retailing, 1985, 49(3):41 - 50.

[31] PARASURAMAN A, ZEITHAML V A, MALHOTRA A. E-S-QUAL: a multiple-item scale for assessing electronic service quality[J]. Journal of service research, 2005, 7(3):213 - 233.

[32] RIQUELME I P, ROMAN S. The influence of consumers' cognitive and traits on perceived deception: a comparison between online and offline retailing contexts[J]. Journal of business ethics, 2014, 119(3):405 - 422.

[33] ROSS F. Refashioning London's bespoke and demi-bespoke tailors: new textiles, technology and design in contemporary men's wear[J]. Journal of the textile institute proceedings & abstracts, 2007, 98(3):281 - 288.

[34] SAILER J. M2M—Internet of Things—Web of Things—Industry 4.0[J]. Elektrotechnik & informationstechnik, 2014, 2:3 - 4.

[35] SRINIVASAN K, ROLPH A, KISHORE P. Customer loyalty in e-commerce: an exploration of its antecedents and consequences[J]. Journal of retailing, 2002, 78: 41 - 50.

[36] SRINIVASAN S, ANDERSON R, PONNAVOLU K. Customer loyalty in e-commerce: an exploration of its antecedents and consequences[J]. Journal of retailing, 2002, 78(1):41 - 50.

[37] SUJAN M. Consumer knowledge: effects on evaluation strategies mediating consumer judgments[J]. Journal of consumer research, 1985, 12 (1):31 - 46.

[38] VOUDOURIS I, LIOUKAS S, LATRELLI M. Effectiveness of technology

investment: impact of internal technological capability, networking and investment's strategic importance[J]. Technovation, 2012, 322(6):400 - 414.

[39] WEN G, STUMP R L, LYNDA M M. Factors influencing consumers' online shopping in China[J]. Journal of Asia business studies, 2013, 7(3):214 - 230.

[40] XU Y.Interactive development between professional market and e-business: a case study of Zhejiang Province[C]. International conference on e-business & e-government, IEEE computer society, 2010: 4141 - 4144.

[41] XUE W, PEI Y, LI D. Research on comprehensive evaluation of network marketing performance in O2O model-measuring by GLOWA operation[J]. Journal of electronic in organizations, 2014, 12(4):13 - 22.

[42] YIM, C K, TSE D K, CHAN K W. Strengthening customer loyalty through 7 intimacy and passion[J]. Journal of marketing research, 2008, 45 (12):741 - 756.

[43] ZEITHAML V A, PARASURAMAN A, MALHOTRA A. Service quality delivery through web sites: a critical review of extant knowledge[J]. Academy of marketing science; 2002, 30(4):362 - 375.

[44] ZEITHAML V A.Consumer perceptions of price, quality, and value: a means-end model and synthesis of evidence[J]. Journal of marketing, 1988, 52(3):2 - 22.

[45] 阿里研究院. 网红消费影响力指数发布 雪梨粉丝与杨幂粉丝有何差异? [EB/OL].(2017 - 08 - 23)[2017 - 10 - 15]. http://www.aliresearch.com/blog/article/detail/id/21373.html.

[46] 艾瑞咨询. 2015 年 Q1 移动互联网规模 761.6 亿元,商业化步伐加快[EB/OL].(2015 - 06 - 03)[2017 - 10 - 15]. http://www.iresearch.com.cn/view/250751.html.

[47] 艾瑞咨询."优选"时代:"小而美"电商的供应链之争[EB/OL]. (2017 - 10 - 10)[2017 - 10 - 15].http://www.sohu.com/a/197114736_445326.

[48] 艾瑞咨询.移动互联网市场保持快速增长,商业环境逐渐成熟[EB/OL].(2015 - 02 - 05)[2017 - 10 - 15]. http://www.iresearch.com.cn/view/246191.html.

[49] 安毓英,束汉民. 服装美学[M]. 北京:中国轻工业出版社,2001.

[50] 敖鹏. 网红的缘起、发展逻辑及其隐忧[J]. 文艺理论与批评,2017,1(3):13 - 15.

[51] 敖鹏. 网红为什么这样红? ——基于网红现象的解读和思考[J]. 当代传播,2016,4:40 - 44.

[52] 拜云莹. 网络环境下服装品牌营销——浙江服装中小企业集群转型升级实证研究[J]. 科技创新与应用,2013,33:248.

[53] 蔡凌飞,苏贵影. O2O 模式下消费者体验影响因素研究[J]. 科技和产业,

2015,15(4):94-97.

[54] 曹晓芳. 粉丝经济下网红的商业模式发展[J]. 商,2016,23:147.

[55] 曾春,邢春晓,周立柱. 个性化服务技术综述[J]. 软件学报,2002,13(10):1952-1961.

[56] 陈飞,岳欣,等. 互联网视域下基于人格的品牌原型类别化研究[J]. 中国通信,2012,7:17.

[57] 陈光锋. 互联网思维商业颠覆与重构[M]. 北京:机械工业出版社,2014.

[58] 陈建军. 浙江产业转型升级战略重构和大众创业万众创新社会政策环境的打造[J]. 浙江经济,2015,7:11-13.

[59] 陈珊珊. 基于文化营销视角的绍兴服装企业品牌建设研究[D]. 杭州:浙江工业大学,2013.

[60] 陈思琦. 直播热潮下个人IP化的传播价值研究[J]. 新闻研究导刊,2016,10(8): 12-16

[61] 陈云. 基于博弈分析的政府采购中寻租问题研究[D]. 南京:河海大学,2006.

[62] 程佳敏. 顺沿供给侧改革,淘汰落后保高新[J]. 中国印刷,2016,3:39-41.

[63] 程思. 商务休闲男装品牌特征化视觉元素的设计研究[D]. 上海:东华大学,2010.

[64] 戴国良. C2B模式电子商务的产生、发展与展望[J]. 电子商务,2013,9:25-27.

[65] 邓爱民,陶宝,马莹莹. 网络购物顾客忠诚度影响因素的实证研究[J]. 中国管理科学,2014,22(6):94-102.

[66] 邓丽. 在虚拟中走红——网络红人流行成因和传播模式探析[D]. 武汉:中南民族大学,2011.

[67] 蒂尔. 从0到1开启商业与未来的秘密[M]. 北京:中信出版社,2015.

[68] 丁浩,林云. Internet上的个性化信息服务[J]. 计算机系统应用,2000,5:36-39.

[69] 董丽娜. 基于原型定位的品牌形象研究[D]. 济南:山东工艺美术学院,2011.

[70] 董玉. 传统媒体微博营销对消费者品牌态度的影响研究[D]. 广州:暨南大学,2011.

[71] 杜传忠,杨志坤. 德国工业4.0战略对中国制造业转型升级的借鉴[J]. 经济与管理研究,2015,7:82-87.

[72] 杜一凡. 网红粉丝经济[M]. 北京:人民邮电出版社,2017.

[73] 樊国萍. 我国个性化信息服务研究综述[J]. 新世纪图书馆,2005,5:22-25.

[74] 范秀成. 顾客体验驱动的服务品牌建设[J]. 南开管理评论,2001,4(6):25-26.

[75] 方魏魏. 互联网+背景下传统产业集群转型升级研究[J]. 商业经济,2017,1:

71 - 74.

[76] 冯珊珊. 逐鹿泛娱乐:IP 才会赢[J]. 首席财务官,2016,7(8):51 - 54.

[77] 冯晓芸. 传统商贸企业如何适应互联网时代的商业模式[J]. 现代商业,2015,3:20 - 21.

[78] 傅颖. 企业微博营销对消费者购买意愿的影响研究[D]. 杭州:浙江工商大学,2013.

[79] 高阳. 我国电子商务 C2B 模式发展策略研究[D]. 南昌:华东交通大学,2014.

[80] 格罗鲁斯. 服务管理与营销:服务竞争中的顾客管理[M]. 北京:电子工业出版社,2008.

[81] 葛利红. 跨境电商环境下专业市场转型升级的研究——以浙江义乌中国小商品城为例[D]. 南昌:南昌航空大学,2016.

[82] 葛凌桦,郭建南,朱伟明. 国内中高档商务休闲男装品牌评价体系[J]. 纺织学报,2011,12:124.

[83] 葛雯斐. 云翼互联——报喜鸟工业 4.0 探索与实践[J]. 信息化建设,2016,10:40 - 41.

[84] 耿阳. 浅谈中国高级定制服装的发展现状和趋势[J]. 轻纺工业与技术,2013,8:37 - 38.

[85] 顾丹丹. 我国商贸批发市场的未来发展模式与业态剖析[J]. 商业经济研究,2016,5:13 - 15.

[86] 关伟伟. C2B 电子商务模式解析[J]. 电子商务,2015,1:25 - 26.

[87] 管荣伟. 服装零售企业的 O2O 模式研究[J]. 纺织导报,2015,1:84 - 87.

[88] 郭建南,葛凌桦. 中国商务休闲男装市场环境与现状分析[J]. 丝绸,2010,10:60 - 63.

[89] 郭霞. 移动互联网时代的 O2O——访中国移动互联网协会秘书长李易[J]. 华东科技,2014,5:41 - 43.

[90] 韩煜东,郭锦锦,张子健. C2B 商业模式的研究综述与发展展望[J]. 管理现代化,2016,7:121 - 123.

[91] 贺华洲. 商务休闲男装品牌个性与产品风格一致性设计研究[D]. 上海:东华大学,2010.

[92] 胡冰淇. 浅析网红背后的"经济链"及其孵化公司的监管[J]. 新经济,2016,14:36 - 37.

[93] 胡晶. 模式试水 O2O 的 N 种玩法[J]. 纺织服装周刊,2015,1:68 - 69.

[94] 胡萍. 服装产品属性对女性消费者品牌态度及其满意的影响研究[D]. 杭州:

杭州电子科技大学,2012.

[95] 华梅. 服饰心理学[M]. 北京:中国纺织出版社,2004.

[96] 黄海蓉, 陈静, NG A K Y. 新常态下浙江专业市场推动传统产业集群转型升级的对策探讨[J]. 商业经济研究,2016,9:213-214.

[97] 黄维,夏雨. 网红经济:具有电商基因的营销模式[J]. 销售与市场(管理版),2016,9:54-55.

[98] 姜奇平. O2O 商业模式剖析[J]. 互联网周刊,2011,19:20-23.

[99] 姜奇平. 什么是互联网思维[J]. 互联网周刊,2014,9:70-71.

[100] 姜珊珊,傅纯恒. 服装品牌 O2O 商务模式下的体验营销研究[J]. 消费导刊,2014,7:49-50.

[101] 蒋廉雄,何云,等. 品牌原型的理论基础、研究回顾与展望[J]. 外国经济与管理,2010,1:41-49.

[102] 杰夫. 论及“互联网思维”,你脑中会闪现些什么[N]. 上海证券报,2014-03-04(A08).

[103] 荆林波,梁春晓,孟晔. 以创新推动电子商务发展[J]. 中国社会科学报:管理学,2011,10:1-4.

[104] 荆林波. 中国电子商务服务业发展报告 No. 1[M]. 北京:社会科学文献出版社,2013.

[105] 荆涛. 互联网+:传统企业商业模式升级与创新[M]. 北京:中国财政经济出版社,2015.

[106] 孔剑平. 社群经济移动互联网时代未来商业驱动力[M]. 北京:机械工业出版社,2015.

[107] 拉扎斯菲尔德,贝雷尔森,高德特. 人民的选择——选民如何在总统选战中做决定[M]. 唐茜,译. 北京:中国人民大学出版社,2011.

[108] 李春,朱珍民,叶剑,等. 个性化服务研究综述[J]. 计算机应用研究,2009,11:4001-4005.

[109] 李光斗. 超级网红:如何打造个人 IP [M]. 北京:机械工业出版社,2016:3-4.

[110] 李海舰,田跃新,李文杰. 互联网思雄与传统企业再造[J]. 中国工业经济,2014,10:135-146.

[111] 李浩,朱伟明. O2O 服装定制品牌顾客感知价值的差异研究[J]. 丝绸,2015,11:36-41.

[112] 李津津. 专业市场与电子商务融合发展研究[D]. 无锡:江南大学,2016.

[113] 李蕾,强月新. 微博意见领袖研究综述[J]. 东南传播,2012,10:16-18.

[114] 李娜. 营销 3.0 视域下整合品牌传播策略研究[D]. 广州:暨南大学,2013.

[115] 李巧丹. O2O 体验式营销模式探索[J]. 电子商务,2012,9:28-29.

[116] 李文明,吕福玉. "粉丝经济"的发展趋势与应对策略[J]. 福建师范大学学报(哲学社会科学版),2014,6(3):137-148.

[117] 李绪富. 互联网新型基础设施正在形成,将重塑全新的经济形态[EB/OL]. (2016-10-18)[2017-10-15]. https://www. iyiou. com/p/33262.html.

[118] 李学凌,等. 互联网思维七人谈[J]. 创业家,2014,4:104-115.

[119] 李勇. Internet 个性化信息服务研究综述[J]. 计算机工程与应用,2001,9:183-188.

[120] 梁建芳,李筱胜. 电子商务环境下女性服装消费行为分析[J]. 浙江理工大学学报,2011,28(5):728-733.

[121] 梁立明. 网红经济行业研究报告[J]. 首席财务官,2016,13:62-65.

[122] 梁利峥. 8 大新兴商业模式[J]. 经理人,2012,9:40-44.

[123] 林怡. 基于原型理论的运动品牌扎根研究[D]. 广州:广东外语外贸大学,2014.

[124] 刘玎璇. 从网红经济看 PGC 的商业变现路径[J]. 今传媒,2016,12:77-79.

[125] 刘洪程. 顾客忠诚度与客户关系管理的整合[J]. 当代经济,2004,8:26-27.

[126] 刘徽. 超级 IP 是怎样炼成的[M]. 北京:化学工业出版社,2017.

[127] 刘乐平. 浙江服装产业裂变进行时[N]. 浙江日报,2016-11-23.

[128] 刘丽娴,郭建南,曾莉. 定制服装的设计模式探讨[J]. 纺织学报,2012(02):104-107.

[129] 刘丽娴,郭建南,任力. 中国时装定制的概念剖析与现状分析[J]. 北京:艺术与设计,2008,8:206-208.

[130] 刘丽娴. 定制服装的品牌模式研究[J]. 丝绸,2013,3:71-74.

[131] 刘丽娴. 基于动态多维定位的定制服装品牌设计模式研究[D]. 上海:东华大学,2013.

[132] 刘琪,曾鸣. C2B 是新的商业生态[J]. IT 经理世界,2012,7:87.

[133] 刘新伟. 浙江乔治白服饰股份有限公司 上半年净利润同比增长 20.13%[N]. 中国服饰报,2012-10-1.

[134] 刘英为,聂春艳,等. 全球化背景下中国品牌原型化战略研究[J]. 管理世界,2016,4:182-183.

[135] 刘悦晖,路馨雨,等. 服装类网红店铺微博营销策略探析[J]. 山东纺织经济,2016,9:49-53.

[136] 刘云华,缪良云. 红帮裁缝源流小考[J]. 北京:纺织学报,2008,4:104－107.

[137] 刘智博. 定制服装设计研究[D]. 上海:东华大学,2006.

[138] 刘子钰. 原型理论在品牌构建中的运用[J]. 大陆桥视野,2011,4:61－62.

[139] 卢彦. 互联网思维 2.0 传统企业互联网转型[M]. 北京:机械工业出版社,2015.

[140] 卢益清,李忱. O2O 商业模式及发展前景研究[J]. 企业经济,2011,11:98－101.

[141] 鲁仪诗. 品牌原型视角下的创业秀营销传播策略研究 [D]. 上海:华东理工大学,2014.

[142] 陆机莹,何铮,邱雯霞. B2C 网购环境下的顾客满意度与顾客忠诚度研究[J]. 科技创业月刊,2014,11:49－51.

[143] 陆燕. 顾客体验品牌化的概念、实施框架与策略[J]. 商业时代,2010,14:25－26.

[144] 路世昌,冯贵秀. 渠道冲突的博弈行为分析[J]. 科技和产业,2004,9:6－9.

[145] 罗丹丹. 新媒体环境下品牌传播的研究[D]. 重庆:西南大学,2012.

[146] 罗珉,李亮宇. 互联网时代的商业模式创新:价值创造视角[J]. 中国工业经济,2015,1:95－107.

[147] 罗希. 3.0 时代网红经济营销渠道探索[J]. 管理视窗,2016,4(1):17－21.

[148] 吕杨. 网红营销的商业变现[J]. 成功营销,2015,6:5.

[149] 马克,皮尔森. 很久很久以前:以神话原型打造深植人心的品牌[M]. 许晋福,译. 汕头:汕头大学出版社,2003.

[150] 马清学,张鹏伟. 影响顾客忠诚度因素探析[J]. 企业活力,2003,4:34－35.

[151] 孟伟. 以消费者为中心的 C2B 电子商务模式[J]. 商场现代化,2007,6:89.

[152] 秘迎君. 中国九省成人超重、肥胖的患病率及其全死因死亡风险的关联研究[D]. 石家庄:河北医科大学,2017.

[153] 明文彪. 五问“互联网”——对当前浙江互联网经济的几点认识[J]. 浙江经济,2016,10:39－41.

[154] 南方网. 以互联网促进产业转型升级的政策建议[EB/OL]. (2015－02－03)[2017－10－15]. http://theory.southcn.com/c/2015－02/03/content_117663499.htm.

[155] 倪雨晴. 网红:如何将人气变现?[J]. 21 世纪经济报道(科技),2015,13(8):19－20.

[156] 欧阳婷. 微博环境中消费者交互对其冲动购买行为的影响研究[D]. 南昌:江西财经大学,2015.

[157] 彭卉. 数字化智能化定制的顾客感知价值对品牌忠诚度影响研究[D]. 杭州:浙江理工大学,2016.

[158] 彭琳,雷超越. 网络红人催生新型电商模式[J]. 投资周刊(收藏创富),2015,9(3):17-19.

[159] 戚译,朱秀君. 经济博弈论[M]. 杭州:浙江大学出版社,2000.

[160] 钱海利. 移动互联网 O2O 时代垂直、数据、安全[J]. 计算机网络,2015,2:10.

[161] 钱卫. 互联网思维[J]. 中国服饰,2014,2:100-101.

[162] 邱宏亮. 品牌形象的构成及其对价值—满意—忠诚关系的影响研究[D]. 杭州:浙江工业大学,2009.

[163] 荣格. 原型与集体无意识[M]. 徐德林,等,译. 北京:国际文化出版公司,2011.

[164] 芮明杰,宋亦平. 中国国有企业改革的路径分析:管理创新对中国国有企业改革的意义[J]. 上海经济研究,2001,8:24-29.

[165] 上方网. 2016 年度直播行业热度分析报告出炉 基于全网全平台数据[EB/OL].(2017-02-05)[2017-10-15]. http://m.sfw.cn/new/494670.html.

[166] 尚国强. 互联网产业与浙江经济社会的转型升级[J]. 浙江经济,2014,23:31-33.

[167] 施春华. 心灵本体的探索:神秘的原型[M]. 哈尔滨:黑龙江人民出版社,2002.

[168] 施国强. 网红变现模式分析[J]. 中国市场,2016,36:224-225.

[169] 苏静,王宇静. 电商时代传统企业 O2O 之道[M]. 北京:电子工业出版社,2014.

[170] 苏涛.O2O 电子商务商业新模式分析[J]. 全国商情:经济理论研究,2012,1:34-35.

[171] 孙欣. "网红"规模化之恙[N]. 青岛日报,2015-6-4.

[172] 唐競喆. "轻定制"——中高端品牌服装可持续性发展的应用研究[D]. 杭州:浙江理工大学,2014.

[173] 唐磊,章依凌,刘鑫. 浙江省服装产业区域品牌竞争优势实证研究[J]. 针织工业,2013,4:61-65.

[174] 田雅楠. 广义虚拟经济视角下的网红经济——以张大奕为例[J]. 现代商贸工业,2017,12:43-44.

[175] 婉辰文轩. 人皆可成为网红的时代——IP 的价值来源[J]. 华东科技,2016,8(13):38-42.

[176] 万丽丽. 基于 O2O 模式的专业市场转型升级思考[J]. 商业经济研究,2017,3:76-77.

[177] 王晶.O2O的远大前程[J]. IT经理世界,2011,15:60-61.

[178] 王明慧. 基于荣格原型理论的大学生网格人格研究[D]. 杭州:浙江财经大学,2016.

[179] 王赛. 报喜鸟启动C2B模式[J]. 纺织服装周刊,2014,10:62.

[180] 王伟军,宋梅青. 一种面向用户偏好定向挖掘的协同过滤个性化推荐算法[J]. 现代图书情报术,2014,6:25-31.

[181] 王奕杨,朱伟明. 基于"网红IP"的时尚电商营销模式研究[J]. 经营与管理,2017,9:124-127.

[182] 韦丽娜.O2O视角下的服装业商业模式创新[J]. 湖北科技学院学报,2014,10:1-2.

[183] 魏文斌. 服装企业品牌管理系统研究[J]. 丝绸,2006,8:6-13.

[184] 温凤媛. 新技术革命背景下的高校转型发展[J]. 浙江工商职业技术学院学报,2015,2:52-55.

[185] 吴吉义,李文娟,黄剑平. 移动互联网研究综述[J]. 中国科学:信息科学,2015,1:45-69.

[186] 吴勇毅. O2O模式:传统服饰企业营销新蓝海[N]. 中国工业报,2012-11-28(B03).

[187] 吴玉旋. 互联网时代服装品牌O2O商业模式的研究与实践[D]. 杭州:浙江理工大学,2014.

[188] 吴芝新. 简析O2O电子商务模式[J]. 重庆科技学院学报(社会科学版),2012,13:73-74.

[189] 肖茹娟. 自媒体时代下的"网红现象"[J]. 新闻研究导刊,2017,1(2):12-16.

[190] 谢萍萍. 媒介接触对青年女性时尚消费的影响研究[D]. 南昌:南昌大学,2007.

[191] 谢臻. 网红IP变现的出路是电商化[J]. 声屏世界:广告人,2016,9(4):24-26.

[192] 徐艟. 社群逻辑下电商企业的商业模式研究[J]. 山东工商学院学报,2016,6:79-85.

[193] 徐芳兰. 中国奢侈品消费市场分析与探究——以男装行业为例[J]. 价格月刊,2014,2:76-78.

[194] 徐广林,林贡钦. 工业4.0背景下传统制造业转型升级的新思维研究[J]. 上海经济研究,2015,10:107-113.

[195] 徐国华,陈斌,底雪峰. C2B模式在电子商务营销中的影响[J]. 中国商贸,2010,8:85-86.

[196] 许才国. 高级定制服装概论[M]. 上海:东华大学出版社,2009.

[197] 闫庆友,朱明亮. 博弈经济学理论下 C2B 电子商务模式发展途径探讨[J]. 商业经济研究,2016,7:92-94.

[198] 颜菊阳. 粉丝"变现"为购买力"网红"店铺凸显新型店铺运营模式[J]. 中国商报(商事·创新),2015,9(3):6-9.

[199] 杨玲. 粉丝经济的三重面相[J]. 中国青年研究,2015,11(8):12-16.

[200] 杨庆国,陈敬良. 网络红人形象传播及其符号互动模式研究[J]. 中国青年研究,2012,7:91-94.

[201] 杨婷. 中小企业移动互联网营销模式研究[D]. 合肥:安徽大学,2014.

[202] 杨志文. 补短板视角下浙江专业市场商业模式创新[J]. 浙江经济,2016,11:46-47.

[203] 杨卓妍. 互联网 3.0 时代的粉丝经济——"网红"商业模式分析[J]. 现代经济信息,2016,21:298-299.

[204] 叶风琴. 品牌原型研究[D]. 福州:福建师范大学,2015.

[205] 依江宁. "网红+定制"打造淘宝新时尚[J]. 黄金时代,2016,6:36-41.

[206] 殷俊,张月月. "网红"传播现象分析[J]. 新闻与写作,2016,9:64-66.

[207] 于雷霆. IP 打造和营销实战手册[M]. 北京:人民邮电出版社,2016.

[208] 于小利. 商务休闲男装品牌终端形象中的色彩设计[J]. 轻工科技,2012,11:113-114.

[209] 于晓娟. 移动社交时代短视频的传播及营销模式探析[J]. 出版广角,2016,12(9):45-47.

[210] 于晓琳. 基于消费者评价服装品牌价值影响因子分析[D]. 青岛:青岛大学,2014.

[211] 余頔. 中国时尚微博的传播效果研究[D]. 上海:东华大学,2013.

[212] 余东华,胡亚男,吕逸楠. 新工业革命背景下"中国制造 2025"的技术创新路径和产业选择研究[J]. 天津社会科学,2015,4:98-107.

[213] 余梦晨. 福建知名商务休闲男装品牌文化的研究[D]. 福州:福建师范大学,2014.

[214] 张波,郑楠楠. O2O 实战二维码全渠道营销[M]. 北京:机械工业出版社,2013.

[215] 张波. O2O 移动互联网时代的商业革命[M]. 北京:机械工业出版社,2013.

[216] 张诚. 网络口碑、感知价值对品牌忠诚的影响[D]. 南昌:江西财经大学,2012.

[217] 张灏,孙静洁. 成衣定制——服装业经营模式转变之初探[J]. 山东纺织经济,2010,5:52-54.

[218] 张红明. 回到心理最底层:基于原型理论的品牌研究回顾与展望[J]. 战略决策研究,2014,9(3):63-72.

[219] 张思平. "电商换市"下浙江专业市场转型升级的思考[J]. 中国市场,2015,4:129-130.

[220] 张婷婷,刘凯,王伟军. 科研人员 Web 数据自动抓取模式及其开源解决方案[J]. 信息资源管理学报,2015,2:21-27.

[221] 张卫. 浙江:发布全国首个省级电商指数 2016 年上半年实现网络零售 4065.8 亿元[J]. 中国食品, 2016,16:51.

[222] 张文悦. 基于 CIS 系统的职业装小批量定制设计研究[D]. 上海:东华大学,2013.

[223] 张小英. 服装批发市场发展电子商务的转型战略探索——以广州为例[J]. 商业经济研究,2015,11:1.

[224] 张晓林,袁莉,杨峰,等. 基于 Web 的个性化信息服务机制[J]. 现代图书情报技术,2001,1:25-26.

[225] 张颜,杨美芬,黄琳珊. "互联网+"时代下专业市场转型升级研究——以嘉兴濮院羊毛衫专业市场为例[J]. 商业研究,2017,1:4-6.

[226] 张玉峰,晏创业. 基于 Agent 的个性化信息服务模型研究[J]. 情报学报,2001,5:555-559.

[227] 张振雨,艾兴政,宋璐君,等. 电子商务环境下制造商与传统零售商的价格竞争研究[J]. 西南农业大学学报:社会科学版,2006,4:60-63.

[228] 张志宏. 基于 C2B 智能商务模式战略分析[J]. 软科学,2010,4:53-59.

[229] 赵大伟. 互联网思维——孤独九剑[M]. 北京:机械工业出版社,2014.

[230] 赵红. 困境与突破:互联网+推动批发市场转型实证研究[J]. 商业经济研究,2015,11:68-69.

[231] 赵连锟. 微博营销对消费者品牌信任的影响研究[D]. 武汉:湖北大学,2013.

[232] 郑红岗,郑勇军. 网络经济背景下浙江省专业市场转型升级研究[J]. 浙江工商大学学报,2016,3:66-71.

[233] 郑欣. 网络红人服饰品牌微博传播影响因素及效果研究[D]. 杭州:浙江理工大学,2015.

[234] 郑悦. 消费新经济——中国消费趋势报告[J]. IT 经理世界,2016,2:6-7.

[235] 中国纺织工业联合会信息统计部,中国纺织工业联合会流通分会. 推动转型

升级，电商是重要抓手——2016 年纺织服装电子商务运行分析[J]. 纺织服装周刊，2017，14：28.

[236] 中国网信网. 第 40 次中国互联网络发展状况统计报告[EB/OL].（2017 - 8 - 4）[2017 - 10 - 15]. http://www.cac.gov.cn/2017-08/04/c_1121427728.htm.

[237] 周鸿祎. 我的互联网方法论[M]. 北京：中信出版社，2014.

[238] 周开僵. 电子商务产业发展的模式创新[J]. 杭州，2016，1：34 - 35.

[239] 周凯歌，卢彦. 中国制造 2025 背景下互联网＋制造业的融合与重构[M]. 北京：人民邮电出版社，2016.

[240] 周丽洁，朱伟明. 国内商务休闲男装转型定制运营模式研究[J]. 经营与管理，2017，12：148 - 151.

[241] 周巍. 数字媒体时代的意见领袖研究[D]. 上海：复旦大学，2013.

[242] 朱蓉. “互联网＋”时代浙江制造业提升路径研究[J]. 天津商业大学学报，2016，2：19 - 24.

[243] 朱伟明，彭卉. 中国定制服装品牌格局与运营模式研究[J]. 丝绸，2016，12：36 - 41.

[244] 朱伟明，周丽洁. 互联网＋杭州丝绸女装转型升级与 O2O 商业模式重构[J]. 杭州学刊，2016，4：33 - 40.

[245] 朱伟明. 服装品牌运营[M]. 北京：中国纺织出版社，2016.

[246] 朱伟明. 浙江服装产业集群的博弈与升级[D]. 苏州：苏州大学，2010.